普通高等教育"十一五"国家级规划教材

循环经济学

（第2版）

主　编　黄贤金
副主编　葛　扬　叶堂林　钟太洋

东南大学出版社
·南京·

内容摘要

本书从循环经济绪论、理论与方法、部门循环经济、综合评价与应用以及循环经济伦理及政策等方面介绍了循环经济学内容体系。绪论部分着重阐述了循环经济的产生与发展、内涵与特征以及学科体系；理论与方法部分介绍了产业生态学、物质代谢、循环经济产业链、仿真模型、原生资源开发利用、低碳经济等相关理论与分析方法；部门循环经济部分介绍了农业循环经济、生态工业设计、城市循环经济等内容；循环经济综合评价内容涉及循环经济模式、循环经济评价、循环经济规划等；循环经济伦理与政策部分进一步总结提升了本书内容，基于绿色发展、循环发展、低碳发展的战略要求，介绍了生态文明与循环经济伦理、循环经济政策等内容。

图书在版编目(CIP)数据

循环经济学 / 黄贤金主编. —2版. —南京：东南大学出版社，2015.12

普通高等教育"十一五"国家级规划教材

ISBN 978-7-5641-6217-7

Ⅰ. 循… Ⅱ. 黄… Ⅲ. 自然资源-资源经济学 Ⅳ. F062.1

中国版本图书馆 CIP 数据核字(2015)第 301929 号

循环经济学（第 2 版）

出版发行	东南大学出版社
出 版 人	江建中
社　　址	南京市四牌楼 2 号
邮　　编	210096
经　　销	全国各地新华书店
印　　刷	南京工大印务有限公司
开　　本	787 mm×1092 mm　1/16
印　　张	23
字　　数	588 千字
版　　次	2009 年 12 月第 1 版　2015 年 12 月第 2 版
印　　次	2015 年 12 月第 1 次印刷
书　　号	ISBN 978-7-5641-6217-7
印　　数	1—2500 册
定　　价	52.00 元

（本社图书若有质量问题，请与读者服务部联系。电话：025-83791830）

第 2 版前言

进入 21 世纪以来,是中国资源环境与经济社会发展矛盾最为突出的时期,也是中国经济转型最为迫切的时期,更是中国循环经济理论发展最为迅速的时期,这为《循环经济学》内容及体系结构的完善提供了丰富的素材和发展实践。尤其是十八届三中全会确定的生态文明建设目标,以及绿色发展、循环发展、低碳发展的发展路径,以及 2015 年中共中央、国务院颁布的《生态文明体制改革总体方案设计》,更是为循环经济学科建设与发展提供了理念支撑。

为此,本书在 2009 年版的基础上,进一步充实和补充了以下内容:

一是体现了生态文明建设的总体要求。尤其是循环发展,对于纠正我国一定程度上存在的"大量生产"、"大量消费"、"大量废弃"的经济发展状态具有直接的针对性,因此,本书中进一步融入了生态文明建设的理念要求。

二是更全面地揭示了中国循环经济发展的阶段。中国循环经济发展业已从理念主导进入了实践主导、"踏石留痕"的发展阶段。因此,也补充了有关政策、案例等。

三是充实些新的文献。循环经济实践的发展,也更进一步丰富了循环经济的研究成果。为此,本书适当充实了有关文献。

本书修编以第 1 版为基础,由黄贤金、钟太洋等主要完成。各章节编写情况如下:

第 1 章:黄贤金(南京大学)、钟太洋(南京大学)、赵荣钦(华北水利水电学院);第 2 章:赵荣钦;第 3 章:马其芳(南京信息工程大学)、黄贤金、于术桐(河海大学);第 4 章:葛扬(南京大学);第 5 章:张文红(南京大学);第 6 章:赵荣钦、陈志刚、高珊(江苏省社会科学院);第 7 章:孙建卫(南京大学)、黄贤金、赵荣钦;第 8 章:叶堂林(首都经贸大学);第 9 章:李艳梅(北京工业大学);第 10 章:吴未(南京农业大学);第 11 章:赵小风(河海大学)、高珊;第 12 章:钟太洋、黄贤金;第 13 章:肖思思(江苏大学)、钟太洋、吴未;第 14 章:高珊、王佳丽(安徽农业大学)、黄贤金;第 15 章:钟太洋、赵小风。

感谢东南大学出版社朱珉老师的"催促",才使得本书能够再次出版。

编者
2015 年 10 月 8 日

目　录

1　绪论 (1)
   1.1　循环经济的产生与发展 (1)
       1.1.1　国外循环经济的产生与发展 (1)
       1.1.2　国内循环经济的产生与发展 (2)
   1.2　循环经济的内涵和特征 (3)
       1.2.1　循环经济的内涵 (3)
       1.2.2　循环经济的基本原则 (4)
       1.2.3　循环经济发展的基本特征 (6)
   1.3　循环经济学的研究对象、主要内容及研究视角 (7)
       1.3.1　循环经济学的研究对象及学科特征 (7)
       1.3.2　循环经济学的主要内容 (9)
       1.3.3　循环经济学的研究视角 (10)
       1.3.4　循环经济学的内容体系 (12)

2　产业生态学原理 (14)
   2.1　产业生态学概述 (14)
       2.1.1　产业生态学的概念 (14)
       2.1.2　产业生态学的内容体系和应用领域 (15)
       2.1.3　产业生态学与循环经济学的关系 (17)
   2.2　生命周期评价方法 (17)
       2.2.1　产品使用的环境影响 (18)
       2.2.2　生命周期评价(LCA) (19)
       2.2.3　生命周期评价对循环经济的意义 (23)
   2.3　不同层面的产业生态学 (24)
       2.3.1　企业层面的产业生态学 (24)
       2.3.2　系统层面的产业生态学 (25)

3　物质代谢分析 (28)
   3.1　物质代谢概述 (28)
       3.1.1　物质代谢的提出与兴起 (28)
       3.1.2　物质代谢的概念及特征 (30)

3.1.3 物质代谢与循环经济 …………………………………………（32）
3.2 物质代谢分析原理与研究方法…………………………………………（33）
　　3.2.1 物质代谢分析原理 ……………………………………………（33）
　　3.2.2 物质代谢研究方法 ……………………………………………（35）
3.3 区域物质代谢分析………………………………………………………（40）
　　3.3.1 分析框架及账户构建 …………………………………………（40）
　　3.3.2 物质投入指标分析 ……………………………………………（41）
　　3.3.3 物质排出指标分析 ……………………………………………（45）
　　3.3.4 物质消费指标分析 ……………………………………………（47）
　　3.3.5 苏州市物质流全景浏览 ………………………………………（48）

4 循环经济价值链 …………………………………………………………（50）
4.1 循环经济价值链的理论分析……………………………………………（50）
　　4.1.1 生态价值链的提出 ……………………………………………（50）
　　4.1.2 循环经济体系的形成 …………………………………………（52）
　　4.1.3 现代企业核心能力的价值维度 ………………………………（55）
4.2 循环经济与循环产业价值链……………………………………………（56）
　　4.2.1 循环产业产生的经济学分析 …………………………………（56）
　　4.2.2 循环产业价值链形成的基础 …………………………………（59）
　　4.2.3 价值链与环保产业的兴起 ……………………………………（60）
4.3 循环经济价值链的运行…………………………………………………（61）
　　4.3.1 循环经济系统控制 ……………………………………………（61）
　　4.3.2 企业循环经济价值链的形成机制 ……………………………（63）
　　4.3.3 价值链的延伸与社会价值、生态价值的整合 ………………（64）

5 循环经济仿真模型 ………………………………………………………（66）
5.1 循环经济系统结构与特征………………………………………………（66）
　　5.1.1 循环经济系统的结构 …………………………………………（66）
　　5.1.2 循环经济系统特性 ……………………………………………（67）
5.2 基于物质与能量流分析的循环经济投入/产出模型及应用……………（68）
　　5.2.1 循环经济系统的静态投入/产出模型 …………………………（69）
　　5.2.2 循环经济系统的动态投入/产出模型 …………………………（74）
　　5.2.3 循环经济系统的动态投入/产出反馈控制模型 ………………（76）
5.3 循环经济系统的多级递阶智能控制系统………………………………（85）
　　5.3.1 开放的循环经济系统的设计方法——多级递阶智能控制设计 …（86）
　　5.3.2 综合集成研讨厅体系在多级递阶智能控制设计系统中的应用 …（87）
　　5.3.3 开放的工程系统在多级递阶智能控制设计系统中的应用 …（89）
　　5.3.4 多级递阶智能控制系统的构造和运行步骤 …………………（90）
　　5.3.5 多级递阶智能协调器 …………………………………………（91）

  5.3.6 满意解集的确定策略 …………………………………………………… (95)
  5.3.7 应用案例 …………………………………………………………………… (96)

6 原生资源开发及其再生利用 ……………………………………………………… (103)
6.1 原生资源及其开发利用 …………………………………………………… (103)
  6.1.1 原生资源的内涵与特征 …………………………………………………… (103)
  6.1.2 原生资源开采与利用状况 ………………………………………………… (104)
  6.1.3 原生资源开发利用的主要问题 …………………………………………… (105)
6.2 我国原生资源利用与保护绩效评价 ……………………………………… (106)
  6.2.1 评价理论与方法 …………………………………………………………… (106)
  6.2.2 资源利用的政策绩效评价 ………………………………………………… (107)
  6.2.3 评价结果分析 ……………………………………………………………… (109)
6.3 我国原生资源开采利用评价 ……………………………………………… (110)
  6.3.1 资源开采利用的环境影响评价 …………………………………………… (110)
  6.3.2 资源利用效率评价 ………………………………………………………… (111)
  6.3.2 资源利用效率评价 ………………………………………………………… (119)
6.4 原生资源的再生利用 ……………………………………………………… (119)
  6.4.1 原生资源再生利用的内涵、路径及意义 ………………………………… (120)
  6.4.2 原生资源再生利用的相关建议 …………………………………………… (120)
6.5 原生资源开采和高效利用的政策建议 …………………………………… (121)
  6.5.1 控制原生资源开采的政策措施 …………………………………………… (121)
  6.5.2 提高资源利用效率的政策措施 …………………………………………… (122)
  6.5.3 政策的适用性 ……………………………………………………………… (122)

7 低碳经济 …………………………………………………………………………… (124)
7.1 低碳经济概述 ……………………………………………………………… (124)
  7.1.1 低碳经济的内涵 …………………………………………………………… (124)
  7.1.2 低碳经济的特征及意义 …………………………………………………… (125)
  7.1.3 国际社会碳减排行动框架 ………………………………………………… (126)
  7.1.4 低碳经济发展模式 ………………………………………………………… (127)
7.2 碳排放核算 ………………………………………………………………… (129)
  7.2.1 核算方法与思路 …………………………………………………………… (129)
  7.2.2 核算方法与过程 …………………………………………………………… (132)
  7.2.3 中国历年碳排放核算结果汇总 …………………………………………… (145)
  7.2.4 小结 ………………………………………………………………………… (147)
7.3 碳排放足迹 ………………………………………………………………… (147)
  7.3.1 碳排放足迹的提出及其研究思路 ………………………………………… (147)
  7.3.2 基于投入/产出法的碳排放足迹模型的构建 …………………………… (148)
  7.3.3 碳排放足迹的核算结果与分析 …………………………………………… (153)

7.3.4　足迹影响力与感应力分析 …………………………………… (155)
　　7.3.5　碳足迹与碳中和 ……………………………………………… (157)
　　7.3.6　小结 …………………………………………………………… (158)
7.4　城市系统碳循环与碳管理 …………………………………………… (158)
　　7.4.1　城市系统及其碳过程特征 …………………………………… (160)
　　7.4.2　城市系统碳循环研究 ………………………………………… (162)
　　7.4.3　城市系统碳管理 ……………………………………………… (167)
7.5　清洁发展机制及其政策保障 ………………………………………… (171)
　　7.5.1　CDM 的内涵与特征 …………………………………………… (172)
　　7.5.2　CDM 在国内外的发展状况 …………………………………… (173)
　　7.5.3　CDM 的政策保障措施 ………………………………………… (175)

8　农业循环经济 ……………………………………………………… (177)

8.1　农业循环经济概述 …………………………………………………… (177)
　　8.1.1　农业循环经济产生的背景 ……………………………………… (177)
　　8.1.2　农业循环经济与循环型农业的概念 …………………………… (178)
　　8.1.3　循环型农业的特征 ……………………………………………… (179)
　　8.1.4　我国发展农业循环经济的必然性 ……………………………… (180)
　　8.1.5　我国发展农业循环经济的可行性 ……………………………… (181)
8.2　农业循环经济发展模式及其产业链构建 …………………………… (182)
　　8.2.1　农业循环经济的实现方式 ……………………………………… (182)
　　8.2.2　农业循环经济的产业链构建 …………………………………… (184)
8.3　农业循环经济的技术范式和技术支撑 ……………………………… (186)
　　8.3.1　农业循环经济的技术范式 ……………………………………… (187)
　　8.3.2　农业循环经济的技术支撑 ……………………………………… (189)

9　生态工业设计 ……………………………………………………… (194)

9.1　产品生态设计 ………………………………………………………… (194)
　　9.1.1　产品生态设计的概念及意义 …………………………………… (194)
　　9.1.2　产品生态设计准则与策略 ……………………………………… (196)
　　9.1.3　产品生态设计的实施步骤 ……………………………………… (199)
　　9.1.4　产品生态设计案例 ……………………………………………… (205)
9.2　工业过程设计和运行 ………………………………………………… (206)
　　9.2.1　面向环境的过程设计 …………………………………………… (207)
　　9.2.2　工业过程的生命周期 …………………………………………… (209)
　　9.2.3　工业过程分析方法 ……………………………………………… (210)
9.3　提高能源效率的工业过程设计 ……………………………………… (212)
　　9.3.1　能源使用分析 …………………………………………………… (212)
　　9.3.2　节能技术与方法 ………………………………………………… (214)

  9.3.3 能源标准与法规 ……………………………………………………… (216)

10 城市循环经济 …………………………………………………………………… (218)

10.1 城市循环经济及其系统特征 ……………………………………………… (218)
  10.1.1 城市循环经济及系统 ……………………………………………… (218)
  10.1.2 城市循环经济系统功能分析 ……………………………………… (220)
  10.1.3 城市循环经济运行机制 …………………………………………… (223)

10.2 城市循环经济要素的构成 …………………………………………………… (224)
  10.2.1 城市循环经济系统的生产结构 …………………………………… (225)
  10.2.2 城市循环经济系统的文化结构 …………………………………… (227)
  10.2.3 城市循环经济的空间结构 ………………………………………… (233)

10.3 城市循环经济发展的对策与建议 …………………………………………… (237)
  10.3.1 构建新型城市规划与管理体系 …………………………………… (237)
  10.3.2 废弃物资源化 ……………………………………………………… (238)
  10.3.3 绿色服务业 ………………………………………………………… (239)
  10.3.4 绿色能源战略 ……………………………………………………… (240)

11 循环经济模式 …………………………………………………………………… (243)

11.1 循环经济的层次 ……………………………………………………………… (243)
  11.1.1 家庭层面的微循环 ………………………………………………… (243)
  11.1.2 企业层面的小循环 ………………………………………………… (246)
  11.1.3 园区层面的中循环 ………………………………………………… (248)
  11.1.4 社会层面的大循环 ………………………………………………… (254)

11.2 循环经济模式 ………………………………………………………………… (256)
  11.2.1 生态工业体系 ……………………………………………………… (256)
  11.2.2 生态农业体系 ……………………………………………………… (257)
  11.2.3 生态服务业体系 …………………………………………………… (257)
  11.2.4 静脉产业体系 ……………………………………………………… (260)

11.3 不同类型功能区循环经济战略模式 ………………………………………… (262)
  11.3.1 优化开发区域的循环经济模式——内源自生型 ………………… (263)
  11.3.2 重点开发区域的循环经济模式——内外共进型 ………………… (266)
  11.3.3 限制开发区域的循环经济模式——外源推动型 ………………… (268)
  11.3.4 禁止开发区域的循环经济模式——外源强制型 ………………… (271)

12 循环经济评价 …………………………………………………………………… (273)

12.1 循环经济评价概述 …………………………………………………………… (273)
  12.1.1 循环经济评价的涵义 ……………………………………………… (273)
  12.1.2 循环经济评价分类 ………………………………………………… (274)
  12.1.3 循环经济评价方法 ………………………………………………… (274)

12.2 循环经济综合评价 …………………………………………………………… (275)

  12.2.1 循环经济综合评价的目标 …………………………………………… (275)
  12.2.2 循环经济综合评价的总体思路 ………………………………………… (276)
  12.2.3 循环经济综合评价的技术路线 ………………………………………… (278)
 12.3 循环经济评价指标 ……………………………………………………………… (278)
  12.3.1 评价指标选择的原则 …………………………………………………… (278)
  12.3.2 指标体系的构建与权重确定 …………………………………………… (279)
 12.4 循环经济评价指标值处理 ……………………………………………………… (282)
  12.4.1 指标值的无量纲化方法 ………………………………………………… (282)
  12.4.2 确定评价指标参照值 …………………………………………………… (284)

13 循环经济规划 ……………………………………………………………………… (285)
 13.1 循环经济规划的内涵及理论基础 ……………………………………………… (285)
  13.1.1 循环经济规划的理论框架 ……………………………………………… (285)
  13.1.2 循环经济规划的内涵及定位 …………………………………………… (286)
  13.1.3 循环经济规划的理论基础 ……………………………………………… (287)
 13.2 循环经济规划体系 ……………………………………………………………… (290)
  13.2.1 循环经济规划基本原则 ………………………………………………… (290)
  13.2.2 规划技术标准 …………………………………………………………… (291)
  13.2.3 规划审查 ………………………………………………………………… (291)
  13.2.4 循环经济规划的内容体系 ……………………………………………… (291)
 13.3 循环经济规划相关分析方法 …………………………………………………… (292)
  13.3.1 IPAT方程 ………………………………………………………………… (292)
  13.3.2 脱钩分析 ………………………………………………………………… (293)
  13.3.3 分解技术 ………………………………………………………………… (295)
 13.4 循环经济规划的区域模式及案例 ……………………………………………… (296)
  13.4.1 循环经济规划的区域模式 ……………………………………………… (296)
  13.4.2 区域循环经济规划案例 ………………………………………………… (298)

14 生态文明与循环经济伦理 ……………………………………………………………… (304)
 14.1 生态文明概述 …………………………………………………………………… (304)
  14.1.1 生态文明的兴起 ………………………………………………………… (304)
  14.1.2 生态文明的科学内涵 …………………………………………………… (305)
  14.1.3 生态文明的基本特征 …………………………………………………… (306)
  14.1.4 生态文明的伦理观 ……………………………………………………… (307)
 14.2 循环经济伦理概述 ……………………………………………………………… (308)
  14.2.1 循环经济伦理的内涵 …………………………………………………… (308)
  14.2.2 循环经济伦理的特征 …………………………………………………… (309)
  14.2.3 循环经济伦理的功能 …………………………………………………… (310)
 14.3 生态文明评价体系 ……………………………………………………………… (311)

14.3.1 生态文明评价体系构建思路 …………………………………… (312)
   14.3.2 生态文明评价体系设计原则 …………………………………… (312)
   14.3.3 生态文明评价体系的构建 ……………………………………… (312)
   14.3.4 生态文明建设指标体系 ………………………………………… (316)
  14.4 循环经济伦理评价与规范 ………………………………………… (318)
   14.4.1 循环经济伦理评价 ……………………………………………… (319)
   14.4.2 循环经济伦理规范 ……………………………………………… (328)

15 循环经济政策 …………………………………………………………… (331)
  15.1 循环经济政策原理 ………………………………………………… (331)
   15.1.1 循环经济政策内涵及意义 ……………………………………… (331)
   15.1.2 循环经济政策分析的主要方向 ………………………………… (333)
   15.1.3 循环经济政策分析框架 ………………………………………… (333)
  15.2 循环经济的政策工具 ……………………………………………… (335)
   15.2.1 公共产品的直接供应 …………………………………………… (335)
   15.2.2 技术规制政策 …………………………………………………… (336)
   15.2.3 执行规则政策 …………………………………………………… (336)
   15.2.4 税收政策 ………………………………………………………… (337)
   15.2.5 补贴政策 ………………………………………………………… (339)
   15.2.6 押金—退款政策 ………………………………………………… (341)
   15.2.7 信息政策 ………………………………………………………… (342)
   15.2.8 市场政策 ………………………………………………………… (343)
  15.3 典型国家循环经济政策法规及其借鉴 …………………………… (343)
   15.3.1 国外循环经济法律法规与政策 ………………………………… (343)
   15.3.2 国外循环经济发展的经验借鉴 ………………………………… (345)

推荐阅读书目 ……………………………………………………………………… (348)
专业术语中英文对照 ……………………………………………………………… (350)
循环经济研究机构网址 …………………………………………………………… (353)
后记 ………………………………………………………………………………… (354)

1 绪 论

环境是人类生存和经济发展的物质基础和载体。以"高消耗、高污染"为主要特征的传统经济发展方式往往片面追求经济发展,造成了资源枯竭、环境污染和生态退化等一系列环境问题,而且也在一定程度上带来了经济的低效增长和重复建设。人类不仅为已有的经济增长付出了沉重的代价,而且这种经济增长方式的延续,还将威胁人类社会或区域社会经济的可持续发展[1]。循环经济以减量化(Reducing)、再利用(Reusing)、再循环(Recycling)(简称"3R"原则)为原则,以资源高效利用和循环利用为核心,对促进经济增长方式转型、提高资源利用效率、减少环境污染、落实生态保护目标具有重要意义。作为一门新兴的学科,循环经济学(Circular Economics 或 Recycling Economics)是具有交叉性质的应用经济学[2],在未来经济社会发展中具有广阔的应用前景。本章主要介绍循环经济的产生和发展、内涵和特征、循环经济学研究视角分析及与相关学科的关系以及循环经济学的内容体系。

1.1 循环经济的产生与发展

人类社会发展经历了以自然生产力为主导的膜拜自然时期以及以工业化为主导的掠夺自然时期。虽然在掠夺自然时期,人类社会的物质财富极大地丰富了,但人类社会发展却面临更多、更大的难题,这就是资源环境对于经济社会发展的负作用不断增强,尤其是与此相伴的经济增长正在削弱我们最终依赖的自然提供物品和服务的能力。这些自然提供的物品和服务已经成为新的稀缺资源[3],这也使得人类社会增加了对于自然的"敬畏感",协调发展的思想亦因此而诞生,循环经济的发展理念也正是在这一全球背景下产生的。

1.1.1 国外循环经济的产生与发展

1945年二战结束后,人类经济建设与社会发展进入了一个新的时期,而快速的工业化、城市化这一传统经济发展方式,虽然带来了经济社会的快速发展,但对资源的攫取和对环境的破坏迫使人类对人与自然的关系进行深刻反思,逐步形成了"可持续发展观"。1972年斯德哥尔摩人类环境会议和1992年联合国环境与发展大会是该发展观形成的重要标志。循环经济正是在这样的历史背景下产生的[4]。然而循环经济的起源最初可追溯到美国经济学家肯尼斯·鲍尔丁在1966年提出的宇宙飞船经济学[5]。英国环境经济学家大卫·皮尔斯

---

[1] 黄贤金. 循环经济:产业模式与政策体系[M]. 南京:南京大学出版社,2004:1—2.

[2] 黄贤金,钟太洋. 循环经济学:学科特征与趋势展望[J]. 中国人口·资源与环境,2005,15(4):5—10.

[3] R. Hueting. The New Scarcity and Economic Growth:More Welfare Through Less Production Amsterdam:Norht Holland,1980. 见:Herman E. Daly,Joshua Farley 著;徐中民,张志强,钟方雷等译校. 生态经济学——原理与应用. 郑州:黄河水利出版社,2007:14.

[4] 陈贵钧. 关于循环经济的几点思考[J]. 北方经济,2008(9):31—32.

[5] Boulding E. Kenneth,1966,The Economics of the Coming Spaceship Earth,in Jatterr. H(ed.) Environmental Quality in a Growing Ecnoomy,Johns Hopkins University Press,pp50—80.

和图奈(Pearce,D. W. & Turner,R. K)1990年第一次使用循环经济(Circular Economy)一词。这两位作者在《自然资源和环境经济学》一书中第二章的标题是"循环经济(the Circular Economy)",试图依据可持续发展原则建立资源管理规则,并建立物质流动模型[①]。T. Cooper博士于1999年在《Journal of Sustainable Product Design》上发表的"创造一种为可持续生产设计服务的经济基础设施"一文,进一步从产业过程阐述了循环经济,他认为所有生产过程产生的和最终消费后弃置的废弃物都应当重新用于其他产品或工艺的生产过程中去,并将所有资源均纳入生命周期闭路循环的行为也称为"Circular Economy"[②]。

20世纪末,循环经济在发达国家逐步发展为大规模的社会实践活动,并形成相应的法律和制度。德国是发展循环经济的先行者,先后颁布了《垃圾处理法》、《避免废弃物产生及废弃物处理法》、《关于容器包装废弃物的政令》等法律;20世纪80年代的《废弃物处理法》就提出了避免废弃物、减少废弃物、实现废弃物利用的要求;1996年提出的《循环经济与废弃物管理法》,自实施以来,废弃物不断减少,循环利用率不断上升,废弃物处理行业已经成为德国重要的经济和就业发展动力。2000年日本通过和修改了包括《推进形成循环型社会基本法》在内的多项法规,从法制上确定了日本21世纪经济和社会发展的方向,提出了建立循环型经济社会的根本原则,这标志着日本在循环经济技术和产业上迈上了新台阶[③]。

除了法律制度的约束之外,国外还通过经济上的激励和引导措施等来促进资源的循环利用和废弃物的减量化。另外,国外还按照循环经济理念和政策,引导产业区规划布局,推进生态关联产业或共生产业的簇群式发展。例如,丹麦的卡伦堡工业生态园在产业规划和设计中,就充分考虑了可面向共生企业的循环经济体系,建立了工业横生和代谢生态链关系,实现了资源的再利用[④],成为循环经济"中循环"中的典范。

1.1.2 国内循环经济的产生与发展

国内有学者认为循环经济是传统中国农耕文化的延伸,因为中国有七千年悠久历史的传统农业就是一种典型的循环经济[⑤]。而从现代循环经济发展来看,我国循环经济的发展大致经历了四个阶段:① 萌芽发展阶段(1993年以前)。该阶段,我国开始认识到可以通过技术改造最大限度地将"三废"减少在生产过程中,总体上,循环性经济运行机制仍处于探索阶段。② 清洁生产阶段(1993年至2003年)。2003年,《中华人民共和国清洁生产促进法》正式实施,对于提高资源利用效率,减少和避免污染物的产生,促进经济和社会可持续发展起到了重要作用。③ 理念传播与试点阶段(2003年至2008年)。该阶段,循环经济的理念开始逐渐为人们所广泛接受。国家相关部门开展了循环经济试点工作,并取得了一定的成效。国家发改委组织了循环经济试点工作,先后发布了《关于组织开展循环经济试点(第一批)工作的通知》(发改环资[2005]2199)、《关于组织开展循环经济示范试点(第二批)工作的

---

① 周宏春.循环经济与循环经济学[J].科技中国,2005(9).
② Cooper. T. Creating an economic infrastructure for sustainable product design. The Journal of Sustainable Product Design,1999(8):7—17. 见王如松,周涛,陈亮等.产业生态学基础.北京:新华出版社,2006:14—15.
③ 陈贵钧.关于循环经济的几点思考[J].北方经济,2008(9):31—32.
④ 黄贤金.循环经济:产业模式与政策体系[M].南京:南京大学出版社,2004:12—16.
⑤ 王如松,周涛,陈亮等.产业生态学基础[M].北京:新华出版社,2006:14—15.

通知》(发改环资[2007]3420)①。④ 全面推进阶段(2009年至今)。2009年开始实施的《中华人民共和国循环经济促进法》,为促进循环经济发展奠定了法律基础,这不仅说明我国循环经济发展的制度建设取得了标志性成果,而且也说明我国循环经济发展进入了一个全新的发展时期。国务院于2013年发布了《循环经济发展战略及近期行动计划》,明确了"十二五"时期循环经济发展主要目标。尤其是2013年十八届三中全会召开,提出了生态文明建设的总体战略要求,以及绿色发展、循环发展、低碳发展的战略部署,循环经济更是得到积极推进。2015年9月11日中共中央、国务院颁布实施《生态文明体制改革总体方案设计》,更是为推进循环经济发展提供了制度支撑。

此外,循环经济的内涵不断拓展,实践内容不断深化,例如,上海市围绕碳减排,也已在南汇区、崇明区等设立低碳经济实践区,并积极推进低碳社区、低碳商业、低碳工业园区以及其他低碳发展区的建设与发展。

1.2 循环经济的内涵和特征

循环经济发展理念的提出,既是对资源经济学、环境经济学、生态经济学等相关学科的继承与发展,同时也促进了循环经济学自身理论体系的形成与发展。当然循环经济学学科建设与发展最根本的推动力还在于人类社会经济发展过程中所面临的一系列资源、环境、生态问题,为解决当代复杂而规模宏大的生态与环境问题,在社会生产与生活界面上出现了许多自然科学与社会科学的合流②。循环经济学就是针对资源经济学、环境经济学、生态经济学在解决现行资源、环境、生态问题的复杂性、综合性方面"束手无策"产生的一门新兴学科。

1.2.1 循环经济的内涵

虽然循环经济的理论和实践不断发展,但学者们较为普遍地认为循环经济本质上就是生态经济,因此,并没有将循环经济学作为一门独立的学科来研究。

有学者认为,所谓循环经济,本质上就是一种生态经济,它要求运用生态学规律而不是机械论规律来指导人类社会的经济活动③。

有学者从生态环境系统与经济系统相互关联的角度认为,在传统经济模式下,人们忽略了生态环境系统中能量和物质的平衡,过分强调扩大生产来创造更多的福利;而循环经济则强调经济系统与生态环境系统之间的和谐,着眼点在于如何通过对有限资源和能量的高效利用,减少废弃物排放来获得更多的人类福利,循环经济本质上是一种生态经济④。

有学者直接认为,循环经济其实就是生态经济的俗称,是基于系统生态原理和市场经济规律组织起来的,具有高效的资源代谢过程、完整的系统耦合结构及整体、协同、循环、再生功能的网络型、进化型的符合生态经济。循环经济是物质循环、能量更新、信息反馈、空间和谐、时间连贯、资金融通、人力进化过程的整合⑤。

---

① 国家发展改革委、环境保护部、科技部、工业和信息化部、财政部、商务部、国家统计局.关于拟通过验收的国家循环经济试点示范单位(第二批)名单和拟确定不通过验收的国家循环经济试点示范单位名单的公示. http://www.sdpc.gov.cn/gzdt/201412/t20141230_658734.html
② 申仲英.试论社会科学与自然科学的合流[J].自然辩证法,1983(6):12—16.
③ 曲格平.发展循环经济是21世纪的大趋势.见毛如柏,冯之浚主编.论循环经济.北京:经济科学出版社,2003:1.
④ 诸大建.从可持续发展到循环型经济[J].世界环境,2000(3):6—12.
⑤ 王如松,周涛,陈亮等.产业生态学基础[M].北京:新华出版社,2006:12—13.

有学者分析,循环经济可以理解为偏正结构,循环是修饰词,经济是主词。这里的循环是生态学上的意义,强调经济活动中的物质循环和代谢。广义的循环经济,是指围绕资源高效利用和环境友好所进行的社会生产和再生产活动;狭义的循环经济,是指通过废弃物的再利用、再循环等社会生产和再生产活动来发展经济。它是一种发展,也就是用发展的办法解决资源约束和环境污染矛盾[①]。

有学者从生态系统运行角度认为,循环经济就是借助于对生态系统和生物圈的认识,特别是产业代谢研究,找到能使经济体系和生物生态系统"正常"运行相匹配的、可能的革新途径,最终就是要建立理想的经济生态系统[②]。

有学者从减少废弃物排放或废弃物资源化角度认为,所谓循环经济,就是将清洁生产和废弃物(排泄物)的综合利用融为一体的经济。本质上是一种生态经济。它要求运用生态学规律来指导人类社会的经济活动,这门学科称为"循环经济学"[③]。

有学者从学科基础角度认为,系统论与生态学是循环经济学的两大支撑,循环经济的核心在于要像生态系统中一样,建立起经济系统中的循环组分;它与生态经济学是同一理念,但研究及措施更为具体[④]。在此基础上,该学者进一步认为,循环经济的特征是人、科学技术与自然的协调,指导理论是系统平衡论[⑤]。

有学者进一步拓展了循环经济的内涵认为,循环经济的经济学基础应该是兼具微观、宏观和宇观思想的、以生态—经济—社会三维复合系统的矛盾及其运动和发展规律为研究对象的可持续发展经济学[⑥]。

从以上定义可以看出,现今主要将循环经济理解为生态经济;上述有关生态的阐述,更多地侧重于生态关系,而不是生态学。因为从生态学来看,生态是研究包括人在内的生命与环境的相互关系[⑦],循环关系突破了生态本身的内涵。因此,针对一般认为循环经济的本质就是生态经济。但也有学者认为,这其实是没有认识到循环经济是生态经济的发展和提升,是片面的[⑧]。

人地关系是认知当前经济社会发展与资源、环境、生态等一系列问题的基础,因此,如何在特定的人地关系约束下,通过最少的自然资源投入、最小化的废弃物排放实现人类社会的可持续发展,是循环经济发展的核心目标。据此,可以将循环经济学理解为:以最少的自然资源投入和废弃物排放为目标的经济活动及经济运行关系的总和。

1.2.2 循环经济的基本原则

循环经济与传统的线性经济模式的比较见表1.1。循环经济的建立依赖于一组以"减量化、再使用、再循环"为内容的行为原则,每一个原则对循环经济的成功实施都是必不可

---

① 周宏春,刘燕华等.循环经济学[M].北京:中国发展出版社,2005:10—19.
② 冯之浚,张伟,郭强等.循环经济是个大战略,见毛如柏、冯之浚主编.论循环经济.经济科学出版社,2003:30.
③ 奈民夫·那顺,梁继业,邢恩德.新形态的循环经济与循环经济学的研究[J].内蒙古农业大学学报(自然科学版),2002,23(1):107—111.
④ 吴季松.循环经济的实践基础[EB/OL]. http://www.rzhb.gov.cn/article/show.aspx? id=1432&cid=8.
⑤ 吴季松.新循环经济学[M].北京:清华大学出版社,2005:96.
⑥ 申仲英.试论社会科学与自然科学的合流[J].自然辩证法,1983(6):12—16.
⑦ 王如松,周涛,陈亮等.产业生态学基础[M].北京:新华出版社,2006:35—36.
⑧ 陈德敏.资源循环利用论——中国资源循环利用的技术经济分析[M].北京:新华出版社,2005:67—68.

少的。

其中,减量化(或减物质化)原则所针对的是输入端,旨在减少进入生产和消费流程的物质和能量流量;

再使用(或反复利用)原则属于过程性方法,目的是延长产品和服务的时间强度,尽可能多次或多种方式地使用物品,避免物品过早地成为垃圾;

再循环(或资源化、再生利用)原则针对的是输出端,是要求通过将废弃物再次变成资源以减少最终处理量。资源化有两种途径:一是原级资源化,即将消费者遗弃的废弃物资源化后形成与原来相同的新产品,例如用废纸生产出再生纸、废玻璃生产玻璃、废钢生产钢铁等;二是次级资源化,即将废弃物生产成与原来不同类型的产品。一般原级资源化利用再生资源比例高,而次级资源化利用再生资源比例低[①]。

此外,需要指出的是,对于循环经济原则也有学者提出了"4R"的概念:有认为"4R"就是减量化、再利用、再循环、再制造,再制造就是Reproducing[②];还有认为"4R"就是"3R"+再思考(Rethinking)[③];也有提出"4R"就是"3R"+再回收(Recovery)[④]。甚至有学者提出了新循环经济学即"5R"原则,即"3R"+再思考(Rethinking)、再修复(Repairing)[⑤]以及"6R"原则,即"3R"+观念更新(Rethinking)、体制革新(Reform)、技术创新(Renovation)[⑥]。还有学者提出了基于可持续发展的"3R"原则,即算账(Reckoning)、调整(Readjusting)及重构(Reconstructing)[⑦]。

《中华人民共和国循环经济促进法》的相关术语略有不同。《循环经济促进法》将"循环经济"定义为"在生产、流通和消费等过程中进行的减量化、再利用、资源化活动的总称"。在《循环经济促进法》中,减量化定义为"在生产、流通和消费等过程中减少资源消耗和废物产生";再利用是指"将废物直接作为产品或者经修复、翻新、再制造后继续作为产品使用,或者将废物的全部或者部分作为其他产品的部件予以使用";资源化是指"将废物直接作为原料进行利用或者对废物进行再生利用"。

可以看出对于循环经济原则的探讨对于丰富和发展循环经济理论与实践,具有积极意义。总体来看,大部分学者仍然是持"3R"的观点,因此,本书有关论述尤其是指标体系构建主要是围绕"3R"原则开展。

表1.1 循环经济与线性经济模式的比较

经济增长方式	特 征	物质流动
循环经济	对资源的低开采、高利用、污染物的低排放	"资源—产品—再生资源"的物质反复循环流动
线性经济	对资源的高开采、低利用、污染物的高排放	"资源—产品—污染物"的单向流动

[①] 曲格平. 发展循环经济是21世纪的大趋势[J]. 机电产品开发与创新,2001(1):6—7.
[②] 徐匡迪. 未来的工程科技应走绿色制造道路[J]. 化工学报,2005(2):676.
[③] 季昆森. 循环经济与资源节约型社会. 见冯之浚主编.《中国循环经济高端论坛》. 北京:人民出版社,2005:211—218.
[④] 崔和瑞. 基于循环经济理论的区域农业可持续模式研究[J]. 农业现代化研究,2004,25(2):94—98.
[⑤] 吴季松. 新循环经济学[M]. 北京:清华大学出版社,2005:3—5.
[⑥] 王如松,周涛、陈亮等. 产业生态学基础[M]. 北京:新华出版社,2006:16—17.
[⑦] 丁同玉. 发展循环经济的宏观措施之我见[J]. 经济师,2004(3):83—84.

"3R"原则中的各条在循环经济中的重要性并不是并列的。综合运用"3R"原则,按照"避免产生—循环利用—最终处置"的顺序对待废弃物才是资源利用的最优方式。无论是在传统经济模式下还是在循环经济模式下,人类从事生产和活动都是为了使生活更美好、追求更多的福利。然人类的经济活动系统其实是处于更大的生态环境系统中,人们从生态环境系统中吸取能量(严格来说都来自于太阳能)、获取物质,将废弃物排入环境。但是在传统经济模式下,人们忽略了生态环境系统中能量和物质的平衡,过分强调扩大生产来创造更多的福利;而循环经济则强调经济系统与生态环境系统之间的和谐,着眼点在于如何通过对有限资源和能量的高效利用,减少废弃物来获得更多的人类福利[1]。

正如有关学者所阐述的,随着环境问题在全球范围内的日益突出,人类赖以生存的一些资源从稀缺走向枯竭,以资源稀缺为前提所构建的天人冲突范式(以末端治理为最高形态)将逐渐为天人循环范式(以循环经济为基础)所替代。其主要体现在:生态伦理观由"人类中心主义"转向"生命中心伦理"和"生态中心伦理";生态阈值问题受到广泛关注;自然资本的作用被重新认识;从浅生态论向深生态论的转变[2]。

1.2.3 循环经济发展的基本特征

循环经济发展通过在家庭、家庭、园区及社会等多层面实行减量化、再利用和再循环等,实现了从资源—产品—污染的资源消费(线性经济模式)向从资源—产品—再生资源的资源消费(循环经济模式)的转变,有效地提高了资源利用效率,减少了污染排放,对于推进经济社会全面、协调、可持续发展起到了积极的作用。当然,这种循环不是简单的周而复始或闭路循环,而是一种螺旋式上升的有机进化和系统发育过程[3]。其主要特征在于[4]:

(1) 生态环境的弱胁迫性

传统的经济业发展方式对于环境生态的依赖性强,从一定程度上导致快速的产业发展会加剧资源的消耗、生态的破坏和环境的污染。而循环经济发展方式将占用更少的资源及生态、环境要素,从而使得快速的经济发展对于资源、生态、环境要素的压力降低。

(2) 资源利用的高效率性

随着经济发展规模的不断放大,资源消耗不断加剧,一定程度上使得全球经济发展尤其是处于快速工业化时期的国家或地区经济发展开始从资金制约型转为资源制约型。而循环经济的建设与发展,实现了资源的减量化投入、重复性使用,从而提高了有限资源的利用效率。

(3) 行业行为的高标准性

循环经济要求原料供应、生产流程、企业行为、消费行为等都要符合生态友好、环境友好的要求,从而对于行业行为从原来的单纯的经济标准,转变为经济标准、资源节约标准、生态标准、环境标准并重,并通过有效的制度约束,确保行业行为高标准的实现。

(4) 产业发展的强持续性

---

[1] 诸大建.从可持续发展到循环型经济[N].世界环境,2000(3):6—12.
[2] 冯之浚,张伟,郭强等.循环经济是个大战略.见毛如柏,冯之浚主编.论循环经济.北京:经济科学出版社,2003:26—27.
[3] 王如松,周涛,陈亮等.产业生态学基础[M].北京:新华出版社,2006:13.
[4] 黄贤金.循环经济:产业模式与政策体系[M].南京:南京大学出版社,2004:16—17.

在资源环境生态要素占用成本不断提升的情况下,循环经济产的发展将更具备竞争优势。同时由于循环经济企业或行业存在技术进步的内在要素,则会更有效地推进循环型产业的可持续发展。

(5)经济发展的强带动性

循环型产业的发展对于经济可持续发展具有带动作用,而且产业之间及内部的关联性也将增强,从而推进了产业协作与和谐发展。例如循环型服务业的发展,将对循环型农业、循环型工业乃至循环型社会的建设与发展产生有效的带动作用,从而提升区域经济竞争力,并有效推进实现区域经济可持续发展战略的全面实现。

(6)产业增长的强集聚性

循环经济的发展,将在一定层次上带来区域产业结构的重组与优化,从而实现资源利用效率高、生态环境胁迫性弱的产业部门的集聚,这将更有效地推进循环经济以及循环型企业的快速、健康发展。

1.3 循环经济学的研究对象、主要内容及研究视角

本节主要结合对于循环经济的理解,进一步阐述循环经济学的研究对象以及循环经济学与资源经济学、环境经济学、生态经济学的区别与联系,并结合当前循环经济学主要研究领域,分析循环经济学研究视角及发展趋势。

1.3.1 循环经济学的研究对象及学科特征

如前所述,循环经济学是以人地关系为研究对象,同时,循环经济也是在特定空间或区域运行的,因此,循环经济处于"自然—人类社会—空间"三维系统中,也有学者将之称为由自然生态网、经济生态环和社会生态核组成的社会—经济—自然生态复合体[①]。而不同空间的自然系统又是由自然资源、自然环境、自然灾害及自然生态系统所构成的,这四者之间不仅是相互联系的,而且还是同一自然界的不同表象,是相互区别的。它们共同与相应空间或相关空间(如经济贸易等)的人类社会系统相互作用。

如图1.1所示,自然资源对于人类社会发展的约束性主要表现在资源的可再生性和资源禀赋,由于资源贸易的发展,使得自然资源的区域约束性相对减弱;自然环境对于人类社会发展的约束主要在于环境容量;自然灾害对于人类社会发展的影响主要表现在灾害发生的风险程度;自然生态对于人类社会发展的约束主要表现在生态阈值。由此可见,自然资源、自然环境、自然灾害和自然生态系统对于人类社会发展的约束性和影响途径是不一样的。

依据自然界及其组成系统对于人类社会发展的各自影响,形成了不同类型的学科体系。自然资源经济学是以资源持续利用为基础,研究人类社会系统与自然资源系统的相互作用关系及由此而引起的人与人之间相互关系的学科,主要侧重分析由于自然资源开发、利用、保护所引起的经济活动过程,并揭示其经济规律;环境经济学则是以环境容量为基础,研究人类社会系统与环境系统的相互作用关系以及由此而引起的人与人之间相互关系的学科,主要侧重分析由于污染排放控制或污染处置所引起的经济活动过程,并揭示其经济规律;生

---

① 王如松,周涛,陈亮等.产业生态学基础[M].北京:新华出版社,2006:14.

态经济学是以生态阈值为基础,研究人类社会系统与生态系统之间的相互作用关系以及由此而引起的人与人相互关系的学科,主要侧重分析由于生态保护所引起的经济活动过程,并揭示其经济规律。

而循环经济学是以最少的自然资源投入和废弃物排放为目标的经济活动及经济运行关系的总和。因此,既涉及到资源经济学的学科理论与方法,以实现资源减量化;也涉及到生态经济学的理论与方法,以促进资源再利用;还涉及到环境经济学理论与方法的应用,以实现污染减排。故而资源经济学、生态经济学、环境经济学的理论与方法对于循环经济学科都具有重要的借鉴意义。

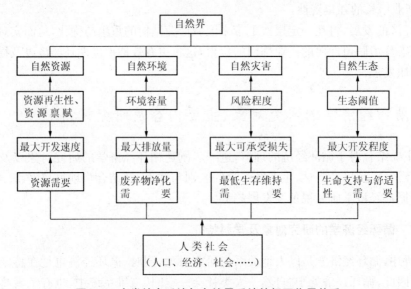

图1.1 人类社会系统与自然界系统的相互作用关系

循环经济与生态经济的区别,有学者从以下四个方面加以论述[①]:① 循环经济比生态经济形态更复杂,是自然和社会经济系统的有机融合;② 循环经济更重要的是建立机制来规范企业和社会行为;③ 生态经济起源于农业经济,循环经济起源于工业经济;④ 循环经济不仅是"资源—产品—再生资源"的物质反复循环过程,而且是整个社会的生态化运动。

从上述分析也可以看出,循环经济学的产生,也是由于当前及今后资源环境问题具有复杂性、综合性,仅依靠资源经济学、环境经济学、生态经济学等各自学科难以解决日益复杂的资源环境问题,因此,需要综合资源经济学、环境经济学和生态经济学三门学科的理论与方法,形成循环经济学这门新的学科。通过规范经济活动、协调经济关系,从资源集约利用、环境污染最小化以及生态循环利用三个角度来实现经济运行过程中资源效率、环境效率和生态效率的统一。

当然,如果从大资源、大环境、大生态的概念出发,则资源经济学、环境经济学、生态经济学又是重叠和交叉的。例如,从大资源的角度出发,则其不仅研究自然资源,还研究社会资源,当前一些资源经济学的研究内容就是这样的。除此以外,也可以将自然环境理解为环境资源,将自然生态理解为生态资源,从而扩大了资源经济学研究的范畴。还有从大环境的角

---

① 陈德敏.资源循环利用论——中国资源循环利用的技术经济分析[M].北京:新华出版社,2005:67.

度,将资源、生态纳入环境系统,并将其作为环境经济学的研究内容。也有的将资源、环境纳入生态系统范畴,从大生态的角度来研究生态经济学。这都在一定程度上模糊了资源经济学、环境经济学、生态经济学之间所存在的本质区别。

综上所述,循环经济学是一门有别于资源经济学、环境经济学、生态经济学的新兴的独立的应用经济学科。其以资源高效利用、污染减排所引起的经济活动和经济关系为研究对象,其理论与方法来自于资源经济学、环境经济学和生态经济学,又高于资源经济学、环境经济学和生态经济学。

1.3.2 循环经济学的主要内容

依据上述对循环经济学学科性质的分析,循环经济学的主要研究内容如下:

(1) 循环经济学是以"自然—人类社会—空间"三维视角为研究的切入点

当前的经济学研究对象业已从经济系统本身的一元思维拓展到"自然—人类社会"二元思维,但是,"21世纪的主要矛盾由不断提高劳动生产率(单位劳动力带来的经济增长)变为需要大幅提高自然资源生产率(单位自然资本带来的经济发展)"[①],而这一过程的实现,需要通过在区域系统运行的不同产业之间、同一行业之间进行有效的物质与能源交换。因此,循环经济学中的空间概念,将跨越生态系统、资源系统、环境系统各个产业内部系统和产业系统以及社会—经济系统,在更为广泛的空间内寻求物质流、能源流配置效用的最大化。

(2) 循环经济学是深层生态学的应用与发展

1973年挪威哲学家阿伦·奈斯发表了《浅层生态运动和深层、长远的生态运动:一个概要》[②],认为两者是性质截然不同的生态思想,这种本质上有别的观念反映在当代生态运动的具体行动中便有了完全不同的现实主张[③]。例如,在解决污染问题上,浅层生态学通常的做法是用技术净化空气和水,缓和污染程度;或用法律将污染限制在许可范围内;或干脆将污染产业或废弃物转移到发展中国家。与此截然相反,深层生态学从生物圈的角度来评价污染,关注的是每个物种和生态系统的生存条件,而不是将注意力完全集中于它对人类健康的作用方面[④]。由此可见,循环经济学不是一个解决局部或部分资源、环境、生态问题的经济科学,而是从更深层次的问题揭示、更大范围的系统设计、更为有效和长久的解决措施等方面,来提升"自然——人类社会——空间"三维系统的运行效率。

(3) 循环经济学的研究目标

循环经济学是着重借鉴经济机制与杠杆,合理组织资源利用、进行污染控制和生态恢复与保护,因此,需要考虑其中的经济成本。例如,仅仅从资源循环利用来看,循环利用的次数越多越好;但是,如果考虑到每一次循环,都需要添加额外的能源与物质,比如附加的机器、运输的基础设施等,则就需要合理确定不同生产流程、工艺或资源、环境、生态条件下这一循环利用的程度[⑤]。

[①] 诸大建,周建亮. 循环经济理论与全面小康社会[J]. 同济大学学报(社会科学版),2003,l14(3):107—112.

[②] Naess A. The Shallow and The Deep,Long-Range Ecology Movement: A Summary[J]. Inquiry,1973(16):95—100.

[③] Naess A. The Deep Ecological Movement: Some Philosophical Aspects,In: Sessions G. Deep Ecology For The 21st Century[M]. Boston:Shambhala Publications Inc.,1995:64—84.

[④] 黄贤金,朱德明. 江苏省循环经济发展模式研究[J]. 污染防治技术,2003,16(3):1—4.

[⑤] Friedrich Schmidt-Bleek 著. 吴晓东,翁端译. 人类需要多大的世界:MIPS—生态经济的有效尺度[M]. 北京:清华大学出版社,2003:16—17.

(4) 循环经济学是具有交叉学科性质的应用经济学

从技术经济学角度看,循环经济实际上是一种技术范式的革命①。目前一些分析十分注重将技术经济的分析应用到循环经济研究的具体领域。当然,循环经济学的研究并不限于技术层面、自然系统层面,它是寻求有利于形成循环型经济模式的社会经济制度。

1.3.3 循环经济学的研究视角

从当前我国对于循环经济的研究来看,其研究视角主要集中在以下几个方面:

(1) 技术流程的经济学分析

这主要是从事技术科学的学者,将循环经济的理念与思路引入到生产流程,并通过对生产流程过程中的资源投入、循环利用及污染排放的分析,提出减量化、再使用、再循环的工程流程或技术建议。例如,有学者以产品生命周期为依据,按照物质守恒定律,针对产品中所含的某一元素或某一稳定混合物,研究其基本规律。图 1.2 表示在产品产量变化的情况下,资源效率与循环率之间的关系。该图表明,提高循环率是提高资源效率的有效途径,尤其是在产品产量保持基本稳定或产量下降的情况下,资源效率有可能达到很高的水平;但是在产量持续增长的情况下,循环率相对于资源效率的增长要小得多②。

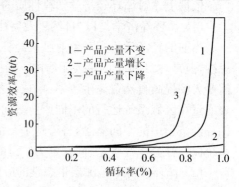

图 1.2 资源效率与循环率之间的关系

从这一研究可以看出,资源利用效率与循环利用效率之间的关系,不是完整的或真正经济学意义上的效率;对于产量持续增长情况下循环利用效率对于资源利用效率的影响较小,也是一个假设,有可能在资源环境价格不断提升的情况下,即便扩大产量,其生产者也是注重资源集约利用,从而改进生产流程,促进循环利用效率和资源利用效率的不断提高。而且,从经济学角度来看,这里还需要考虑不断增长方式的成本与效益,如引入新的生产流程与工艺以提高循环利用效率所需要的投入及预期产出。从企业和区域社会经济发展来看,甚至要对比分析采取循环技术和新能源的长期成本和短期成本,从而确定循环技术的可行性。

(2) 深层生态分析

这主要表现在区域循环系统(如循环农业、循环工业等)的构建方面。例如,在生态工业园中有些企业生产的产品是可以进入大循环的,那么还应建立将使用后的产品进行回收、加工和处理的企业。这样,在生态工业园中,既有中、小循环,又有大循环,如图 1.3 所示。在 a、b、c、d、e、f 阶段,企业 A′、B′、C′分别承担企业 A、B、C 的产品使用报废后的回收、加工和处理。然而,按照深生态学建立生态工业体系实现收益分享、共同发展的同时,也可能存在资源链断裂而带来的市场风险问

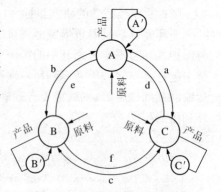

图 1.3 工业生态园示范图

---

① 齐建国. 关于循环经济理论与政策的思考[J]. 经济纵横,2004(2):35—39.
② 陆钟武. 关于循环经济几个问题的分析研究[J]. 环境科学研究,2004,16(5):1—6.

题,因此,从经济学角度建立收益分享机制的同时,还有必要构筑风险分担机制,从而建立更为可靠、稳固的循环经济共同体。

(3) 模式分析

目前国内很多研究都是从企业、区域、社会层面分析循环经济发展模式,并且结合各地实践提出更为具体的模式内容。例如,有研究结合循环经济发展实践提出了七种模式:工业生态整合模式、清洁生产模式、产业间多级生态链联结模式、生态农业园模式、家庭型循环经济模式、可再生资源利用为核心的区域循环经济模式、商业化回收模式[①]。同时,各地还在积极探索模式推广,以不断推进区域可持续发展战略的实施。当然,总体看来,对于模式的分析还不够深入,尤其是从经济学角度的分析还有待增强。然而实行循环经济的时期相对较短,还难以分析模式推行与发展的不同阶段循环经济的实施效果。

此外,还有研究从战略、立法、规划、政策建议等方面对循环经济发展进行了实践分析与总结。总体而言,运用经济学分析方法,对循环经济运行进行更为深入分析的研究尚不多见,由此可见,循环经济还处于定性探讨与实践探索阶段。可以说,循环经济发展的实践业已走在了循环经济学理论探索的前面。

而从国外循环经济发展来看,其业已进入了循环经济过程分析阶段。例如,有研究对人类消费变化、垃圾填埋及资源循环利用进行了最优控制的循环经济学分析[②]。该研究揭示了消费、填埋与循环利用之间的内在关系。从图1.4可以看出,消费(c)随着收入(y)的增长而同比例增长($0 \sim t_1$时间内);但到了一定时期(t_1),由于污染的日益严重以及资源的短缺,人们的收入开始下降,从而消费支出开始下降;直到t_2,收入及消费的曲线开始相对平稳,为$y(t)/(1+\beta)$。这在一最优消费路径变化的过程中,最优填埋路径将发生同样的阶段性变化。从图1.5可以看出,在$0 \sim t_1$阶段,随着消费的增长,废弃物同比例增加,且这一阶段人类社会主要是进行垃圾填埋(z);而到了$t_1 \sim t_2$阶段,人类开始注重垃圾的回用,从而使得在消费支出比例减少的同时,循环利用(x)得以快速增长(见图1.6)。此阶段垃圾填埋与循环利用成反比,同时垃圾填埋也达到了最大可容许的量;阶段后,垃圾填埋将停止,人类已有有效的技术实行全部垃圾的循环利用。需要强调的是,循环利用在提高资源利用效率、减少污染的同时,循环利用的直接成本将高于简单的填埋,这是因为循环利用不仅需要技术创新,而且需要设备支持以及更为有效的管理等,这可能也是收入下降的原因之一。

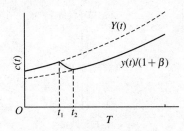

图1.4　收入变化背景下的消费变化最优途径

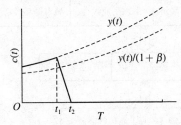

图1.5　收入变化背景下的填埋变化最优路径

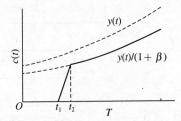

图1.6　收入变化背景下的最优循环利用路径

---

① 黄贤金,朱德明. 江苏省循环经济发展模式研究[J]. 污染防治技术,2003,16(3):1—4.

② Jannett Highfill, Michael McAsey. An Application of Optimal Control to the Economics of Recycling. SIAM Review,2001,43(4):679—693.

从相关研究可以看出我国循环经济发展研究趋势主要有：

① 不断地寻求理论创新，建立起符合循环经济运行规律的理论与方法体系，揭示循环经济活动规律，从而更好地服务、指导循环经济发展的实践；

② 揭示循环经济运行过程中的利益主体关系及其演变，并分析收益机制运行过程中可能存在的风险及其防范机制；

③ 加强对循环经济模式的经济学分析，从而不断提高循环经济模式的运行效率，促进循环经济模式的推广；

④ 加强对于区域循环经济发展的长期分析，探索区域循环经济发展的内在规律及长期趋势，从而更好地服务于区域循环经济发展战略与政策的制订；

⑤ 加强对于循环经济运行的多角度分析，如经济机制、市场制度、风险防范机制、技术创新、规划编制、法律政策等，从而不断充实和完善循环经济学的内容体系；

⑥ 加强循环经济学与相关学科的对比与借鉴研究，从而不断推进循环经济学学科体系的完善与发展。

1.3.4 循环经济学的内容体系

作为一门新兴的交叉性应用经济学科，循环经济学通过运用资源经济学、环境经济学、产业生态学等相关学科的理论，研究现有经济系统的物质流和能量流，并通过对生产过程的生态控制和管理来实现自然资源生产率的最大化以及生态成本的最小化，以实现资源的高效和循环利用以及社会经济的可持续发展。因此，循环经济学既是一门理论创新的学科，更是一门应用性的技术经济学科。本书在内容体系设置上，重点突出了该学科的理论与方法、部门循环经济学以及循环经济综合评价与应用等部分，结构体系见图1.7。

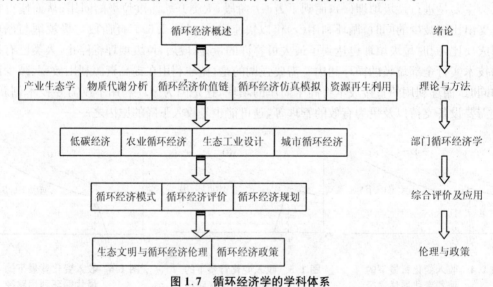

图1.7 循环经济学的学科体系

为使读者更清晰地把握循环经济学的学科脉络，本书在内容体系上循序渐进，力图反映循环经济学从理论、方法到应用的，由浅入深的结构层次。总的来说，包括以下五个方面：

(1) 循环经济概述。该内容也即本书的绪论，主要是对循环经济学基本问题的介绍，包括循环经济的产生和发展、循环经济学的内涵和特征、循环经济学研究视角的分析及与相关学科的关系、循环经济学的内容体系。

（2）循环经济学的理论与方法。包括产业生态学原理、物质代谢分析、循环经济价值链、循环经济仿真模拟和资源优化利用五个方面的内容。产业生态学原理部分阐明了循环型产业和产业体系布局的生态学基础；物质代谢分析通过模拟生物体或自然生态系统的代谢过程，从产品的整个生命周期来研究经济系统与生态环境之间的物质流动规律；循环经济价值链部分从经济学的角度阐明了循环型产业运行的机理，并从系统控制和企业行为两个方面探讨了循环经济价值链的运行；循环经济仿真模拟部分通过建立循环经济仿真理论模型，为提高循环经济运行效率和运行管理的可控性提供基础；资源优化利用部分通过对原生资源开发利用的绩效和效率评价，分析了原生资源开发利用中存在的主要问题，并进一步提出了原生资源再生和高效利用的对策措施。这些内容既相对独立又彼此联系，从不同的学科角度论述了循环经济运行过程的规律和原理，体现了生态学、资源经济学、环境经济学的有机结合，并共同构成了循环经济学的理论基础和方法论。

（3）部门循环经济学原理。包括低碳经济、农业循环经济、生态工业设计和城市循环经济等四个方面。低碳经济既是循环经济的具体体现和应用，也是实现循环经济的重要途径。农业循环经济、生态工业设计和城市循环经济分别从农业、工业和城市等不同的角度论述了在不同部门和领域开展循环经济的模式建议、过程设计与系统规划等，本部分内容对于深入了解循环经济的运行机理和过程具有重要意义。

（4）循环经济综合的评价与应用。包括循环经济模式、循环经济评价和循环经济规划。循环经济模式部分通过不同层面循环经济特征的分析，对不同行业、不同主体功能区循环经济发展模式进行了总结和对比；循环经济评价部分重点论述了区域循环经济及其运行效果的评价方法；循环经济规划部分重点阐明了在实践中如何运用循环经济理论和原则组织经济活动，并对其进行了模式和案例分析。本部分内容体现了综合层面上循环经济的运行模式、评价和规划，既是对部门循环经济学的总结，也是循环经济原理的综合应用。

（5）循环经济伦理与政策。包括生态文明与循环经济伦理、循环经济政策两部分。前者主要从建设资源节约型和环境友好型社会的角度介绍了生态文明和循环经济伦理的评价体系和规范；后者主要论述了循环经济的政策体系和工具，并论述了国内外有关循环经济的法律法规。

需要指出的是，本书只是对循环经济学学科体系进行了一些粗浅的探讨，而要建立起较为完善的循环经济学科体系，还需要在实践中进一步研究和探索。

复习思考题 1

1.1 如何理解循环经济及其基本原则？

1.2 循环经济发展的基本特征有哪些？

1.3 如何理解循环经济学与资源经济学、生态经济学、环境经济学的相互关系？

2 产业生态学原理

工业革命以来,随着科学技术的快速发展,人类社会的生产活动达到空前规模。进入21世纪的今天,人类更面临着全球化生产转移和产业分工,社会生产必将达到一个更高的水平。

但在工业化创造出巨大的物质财富的同时,人类也面临着一系列危机,如资源枯竭、生态破坏、食品安全等,对人类的生存和发展造成了极大的威胁。而这些危机都是人类自身造成的,是生产和消费活动高速发展的结果[1]。生产和消费过程实质上是资源消耗和废弃物排放的过程,也是社会有机体新陈代谢的过程。但过去的产业活动并未考虑生产带来的环境及社会影响,过度重视短期需要,忽略了经济活动对自然环境的干扰和破坏[2]。面对环境污染的新形势,过去的末端治理(针对生产末端产生的污染物进行的治理)已不能从根本上满足环保的需要,人类需要从更高层次上着眼去寻找污染控制的方法和手段[3]。

随着生态学的诞生和发展,人类逐步将其理论和方法引入到社会生产活动和生产过程中,以期能最大限度地提高资源利用率并产生较少的废弃物。正是在这种背景下,产业生态学应运而生。本章主要介绍产业生态学的内容体系及主要的理论方法和应用。

2.1 产业生态学概述

产业生态学以生态学理论为基础,以系统论观点为指导,以人类面临的资源、环境和生态问题为出发点,对产业活动或经济活动进行过程控制和设计,以达到减轻人为造成的环境压力的目的。因此,产业生态学的基本理论是循环经济学的重要理论基础。本节主要介绍产业生态学的概念、内容体系、应用领域以及与循环经济学的关系。

2.1.1 产业生态学的概念

人类社会的产业活动不仅遵循经济社会发展规律,也同样遵循自然生态系统的规律,这不仅体现在与自然生态系统密切相关的农业生产之中,也同样体现在工业、服务业生产乃至城市建设与运行、基础设施建设与运行等过程中。20世纪60年代日本就认识到了工业与生态的相互作用关系,1970年其工业结构委员会提出了从生态学角度考虑产业活动的思路。欧洲在20世纪70年代率先开展了低废、无废技术运动。联合国将无废技术定义为"更

---

[1] 王寿兵,吴峰,刘晶茹等.产业生态学[M].北京:化学工业出版社,2006:1.
[2] 邓伟根,王贵明.产业生态学导论[M].北京:中国社会科学出版社,2006:1—2.
[3] 胡学伟,宁平.从摇篮到坟墓的污染预防:生命周期评价[J].云南环境科学,200,22(增):39—41.

经济地使用物质和能量,减少污染,在生产中增加物质的再使用和循环利用,延长产品寿命"[1],从而基本形成了产业生态学的核心思想。1989年时任美国通用汽车公司研究部副总裁的罗伯特·福罗什在"Scientific American"上发表了题为"可持续工业发展战略"的文章,首次提出了"生态产业"(Industrial Ecology)的概念,认为"传统的产业活动模式——单个的制造过程,即获取原材料、生产产品、排放废弃物的模式,应该转化为一种更综合的模式,即产业生态系统。在这种系统中,能源和物质的消耗是优化的,产生的废弃物也是最少的,一个过程的排放物作为另一个过程的原材料"[2]。产业界的关注更有效地促进了产业生态学的发展。到了20世纪90年代,美国国家科学院和贝尔实验室共同组织的首次"产业生态学"论坛全面系统地总结了产业生态学的概念、内容、方法等,从而形成了产业生态学的概念框架[3]。

20世纪末90年代,在可持续思想推动下,产业生态学业已发展成为一门新兴的、综合性的、跨学科的应用学科。但国内外学术界对产业生态学在认识上还有一定差异。如有学者认为它属于生态学范畴,有的认为其应归为环境工程学,也有的认为其应该属于系统工程学或产业经济学范畴。从本质上来看,产业生态学应该是揭示产业活动全过程与环境之间相互作用的方式、过程、结果及规律的应用生态学。从这里可以看出:

(1) 产业生态学揭示了产业活动过程中自然要素的流动规律及其对环境的影响。因此,有学者从资源流或物质代谢的角度认为,产业生态学是一门研究人类社会经济活动中自然资源从源、流到汇再回到自然的全代谢过程的动力学机制、控制论方法及其与生命支持系统相互关系的科学[4]。

(2) 产业生态学是跨学科科学。产业生态学是从产业活动与生态环境关系的角度来开展研究的,因此,是研究各种产业活动及其产品与环境之间相互关系的跨学科科学[5]。也有学者认为,产业生态学是用以评估和减少产业活动环境影响的科学,它既是一门技术科学,也是一门社会科学[6]。还有学者认为,产业生态学是关于人类产业系统及其与环境相互作用关系的研究领域或科学分支。可见,产业生态学就是将生态学的原理用于产业系统,研究产业活动及其产品与环境之间的相互作用关系,从而改善现有产业系统,设计新的产品生产系统,为人类提供对环境无害的产品和服务[7][8]。

2.1.2 产业生态学的内容体系和应用领域

1) 内容体系

产业生态学的思想包含了"从摇篮到坟墓"的全过程管理系统观,即在产品的整个生命周期内不应对环境和生态系统造成危害。产品生命周期包括原材料采掘、原材料生产、产品

---

[1] 王如松,周涛,陈亮等. 产业生态学基础[M]. 北京:新华出版社,2006:64.
[2] 王如松,周涛,陈亮等. 产业生态学基础[M]. 北京:新华出版社,2006:63.
[3] 赵子壮,周毅. 产业生态学与循环经济的比较分析[J]. 再生资源与循环经济,2011,4(4):16—18,22.
[4] 王如松,周涛,陈亮等. 产业生态学基础[M]. 北京:新华出版社,2006:63.
[5] 邓伟根,王贵明. 产业生态学导论[M]. 北京:中国社会科学出版社,2006:15.
[6] Graedel T E, Allenby B R 著. 施涵译. 产业生态学(第2版)[M]. 北京:清华大学出版社,2004:19.
[7] 杨建新,王如松. 产业生态学的回顾与展望[J]. 应用生态学报,1998,9(5):555—561.
[8] 王寿兵,陈丽娜. 产业生态学及其实施的观念创新[J]. 上海环境科学,2003,22(3):177—179.

制造、产品使用以及产品用后处理。系统分析是产业生态学的核心方法。其主要研究内容涉及[1][2]：

(1) 产品层次的系统设计。如环境友好型产品设计、产品生态评价与生态设计、生命周期评价与成本评估；

(2) 产业层次的系统设计。如产业系统与自然生态系统的关系、产业生态系统结构分析；

(3) 生产过程的系统设计。如清洁生产方式、工业代谢过程与改进；

(4) 园区层面的系统设计。如生态工业园区设计、运行等。

从产业生态学的主要研究内容来看，产业生态学主要是运用模拟自然生态系统的方法，通过对产品和工业过程的结构和物质流动的分析，改进产品设计和生产模式，以实现产业系统过程中的资源节约，减少生产和消费对环境的冲击，实现人类社会的可持续发展。其中生产过程中的物质流分析、产品生命周期评价、面向环境的产品设计是产业生态学研究的重点内容。

2) 应用领域

产业生态学与社会各行各业的生产活动密切相关，目前已应用到诸多领域，并取得了一些实质性的效果。下面对主要的应用领域加以介绍。

(1) 生命周期评价(Life Cycle Assessment，LCA)。又称生命周期评估，即各种产品及材料的生命周期评价。比如一些学者开展了对纺织服装[3]、汽车能源[4]、电池[5]、水泥[6]、食品[7][8]等产品的生命周期评价。生命周期评价是通过检查、识别和评估产品、材料或生产过程在其整个生命运行周期中的环境影响来寻求改善环境的机会[9]。

(2) 产品生态设计。也称为"面向环境的设计(Design for Environment，DEF)"，要求在开发产品的同时考虑到经济要求和生态要求之间的平衡，有效减少产品和服务的物质材料与能源的消费量，减少有毒物质的排放，加强物质的循环利用能力。生态设计一般包括材料选择、能源利用、产品包装、产品使用和产品生命结束等内容[10]，如对汽车[11]和冰箱[12]等的产品生态设计研究等，其目的在于减少产品生命周期内的环境影响。

(3) 生态工业园(Eco-industrial Parks，EIPs)建设。与前两者相比，这是产业生态学的宏观应用领域。国内外目前已开展了大量的园区建设项目，比较著名的有丹麦的卡伦堡工业共生体、美国的查尔斯角港生态工业园以及我国广西贵港国家生态工业示范区、天津经济

---

[1] 杨建新，王如松. 产业生态学基本理论探讨[J]. 城市环境与城市生态，1998，11(2)：56—60.
[2] 王寿兵，吴峰，刘晶茹等. 产业生态学[M]. 北京：化学工业出版社，2006：11.
[3] 郭燕，吴晓玲. 纺织服装产品生命周期评价方法初探[J]. 纺织导报，2003(1)：70—73.
[4] 楚丽明，汤传毅. 汽车能源生命周期评价[J]. 节能与环保，2003(11)：27.
[5] 葛亚军. 废二次电池生命周期评价方法研究[J]. 环境卫生工程. 2008，16(2)：46—48.
[6] 韩仲琦. 水泥的生命周期评价[J]. 水泥技术，2006(2)：23—25.
[7] 任辉，杨印生，曹利江. 食品生命周期评价方法及其应用研究[J]. 农业工程学报，2006，22(1)：19—22.
[8] Imke J M de Boer. Environmental impact assessment of conventional and organic milk production[J]. Livestock Production Science，2003，80：69—77.
[9] 蔡伟民，郭玉坤. 国外产业生态学研究最新进展[J]. 西南民族大学学报(人文社科版)，2007，188(4)：174—178.
[10] 邓伟根，王贵明. 产业生态学导论[M]. 北京：中国社会科学出版社，2006：43.
[11] 李名林. 汽车产品生态设计方法与评价指标体系探讨[J]. 设计研究，2007(1)：32—35.
[12] 童蕾，江文洪，陈超敏. 冰箱产品的生态设计[J]. 2008，26(4)：107—110.

开发区生态工业园等。而且生态工业园的理论也引入到农业生态工程领域,并在各地取得了一定的实践经验[①]。

2.1.3 产业生态学与循环经济学的关系

1) 区别

产业生态学与循环经济学的研究对象和尺度有所差别。两者都是运用生态学的理论来研究经济活动和过程。但产业生态学主要研究产业活动及产品生产过程中的物质流动和废弃物的排放,研究产业界在降低产品生命周期过程中的环境压力中的作用[②]。产业生态学侧重于研究工业系统与自然生态环境系统的共生发展[③]。而循环经济学主要研究面向资源高效利用、污染减排的经济活动及经济规律。前者偏重于微观过程和机理的研究,后者偏重于整个产业的宏观过程分析。

2) 联系

循环经济贯彻了生态伦理理念,注重生态学理论与方法的应用,以物质能量梯次和闭路循环使用为特征。在资源方面表现为资源的高效利用,在环境方面表现为污染低排放,甚至污染零排放。它将清洁生产、资源综合利用、生态设计和可持续消费融为一体。建立在物质不断循环利用基础上的经济发展模式,它要求经济活动按照自然生态系统的模式,组成一个"资源—产品—再生资源"的物质循环流动的过程,使整个环境经济系统资源利用效率高,而且不产生或少产生废弃物。

产业生态学用生态学的理论与方法研究工业生产,将工业体系视为一种类似于自然生态系统的封闭体系。在这个体系中,一个企业产生的"废弃物"或副产品是另一个企业的原料。这样地域毗邻的工业企业就可以形成一个相互依存的、类似于自然生态系统的工业生态系统。通常用"工业共生"、"要素耦合"、"工业生态链"概念来标识该工业生态系统中工业企业间的关系[④]。

由此可见,产业生态学与循环经济学有共同的出发点和目的。即以人类面临的资源、环境和生态问题为出发点,对产业活动或经济活动进行过程控制和设计,以达到提升自然资源生产能力、减轻人为造成环境压力的目的。

2.2 生命周期评价方法

作为一门新兴的交叉学科,产业生态学的研究涉及诸多层面和学科领域,如生态产品设计、生命周期评价、工业代谢分析等。其中,生命周期评价是产业生态学主要的理论基础,它可以用于对产品、材料、过程或系统进行评价,从而了解产品生产过程中的环境影响,目前已经在诸多领域得到应用,但仍处于起步阶段。随着一系列 ISO 标准的出台,生命周期评价方法将会得到更广泛的应用,并成为工业生产过程评价的重要手段。

[①] 王寿兵,吴峰,刘晶茹等. 产业生态学[M]. 北京:化学工业出版社,2006:85—225.
[②] 王寿兵,吴峰,刘晶茹等. 产业生态学[M]. 北京:化学工业出版社,2006:2006:3.
[③] 赵子壮,周毅. 产业生态学与循环经济的比较分析[J]. 再生资源与循环经济,2011,4(4):16—18,22.
[④] 毛如柏,冯之浚. 论循环经济[M]. 北京:经济科学出版社,2003:289.

本节主要介绍产品使用的环境影响;生命周期评价的概念、发展和原理;生命周期评价对发展循环经济的意义等。

2.2.1 产品使用的环境影响

著名学者 Garrett Hardin 在"The Tragedy of the Commons"(公共物品的悲剧)一文中引用一个公共牧场的例子告诉人们:如果一种资源没有排他性的所有权,就会导致这种资源的过度使用[1]。如果一个社会对那些损害公共物品的行为完全放任自流,那么这个社会注定要失败[2]。人类生存的环境是人类的公共物品,如果不加约束地消耗和污染,则产品生产和个人消费的环境累积效应将会十分巨大,必将会危及全人类的利益,甚至造成灾难。制度约束固然重要,但要将产品使用的环境影响控制在预期范围内或者降低到最小程度,则需要将产品所处不同阶段的可能的环境联系加以分析,这可以通过生命周期评价来实现。生命周期评价的目的是减少某一产品、过程或系统的环境影响,因此有必要了解人类产品的环境影响。

人类使用的产品从生产、运输、使用到用后处理都会对环境造成不同程度的影响,当然不同类别的产品,其各个环节的环境影响程度不同。生产中的环境影响有工业废水、废气的排放,能源消耗等,运输中的环境影响包括运输工具的能耗、污染物排放及产品的磨损等,使用过程的环境影响有固体垃圾、液体和气体废弃物等,用后处理的环境影响主要指垃圾的堆放和掩埋、废水排放等对土壤和水体的影响。总的来说,产品使用的环境影响主要包括以下几大类:

1) 固体废弃物

产品使用产生的固体废弃物主要有废电池、包装盒、塑料袋、塑料制品、聚苯乙烯餐盒及泡沫制品等。一些物品不容易降解只有以垃圾填埋的方式处理,这样会造成严重的水体和土壤污染。

2) 液体废弃物

有些产品在使用过程中,会定期或不定期地产生液体废弃物,如洗衣机排出地含有污垢和洗衣粉的水,工业机械使用的冷却液和润滑油、液体产品的泄漏等,会对当地的土壤和水体造成污染。

3) 气体废弃物

比如汽车等产品排放的废气、地毯黏合剂的挥发物、干洗产生的挥发性液体等都会对大气造成污染。

除以上几类废弃物外,产品使用过程中还会有能源的消耗及产品本身的耗散、腐蚀或磨损,这也会带来废弃物的排放而造成环境影响。以上提及的产品生产和消费过程中的环境影响,归根结底是由于产品生产过程忽视了其潜在的环境效应。要解决这一问题,需要对产品、产业活动和过程进行自始至终地环境影响分析,了解其中存在的环境影响,为下一步改进产品和产业活动提供决策支持,这一切都离不开生命周期评价。

---

[1] Garrett Hardin. The Tragedy of the Commons[J]. Science,1968,162(13):1243—1248.
[2] T. E. Graedel,B. R. Allenby 著,施涵译. 产业生态学(第 2 版)[M]. 北京:清华大学出版社,2004:3.

2.2.2 生命周期评价(LCA)

1) 生命周期评价的概念

生命周期评价是以产品为核心,分析、识别和评估原材料、生产过程、最终产品或生产系统在其整个生命周期中的环境影响。产品的生命周期包括从原材料获取到最终处置(或是更理想的以原来或其他形式循环再生)的整个过程。国际环境毒理学和化学学会(Society of Environment Toxicology and Chemistry,SETAC)对 LCA 有如下定义:LCA 是一种客观评价产品、过程或者活动的环境负荷的方法,该方法通过识别与量化所有物质和能量的使用以及环境排放来评价由此造成的环境影响,评估和实施相应的改善环境表现的机会[1]。可见,生命周期评价体现了以产品为核心的产业系统,并在此系统基础上,将环境管理从末端治理转变为系统管理。

2) 生命周期评价的发展历程

LCA 最早出现在 1969 年,美国中西部研究所(MRI)对可口可乐公司的饮料包装瓶进行了评价研究。该研究对从原材料采掘到废弃物最终处置,进行了全过程的跟踪与动量研究。当时这被称为"资源与环境潜能评价"(Resource and Environment Potential Assessment,REPA)。20 世纪 70 年代中期以前的 LCA 主要由企业秘密进行,而研究的焦点是包装品废弃物问题[2]。20 世纪 70 年代的石油危机,使公众的环境意识得到提高,产品的环境性能成为市场竞争的重要因素,这促进了 LCA 应用领域的拓展[3]。例如,1975 年东京野村研究所为日本利乐公司进行了首次包装 LCA 研究,完成了《对纸盒牛奶包装的评价》[4]。1984 年,瑞士联邦材料测试与研究室首次采用健康标准评估系统进行包装材料的研究。而"生命周期评价"的概念是在 1990 年由国际环境毒理学与化学学会首次提出的,并于 1993 年出版了纲领性报告《LCA 纲要:使用指南》[5]。国际标准化组织(ISO)1993 年成立了"环境管理标准技术委员会",并陆续出台了 LCA 的一系列标准:ISO 14040(1997)《环境管理—生命周期评价—原则和框架》、ISO 14041(1998)《生命周期评价目的与范围的确定,生命周期清单分析》、ISO 14042(2000)《生命周期影响评价》、ISO 14043(2000)《生命周期解释》、ISO/TR 14047(2003)《ISO 14042 示例》和 ISO/TR 14049(2000)《ISO 14041 应用示例》[6]。

在我国,1999 年以后,尤其是清洁生产、ISO 14000 环境系列标准以及产品环境标志计划的逐步推行,才使 LCA 研究逐渐开展。近年来,我国生命周期评价理论与方法得到了较为快速的发展,实践工作也得到了积极的推进。但是,需要指出的是,清洁生产突出了以生产过程控制为主,而生命周期评价以产品为核心[7]。

尽管生命周期评价的研究和应用不断扩展,但生命周期评估本省的局限性也在一定程度上限制了其发展和应用。生命周期评价的局限性主要有:(1) 评估所需要收集数据量大、以致评估较为耗时;(2) 在评估边界的确定方面尚未取得一致的客观标准;(3) 在评估方法

---

[1] T. E. Graedel,B. R. Allenby 著,施涵译.产业生态学(第 2 版)[M].北京:清华大学出版社,2004:15.
[2] 王飞儿,陈英旭.生命周期评价研究进展[J].环境污染与防治,2001,23(5):249—252.
[3] 黄春林,张建强,沈淞涛.生命周期评价综论[J].环境技术,2004(1):29—32.
[4] 王毅,魏江,许庆瑞.生命周期评价:内涵、方法与挑战[J].中外科技信息,1998(7):27—30.
[5] 霍李江,生命周期评价(LCA)综述[J].中国包装,2003,23(1):42—46.
[6] 王寿兵,吴峰,刘晶茹等.产业生态学[M].北京:化学工业出版社,2006:34.
[7] 王如松,周涛,陈亮等.产业生态学基础.北京:新华出版社,2006:196.

中还包含明显的主观成分①。

3) 生命周期评价的原理

LCA包括产品或行为的整个生命周期,即包括原材料的采集与加工、产品制造、产品营销、使用、回用、维护、循环利用与最终处理以及涉及到的所有运输过程。它着重关注环境影响,包括生态系统健康、人类健康、资源消耗三个领域②。SETAC确定LCA的技术框架为:定义目标和确定范围—清单分析—影响评价—改进评价(见图2.1)。

根据ISO 14040标准,LCA是一种评价与产品(包括产品、服务或活动等)相关的环境负荷和潜在影响的技术。它通过三个步骤完成:编制与研究系统相关的输入和输出数据清单;

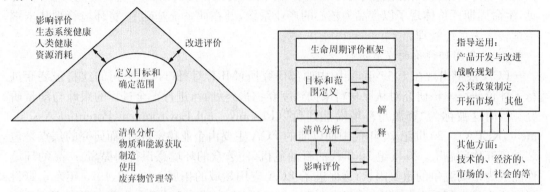

图2.1 国际环境毒理学和化学学会的LCA技术框架(consoli,Allen,1993)

图2.2 生命周期评价的阶段(来源:ISO,1997)

量化评价那些输入和输出伴随的潜在环境影响;联系研究的目标,解释清单分析和影响评价的结果③,如图2.2。与SETAC的LCA框架相比,其将"改进评价"部分改为"解释"部分,但本质是相同的,即对清单分析和影响评价的结果进行综合,系统地评估产品、工艺或活动的整个生命周期内的环境影响,以便为生产决策提供改进方案的选择。以下对ISO的LCA主要内容和框架进行介绍。

(1) 目标和范围的确定(Goal and Scope Definition,GSD)

这是LCA的第一步,它直接影响到整个评价工作的程序和最终的研究结论。定义目标即说明开展此项LCA的目的和原因以及研究结果的可能应用领域。研究范围的确定应保证能满足研究目的,包括定义研究的系统、确定系统边界、说明数据要求、指出重要假设和限制等④。针对生产工艺各部分收集所要研究的数据,收集的数据要有代表性、准确性和完整性。在确定研究范围时,要同时确定产品的功能单位;在清单分析中将收集到的所有数据都要换算成功能单位,以便对产品系统的输入和输出进行标准化⑤。该项工作没有固定的模式,随任务不同而不同,但必须反映资料收集与影响分析的根本方向,即满足清单分析和影响评价要求。此外,由图2.3可知,LCA研究是一个反复的过程,因此在研究中,可能须修正预

---

① 袁波,李秀敏. 生命周期评价技术应用现状[J]. 安全、健康和环境,2013,13(7):1—3.
② 王寿兵,吴峰,刘晶茹等. 产业生态学[M]. 北京:化学工业出版社,2006:30.
③ 王寿兵,吴峰,刘晶茹等. 产业生态学[M]. 北京:化学工业出版社,2006:31.
④ 杨建新,王如松. 生命周期评价的回顾与展望[J]. 环境科学进展,1998,6(2):21—28.
⑤ 樊庆锌,敖红光,孟超. 生命周期评价[J]. 环境科学与管理,2007,32(6):177—180.

先界定的范围来满足研究的目标,在某些情况下也可能修正研究目标本身①。生命周期阶段与系统边界如图2.3②。

(2) 生命周期清单分析(Life Cycle Inventory,LCI)

生命周期清单分析简称清单分析,是对一种产品、工艺或活动在其整个生命周期内的能量与原材料需要量以及对环境的排放(包括废气、废水、固体废弃物及其他环境释放物)进行以数据为基础的客观量化过程。该分析

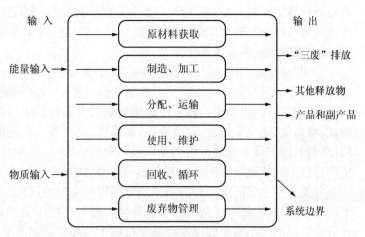

图 2.3 生命周期阶段与系统边界

评价贯穿于产品的整个生命周期,即原材料的提取、加工、制造与销售、使用与用后处理③。清单分析是 LCA 基本数据的一种表达,是进行生命周期影响评价的基础。其核心是建立以产品功能单位表达的产品系统的输入和输出。清单分析是一个不断重复的过程④。

(3) 生命周期影响评价(Life Cycle Impact Assessment,LCIA)

生命周期影响评价简称影响评价,就是将清单信息转化成可理解的、综合的环境效应,提供一个总体的评价结果,其实质是对清单分析所识别的环境影响因子进行定性或定量的表征评价,以确定产品生命周期过程中的物质能量交换对其外部环境的影响程度⑤。LCIA 是 LCA 中难度最大、争议最多的部分⑥。作为整个生命周期评价的一部分,LCIA 可用于识别改进产品系统的机会并帮助确定其优先排序;对产品系统或其中的单元过程进行特征描述或建立参照基准;通过建立一系列类型参数对产品系统进行比较分析,为决策者提供环境数据或信息支持⑦。

按照 ISO14042 所制定的技术框架,将生命周期影响评价划分为必要要素和可选要素两部分,其中必要要素用于将清单分析结果转化为参数结果;可选要素用于将参数结果归结为单一的、可比较的指标并对数据质量进行验证,以确定所得评价结果的真实可靠性⑧。

① 环境影响类型、类型参数和特征化模型的选择。环境影响可以分为资源消耗、人体健康以及生态系统健康等;从发生作用的空间尺度看,又分为全球性、区域性和局地性影响。选择环境影响类型的主要步骤为:确定所要保护的最终目标;根据环境压力效应或因果链环境机制来定义;确定每种影响类型的指标或指数;确定正确的清单数据收集框架⑨。对选择

---

① 王飞儿,陈英旭.生命周期评价研究进展[J].环境污染与防治,2001,23(5):249—252.
② 霍李江.生命周期评价(LCA)综述[J].中国包装,2003,23(1):42—46.
③ 杨建新,王如松.生命周期评价的回顾与展望[J].环境科学进展,1998,6(2):21—28.
④ 曹华林.产品生命周期评价(LCA)的理论及方法研究[J].西南民族大学学报(人文社科版),2004,25(2):281—284.
⑤ 李娜,李明俊.生命周期评价的技术框架及研究进展[J].江西科学,2008,26(2):319—323.
⑥ 杨建新,王如松,刘晶茹.中国产品生命周期影响评价方法研究[J].环境科学学报,2001,21(2):234—237.
⑦ 曹华林.产品生命周期评价(LCA)的理论及方法研究[J].西南民族大学学报(人文社科版),2004,25(2):281—284.
⑧ 李娜,李明俊.生命周期评价的技术框架及研究进展[J].江西科学,2008,26(2):319—323.
⑨ 曹华林.产品生命周期评价(LCA)的理论及方法研究[J].西南民族大学学报(人文社科版),2004,25(2):281—284.

的每一种环境影响类型,要量化其对环境的影响大小,就需要了解其作用机理,然后建立起环境负荷与环境影响之间的关系模型。用于表达这种关系模型的参数叫环境影响类型参数,此关系模型就叫做特征化模型[1]。

② 影响分类。在选定适当的影响类型、类型参数和特征化模型的基础上,对某一类型有一致或相似影响的排放物归类。根据ISO014042设定的生命周期影响评价标准,影响类别包括资源消耗、生态影响和人体健康影响三大类,具体又可细分为气候变化、平流层臭氧消耗、酸雨化、光化学烟雾、富营养化、水消耗、噪声等。最近的研究又开始考虑影响的空间尺度问题,即产品系统的影响类型应包括全球性影响、区域性影响以及局地性影响,尤其是生产过程中的职业健康问题应列入影响类型之中[2]。

分类是一个将清单分析的结果划分到影响类型的过程。环境影响通常难以归为某一因子的单独作用,它最终所造成的生态环境问题与环境干扰的强度及人类关注程度有关。因此分类阶段的一个重要假设是环境干扰因子与环境影响类型之间存在着一种线性关系[3]。

③ 特征描述。这是定量分析中非常重要的一步,是根据所确定的环境影响类型对数据进行分析和定量化。目前特征描述的具体方法很多,常见的有两种:一种方法是用统一的方式将来自清单分析的数据与特定的环境标准相联系的"临界目标距离法";另一种方法是模拟剂量—效应的关系模型,即对污染接触程度和污染效应进行模拟的"环境问题当量因子法",并在特定场合运用这些模型。特征描述的目的在于增加不同影响类型数据的可比性,为下一步的量化评价提供依据[4][5]。

④ 量化评价。对不同环境影响类型的贡献进行量化,并比较其相对贡献大小,即确定权重,以便能得到一个数字化的、可供比较的单一指标。目的是进一步对环境影响评估的数据进行解释和综合。量化评价主要包括确定产品的环境属性、确定环境影响类型的权重值和将权重值应用到环境影响描述等几方面的工作[6]。

⑤ 撰写研究报告。主要内容包括:该项LCIA的程序、计算和结果;LCIA与LCA结果之间的关系;所考虑的影响类型;对参数的不确定性的论证等。

(4) 生命周期解释(Life Cycle Interpretation)

结果解释是生命周期评价的最后一步,本阶段将以上分析得出的主要环境问题进行综合评价,对现有产品设计和加工工艺进行改进分析,并提出可能的实施方案。进行改进的目的是产生环境效益,或者至少将对环境的影响降至最低程度[7]。

生命周期解释具有系统性、重复性的特点。它基于LCA或LCI研究的发现,运用系统化的程序进行识别、判定、检查、评价并提出结论,以满足研究目的和范围中所规定的应用要求。而整个解释阶段需要不断重复。生命周期解释阶段包括三个要素,即识别、评估和报告。识别主要是基于LCA中LCI和LCIA阶段的结果识别重大问题;评估主要是对整个生命周期评价过程中的完整性、敏感性和一致性进行检查;报告主要是形成结论、提出建议。研究报告应具有完整性、公正性和透明性。

---

[1] 王寿兵,吴峰,刘晶茹等. 产业生态学[M]. 北京:化学工业出版社,2006:41—49.
[2] 李娜,李明俊. 生命周期评价的技术框架及研究进展[J]. 江西科学,2008,26(2):319—323.
[3] 曹华林. 产品生命周期评价(LCA)的理论及方法研究[J]. 西南民族大学学报(人文社科版),2004,25(2):281—284.
[4] 邓伟根,王贵明. 产业生态学导论[M]. 北京:中国社会科学出版社,2006:40.
[5] 曹华林. 产品生命周期评价(LCA)的理论及方法研究[J]. 西南民族大学学报(人文社科版),2004,25(2):281—284.
[6] 邓伟根,王贵明. 产业生态学导论[M]. 北京:中国社会科学出版社,2006:40.
[7] 邓伟根,王贵明. 产业生态学导论[M]. 北京:中国社会科学出版社,2006:40—41.

① 重大问题的识别。主要是根据所确定的目的和范围以及评价要素的特性,对清单分析或影响评价阶段得出的结果进行组织,以便发现重大问题。

② 评估。主要是对 LCA 的整个步骤进行检查,通常有:完整性检查、敏感性检查和一致性检查①三个方面。

4) 生命周期评价的应用

生命周期评价不仅对当前的环境影响进行了有效的定量化分析评价,也是"面向产品环境管理"的重要支持工具。它既可用于企业产品开发与设计,又可有效地支持政府环境管理部门的环境政策制定,同时也可提供明确地产品环境标志从而指导消费者的环境产品消费行为。目前,生命周期评价的主要应用领域有工业企业部门和政府环境管理部门。

(1) LCA 在工业企业部门中的应用

工业企业在产品全生命周期中所处的环节主要分为三类,即产品开发与设计、环境市场与产品决策。

① 产品开发与设计。采用生命周期评价方法来分析产品的环境属性,可以识别产品的总体环境特性。在产品开发中使用 LCA,企业将有机会避免或者最小化可预见的环境影响而不牺牲整个产品的质量。通常将在产品设计中考虑环境因素称为面向环境的产品设计,这也是产业生态学的研究内容之一,并已在一些国家开展。

② 环境市场。随着环境意识的增强,人们开始越来越关注产品和服务的环境性能。因此企业通过各种渠道向消费者传递产品的环境信息,包括各种环境市场标准、环境标志、环境声明、各种环境认证等,而这些环境标准的建立与生命周期评价密切相关。

③ 企业决策战略计划。生命周期评价可用于对产品的环境影响评价,并可识别环境友好产品的市场划分,从而帮助决策者理解产品和服务的环境优势和不足。

(2) LCA 在政府管理部门中的应用

LCA 在政府管理部门中的应用主要体现在政府环境管理部门和国际组织制定的公共政策中。主要包括:制定环境政策和建立环境产品标准;实施生态标志计划;优化政府的能源、运输和废弃物管理方案;公众提供有关产品和原材料的资源信息;国际环境管理体系的建立;绿色采购;包装政策;产品导向的环境立法以及税收、价格等经济杠杆政策;污染预防②。

2.2.3 生命周期评价对循环经济的意义

1) LCA 提供了定量化的分析方法

循环经济学提出在产品生产和消费过程中应减少废弃物排放,促进资源的合理循环利用,在废弃物的处理上实行减量化、再利用、再循环的基本方针③。而作为产业生态学的重要理论和重要的环境管理工具,LCA 不仅对当前的环境冲突进行有效的定量化的分析、评价,而且对产品"从摇篮到坟墓"的全过程所涉及的环境问题进行评价④。因此,LCA 方法对于产业活动和产品生产过程环境影响的定量评价和循环经济的深入发展具有重要意义。

2) LCA 促进了绿色产品的开发和设计

LCA 对于产品或生产活动过程环境影响的分析,为产品生态设计提供了理论基础,并

---

① 曹华林. 产品生命周期评价(LCA)的理论及方法研究[J]. 西南民族大学学报(人文社科版),2004,25(2):281—284.
② 邓南圣,王小兵. 生命周期评价[M]. 北京:化学工业出版社,2003:157—167.
③ 黄贤金,钟太洋. 区域循环经济发展评价[M]. 北京:社会科学文献出版社,2006:9.
④ 杨建新,王如松. 生命周期评价的回顾与展望[J]. 环境科学进展,1998,6(2):21—28.

且在环境管理及产品生产中得到应用,这在很大程度上改变了以前末端治理的思路,为发展循环经济提供了理论和技术支撑。

3) LCA促进了环境管理的科学化

生命周期评价通过定量评价原材料的提取、加工及制造、运输和销售、使用与再使用、维持或循环回收,直到最终废弃的能源、物质消耗和废弃物排放所造成的环境影响状况,辨别和估价其改善环境表现与机会,来评估某一产品、过程或事件的全过程的环境负荷[1],为环境管理提供了科学的依据。对于资源的有效利用、废弃物的管理与循环使用及循环经济的进一步发展具有重要意义。

2.3 不同层面的产业生态学

普通生态学由不同层次构成,如个体生态学、种群生态学、群落生态学、生态系统生态学、景观生态学及全球生态学。同理,产业生态学也包括不同的层面,企业可以看作个体,企业集群可以看作是群落,而区域产业体系则可以看作是生态系统。对于产业生态学来说,目前研究的重点是企业层面和区域层面的产业生态学。

2.3.1 企业层面的产业生态学

企业层面的产业生态学主要探讨作为社会生产单元的企业在企业发展、环境管理、社会责任等方面与自然界和人类社会的关系以及如何采取有效的措施加强企业的资源节约、高效运作及与社会环境的协调。

1) 企业与生物有机体

企业行为与生物有机体具有相似之处。首先,企业也能够开展许多独立的活动,如资源采掘、资源转化和产品生产等;其次,企业也要使用能源和物质资源,并释放废热和物质残渣;第三,企业对外部刺激同样有反应。企业对资源的可获得性、潜在的顾客、价格等外部因子的变化能够产生相关的反应;第四,企业具有一定的寿命。但企业与生物体也存在一些差别,比如企业的生产过程与生物有机体的繁殖过程存在差别;企业活动还包括产品的销售等社会活动等[2]。

据此,有学者从生态学视角出发来研究企业个体的生存发展问题,其研究内容包括企业内部的组织结构;企业的成长与进化模型;企业如何获得持续、健康、稳定的发展企业如何适应环境以及与其他企业的关系等。新古典经济学创始人马歇尔借鉴达尔文进化论的思想对企业成长的解释中包含了对遗传、自然选择和生物多样性的分析;爱迪思提出了企业生命周期理论,认为企业的成长和老化同生物体一样,主要都是通过灵活性与可控性之间的关系来表现的,并以此解释企业成长的内部动力学机制[3]。

2) 环境管理体系(Enviromental Management System,EMS)

企业实施产业生态学最常见的活动是建立环境管理体系。国际标准化组织于1996年9月发布了环境管理的国际标准(ISO14000)系列的第1份——ISO14001。根据这一国际标准,环境管理体系是企业总体管理体系的一部分,包括为制定、实施、实现、评估和维护环境方针所需的组织结构、计划活动、职责、做法、程序、过程和资源。实施环境管理体系有助

---

[1] 刘晓华.生命周期评价与环境伦理[J].北京化工大学学报(社会科学版),2007(3):21—25.
[2] 王寿兵,吴峰,刘晶茹等.产业生态学[M].北京:化学工业出版社,2006:16—17.
[3] 袁志杰.产业生态学研究综述[J].合作经济与科技,2007(10):14—15.

于对企业的经营活动进行全方位的评估,将企业放在自然界和人类社会活动的环境背景下去考虑企业的环境和社会影响。

3) 三重底线(Triple Bottom Line,TBL)

三重底线强调企业在发展过程中,应该坚持企业盈利、社会责任和环境责任三者的统一。单纯追求盈利,忽略社会和环境责任,企业就有可能走向消费者和全社会的对立面,而其自身也会面临发展的困境。企业的社会责任主要包括捐赠和慈善事业、遵守法律、善待员工、提供优质产品和服务、满足社会的需求等。企业的环境责任主要是指资源节约、环境保护和循环经济。因此,企业在追求利润的同时,也应该从环境和社会的角度来实现相应的目标。从这种角度出发,环境问题和产业生态学成为企业经营管理框架的一个组成部分,甚至有学者建议将社会和环境表现作为企业的考核指标。但该标准较难界定,比如"社会责任"概念在不同文化中的衡量标准存在差异[1]。

4) 环境评价指标体系

环境管理体系必须依赖结构化评估方法来验证和知道其自身的运作,而建立环境评价指标体系可以对企业生产过程和产品消费过程的环境影响进行定量化分析。具体指标涉及到原材料、生产过程中的资源消耗;残留物和污染排放;产品使用等方面。

5) 服务公司的产业生态学

企业除了产品的生产和销售外,还要提供多种服务,如维修、翻新、清洗、运送、回收等,有些还有专业的服务公司提供服务,这些服务也将产生不同程度的环境影响。从产业生态学的角度来看,服务公司能够发挥下列几种保护环境的作用[2]:激励供应商提高供应链的环境效率;教育消费者;促进环境友好资源消费和产品使用;采用环境影响较小的服务形式,以减少原材料和能源消耗;将生活质量的来源从拥有和消耗产品转向享受服务。

2.3.2 系统层面的产业生态学

一个完整的生态系统,非生物部分和生物部分(即生命支持系统和生命系统)缺一不可,产业生态系统同样如此。产业内的企业及其赖以生存的环境构成了生态系统的基本结构要素。系统层面的产业生态学主要从系统(区域或城市)的角度探讨一个地区内产业活动之间的关系及其与自然环境和社会环境之间的关系。生态系统方法有助于理解产业生态系统的结构和功能,分析和认识产业生态学中的资源利用、时滞、资源再循环潜力以及空间分布规律。有学者提出了区域产业生态系统的概念,讨论其外部影响因素、产业生态系统的发展动力和区域产业的贡献[3]。

1) 产业共生

生态学中的共生是两个物种长时间进化形成的一种利益关系,产业或技术系统也是如此。在一个区域内,企业之间常形成产业链,相互之间通过物质流动和产品利用形成利益关系,共同提高企业的生存能力和获利能力[4]。当然,这种关系可以在一定的机会下自然产生,也可以通过规划引导。Marian Chertow 将这种产业共生系统叫做生态产业园,这在世界上已有较多成功的案例。一个产业园成功的关键是资源输入流和输出流之间具有较高的协同性。

---

[1] T. E. Graedel, B. R. Allenby, 施涵译. 产业生态学(第2版)[M]. 北京:清华大学出版社, 2004:231—237.
[2] Graedel T E, Allenby B R, 施涵译. 产业生态学(第2版)[M]. 北京:清华大学出版社, 2004:249—259.
[3] 袁志杰. 产业生态学研究综述[J]. 合作经济与科技, 2007,331(10):14—15.
[4] 王寿兵, 吴峰, 刘晶茹等. 产业生态学[M]. 北京:化学工业出版社, 2006:16—29.

2) 物质流分析

产业生态系统与自然生态系统类似,通过"食物链"(产业食物链)和"食物网"来实现资源的流动,不同的企业处在不同的营养级,企业之间形成互利共生的关系。图 2.4 以个人电脑中铜的使用为例,据此可以大致了解产业食物链中物质流动的过程[1]。物质和资源流动的分析可以根据物质的化学形态在不同层面上展开,比如元素分析、分子分析、物质分析和材料分析[2]。图 2.4 中铜的循环使用是材料分析的层面。不同物质和元素受人为影响的程度不同,有些元素比如水溶性较低的元素,通过人为过程可以较容易地利用,这也反映了人类产业活动对自然界元素循环的干扰。分析了解不同元素在自然流动和人为流动之间的平衡、在产业活动中的功能以及对自然和人类社会的影响,有助于从大尺度上认识产业系统对资源和物质流动的影响[3]。

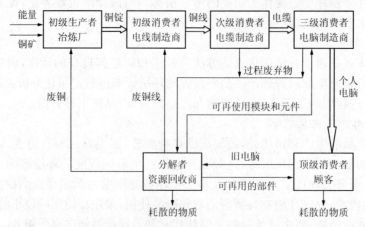

图 2.4 产业食物链(以个人电脑中铜的使用为例)[3]

3) 能量流分析

自然生态系统能量流动的特点是单向流动、逐级递减,且必须以物质循环为载体。产业生态系统中,能量在不同的产业营养级之间进行传递,在传递过程中也会有不同程度的损失,且伴随着资源和物质流动进行传输,这与自然生态系统类似。但两者也存在能量来源不同、能量输入系统的方式不同、同化效率不同等方面的差异[4]。

4) 产业生态位

生态位是指种群在时间、空间上的位置及其与相关种群之间的营养和功能关系[5]。根据该观点,不同物种在系统中占据一定的功能地位,处于生物链的特定位置,形成生态位的分化。另外"高斯假说"认为,生态系统中完全的竞争者(生态位相同的两个物种)不能共存[6]。生态位不同的物种避免了相互之间的竞争,同时由于提供了多条能量流动和物质循环途径,有助于生态系统的稳定。

产业生态系统中的生态位是指其可被利用的自然因素(气候、资源、能源、地形等)和社会因

---

[1] 王寿兵,吴峰,刘晶茹等.产业生态学[M].北京:化学工业出版社,2006:16—29.
[2] Graedel T E, Allenby B R,施涵译.产业生态学(第2版)[M].北京:清华大学出版社,2004:278—291.
[3] 王寿兵,吴峰,刘晶茹等.产业生态学[M].北京:化学工业出版社,2006:16—29.
[4] 王寿兵,吴峰,刘晶茹等.产业生态学[M].北京:化学工业出版社,2006:16—29.
[5] 李博.生态学[M].北京:高等教育出版社,2000:135.
[6] 戈峰.现代生态学[M].北京:科学出版社,2004:134.

素(劳动条件、生活条件、技术条件、社会关系等)的总和。产业生态位确定后就意味着建立了产业系统与地域系统、系统与区域、系统与自然界相互之间的地域生态位势、空间生态位势和功能生态位势,形成了产业生态系统的比较优势。这样的产业生态系统有利于构筑生态产业链,有利于系统的稳定,有利于吸纳并留住可盈利的企业,并使这些企业在全球、国家和地区等不同层面扩大潜在的或已有的市场份额,避免由于产业生态系统的定位雷同而造成恶性竞争[①]。

产业生态位上的企业通过经营规模上、档次上、业态上、大类上、空间和时间上的错位,形成企业的比较优势和竞争优势,建立自己的生态位,提高企业的竞争能力。因此,在区域产业系统规划中,应按照产业链和生态位的错位原理来布局和发展产业,同时通过延长产业链来更充分地利用空间资源,并提供更多的就业岗位,这对于保证区域的发展至关重要[②]。

需要指出的是,产业链长短与经济效益、风险有关;而从生态学角度来看,产业生态链也不是越长越好,产业生态网也不是越复杂越好。一定程度的多样性和复杂性可能带来稳定性,但过多的多样性和复杂性可能带来不稳定性。生态网(链)的稳定性取决于系统组分的优势度和多样性的平衡;开放度与自组织能力的平衡;结构的刚性和柔性的平衡[③]。

5) 产业生态系统的演化与发展

人类社会的产业生态系统如同自然生态系统的演替一样,具有一定的演化规律。主要可分为三个阶段:

(1) 初级产业生态系统。处于人类产业活动初期,企业类型少、规模小、产业竞争小、自然资源充足、废弃物少。

(2) 中级产业生态系统。随着产业化的深入,企业类型增多、规模增大,资源过度使用而造成稀缺,废弃物增多致使环境问题突出,一些企业开始从有利用价值的残余物中获取资源,资源的循环利用开始出现。

(3) 顶级产业生态系统。随着资源环境压力的增大,新的资源和产业不断进入系统,资源的利用率不断提高、废弃物不断减少,到资源的消耗和环境的排放完全满足环境承载力的时候,即从整个生态系统而言,资源消耗速度和再生速度、废弃物积累速度与净化速度之间的比例关系达到可持续发展水平时,产业生态系统的结构组成、能流和物流开始呈现顶级生态系统的特点,被称为顶级产业生态系统[④]。

目前,人类社会的产业生态系统大多已经历了初级阶段,开始进入中级阶段。在产业经济发展和升级的过程中,应遵循一定的规律,合理利用资源并疏导产业链的配置,促进资源的循环利用,缓解资源环境压力,促使产业生态系统按照与自然环境协调的方向演化和发展,最终使产业生态系统达到顶级状态。

复习思考题 2

2.1 阐述产业生态学的内涵及主要内容。
2.2 阐述生命周期评价的基本内容及其对循环经济发展的意义。

---

① 王寿兵,吴峰,刘晶茹等.产业生态学[M].北京:化学工业出版社,2006:16—29.
② 赵荣钦,刘英,焦士兴.城乡结合部扩展中的生态学过程分析[J].生态经济,2008,24(10):136—138.
③ 王如松,周涛,陈亮等.产业生态学基础[M].北京:新华出版社,2006:20.
④ 王寿兵,吴峰,刘晶茹等.产业生态学[M].北京:化学工业出版社,2006:16—29.

3 物质代谢分析

传统工业社会的资源利用以单向的"资源-产品-废物"线性物质代谢(Material Metabolism)模式为主要特征,导致了不可忽视的生态环境代价[①]。循环经济的物质基础是循环利用的物质,停止使用不可循环利用的不可再生物质是人类实现可持续发展的必要条件[②]。循环经济按照"减量化、再利用和再循环"为基本原则,着力构建"资源-产品-再生资源"的物质代谢模式[③]。循环经济是循环或者闭环物质代谢模式,区别于传统工业经济的单向线性物质代谢模式。可见,循环经济作为循环的物质产生的经济,其最本质的问题就是物质代谢。应该从物质代谢入手,从产品的整个生命周期来研究经济系统与生态环境之间的物质流动规律,以形成闭合的物料循环系统[④]。因此,本章在介绍物质代谢研究起源的基础上,分析物质代谢的概念和特征,阐述物质代谢的原理与分析方法,并以快速工业化城市——苏州为例,说明区域物质代谢原理和方法的应用。

3.1 物质代谢概述

3.1.1 物质代谢的提出与兴起

工业革命以前,人类对自然环境的破坏只限于机械的、物理的破坏,表现为对地球疏松表层的侵蚀、搬运和堆积,对空气、水体运动影响。工业革命以来,人类对环境的破坏除物理作用外,更突出地表现为化学作用,如合成大量人工化学物质,造成严重的污染问题。据测算,人类活动释放到环境中的化学物质相当于火山和岩石风化所释放的10~100倍[⑤]。化石能源的大量使用,造成社会经济系统排放的废弃物增加,系统压力加大,从而引起一系列反馈现象,比如全球温室效应、酸雨现象、土壤重金属污染、水体富营养化。

尤其是20世纪50年代以来,人类面临人口激增、粮食短缺、能源紧张、资源枯竭和环境污染等问题,导致全球生态危机逐步加剧,经济增长速度下降,局部地区社会动荡,这就迫使人类重新审视自己在生态系统中的位置。20世纪60年代,美国经济学家鲍尔丁提出的"宇宙飞船理论"非常形象地比喻了人与环境同舟共济的相互依赖关系,即地球是一个封闭系统,资源用一点少一点,经济发展应该重质而不重量。20世纪70年代,罗马俱乐部公开发表了《增长的极限》的研究报告,这一报告迅速唤起了人类对环境与发展问题的极大关注,国际社会经过广泛讨论达成共识:经济的持续发展必须考虑对自然资源的保护与持续利用。20世纪70年代,美国的Rober Ayres等人对经济运行中物质与能量流动对环境的影响进

[①] 段宁,柳楷玲,孙启宏,李艳萍.中国经济系统物质代谢核算及环境压力分析[J].软科学,2009,23(3):1—5.
[②] 段宁.物质代谢与循环经济[J].中国环境科学,2005.25(3):320—323.
[③] 段宁,柳楷玲,孙启宏,李艳萍.中国经济系统物质代谢核算及环境压力分析[J].软科学,2009,23(3):1—5.
[④] 林亲铁,易春叶,唐跃文.循环经济发展中的物质代谢分析[J].化工环保,2006,26(2):119—121.
[⑤] 白光润.现代地理科学导论[M].上海:华东师范大学出版社,2003:1.

行了开拓性研究,通过企业与生物个体、产业系统与生物系统之间的"类比",提出了产业代谢的概念。产业代谢分析是描述产业系统中物质、能量从资源采掘,经过产业和消费系统到最终作为废弃物处置的整个过程的分析方法[1]。20世纪80年代,用城市代谢的方法研究城市问题继续作为联合国教科文组织人类与生物圈(Man and the Biosphere,MAB)计划的一部分。20世纪90年代以后,由于经济社会发展过程中的自然资源稀缺问题日益突出,物质的使用对环境产生的影响引起了众多关注。于是,在欧盟和世界资源研究所(World Resources Institute,WRI)推动下,相继建立了国家物质流账户框架,从此物质流核算体系和物质代谢理论得到迅速推广,物质代谢也被认为是研究可持续发展的有效手段之一,并取得了一系列从不同尺度对物质代谢效应进行研究的成果。

到目前为止,世界上多数国家都以欧盟2001年确立的框架为基础,就本国高度密集的物质流水平及趋势进行了国家层面的分析。业已进行物质代谢吞吐量研究工作的国家有奥地利、日本、德国、英国、荷兰、意大利、美国、芬兰、瑞典、澳大利亚、波兰、丹麦、中国、捷克、爱沙尼亚、挪威等。2004年,Stefan Bringezu等人对这些国家的物质代谢结构和物质投入总需求(Total Material Requirements,TMR)的组成进行了对比分析,发现随着经济的发展,各国的物质代谢结构发生了变化[2]。比如,一些工业发达国家在发展过程中资源的获取途径从国内转向国外;大多数被研究国家的TMR都是以化石能源需求为主,德国、英国、波兰、美国、日本和欧洲其他国家尤其明显;各国的人均物质投入总需求分布在32~100 t/人范围内[3]。2000年,陈效逑等人分析了1989~1996年间我国经济系统的物质需求总量、物质消耗强度和物质生产力,研究结果显示出我国的物质投入需求总量大,经济发展主要依赖国内资源,资源利用效率较低,1994年单位物质消耗量所创造的GNP仅为发达国家的2%~6%[4]。但是1995~1999年间,中国经济系统却在保持自然物质消耗少量增加的基础上实现了经济的高速发展[5]。而段宁等人研究发现,1999~2003年中国经济系统的直接物质投入规模在经历了1995~1999年的缓慢增加后又出现了快速上升的趋势[6]。1990年以来中国经济快速增长很大程度上依赖于持续增长的高物质投入[7]。

现今国际上在区域层次上进行物质代谢吞吐量的研究成果较多。2000年,Ethan H等人在已有研究成果的基础上,对比分析了世界上25个大城市的物质代谢吞吐量,这些城市均是人口高密度地区,包括卡拉奇、开罗、德黑兰、天津、北京、首尔、莫斯科、纽约、德里、伦敦、布宜诺斯艾利斯、上海、大阪、东京、洛杉矶、墨西哥城、圣保罗、里约热内卢、拉各斯、雅加

---

[1] 王如松,周涛,陈亮等.产业生态学基础[M].北京:新华出版社,2006:211.
[2] Bringezu S, Schütz H, Steger S, et al. International comparison of resource use and its relation to economic growth. The development of total material requirement, direct material inputs and hidden flows and the structure of TMR [J]. Ecological Economics,2004,(51):97—124.
[3] Bringezu S, Schütz H, Steger S, et al. International comparison of resource use and its relation to economic growth. The development of total material requirement, direct material inputs and hidden flows and the structure of TMR [J]. Ecological Economics,2004,(51):97—124.
[4] 陈效逑,乔立佳.中国经济—环境系统的物质流分析[J].自然资源学报,2000,15(1):17—23.
[5] Bringezu S, Schütz H, Steger S, et al. International comparison of resource use and its relation to economic growth. The development of total material requirement, direct material inputs and hidden flows and the structure of TMR [J]. Ecological Economics,2004,(51):97—124.
[6] 段宁.城市物质代谢及其调控[J].环境科学研究,2004,17(5):75—77.
[7] 段宁,柳楷玲,孙启宏,李艳萍.中国经济系统物质代谢核算及环境压力分析[J].软科学,2009,23(3):1—5.

达、达卡、马尼拉、曼谷、加尔各答、孟买。研究发现这些城市在利用燃料的类型与数量上出现大的变化,朝着越来越清洁的燃料和汽车燃料方向演变[①]。另一些学者探讨了加拿大多伦多市区、莱茵河盆地区域、澳大利亚的悉尼以及中国的香港地区、南通、深圳、贵阳、铜陵等地区的物质吞吐量,研究发现不同区域的物质代谢特征存在着一定的差异性,尤其是经济发达区域与欠发达区域之间存在着明显的差异性。但是,目前将物质代谢吞吐量与区域社会经济发展水平进行联系,考察物质代谢区域差异性特征的研究成果还比较缺乏。

近年来,"家庭代谢"的概念也逐渐被人们所认识。"家庭代谢"的概念最初是在荷兰HOMES(Household Metabolism Effectively Sustainable)项目中提出,主要是从家庭层面研究自然资源的流入与流出通量。1999年,Wouter等人研究了荷兰的家庭代谢,发现不同的家庭生活模式直接或间接地影响着物质吞吐量,甚至影响着整个经济系统的运行。研究结果表明,荷兰目前的家庭代谢状况不利于社会、经济、生态的可持续发展[②]。另外,还有学者探讨了奥地利、瑞士圣加仑市、澳大利亚悉尼市等地区的家庭代谢情况。国内对于家庭层面的物质代谢研究处于刚刚起步阶段。2000年以来,国内学者也开始从家庭层面考察物质代谢的情况。2003年,刘晶茹等人研究得出近20年中国城市家庭水资源和能源代谢量一直呈现增加的趋势,并对影响家庭代谢的影响因素进行了分析[③];而罗婷文等人则以家庭碳代谢为基本思想,考察了1979~1999年北京城市发展过程中家庭食物碳消费的变化趋势和影响因素[④]。随着全球人口的增加,家庭代谢吞吐量的大小对于缓解环境压力具有举足轻重的作用。随着全球气候变化引起社会的广泛关注以及城市家庭碳排放及其控制、低碳社区建设的推进,也使得以低碳排放为核心的家庭代谢得到了更多的学术关注,因此,未来一段时间,应进一步从家庭消费行为和态度等方向来研究家庭代谢的反馈机制。

3.1.2 物质代谢的概念及特征

1) 物质代谢的概念

"物质代谢"是德语 Stoffwechsel 的翻译。在德语中,Stoff 是物质、质料、素材的意思,Wechsel 是交换、变换的意思。从字面上讲 Stoffwechsel 显然是一种东西与另一种东西之间物质、质料、素材的交换或变换,但是这一字面意义并不是这一概念的本来含义。这一概念最早是由化学家希格瓦特(G. C. Sigwart)在 1815 年提出的,并广泛流行于生理学、化学、农学等自然科学领域。其主要含义并不是一般的物质与物质的交换,而是动植物为维持生命所进行的物质代谢和生命循环。可见,物质代谢作为生命的基本特征,在生命科学中从有生命的单细胞到复杂的人体,都与周围环境不断地进行物质交换,这种生物体与外界环境之间物质的交换和生物体内物质的转变过程称为物质代谢。

在社会学和文化人类学方面,马克思是代谢概念的最早使用者。在马克思《资本论》和《经济学批判大纲》等著作中,曾经超越自然科学的范围,多次使用物质代谢的概念来说明人

[①] Ethan H Decker, Scott Elliott, Felisa A Smith, et al. Energy and material flow through the urban ecosystem [J]. Annul. Rev. Energy Environ, 2000, (25): 685—740.

[②] Wouter Biesiot, Klaas Jan Noorman. Energy requirements of household consumption: a case study of The Netherlands [J]. Ecological Economics, 1999, 28(3): 367—383.

[③] 刘晶茹,王如松,王震,等. 中国城市家庭代谢及其影响因素分析[J]. 生态学报,2003,23(12):2673—2676.

[④] 罗婷文,欧阳志云,王效科,等. 北京城市化进程中家庭食物碳消费动态[J]. 生态学报,2005,25(12):3252—3258.

类劳动、生产和商品交换等社会问题,指出劳动通过工具使自然物质转化为人的需求。但是,马克思本人并没有对这一概念作过严格的规定。马克思的物质代谢概念最早被法兰克福学派的施密特(Schmidt)在1962年出版的《马克思的自然概念》中首次讨论,意图说明"自然与社会的相互渗透"[1]。事实上,马克思时代的物质代谢概念基本上包含以下两个层次的含义:一是生命体为维持其生命活动必须在体内或与体外进行物质的代谢、交换、结合、分离活动;二是在自然与生态系统中,包含人类在内的所有动植物、微生物都处于相互联系、相互依存的关系之中,共同构成了一个由自然要素组成的生命循环。可见,物质代谢是人类与自然界最基本的沟通形式和交流界面。

20世纪以来,工业化、城市化速度的加快促使全球经济快速发展,但同时也增加了对自然环境的压力,一些学者开始讨论工业化、城市化与物质代谢以及自然环境的相互作用关系,并且相继提出"城市代谢"和"工业代谢"的概念。"城市代谢"的概念最早由Wolman于1965年提出,他将城市视为一个生态系统,认为城市代谢就是物质、能量、食物等供应给该系统,然后又从城市生态系统中输出产品和废弃物的过程。1999年,Newman扩展了"城市代谢"的概念,他认为在城市物质代谢分析过程中还应该考虑人类居住的适宜程度[2]。

物质代谢研究发展至今,其研究重心已经转向工业代谢研究,这是由于工业化过程伴随着的最基本的特征就是社会经济系统的物质代谢发生变化。农业社会以生物性能源为主,而工业社会则向化石能源、核能和矿物资源转变。"工业代谢"是产业代谢的重要组成部分,其概念由Ayres于1988年提出,他认为工业代谢是原料、能源和劳动在一起转化为产品和废弃物的物理过程集合[3]。工业代谢研究的目的在于揭示经济活动中纯物质的数量与质量规模,展示构成工业活动的全部物质与能量的流动与储存及其对环境的影响。

综上所述,从狭义的生命代谢特征扩展到人类与自然环境之间的交流界面,物质代谢逐渐被赋予了更为深刻的内涵。人类从自然界中摄取水、空气、生物性及非生物性资源,经过社会经济系统的代谢作用将废弃的固体、污水、废气等又排放回自然界中(见图3.1)[4]。

可见,物质代谢的概念可以归纳为人类改造自然过程中,社会经济系统内部物质消耗及其与外界自然环境之间的物质交换过程的集合。在这个概念中,社会经济系统被视为自然环境系统中一个具有代谢功能的有机体,该有机体对自然环境的影响可以用代谢能力来衡量,其核心在于整个社会的物质吞吐量和能量吞吐

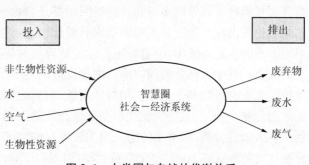

图3.1 人类圈与自然的代谢关系

---

[1] 韩立新. 马克思的物质代谢概念与环境保护思想[J]. 哲学研究,2002(2):6—13.

[2] Newman P W G. Sustainability and cities: extending the metabolism model[J]. Landscape and Urban Planning,1999(44):219—226.

[3] Ayres R U, Simonis U E. Industrial metabolism, restructuring for sustainable development [M]. Tokyo: United Nations University Press,1994:3—20.

[4] 陶在朴. 生态包袱与生态足迹——可持续发展的重量及面积观念[M]. 北京:经济科学出版社,2003:16—19.

量以及社会吞进物质/能量(投入)和吐出物质/能量(排出)的规模。从生物圈形成的漫长历史过程来看,各种化学元素和化合物在不同层次、不同大小的生态系统中,沿着特定的途径实现从环境到生物体、再从生物体到环境的反复循环演替。在这一漫长的历史的大部分时间里,物质代谢是良好的。而人类出现带来的物质代谢由于有数量上和质量上的种种问题,打破了生物圈这一良好的进程。因此,维持人与自然界之间良性物质代谢过程的关键在于合理控制物质吞吐规模。

2) 物质代谢的特征

为维持人类的生存,人类通过"劳动"完成对陆地生态系统的殖民化,人类社会与自然系统进行着能量与物质的交换或互动,并发现物质的吞吐量决定着物质代谢的规模。从人类社会所经历的三个发展阶段来看,狩猎社会和农业社会代谢规模较小,因为这两个社会阶段内非再生资源尚未开发,每人每年直接能源投入分别为 10~20 GJ 和 65 GJ,直接物质投入分别为 1 t 和 4 t。工业社会的代谢规模最大,约为农业社会的 10~20 倍,主要是因为非再生资源的开发,即工业社会的可持续发展受非再生资源的制约。每人每年直接能源投入和物质投入达到 250 GJ 和 19.5 t。而工业社会的代谢问题不仅表现在投入大量的能源与物质,更表现在排放出大量的导致温室效应的二氧化碳以及有害的固、液体废弃物。因此,物质投入越多的国家或地区就越需要减少代谢的物质吞进。

由此可知,社会经济系统中的物质代谢包含三个基本特征:一是人类社会与自然环境之间存在着永恒的且连续不断的物质输入与输出过程;二是人类社会从自然环境中获取物质、能源等原材料,且部分以存量形式在社会经济系统中储存,最终以废弃物等形式释放到环境中;三是人类社会物质代谢规模由物质吞吐的绝对量决定,且物质吞进量的规模决定着物质吐出量的规模。

3.1.3 物质代谢与循环经济

当前,人类在发展循环经济中面临着资源能源短缺、生态环境破坏、人类生存质量下降、经济增长质量不高等诸多问题。这些问题都是表面现象,其深层次和本质上的原因是人类的物质代谢出现了问题。生物圈形成的漫长历史,就是各种化学元素和化合物在不同层次、不同大小的生态系统中,沿着特定的途径从环境到生物体、再从生物体到环境的反复循环演替的历史。其中大部分时间物质代谢是良好的,生产者、消费者和分解者的功能和谐配套,生物圈朝着有机物和生命体从初级到高级、物质代谢过程和网络从简单到复杂而趋于完备的方向发展。但是,人类物质代谢在数量和质量上的种种问题打破了生物圈这一良好的进程。有人做过分析,如果不考虑人类无法生存的地区,全球未被扰动的地区仅占 27.0%,部分被扰动的地区占 36.7%,全部被扰动的地区占 36.3%。由于人类的使用和排放,氮、磷、碳等元素在生物地球化学循环中受严重干扰,与自然量相比,人类的排放量已经达到相当大的规模;而人类活动导致的一些重金属的排放量已经大大超过自然交换量,如铅超过 300 倍、锌超过 38 倍、锑超过 23 倍、镉超过 20 倍、铜超过 14 倍[①]。

目前,国际上一些国家采用物质流分析方法来表述国家资源投入、废弃物产生和废弃物再生利用的概况,并在物质流分析方法框架的基础上建立了循环经济的评价指标体

---

① 段宁,李艳萍,孙启宏等.中国经济系统物质流趋势成因分析[J].中国环境科学,2008.28(1):68—72.

系。比如,日本在建立循环经济法律体系的基础上,采用 MFA 方法制定了具体的发展目标,明确制定出循环型社会的推进计划。在国内,国家环境保护总局的周国梅等人提出物质流分析是循环经济的重要技术支撑,物质流分析和管理是循环经济的核心调控手段。因此,建立循环经济发展模式的基本方法是应用物质流管理方法对不同层面的模式进行科学规划。清华大学的刘滨等人尝试了以物质流分析方法为基础,建立我国循环经济指标体系。西北大学林积泉等人通过模仿生态系统中的物质代谢过程,设计了工业企业循环经济产业链。南京大学的黄贤金等人将物质代谢分析方法引入循环经济研究领域,从而为评价区域循环经济发展提供了新的方法支撑。

由于人类物质消费总量上升是永恒的、绝对的,不可再生资源总有耗尽的一天,因此,循环经济中物质消费总量的结构调整可以归纳为科学地、大幅度地增加生物质等可再生物质在人类物质消费总量中的比例,最大限度地循环利用可循环利用的不可再生物质,尽量减少直至完全停止使用不可循环利用的不可再生物质。从物质流分析与管理和循环经济的相互关系来看,物质流分析和管理的调控作用主要体现在以下几个方面[①]:

① 减少物质投入总量。在社会经济活动中,物质投入量的多少直接决定资源的开采量和对生态环境的影响程度。特别是对于不可再生资源,物质投入量的减少就直接意味着资源使用年限的增加,其对整个社会经济和环境的意义是极为显著的。因此,循环经济强调要在减少物质总投入的情况下实现社会经济目标;通过减少物质总投入,实现经济增长与物质消耗和环境退化的"分离"。如何在减少物质投入总量的前提下保障经济效益? 通过新的技术和管理手段,不断提高资源利用率和增加资源循环使用量是两个关键。

② 提高资源利用效率资源利用效率。反映了物质、产品之间的转化水平,其中生产技术和工艺是提高资源利用效率的核心。通过物质流分析,可以分析和掌握物质投入和产品产出之间的关系,并通过技术、工艺改造和更新,提高物质、产品之间的转化效率,提高资源利用效率,达到以尽可能少的物质投入达到预期经济目标的目的。

③ 增加物质循环量。通过提高废弃物的再利用和再资源化,可以增加物质的循环使用量,延长资源的使用寿命,减少初始资源投入,从而最终减少物质的投入总量。工业代谢、工业生态链、静脉产业等都是提高资源循环利用的重要内容和实现形式。有关资料表明,2000年日本总的物质循环利用率达到 10% 左右,所循环利用的大都是资源短缺或价值较高的废旧物质,如废钢、废铝、废塑料等。但是,大量的物质在目前的经济、技术水平上还是没有得到很好地循环利用或根本无法循环利用。

④ 减少最终废弃物排放量。在发展循环经济过程中,生产工艺和技术的进步、生态工业链的发育和静脉产业的发展壮大,可以实现高资源使用效率、增加物质循环和减少物质总投入,达到减少最终废弃物排放量的目的。

3.2 物质代谢分析原理与研究方法

3.2.1 物质代谢分析原理

在自然生态系统中有三种不同角色的生命体:生产者、消费者和分解者。生产者吸收太

[①] 循环经济的核心调控手段是物质流分析与管理[N]. 2004 年 11 月 30 日,中国环境报.

阳能并利用无机营养元素(C、H、O)等合成有机物质,同时也将吸收的部分太阳能以化学能形式储存于有机物中。生产者主要是指绿色植物及部分进行光合作用的菌类,也称为自养性生物。消费者是指直接或间接利用生产者所制造的有机物作为食物或能源的生物群,他们不能直接利用太阳能或无机态的营养元素。分解者通常以动植物残体或它们的排泄物作为自己的食物或能量来源。通过分解者的新陈代谢作用,有机物分解为无机物并还原为植物可以利用的营养物。以上的食物链循环如图 3.2。

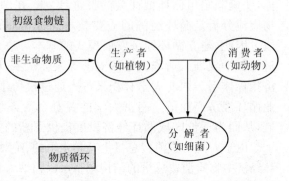

图 3.2　自然生态系统

物质代谢分析的原理即根据质量守恒定律,将经济社会系统作为一个有机体来看待,研究其物质代谢的效应。类似地,可以将工业过程中的原料供应、生产制造以及消费和废料三方面的依赖关系,比喻为食物链关系,见图 3.3。

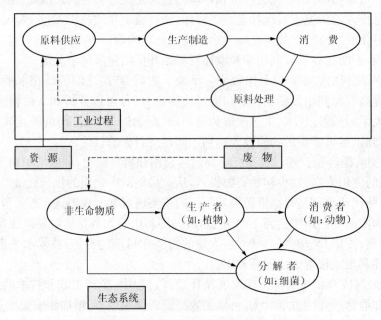

图 3.3　工业与自然结合的人工生态系统

吞吐量的平衡遵守质量守恒定律,即区域系统内输入物质的总量等于输出物质的总量与系统内增量之和。物质代谢过程中吞进的物质越多,吐出的排泄物必定也越多。因此,生态问题从源头上找答案,便是减少代谢所吞进的物质数量。如果人为干预的代谢(社会代谢)的吞吐量与自然生态系统的再生能力一致,则物质处于永续循环利用之中,此时称为基本代谢(Basic Metabolism)。如果社会代谢的吞吐量规模必须借助圈外的"非再生资源"(Non-Renewable)来维持,比如需要地质圈的化石燃料(石油、天然气、煤、铁和其他矿物,此时称为"外延性代谢"(Extended Metabolism)。物质代谢的极限是可持续发展的根本问题。

3.2.2 物质代谢研究方法

现阶段国际上分析物质代谢效应的方法主要有五种：① 物质流分析(Materials Flow Analysis,MFA)。主要是以质量守恒定律为基本依据,从实物的质量出发,将通过社会经济系统的物质分为输入、储存、输出三大部分,通过研究三者的关系,揭示物质在特定区域内的流动特征和转化效率[①]。一般采用物理单位(通常用 t)对物质进行从采掘、生产、转换、消费、循环使用直到最终处置的结算,其分析的物质可包括元素、原材料、建筑材料、产品、制成品、废弃物及向空气和水里的排放物等。② 能量流分析(Energy Flow Analysis,EFA)。能量流与物质流是同一个物质代谢过程的两个不同方面,因此 EFA 与 MFA 的系统边界相同。具体是以能量守恒定律为基本依据,跟踪能量在社会经济系统中的流动途径及过程,揭示能量在特定区域内的流动特征、转化效率和总的吞吐量。③ 资源流分析(Resources Flow Analysis,RFA)。是指资源在人类活动作用下,资源在产业、消费链条或不同区域之间所产生的运动、转移和转化。它既包括资源在不同地理空间资源势的作用下发生的空间位移(即所谓的横向流动),也包括资源在原态、加工、消费、废弃运动过程中形态、功能、价值的转化过程(即所谓的纵向流动)。通过对资源"横向流动"问题的研究,评估流动过程中产生的相关效应,包括社会、经济、环境效应;通过对资源"纵向流动"问题的研究,揭示资源系统中的资源利用效率。④ 人类留用的净初级生产量(Human Appropriation of Net Primary Production,HANPP)。主要是估计地球的净初级生产(光合作用所产生的植物有机质)中人类留作自己用的那一部分所占的比例,可以用来反映社会经济系统中物质代谢组成结构和能量利用效率的变化。植物通过光合作用产生的生物物质年总产量是人类社会关键的物质和能量输入,因此 HANPP 与社会经济系统的物质代谢直接相关。⑤ 生态足迹(Ecological Footprint,EF)。主要是计算出满足城市或者区域社会经济系统物质代谢所需要的土地数量,即计算出化石能源地、耕地、牧草地、林地、建筑用地和水域的生产力。主要用于判断一个区域社会经济系统的物质代谢是否处于生态承载能力的范围内。

可见,以上方法分析和关注物质代谢过程的视角各有千秋。物质流和能量流分析侧重于研究物质和能量在特定区域的流动特征和转化效率,忽略了物质或能量在流动过程中所产生的相关效应(社会、经济、环境效应)以及各环节内部之间对资源利用效率的影响;资源流分析主要是在物质流分析的结果上,侧重研究资源横向流动产生的社会、经济和环境效应和纵向流动过程中的资源利用效率[②];人类留用的净初级生产量的计算更关注人类社会代谢过程对能量的利用效率;而生态足迹则从承载人类活动的媒介——土地入手,考察代谢强度。这里主要介绍物质流分析方法。

物质流分析方法主要包括物料流分析(Bulk-Material Flow Analysis,Bulk-MFA)和元素流分析(Substance Flow Analysis,SFA)。Bulk-MFA 主要针对混合物和大宗物资,研究

[①]夏传勇.经济系统物质流分析研究述评[J].自然资源学报,2005,20(3):415—421.
[②]成升魁,闵庆文,闫丽珍.从静态的断面分析到动态的过程评价——兼论资源流动的研究内容与方法[J].自然资源学报,2005,20(3):407—414.

经济系统的物质输入与输出。SFA主要针对元素和化合物,研究某种特定的物质流,如砷、汞等对环境有较大危害的有毒物质流;化工等产业部门的物质流;铁、铜、锌等对国民经济有着重要意义的物质流。目前,对物质流分析的基本内容主要集中在以下两个部分:第一是对进、出社会经济系统物质流的规模和种类进行统计和核算,即物质流账户分析;第二是对社会经济系统的物质使用强度的分析,主要关注在一定生产或消费规模下,物质的使用强度、物质的消耗强度、物质的循环利用强度等。

1) 物质流分析原则与相关概念界定

首先,质量守恒定律是物质流分析的基本原则。在进行物质流分析时,均以重量为核算单位。对于一个系统而言,物质的流入总量等于物质的流出总量与系统内物质存量的净变化量之和。就社会经济系统来说,自然环境所提供的输入物质进入该系统,经过加工、贸易、使用、回收、废弃等过程,一部分成为系统内的净存储,其余部分输出物质返回到自然环境中去(见图3.4)[①],而整个社会代谢过程中的输入量等于输出量与净存储量之和,即输入=输出+净存量。

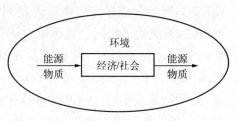

图3.4 经济—环境系统

社会代谢所定义的物质存量通常是指:道路、建筑、水坝、运输工具(船舶、飞机、汽车)、机械设备等人造资本和消费性耐用商品,如冰箱、电视和家电。年末与年初的物质存量变化称为存量净变化。人口的增加、人类总体重的变化也应视为存量的变动。有些研究将牲畜数及其重量的变化作为投入量计算,这是有待探讨的,因为在人类的社会经济圈中,牲畜同人一样是代谢的主体部分,它们吃进草料,排出粪便;吸入新鲜空气,排出废气,因此,牲畜的重量应作为存量处理。森林、渔业产品与农产品相同,作为投入量而不作为存量。

物质代谢之物质投入大于排出,物质存量便不断增长,例如楼房、道路的扩张;机械设备增加等。物质存量净变化是人类可持续发展的新观察点。联合国发展署和其他人口研究机构预测,大约在未来50年内,全球人口存量将静止下来,尽管人口数是120多亿或150多亿尚存争议,但全球人口出生数与死亡数相等的一天终会到来。但是物质投入与排出相等、物质净存量不变化的一天是否会到来尚无预测报告。美国经济学家戴利强调的稳定型经济(Steady State Economy)就是指物质代谢的进出平衡、存量恒定的可持续状态。

为避免重复计算,在物质流分析中需明确界定代谢主体、生态包袱、系统边界等重要概念。物质流分析中的代谢主体是指社会经济圈内"吞"、"吐"物质的可独立处理的基本物质单位,例如,人和牲畜摄入的营养物质、空气和水,排出的粪便和污物等。一般为了计算方便,植物不宜看成代谢主体。因为,植物吞吐的物质层次属于矿物质,统计上很难获得数据。代谢主体在物质流账户中均以存量出现。生态包袱是社会经济系统物质代

---

① EUROSTAT. Economy-wide material flow accounts and derived indicators: A methodological guide [R]. Luxembourg: Statistical Office of the European Union, 2001.

谢的重要组成部分,人类为获得有用物质和产品而动用的、没有直接进入交易和生产过程的物料,在物质流账户中又被称为隐流或非直接流。在计算进出口非生物制成品和半制成品所携带的生态包袱时,需要将这些商品先转化为原材料 t 当量(Raw Material Equivalent,RME)。例如,进(出)口的汽车,计算时应将汽车的重量换算成相应的铁矿石、橡胶、各种金属矿石等生产汽车的原材料的重量,再计算这些原材料的非直接流。

物质流分析存在两种类型的系统边界:一是社会经济系统与自然环境系统之间的边界,从自然环境中获取基本物质(原生的、未被加工的物质和材料),社会经济系统吞进这些物质后,又将物质(废气、废水、固体废弃物)排泄到自然环境中;二是本国(或本地区)与其他国家(或地区)的行政边界,成品、半成品以及原料经由该边界,由本国(或本地区)出口到其他国家(或地区)或由其他国家(或地区)进口到本国(或本地区)。

图 3.5 是社会经济系统在自然环境系统中物质代谢过程的物质流系统概貌。在国家物质流分析过程中,只对通过本国社会经济系统边界的输入和输出物质流予以考虑,系统内部的物质流不列入研究范畴。因此,家庭畜养的牲畜被视为系统内部的物质流而不予统计,农业生产中的化肥则被视为系统输出到自然环境的物质流。

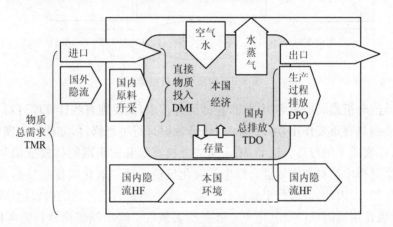

图 3.5 社会代谢的物质流概貌

2) 物质流分析框架

物质流分析框架主要由输入端、社会经济系统内部以及输出端构成(见图 3.6)。输入端主体是从本国或本地区自然环境中开采的各种原料(Domestic Extraction,DE),包括化石燃料、矿物质、生物等;还包括伴随国内原料开采而产生的隐流,这部分不进入经济系统,一经产生便直接输出到自然环境中去了。输入经济系统的物质流还有从其他国家或地区进口的成品、半成品和原料以及与这些物质相关而产生的非直接流。进入经济系统的物质流一方面成为系统内部的存量物质,如基础设施和耐用产品等;另一方面经过单位统计时段(一般以年为单位)的消费,成为通过系统边界返回到自然环境中的废弃物和排放物;此外,还有一部分物质通过系统边界出口到其他国家或地区。在输出到自然环境系统中的废弃物中,有一部分被称为消耗流(Dissipative Flows,DF),即在产品使用过程中不可避免产生的废弃物,包括化肥、农药等在农业生产中的使用以及其他产品在使用过程中的磨损。

需要指出的是,在物质流计算过程中忽略了每年不足百万 t 单位的资料及未被报道的物质移动(如个人消费取火用的火柴或黑市交易等)。一般在计算过程中,重量均以物质的净重(即排除物质中的水分,计算干物质重量)为标准,且排除生物呼吸或工业生产过程中所需的氧气。

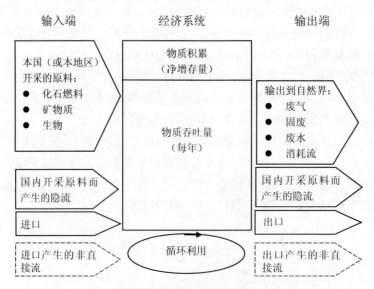

图 3.6　物质流分析框架

由于物质流分析遵循质量守恒定律,在计算过程中,如发现有些计算项目对于物质输入与输出的总平衡具有重要作用,可以通过对统计数据进行平衡修订,完整的表现整个系统的物质流平衡,即物质平衡修订。比如,输入端的燃料重量和输出端的排放量相差很大,这主要是因为燃烧过程中燃料和空气混合发生了氧化反应。就二氧化碳排放量而言,碳的重量占 27%,氧为 73%,因此,需进行平衡修订。输入端平衡修订需考虑的内容包括燃料燃烧所需氧、生物呼吸作用所需氧以及其他工业过程所需氧气。输出端平衡修订需考虑的内容包括燃料燃烧过程产生的水蒸气、生物代谢过程中的水蒸气等。

3) 物质流账户指标体系

这里主要以 2001 年欧盟推广的物质流账户指标体系为例进行说明(见表 3.1),共分为四大类,即投入、排放、消费、物质平衡类指标。具体包括:

① 投入类指标:直接物质输入(Direct Material Input,DMI),所有具有经济价值的直接进入经济生产和消费活动的物质,包括区域内部直接物质输入和进口物质两部分;物质总需求(Total Material Requirement,TMR),区域内部的物质需求量与进口的物质需求量之和,其中进口物质的隐流虽然对出口地区产生环境压力,但仍计入进口地区的物质需求总量之中;物质总投入(Total Material Input,TMI),区域内部直接物质投入、进口物质和区域内部隐流之和。不包括进口物质产生的隐流;隐流(Indirect Flow,IF),区域内部和进口物质开采所产生的隐流之和。

表 3.1 欧盟推广的物质流指标体系

指标分类	指标名称 缩写	指标名称 全称	计算公式
投入	DMI	直接物质输入	DMI＝国内原料＋进口
投入	TMR	物质总需求	TMR＝DMI＋HF(或 IF)
投入	TMI	物质总投入	TMI＝DMI＋国内隐流
投入	IF	隐流或非直接流	IF＝国内隐流＋进口材料隐流
排放	DPO	国内生产过程排放	DPO＝空气污染＋固体废弃物＋水污染物＋耗散性使用和损失
排放	TDO	国内总排放	TDO＝DPO＋国内隐流
消费	DMC	国内物质消费	DMC＝DMI－出口
消费	TMC	国内总物质消费	TMC＝TMR－出口－出口材料的隐流
平衡	NAS	存量净增长	NAS＝DMI－DPO－出口
平衡	PTB	实物贸易平衡	PTB＝进口－出口

② 排放类指标：国内生产过程排放（Domestic Processed Output，DPO），从经济系统进入自然环境且不能再循环使用的，排放到水域、大气、土地及耗散性流失的各种物质；国内总排放（Total Domestic Output，TDO），国内总的物质输出量，包括国内生产过程排放和国内隐流之和。

③ 消费类指标：国内物质消费（Domestic Material Consumption，DMC），直接进入经济系统内部的物质消耗总量，不包含隐流；国内总物质消费（Total Material Consumption，TMC），国内生产、消费活动所引起的物质流量，它包括进口的隐流，但不包含出口和出口的隐流。

④ 物质平衡类指标：存量净增长（Net Addition to Stock，NAS），经济系统的年度储存物质净增长量，主要包括新建房屋和基础设施的建筑材料和一些新生产的耐用消费品，比如汽车、工业机械等；实物贸易平衡（Physical Trade Balance，PTB），以实物重量表示的进出口平衡，等于进口物质流减去出口物质量。

在物质流账户分析的基础上，建议用以下一些指标区别各国资源投入总量以及人均资源投入量[1]。具体如下：

国家物质投入组成：分析国家各种物质投入占总投入的比率；

使用集中度指标：以物质消费重量（进口物质重量＋自产物质重量－出口物质重量）除以国内生产总值（GDP），用来计算物质投入的效率；

初次使用及再循环指标：计算自然环境开采的初次使用物质与再回收物质占物质总投入量的比率，得出物质再回收率；

废弃或排放集中度：用废弃物或排放废气的重量除物质总产出，计算物质使用效率；

漏出指标：用使用物质消散进入环境的重量（如使用杀虫剂或农药）除以总产出的重量，用来计算使用物质效率性；

最终产品物质效能：用制造的最终产品重量除以国内生产总值，计算最终产品效率；

原料和制成品的交易用料的比例：计算原料和制成品在贸易上占的比例，可以了解国家的物质消费和需求的情况；

---

[1] 林锡雄. 台湾物质流之建置与应用研究初探[D]. 台湾中原大学国际贸易学系硕士学位论文，2001.

开采物的废弃比例(隐流系数):计算开采和萃取物质时产生出的、无出售价值的物质所占比例,可以了解开采效率。

另外,还有一些衍生指标,诸如物质消耗强度=物质需求总量/人口数,是衡量经济系统某一年人均资源消耗量的指标;物质生产力=国内生产总值/物质需求总量,是衡量经济系统某一年资源利用效率的指标。可见,通过物质流账户指标的应用,可以迅速的对政策需求作出灵活反应,构建不同社会的资源使用强度指标。

3.3 区域物质代谢分析

本节以江苏省苏州市为例说明区域物质代谢分析方法。苏州市位于长江三角洲太湖平原的东部,东邻上海,濒临东海,南连浙江,西傍无锡,北枕长江,地理位置优越。资源本底特征表现为生物资源丰富,是主要粮食作物的生产基地;矿产资源以建筑材料矿石为主;能源矿产极度缺乏。改革开放以来,苏州由一个以传统消费为主的地区,发展成为全方位、对外开放的新兴工业化城市。2005年,苏州市实现地区生产总值4 026.52亿元,人均生产总值66 300.89元,财政总收入718.10亿元。其中,地区生产总值占全国同等城市第4位,地方预算收入排第6位,进出口总额居全国第3位。但是,伴随着经济的增长和发展,居民的物质需求发生很大转变,一是饮食习惯发生转变,对人均口粮等生物物质需求下降,二是对住房、交通等建筑材料和能源物质需求旺盛,造成自然资源的消耗和废弃物的产生逐渐增多,给环境带来了巨大压力。

苏州市单位土地面积上的用水总量从1997年的4 813.58 m^3/hm^2上升到2004年的7 150.57 m^3/hm^2,共上升了2 336.99 m^3/hm^2,占1997年单位土地面积水耗的48.55%。1996年,苏州的终端能源消费量仅有705万$t_{标准煤}$;到2005年,苏州的终端能源消费量已经达到了4 358万$t_{标准煤}$,约是1996年能源消费量的6.18倍。2005年,苏州万元地区生产总值的能源消耗为1.08 t标准煤,超过江苏省平均水平0.92 $t_{标准煤}$,并高于同期上海(0.88 $t_{标准煤}$)和深圳(0.58 $t_{标准煤}$)的万元地区生产总值的消耗量。

3.3.1 分析框架及账户构建

根据社会代谢理论以及物质流分析方法,选定苏州市行政管辖区域整体作为分析对象,分析1996~2005年苏州社会经济系统的代谢状况[①]。

1) 系统边界

苏州市物质代谢分析涵盖了苏州市整个生产活动以及人的各种消费活动。研究的系统边界即苏州市行政区域,1998年以前行政区域总面积是867.146 km^2;从1998年开始,由于太湖部分水域面积的调整,区域土地总面积变更为848.78 km^2。根据数据的获取现状,将研究的时间跨度设为1996~2005年。

2) 分析指标选择

根据苏州市已有的基础数据,选取投入面和排放面的DMI、TMR、DPO、TDO、DMO、DMC这六个基本指标进行物质流分析。

---

① 马其芳.区域土地利用变化的物质代谢响应研究[D].南京大学博士学位论文,2007.

3)物质流账户构建

由于参与社会经济系统物质代谢过程的物质种类和规模巨大,因此统计难度颇大,其中有相当一部分物质成分没有纳入现行社会经济系统的核算体系。为直观反映苏州市物质代谢的规模,按照以下方法对苏州市社会经济系统输入与输出的物质进行分类:

(1) 结合世界资源研究所(WRI)和欧盟物质流分析指导手册中对于物质大类的划分,同时参考苏州本地的资源基础,根据苏州市区域内所分布的资源进行物质大类以下的小类细分。这样既可以从账户中直观看出苏州市资源的本底特征,又便于在计算方法上与目前世界上常用的方法保持一致,利于和其他国家进行对比分析;

(2) 依据苏州市社会经济发展的历史特征和现状,结合与苏州市社会经济发展有着密切关系的物质分类,并在苏州市现有各项统计资料的基础上进行,这样能够保证数据的完整性和延续性。根据以上分析框架以及苏州市物质类型划分的方法,构建出区域物质流账户(见表3.2)。

根据欧盟指导手册将苏州市输入物质大体分为化石燃料、金属矿物、工业非金属矿物、建筑非金属矿物、生物物质以及开采这些物质所产生的隐流(即生态包袱)等六种类型,另外在进出口过程中还加入了制成品和半制成品。输出物质大体划分为污染物排放、耗散性物质及其相关隐流。

3.3.2 物质投入指标分析

根据前面对社会代谢理论和物质流分析方法的介绍可知,物质投入类指标主要包含直接物质投入量(DMI)和物质总需求(TMR)。下面依次对这两类指标进行分析。

首先,通过对1996~2005年苏州市直接物质投入量(DMI)账户的分析,发现苏州市的物质投入呈现以下几个显著特点:

(1)从物质来源看:研究期间苏州市直接物质投入构成明显体现出以市外物质输入为主的特征(见图3.7)。从历年物质输入均值来看,市内输入的物质为1 167.90万t,占直接物质投入的31.59%;市外输入的物质达到3 174.76万t,占直接物质投入的68.41%,约是市内输入物质的2.7倍。从图中还可以看出,1996年以来,苏州市对市外输入物质的依赖度越来越大,市内与市外物质输入之间的差距快速扩大。1996年,苏州市内与市外物质输入的差距仅为253.47万t;而到2005年,两者之间的差距达到6 694.92万t,约是1996年的26倍。

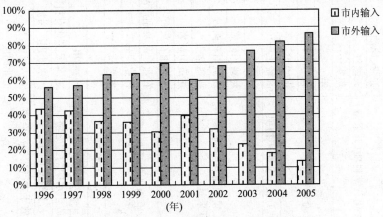

图3.7 苏州市直接物质投入构成(来源)变化

表 3.2 苏州市物质流账户计算数据表

(1) 物质流输入账户

	1-1 市内输入(苏州市本地采掘)	1-2 市内隐流	1-3 市外进口	1-4 市外进口隐流
① 化石燃料项(开采量)	原煤、原油、天然气、焦炭……	① 开采化石能源的非使用开采量	原煤、原油、天然气……	进口商品的非直接使用开采量吨当量
② 金属矿物项	铅、锌、铜……	② 开采金属及非金属矿物的非使用开采量	铜、铝、铅、锌、锡、镍、铁矿砂及其精矿……	
③ 工业非金属矿物项	高岭土……		盐、沥青、硫磺、高岭土……	
④ 建筑非金属矿物项(开采量)	砂石、建筑用砂岩、建筑用花岗岩、普通粘土、建筑用石灰岩……	③ 建筑材料开采的非使用开采量	水泥、花岗岩、普通粘土……	
⑤ 生物性物质项(采掘量)	农业产品及副产品、林业产品、水产品……		农业产品及副产品、林业产品、水产品……	

(2) 物质流输出账户

	2-1 本市污染输出	2-2 耗散性物质	2-3 对外输出	2-4 市内隐流	2-5 市外隐流
	排放于水中的污染物:氨、磷及其他有机物……	耗散性使用:化肥、农家粪肥、污泥、种子等	化石燃料项	同1-2	与出口商品相关的未使用开采量
	表土上的废弃物:污水处理厂污泥、生活垃圾	耗散性流失:化学品事故、天然气漏出等	金属及非金属矿物项		
	排放于大气中的污染物:工业固废、CO_2、NO_x、SO_2、烟尘和粉尘		生物性物质项		
			制成品及半制成品		

(2) 从物质分类看：① 1996～2005 年,苏州市直接物质投入平均构成以化石燃料和建筑材料为主(图 3.8),两者占直接物质投入总量的比例分别达到了 41.68% 和 32.27%;其次是生物物质和金属矿物的输入,分别达到了 12.56% 和 6.41%;工业非金属投入最少,仅占 2.45%。② 化石燃料、工业金属及非金属矿物的输入明显表现出以市外输入为主的特征,市内化石燃料输入仅占 DMI 的 0.78%。而建筑材料和生物物质的输入则是以市内输入为主,分别占到 DMI 的 22.00% 和 8.16%,约是市外输入同类物质的 2 倍。这与苏州市资源的本底特征完全吻合,即化石能源资源和金属矿产资源缺乏、以建筑矿物为主的矿产格局。③ 1996～2005 年,各种类型的物质投入总量均呈现逐年增加的趋势(见图 3.9),而各类物质投入占 DMI 的比重在不同年份有所变化。其中,化石燃料、金属矿物、制成品和半制成品占 DMI 的比重不断提高,建筑材料和生物物质占 DMI 的比重呈现出下降的趋势,工业非金属矿物占 DMI 的比重在稳定的水平下略有增加。

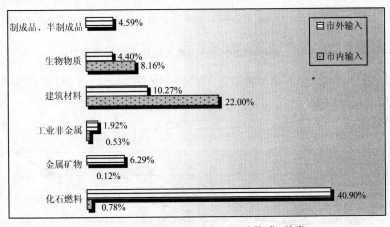

图 3.8 苏州市直接物质投入平均构成(种类)

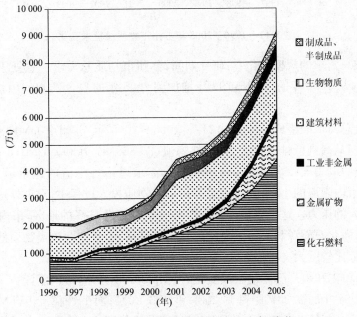

图 3.9 苏州市直接物质投入构成(种类)变化

(3)从直接物质投入(DMI)的总体变化看:2000年以前苏州市的DMI水平增长缓慢,在区间(2 000,3 000)内徘徊,平均变速为247.32万t/年;2000年以后DMI水平呈现出快速上升的态势,分布于区间(3 000,10 000)内,平均变速达到了1 206.43万t/年,约是前一阶段的5倍(见图3.10)。

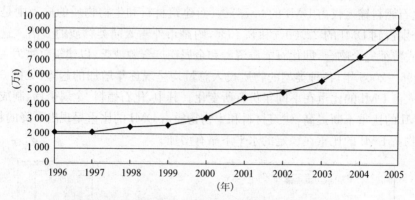

图3.10 1996~2005年苏州市直接物质投入规模变化

其次,对1996~2005年苏州市物质总需求(TMR)账户进行分析,发现苏州市物质总需求存在以下几个特征:

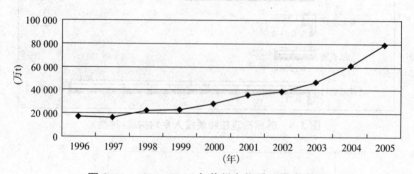

图3.11 1996~2005年苏州市物质总需求变化

(1)从物质总需求的规模变化看:研究期间,苏州市物质总需求一直处于快速上升的趋势(见图3.11),从1996年的17 415.79万t增加到2005年的78 987.09万t,约增加了5倍,年变化率达到39.28%。

(2)从物质总需求的组成(见图3.12)看:1996~2005年,苏州市DMI以及市内和市外隐流的平均规模从高到低排序依次为:市外隐流(30 365.47万t)>DMI(4 342.66万t)>市内隐流(2 170.50万t)。可见,苏州市物质总需求以市外隐流的比重最大,占TMR的81.68%,约是市内隐流的14倍。这说明苏州市在物质投入过程中,对市外进口地区的生态环境造成了很大的压力。这主要是由于苏州是典型的资源贫瘠的地区,市内开采对区域环境的压力较小,而化石能源和矿产主要是依赖于市外输入,且这两该类物质的开采过程中产生的生态包袱都比较巨大。

(3)从苏州市内和市外隐流的组成变化看:从2001年开始,市内隐流占TMR的比重在持续下降,从2001年的9.36%下降到2005年的3.20%;而市外隐流占TMR的比重却在不断上升,从2001年的78.29%上升到85.23%,共增加了约7个百分点,说明从2001年开始,苏州市对进口物质的需求逐渐增强。

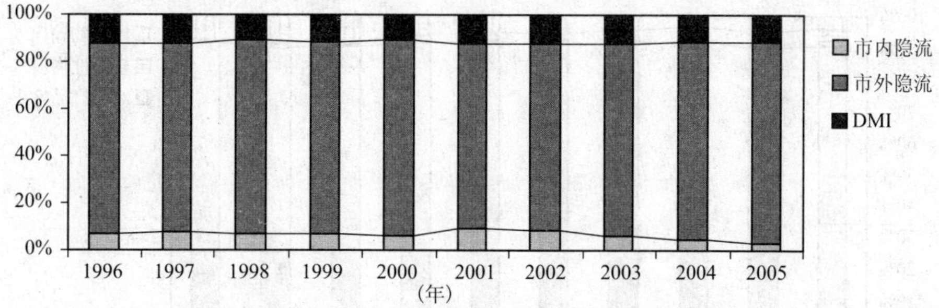

图 3.12　1996～2005 年苏州市物质总需求组成变化

3.3.3　物质排出指标分析

物质排出过程中比较重要的指标包括区域内过程排出量(DPO)、物质直接排出量(DMO)和区域总排出量(TDO)。DMO＝DPO＋出口,它直接反映了物质使用后进入环境或流向境外的物质流。区域物质总排放通常被视为一个区域潜在的环境冲击指标,它相当于区域内过程排出(DPO)与未进入经济领域的隐流之和。

首先,通过苏州市生产、使用和消费过程中的物质排放量(DPO)账户以及物质直接排出量(DMO)账户的分析,发现呈现出如下的特点:

(1) 从区域内生产、消费等过程排放总规模(见图 3.13)看:1996～2005 年,苏州市内经济生产过程中排出量 DPO 总体呈现增加趋势,且带有明显的阶段性特征。市内生产排放规模从 1996 年的 1 139.76 万 t,增加到 2005 年的 5 157.25 万 t,约是 1996 年的 4.5 倍。其中,1996～2000 年,苏州市 DPO 处于缓慢增加的阶段,增速约为 10%,即约以 114 万 t/年的速度在增加;2000～2005 年,苏州市生产过程排出量成倍增加,增速达到 45%,约以 712 万 t/年的速度递增。

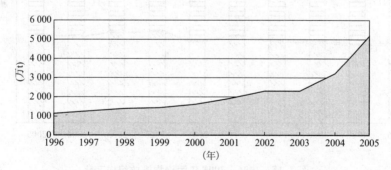

图 3.13　1996～2005 年苏州市内过程排放(DPO)规模变化

(2) 从 DMO 的组成结构(见图 3.14)来看:苏州市的生产过程排放以污染物排放为主,基本上均在 90%以上,且耗散性物质历年来占 DMO 的平均比重最小。研究期间,苏州市污染物排放规模不断扩大,从 1996 年的 1 070.14 万 t 扩大到 2005 年的 5 107.65 万 t,年均增速达到 448.61 万 t/年。同期,苏州市对外产品的输出量也在不断增加,从 1996 年 43.54 万 t 增加到 2005 年 407.98 万 t,约是 1996 年的 9.4 倍,这与苏州近年来社会经济发展过程中进出口依存度迅速上升的发展态势是吻合的。而耗散性物质的规模却在逐年递减,从 1996 年的 69.62 万 t,

减少到 2005 年的 49.59 万 t,共减少了 20.03 万 t,约是 1996 年的 1/3。

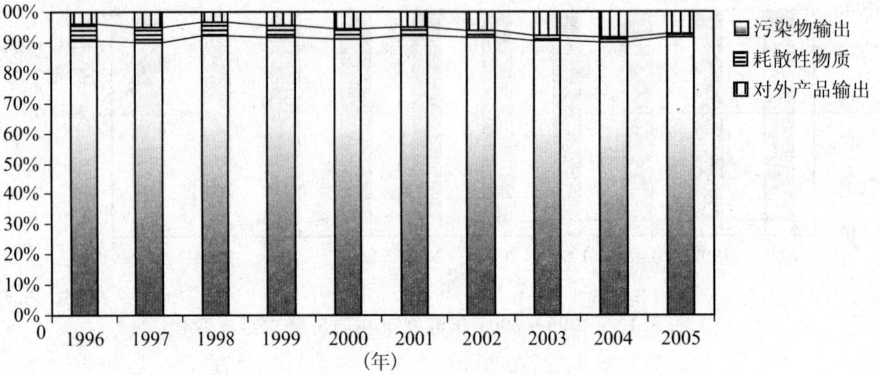

图 3.14　1996～2005 年苏州市物质直接排放(DMO)组成结构变化

(3)从污染物排出的构成(见图 3.15)看:以废气污染物质和表土废弃物为主要构成物质,废水排出的污染物质占总量的比例较小。其中,废气污染物排出规模最大,其数量从 1996 年 580.84 万 t 增加到 2005 年的 3 136.70 万 t,排放量增加了约 5 倍,占污染物排出总量的比例也从 54.28%上升到 61.41%。表土废弃物排出的数量从 1996 年的 477.41 万 t 增加到 2005 年的 1 951.04 万 t,增加了 4 倍多。表土废弃物中又以工业废弃物排出为主,工业废弃物数量从 1996 年的 287.12 万 t 增加到 2005 年的 1 564.39 万 t,增加了约 5 倍,占污染物排出总量的比重也从 26.83%上升到30.63%,增加了约 4 个百分点。1996～2005 年,苏州废水排放的污染物的,平均排放速度为 13.62 万 t/年。研究期间,废水污染物排放规模呈现上升的趋势,从 1996 年的 11.89 万 t,上升到 2005 年的 19.92 万 t,增加了 8.03 万 t,增加量占 1996 年废水污染物排放量的 67.55%。

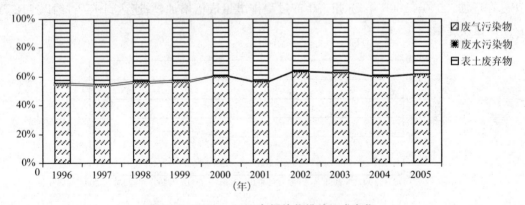

图 3.15　1996～2005 年污染物排放组成变化

其次,进行区域内物质总排出量(TDO)的账户分析。从图 3.16 中可以发现,苏州市物质总排出量除了 2003 年比前一年略有减少之外,总体呈现出直线上升的趋势。从 1996 年的 2 406.5 万 t 增加到 2005 年的 7 681.5 万 t,约增加了 3 倍多,且 2000 年以后的变化幅度要大于 2000 年以前的变化幅度。其中,1996～2000 年,TDO 的变化较为平稳,平均以 212.44 万 t/年的速度缓慢增加;而 2000～2005 年,TDO 以 885.06 万 t/年的速度快速递增,变化速度约是前一阶段的 4 倍。

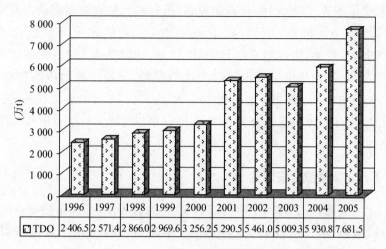

图 3.16 1996～2005 年物质总排出量(TDO)变化

3.3.4 物质消费指标分析

采用市内物质消费(DMC)账户指标进行分析,DMC 是反应资源效率的重要指标。从图 3.17 可以发现,物质消费账户呈现出以下特征:

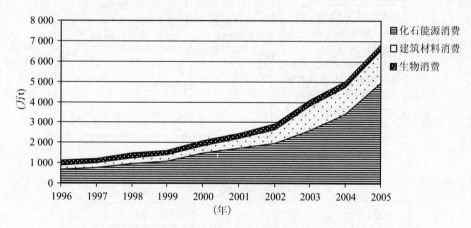

图 3.17 1996～2005 年市内物质消费(DMC)变化

(1)从物质消费总规模变化看:1996～2005 年,苏州市内物质消费总量(DMC)呈现出持续增加的趋势。1996 年苏州市的 DMC 规模仅为 1 131.10 万 t,2005 年的 DMC 规模约是 1996 年的 6 倍多,增加到 6852.28 万 t,共增加了 5 721.18 万 t;

(2)从物质消费的构成看:苏州市内物质消费以化石能源和建筑材料消费为主,生物质消费比例很小。1996～2005 年,化石能源每年占 DMC 的平均比例达到 66.80%;建筑材料消费每年占 DMC 的平均比例为 21.93%;而生物物质的消费占 DMC 的平均比例为 11.26%,分别是化石能源和建筑材料的 1/6 和 1/2;

(3)从市内物质消费组成的内部规模变化来看:1996～2005 年,化石能源和建筑材料消费量占 DMC 的比重呈现出逐年上升的趋势,而生物物质消费占 DMC 的比重却出出逐年下降的反向变化态势。1996 年,化石能源、建筑材料和生物物质消费占 DMC 的比重分别为 61.83%、17.90% 和 20.27%;到了 2005 年,三者的比重分别变化为 72.32%、23.59% 和 4.09%。可见,生物物质占 DMC 的比重,约以每年 1.8% 的速度在快速减少。虽然生物物质占 DMC 的比重呈现出反向变化的态势,但是生物物质消费总量却是每年在递增,从 1996 年的 229.25 万 t 增加到 2005 年的 279.98 万 t,约以 5.64 万 t/年的速度缓慢递增;同时,化石能源和建筑材料消费总量分别以 472.94 万 t/年和 157.11 万 t/年的速度在增加。

3.3.5 苏州市物质流全景浏览

根据对以上各类账户的分析,了解到以 2000 年为分界点,苏州市物质吞吐规模基本上都出现了转折,故列出 1996 年、2000 年、2005 年苏州市物质流全景进行对比分析(见图 3.18、图 3.19 和图 3.20)。

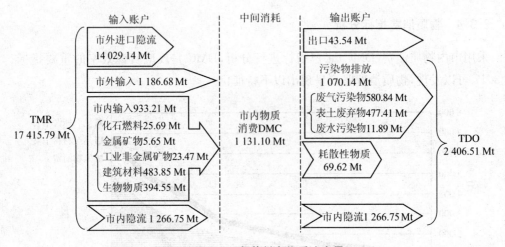

图 3.18 1996 年苏州市物质流全景

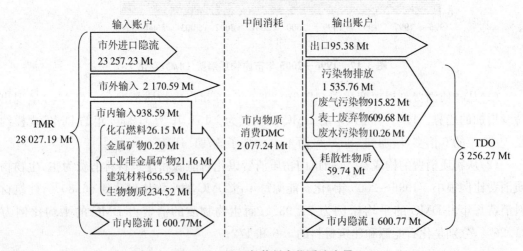

图 3.19 2000 年苏州市物质流全景

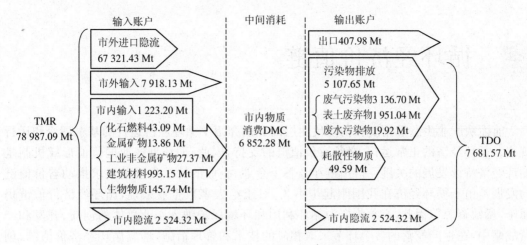

图 3.20　2005 年苏州市物质流全景

首先,从这三个年份的苏州市物质吞吐总规模来看,$1996_{TMR}:2000_{TMR}:2005_{TMR}=1:1.61:4.52$,物质总需求的规模在成倍上升,且 2000 年上升幅度较小,2005 年上升幅度较大,约是 1996 年的 4.52 倍。$1996_{TDO}:2000_{TDO}:2005_{TDO}=1:1.35:3.19$。物质总排放的规模也在成倍增加,2000 年增加幅度较小,2005 年变化幅度较大,约是 1996 年的 3.19 倍;同期的物质消费规模也在成倍扩大,$1996_{DMC}:2000_{DMC}:2005_{DMC}=1:1.84:6.06$。可见,苏州物质吞吐的绝对数量在增加,因此,给系统的压力也在持续加大。

其次,苏州的物质输入以市外资源输入为主,这与苏州资源贫乏的现状是相符合的。说明苏州是一个外来资源支撑性城市,物质输入过程中对本地环境压力较小,而输出过程对本地环境产生的压力则是成倍增加。

第三,苏州的市内物质输入规模一直保持在一个稳定的水平,即 1 000 万 t 左右,市内输入以建筑材料和生物物质的输入为主。市外物质输入规模在 2000 年以后则成倍增加,以化石能源的输入为主。

复习思考题 3

3.1　如何理解物质代谢、产业代谢、家庭代谢以及物质流分析、能量流分析、资源流分析等内涵或分析方法?

3.2　阐述物质代谢的基本特征及分析原理。

4 循环经济价值链

前面从产业生态学角度和物质代谢层面分别介绍了循环经济运行的基本理论和运行规律。循环经济的正常运行,必须有价值链的支持,因此,循环型产业的价值形成机制是循环经济持续发展的关键。价值链涉及整个企业,企业的持续发展的要求推动着价值链的发展。由于循环经济在我国刚起步不久,对于绝大多数企业来说,循环经济价值链仍属于"稀缺资源",因此,必须将资源循环利用和环境保护纳入企业总体的创新、开发和经营战略中,在生产经营的各个环节采取相应的技术和管理措施,形成循环经济价值链,创造企业新的核心能力。为此,本章结合生态价值链,对循环经济价值链进行了理论分析;并提出循环经济价值链形成的产业基础;最后从系统控制和企业行为两个方面探讨循环经济价值链的运行。

4.1 循环经济价值链的理论分析

人类社会和经济发展的路径大致要经历三种模式:一是以"资源—产品—污染物排放"为特征的单向线性经济增长模式;二是以"先污染、后治理"为特征的末端治理模式;三是以"资源—产品—再生资源"为特征的闭环流动的循环经济发展模式。现在全球经济模式是以市场需求为导向,以产品工业为主体,一定程度上忽视了基本的生态环境原则。扭曲的经济发展系统正朝着与生态环境支撑系统背道而驰的方向演化,并渐趋衰落。人类社会谋求进一步生存和发展的需求,促进了全球经济模式由"资源—产品—污染物排放"所构成的物质单向流动的线性经济向循环经济的重组与转型。

4.1.1 生态价值链的提出

有学者选用产品的某一元素 M 作为代表性物质,提出了"元素 M 的价位",及产品生命周期中价值的流动,从物质流动的角度分析了其中带来的价值流的变化[①]。这里主要是运用经济学的方法,从经济过程角度,分析循环经济的价值流。

在传统的价值观看来,水、大气、生物等自然要素是无价的,环境没有价值,或者说经济价值不包括生态环境的内容。投资者为获取额外利润不考虑环境成本,企业不愿意承担外部不经济的成本,造成自然资源和生态环境退化。很显然,在传统价值观下,企业价值链与自然价值链是断裂的。结果,人类在经济价值上获得某种生存质量提升的同时,却在生态环境等方面造成生存条件的恶劣化,生态价值对于人类的生存意义将会大大地降低。

环境经济学从人类生存的角度来看待经济价值的创造以及由此造成的生态环境价值的减少。环境经济学认为,生态环境价值对于人类生存的意义绝对地大于一切经济价值,或者

[①] 陆钟武. 论钢铁工业的废钢资源[J]. 钢铁,2002,37(4):66—70.

说生态环境价值是最高形态的经济价值,它排斥与其冲突的任何损害生态环境的经济活动。美国环境经济学家 A. 迈里克·弗里曼提出:"对资源—环境系统变化的经济价值进行计量的理论依据在于它们对人类福利的影响"[①]。环境经济学要打破传统经济学中经济增长往往与环境质量的恶化纠缠在一起的关系,使经济增长跳出恶化环境的循环。环境经济学既要考虑现时的环境保护,也要补救过去环境的损失;发展投入与效益平衡甚至于效益大于成本的环境经济,使经济增长真正成为实质性的社会全面发展。将人类生存的质量作为经济活动与经济价值的基础,将生态环境的价值作为最高形态的经济价值来看待,是环境经济学开拓出的经济学的新空间。

环境经济学家提出了环境成本内在化的观点。环境成本内在化是将环境要素纳入整个经济系统要素中,按照可持续发展的本质要求,在人与自然制衡、统一生态观的指导下,以技术和知识创新为动力,以制度创新为核心,以产业结构、居住方式、生活方式、经济形态等为内容,本着近期"治理"、长期"构建"的战略原则,将传统经济系统运行中形成的外部成本在新的生产运行系统、居住系统和生活方式中予以"内化",使生产力在一个更加经济的模式中持续发展。从本质上说,自然界对人类的价值体现在它对地球生命系统的支持上。比如水、大气等都属于生命支持系统,是人类赖以生存的根本,其价值是不可估量的。环境资源的全部经济价值(TEV)可以分为两大类:使用价值(V_1)和非使用价值(V_2)。环境的使用价值又分为直接使用价值(D_v)、间接使用价值(I_v)和选择价值(O_v),所谓直接使用价值是指直接进入当前的消费和生活活动中的那部分环境资源的价值,如矿产资源等;间接使用价值是指以间接的方式参与消费和经济生产过程的那部分环境资源的价值,如生态功能、水环境质量等;而选择价值则指当代人为保证后代人对环境资产的使用而对环境资源所表示的支付愿望,比如当代人对保护生物多样性等的支付意愿。

环保产业的兴起是企业价值与自然价值连接的结果。环保产业与物质生产及服务领域的运行方向是不同的。环保产业的运行方向是向地球、向大自然进行补偿,力图将被人类的生产、消费活动破坏了的生态平衡重新恢复过来,并极力加以保护,而不是向地球、向大自然进行索取。一个产业对社会的贡献直接体现为其带来的经济效益,评价产业价值最常用的标准莫过于产值或利润。而对于能有效改善人类生存环境的环保产业而言,仅用环保产业的产值来衡量其贡献是远远不够的。由于环保产业对社会、经济、环境及可持续发展的巨大贡献以及环境资源价值尚未得到充分认识等因素,环保产业在理论上的价值远大于其实际产值。因此,对环保产业价值进行评价时,必须在其产值的基础上增加一个价值放大系数。

在西方国家,有经济学家将传统经济向循环经济转化的过程比喻为"牧童经济→福利经济→宇宙飞船经济"(见图 4.1)。"牧童经济"是美国著名经济学家 K. E. 鲍尔丁提出的一种经济理论。就其本质而言,"牧童经济"是一种对现有自然资源进行掠夺、破坏式开发的经济模式。它将自然环境视为可以由牧羊人任意放牧的草场。其主要特点是将地球当作一个取之不尽、用之不竭的资源宝库,进行无限制的索取,使自然生态遭到毁灭性的破坏;同时造成废弃物的大量积累和环境的严重污染。这是一种杀鸡取卵的做法,其结果必然导致人类与自然的对立,最终危害人类自身。"福利经济"属于传统经济学理论,是以追求经济利益为目

---

① 毛建素,陆钟武. 物质循环流动与价值循环流动[J]. 材料与冶金学报,2004,2(2):57—160.

标的理论。它衡量发展的主要指标是国内生产总值(GDP)或国民生产总值(GNP)、人均GDP、人均消费等。在这一理论指导下,人类的物质生产过程呈现出过程的加速,从而加重了资源短缺和对环境的压力与破坏,最终影响人类的可持续发展。"宇宙飞船经济"是对循环经济的形象比喻,它要求人们就像生活在飞船上一样,十分珍惜人类有限的空间和资源,采用各种高新技术手段,周而复始、循环不已地利用各种物质资源,实现物质单向流动的线性经济向"资源利用—绿色工业—资源再生"的物质封闭流动的循环经济的转移和重组,从而支持人类的可持续发展。

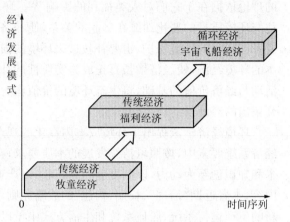

图 4.1 经济发展模式

20 世纪 70 年代以来,工业化大生产引起的能源危机和环境恶化的问题日益突出,引起了国际社会的普遍关注。世界各国尤其是工业化国家,开始对自身的经济发展方式和生活方式进行深刻的反思,并对传统的经济增长方式提出了质疑。至 20 世纪 90 年代,可持续发展的理念得到国际社会的共同认可,以走新型工业化道路,建设能源节约型、环境友好性社会为特征的循环经济成为必然的趋势。人与自然的和谐、经济发展与环境保护的双赢成为各国经济发展模式和战略所追求的目标。

4.1.2 循环经济体系的形成

循环经济体系包括清洁生产、生态工业和全面的循环经济。清洁生产是最早的循环经济形态,后来出现生态工业;到 20 世纪 90 年代全面的循环经济才广泛为世界各国所关注。上述三种形态有着内在联系,其共同特点就是提升环境价值,将环境保护延伸到经济活动中相关的方方面面[①],最大限度地利用资源,从而大大降低经济发展的社会成本。

1) 清洁生产

清洁生产的概念最早可追溯到 1976 年。当年,欧共体在巴黎举行了"无废工艺和无废生产国际研讨会",会上提出"消除造成污染的根源"的思想。1979 年 4 月,欧共体理事会宣布推行清洁生产政策,1984 年、1985 年、1987 年,欧共体环境事务委员会三次拨款支持建立清洁生产示范工程。清洁生产的内容主要包括:清洁的能源、生产过程、产品和垃圾处理。清洁生产是一种新的创造性思想,该思想将整体预防的环境战略持续应用于生产过程、产品和服务中,以增加生态效率和减少人类及环境的风险。清洁生产不仅在生产过程中要求节约原材料和能源、淘汰有毒原材料、削减所有废弃物的数量和毒性,而且要求减少从原材料提炼到产品最终处置的全生命周期的不利影响;同时,还要求将环境因素纳入设计和所提供的服务中。清洁生产的目标主要包括两个方面:① 通过资源的综合利用、能源的二次利用和稀缺资源的替代利用,缓解资源紧缺,提高资源的利用效率;② 减少污染物和废弃物的排放,尽可能降低工业生产过程对人类和环境的负面影响。

---

① A·迈里克·弗里曼著,曾贤刚译.环境与资源价值评估—理论与方法[M].北京:中国人民大学出版社,2002:6.

在各国政府的大力支持下,联合国工业发展组织和联合国环境规划署启动了国家清洁生产中心项目,在约30个发展中国家建立了国家清洁生产中心。这些中心与十几个发达国家的清洁生产组织构成了一个巨大的国际清洁生产网络。1992年,我国响应联合国环发大会可持续发展战略和《21世纪议程》的清洁生产号召,并将清洁生产列入《环境与发展十大对策》,拉开了我国实施清洁生产的序幕。2002年6月,全国人大常委会第二十八次会议,通过了《中华人民共和国清洁生产促进法》,标志着我国清洁生产进入法制保障和推进的新阶段。现在,全球没有开展过清洁生产的国家或地区已为数不多了。

2)生态工业

生态工业的学科基础是工业生态学。一般认为工业生态学起源于20世纪80年代末R. Frosch等人模拟生物的新陈代谢过程和生态系统的循环再生过程所开展的"工业代谢"研究。1990年美国国家科学院与贝尔实验室共同组织了首次"工业生态学"论坛,对工业生态学的概念、内容和方法及应用前景进行了全面系统的总结,基本形成了工业生态学的概念框架。生态工业是基于资源禀赋、生态承载能力和环境容量约束,具有高效的经济过程及和谐的生态功能的网络型、进化型工业,它通过两个或两个以上的生产体系或环节之间的系统耦合,使物质和能量多级利用、高效产出或持续利用。生态工业的组合、孵化及设计原则主要有横向耦合、纵向闭合、区域整合、柔性结构、功能导向、软硬结合、自我调节、增加就业、人类生态和信息网络。

生态工业系统具有开放性、复杂性和进化性。开放性指生态工业系统的各子系统之间以及与社会—经济系统发生资源、物质、信息和能量交换的过程贯穿工业活动的全过程,并对自然环境和社会经济产生影响。复杂性指生态工业系统既要解决其与自然环境系统之间的关系,又要解决其与社会—经济系统及其他子系统之间的关系。进化性指生态系统有趋于成熟(即进化)的倾向,在其进化过程中,生态系统由简单的状态变为较复杂的系统。工业生态学理论的探索者Braden R. Allenby提出了一套工业体系三级生态系统进化的理论。将Braden R. Allenby的进化理论与生态工业系统的开放性和复杂性结合起来,可以用图4.2表示。

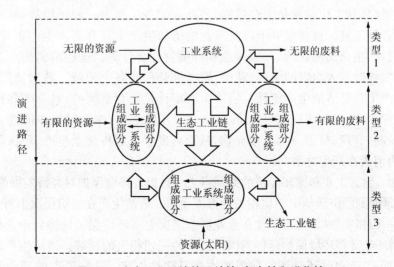

图4.2 生态工业系统的开放性、复杂性和进化性

在图 4.2 中,类型 1 是一个线性的生态工业系统,资源投入是无限的,产生的废料也是无限的。类型 2 的生态工业系统内部及不同子系统的物质、信息和能量的交换过程中,对资源的利用程度已比类型 1 提高,资源和废弃物的进出量都得到了"进化"。类型 3 即为一个可持续的循环生态工业系统,没有资源和废弃物的区别,只要有外部的清洁能源(如太阳能),便可以稳定发展下去。生态工业系统必然从线性的生态工业系统(类型 1)经由类型 2 向循环的生态工业系统(类型 3)演进。

生态工业园(Eco-Industrial Park,EIP)是实现生态工业和工业生态学的重要途径。它通过工业园区内物流和能源的正确设计,模拟自然生态系统,形成企业间共生网络。一个企业的废弃物成为另一个企业的原材料;企业间能量及水等资源梯级利用。1996 年,美国可持续发展总统委员会(PCSD)对此做了系统的探讨,其定义可归纳为:EIP 是根据循环经济理论和工业生态学原理而建立的一种新型工业组织形态,通过模拟自然的生态系统中的生产者—消费者—分解者的循环途径改造产业系统,以实现物质闭路循环和梯级利用;通过建立产业系统的"产业链"形成工业共生网络,以实现对物质和能量等资源的最优利用,最终建立可持续的经济系统;强调经济、环境和社会功能的协调与共进。

3) 全面的循环经济

早期的循环经济思想萌芽可以追溯到 20 世纪 60 年代美国经济学家 K.E·鲍尔丁提出的"宇宙飞船理论",但直到 20 世纪 90 年代,特别是随着人类对生态环境保护和可持续发展的理论和认识的深入发展,循环经济才得到越来越多的重视和快速的发展,逐渐成为许多国家环境与发展的主流。一些发达国家已将循环经济看作实施可持续发展的重要途径。

清洁生产、生态工业和全面的循环经济都是对传统环保理念的冲击和突破。传统上,环保工作的重点和主要内容是治理污染、达标排放,清洁生产、生态工业和循环经济突破了这一界限,大大提升了环境保护的高度、深度和广度,提倡并实施将环境保护与生产技术、产品和服务的全部生命周期紧密结合,将环境保护与经济增长模式统一协调,将环境保护与生活和消费模式同步考虑。清洁生产的定义明确规定清洁生产是一种整体预防的环境战略,其工作对象是生产过程、产品和服务。作为一种环境战略,清洁生产的实施要依靠各种工具。目前世界上广泛流行的清洁生产工具有清洁生产审计、环境管理体系、生态设计、生命周期评价、环境标志和环境管理会计等。这些清洁生产工具无一例外地要求在实施时嵌入组织的生产、营销、财务和环保等各个领域。各国使用得最早、最多的清洁生产工具是清洁生产审计。清洁生产审计是一套系统的、科学的和操作性很强的环境诊断程序,这套程序反复从八条途径着手开展工作,即原材料和能源、技术工艺、设备、过程控制、管理、员工、产品、废弃物,从而有助于克服传统上生产、环保各管各的现象,将污染物消灭在产生之前。

清洁生产、生态工业和循环经济的共同点之一是提升环境保护对经济发展的指导作用,将环境保护延伸到经济活动中一切相关的方方面面。清洁生产在组织层次上将环境保护延伸到组织的一切相关领域,生态工业在企业群落层次上将环境保护延伸到企业群落的一切有关领域,循环经济将环境保护延伸到国民经济的一切相关的领域。清洁生产的基本精神是源削减;生态工业和循环经济的前提和本质是清洁生产。这一论点的理论基础是生态效率。

4.1.3 现代企业核心能力的价值维度

"核心能力"也称"核心竞争力"(Core Competence)或"核心竞争优势",是 1990 年由美国著名管理学家普拉哈拉德(C. K. Prahalad)与哈默(G. Hamel)提出的。核心竞争力是战略管理中非常重要的概念。根据核心竞争力原则,产业共生链上企业的成功依赖于两个方面:第一,各个企业单元能够在价值链中的不同环节提供和保持自己独特的核心能力;第二,各个企业单元在价值链中能够实现各个核心竞争力过程的无缝联结,即产业共生企业能有效地实现核心能力的集成与整合①。由于拥有"核心竞争力"可以使企业拥有明显的区别和超越其他竞争对手的、可持续的比较优势,从而为企业创造长期、稳定、超额的利润,故自 20 世纪 90 年代以来,引起了全世界管理人士的广泛关注。

竞争优势理论认为,在一个企业众多的价值创造活动中,并不是每一个环节都能创造价值。企业所创造的价值,实际上来自于企业价值链上某些特定的价值活动。这些特定的价值活动构成企业价值链中的"战略环节",企业就是要依据这些价值环节设计和开发其核心竞争力。因此,企业核心能力的价值维度是非常明确的。一般而言,核心能力具有相对的而不是绝对的价值,这一认识可以扩展到企业可利用的所有内部和外部竞争能力。企业所选取的用于生产过程的核心竞争力体系和以能力为核心体现的技术、知识,在决定购买或分配投入要素的决策中发挥作用。

价值链思想认为,企业的价值增值过程,按照经济和技术的差别可以分为既相互独立又相互联系的多个价值活动,这些价值活动形成一个独特的价值链。价值活动是企业所从事的物质上和技术上的各项活动。不同企业的价值活动划分与构成不同,价值链也不同。企业的每一个活动一般包括直接创造价值的活动、间接创造价值的活动、质量保证活动三部分。企业内部某一个活动是否创造价值,要看它是否提供了后续活动所需要的东西、是否降低了后续活动的成本、是否改善了后续活动的质量。每一项价值活动对企业创造价值的贡献大小不同。对企业降低成本的贡献也不相同,每一个价值活动的成本是由各种不同的驱动因素决定的。价值链的各种联系成为降低单个价值活动的成本及最终成本的重要因素;而价值链各个环节的创新则是企业的竞争优势的源泉。

企业核心能力的价值维度与成本具有直接的联系,也就是说成本的高低直接关系到价值的大小,降低成本是价值链的持续运行的基础。对剩余物质的控制需要经营成本,也就是说需要资本的投入。基于价值链活动的成本控制确定了价值链的价值活动构成。在确定了企业的价值链后,通过价值链分析,找出各种价值活动所占总成本的比例和增长趋势以及创造利润的新增长点,识别成本的主要成分和那些占有较小比例而增长速度较快、最终可能改变成本结构的价值活动。而且通过价值链的分析,确定各价值活动间的相互关系,在价值链系统中寻找降低价值活动成本的信息、机会和方法。

在企业的成本结构中,不仅要考虑直接生产成本,还要考虑交易成本。一般而言,运用比竞争对手更廉价的水平开发、生产和分配产品的能力是企业的竞争优势所在。如果忽视降低交易成本方面的能力,则会影响企业其他能力的发挥。随着市场竞争的加剧,相关条件的改善正逐渐成为提高核心竞争力效果的关键因素。在这种状况下,企业可通过在一个经

---

① 徐立中,秦荪涛.基于价值链的生态产业共生系统稳定性对策研究[J].财经论丛,2007(2):90—96.

济区域范围内的相互结盟从外部经济中获益。企业间的密切联系使企业在集中利用自身优势竞争能力的同时,能够通过市场获得可以较好承担其他职能的企业的协助。此外,企业有时甚至在自身拥有的竞争能力相对于其他企业较差时,也不得不将一些要素的生产内部化。企业无法从其核心竞争力中获得最大效果的阻碍因素在于不能从战略应用需要的角度进行决策。企业应采取的行动主要依赖于企业在操作过程中的优势,甚至是劣势竞争能力中所处的位势。即如果由于企业现在不能获得互补性能力而使诸项能力得不到有效利用时,最好的办法是自己开发所需资源。

4.2 循环经济与循环产业价值链

环保产业的发展将减少经济发展造成的环境污染与环境破坏,保护自然资源与改善环境质量,从而产生巨大的社会、经济与环境效益。从理论上讲,由于环保产业的发展而挽回的环境资源的价值应该作为环保产业的价值。随着环境经济学的发展与环境资源价值核算方法的成熟,环保产业的价值可以用因环保产业发展而免于污染与破坏的环境资源价值来评价。

4.2.1 循环产业产生的经济学分析

环境问题的发生不外乎两个原因:一是市场失灵;一是政府失灵。就市场而言,它常常不能精确地反映环境的社会价值,而产生外部性问题。如资源的用途,有些能销售(如林木),有些不能销售(如对流域的保护)。不可销售的用途被市场主体忽视,导致资源使用过度,流域环境遭到破坏。就政府而言,受到认识的局限性,会做出导致环境破坏的决策。

自从马歇尔 1890 年在《经济学原理》中提出外部性概念以来,特别是由于工业化、城市化、环境污染等一些社会问题的不断加剧,使人们逐渐使用外部性来解决这些问题。外部性是指某个人的效用函数的自变量中包含了他人的行为可用如下的函数表示:

$$F_j = F_j(X_{1j}, X_{2j}, \cdots, X_{nj}, X_{mk}) \quad j \neq k$$

式中:$X_i(i=1,2,\cdots,n,m)$ 是指经济活动,j 和 k 是指不同的个人(或厂商)。

这表明,只要某一人 j 的福利受到他自己所控制的经济活动的影响,同时也受到另外一个人 k 所控制的某一个经济活动 X_{mk} 的影响这就是外部性的。外部性分为两类:一类是外部不经济,即当受影响的一方 j 因活动 X_{mk} 而受到损失,希望行动一方 k 降低活动 X_{mk} 的水平。如工业生产过程中排放的废水、废气污染农田使农场主受损;另一类是外部经济性,不在本研究的范围之内。

对于污染的外部性问题,如果每一单位的废弃物排放所带来的社会成本确定,而且生产者被要求对其外部性付费的话,那么,废弃物排放量的均衡点在排污成本和社会外部性成本相等处。也即可以通过价格机制来解决外部性问题。但在没有外界干预的情况下,市场机制会按它自己的逻辑进行,它的基本功能是使交易双方的福利为最大,而不是使社会的福利为最大。在经济活动中,如果所有的成本都由生产者(或购买者)承担,所有的收益都由消费者(或销售者)承担,或生产与消费的所有成本与收益都由交易双方共同承担,那么,交易双方的福利和整个社会的福利是一致的,因为没有任何非交易的一方受到影响。在一般情况下,只要任何外在一方 X_{mk} 受到活动的影响,就可以说市场未能起到使社会福利为最大的作用。对此,任何一种经济活动的边际社会收益(MSR)等于边际私人收益(MPR)之和加上边际外部收益(MER)。同样,边际社会成本(MSC)等于边际私人成本(MPC)之和加上边际外部成本(MEC)。即:

$$MSR=MPR+MER$$
$$MSC=MPC+MEC$$

交易双方的福利为最大的条件是边际私人收益等于边际私人成本(MPR=MPC)。使社会福利为最大的条件是 MSR=MSC。如果一活动能造成外部收益(如环境的保护与改善),而没有外部成本,则:

$$MSR>MPR,MSC=MPC$$

由于 MPR=MPC,故 MSR<MSC。这就是说,在市场力量的作用下,该物品的生产达到了这样的程度:在该水平下,增加的生产对社会的净收益已成为负值,最后生产的物品只是给社会带来了净成本。

科斯定理对在交易费用较低时通过市场机制来解决外部性问题提出了较系统的理论,具有重要的意义。斯蒂格勒将科斯定理简单地概括为:在完全竞争条件下,私人成本将等于社会成本。即只要交易费用为零,不论初始产权如何界定,都可使经济最有效率。假如一家企业排烟污染了附近五户居民晾晒的衣服的,用科斯定理说明如下[1]:

第一种情况:将环境的产权配置给居民(用 R 表示),在这种情况下,企业(用 E 表示)在没有得到居民 R 的准许下就不得排烟。双方通过讨价还价的方式解决外部性:居民 R 出价,允许有 h 量的外部性(或排污量),但同时必须有 T 的补偿;企业 E 可以选择同意或是不同意这个价格。只有在企业 E 的福利水平至少不低于这个出价,也就是当且仅当满足 $\Phi_E(h)-T \geqslant \Phi(0)$ 时,企业 E 才会接受这个价格。

因此,居民 R 将选择一个出价以满足:

$$\underset{h \geqslant 0, T}{\text{Max}} \quad \Phi_R + T$$
$$\text{s.t.} \quad \Phi_E(h) - T \geqslant \Phi_E(0)$$

由于对于任意的解,均有 $T=\Phi_E(h)-\Phi_E(0)$,则居民 R 的最优出价需使 h 满足:

$$\underset{h \geqslant 0}{\text{Max}} \Phi_R(h) + \Phi_E(h) - \Phi_E(0)$$

此时的解 h^* 是社会的最优水平。

第二种情况:企业 E 有权随心所欲排烟从而带来外部性。在没有讨价还价的情况下,企业 E 将制造 h^* 量的外部性,居民 R 则需要出价 $T<0$(用于支付企业),使得 $h<h^*$。此时,当且仅当满足 $\Phi_E(h)-T \geqslant \Phi_E(h^*)$ 时,居民 R 将接受 h。此时,居民 R 将出价设定 h 的水平,使之满足 $\text{Max}_{h \geqslant 0}(\Phi_R(h)+\Phi_E(h)-\Phi_E(h^*))$。这样,又得到外部性的社会最优水平 h^0。

可见,环境的产权配置对获得社会的最优解并不是必要的。产权配置改变了支付对象企业和居民之间的福利状况,而对整个社会达到资源的最优配置没有影响。在第一种情况下,企业 E 支付 $\Phi_E(h^0)-\Phi_E(0)>0$,换取 $h^0>0$;在第二种情况下,企业 E 支付 $\Phi_E(h^0)-$

---

[1] [美]安德鲁·马斯─科莱尔,迈克尔·D.温斯顿,杰里·R.格林.微观经济学[M].中国社会科学出版社,2001:页码.

$\Phi_E(h^*) < 0$,而使 $h^0 < h^*$。也即,只要外部性可交易,那么无论产权如何配置,讨价还价将会得到一个有效的结果。对于不同产权配置情况下的讨价还价,其效用的最后配置可用图 4.3 表示。

需要说明的是,u_e 和 u_r 分别代表企业和居民的效用,阴影部分代表了企业和居民的效用可能集。集合的边界曲线上的每一点都对应着外部性水平 h^0 的一种配置。点 a、点 b 分别代表没有任何转移支付、外部性水平为 0 和 h^* 时的效用水平。也即,它们分别代表着环境产权配置给企业或是居民,但没有进行讨价还价的产权交易时的初始效用状态。如上分析的第一种情况,即将环境产权配置给居民

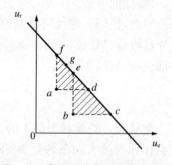

图 4.3 在不同产权制度和不同议价过程下,效用的最后分配

时,产权交易后的效用水平分别为点 f 和点 e。在第二种情况下,将环境产权配置给企业,则产权交易后的效用水平分别是点 d 和点 c。其他的产权交易过程,如有限期与无限期双边讨价还价的情况,效用水平可能会达到线段 $[f,d]$ 或线段 $[e,c]$ 之间的某些点,在此不再做讨论。

以上的理论分析的意义在于说明在产权交易的成本较低时,初始产权配置对产权交易的社会福利水平影响不大。

企业治理污染从短期来看是增加了自己的成本,但是从长期来看是提高社会福利的行为。例如:一家企业排烟污染了附近五户居民晾晒的衣服,每户因此损失 75 元。解决此污染问题的方案有两个:一个是工厂安装排烟装置,使排出的烟不再污染附近居民的衣服;另一个是为每一户居民家中安装一台烘干机。假设安装排烟装置需要 250 元,安装烘干机每台需要 70 元。根据科斯定理,若五家居民能坐到一起达成协议,不论享受清新空气的初始权在谁那里,都一定会采用最优的方式来解决问题,即安装排烟装置。

下面从两方面来说明。假设居民享受享有清新空气且使晾晒的衣服不受到污染的权力,则居民肯定会要求该企业安装排烟装置、赔偿损失或为每户居民买一个烘干机。毫无疑问,企业为节省起见,肯定会安装排烟装置,而不会去为居民提供烘干机,更不会对污染进行赔偿。相反,假设企业有排烟的权力,则五家居民也会坐在一起给企业安一个排烟装置,因为这比自己买烘干机或者任凭污染划算。但是现实生活中,后面一种情况发生的十分少,所以说由企业来治理污染是最有效率的,可以到达社会福利最大化的方式。

可见,如果没有外界的干预,没有法律的、经济的、行政的或者其他方面的约束,外部性问题就会引起市场机制失灵,由此导致社会资源配置的低效率。尤其在被视为日益稀缺的环境资源的利用上,行为主体因竞争压力和利润诱惑,选择比如过度开发自然资源、牺牲环境质量、将自然环境作为废弃物排放场所的经营对策。

为解决市场缺陷,政府必须干预。运用宏观调控与直接管制办法,规范循环经济,保障可持续发展。因此,未来循环经济立法中,宏观调控、管制规范应该成为主干。至于政府失灵,则要通过民主监督、公众参与、司法审查、权力机关审查批准等加以解决。其次是间接调控,即充分发挥市场机制对资源配置的基础作用,利用各种经济手段,包括建立征收环境税费制度、财政信贷鼓励制度、排污权交易制度、环境标志制度、佣金制度等,通过治污、清洁生产等途径使外部不经济性转为内部化。除上述两种主要规范外,还有自我调控规范,即通过

全民环境教育,提高全民环境意识,自觉采纳绿色生活和消费方式。

循环经济的关键在于剩余物质最小化。推广剩余物质最小化计划,存在经济、政府等方面的动力。从更广的范围来考虑,对剩余物质最小化的全球性关注为减少排放提供了更为主要的动力。

第一,经济动力。对于企业而言,建立剩余物质最小化存在着强有力的经济动力。在制造任何一件产品的过程中,不可避免地要产生液体、固体、气体等剩余物质。这些剩余物质本身表明,由于生产流程的低效或无效,导致有价值的原材料和能源的流失。在资源使用上采取剩余物质最小化,通过提高经营效率和改进流程的可靠性能够不断提高企业的盈利能力。很多政府环境机构要求企业自身对于剩余物质流采取自监措施,这意味着将会增加分析费用、职员工作时间和厂商培训的成本。

第二,政府动力。实现由传统线性经济到循环经济的转变是政府应当承担的公共责任和社会义务。在经济动力中,剩余物质最小化的资金短缺或经验短缺可能严重阻碍着厂商确定和实施剩余物质减少计划的努力。在这种情况下,就可从政府机构或政府资助的项目中获得财政帮助和技术支持,例如英国的工商部门(DTl)、欧共体的欧洲基金计划等都提供类似的帮助。除了财政、税收和金融方面的支持外,政府还应适时制定相关的法律法规,提供制度和法律的约束和激励机制,并通过此保障经济激励机制的有效运转。

4.2.2 循环产业价值链形成的基础

价值链的概念是由美国哈佛大学商学院教授迈克尔·波特于1985年在其所著《竞争优势》一书中提出的。波特认为,公司通过完成一系列作业而产生价值。一个公司产生的最终价值是通过消费者愿意为企业的产品和劳务所支付的货币量来计量的,如果这种价值超过了完成所有要求的作业的总成本,则该公司就有利可图。企业与其上下游各有其价值链,彼此相互关联,所以称为价值系统。企业从事价值链活动,一方面创造有价值的产品或劳务,另一方面也负担各项价值链活动所产生的成本[1]。

从一般的角度看,任何一个经济活动系统必然包括物质、能量、信息和人力等要素的流动,而这些要素的流动必须以价值的流动为基础,循环经济也不例外。循环经济是人类社会劳动的产物,其系统运行过程中必然伴随着物质流和能量流,必然产生价值的增殖和货币的流动,从而形成循环经济的价值链。循环经济的价值链可以通过以下三个不同时期来进行分析。

价值投入与资源配置。由于循环经济系统是通过投入一定的人力来开发和利用各种资源而形成的系统;而人们要按照生态规律和经济规律来开发并综合利用资源,必须投入一定的资本或资金作为保证,来购买必要的生产要素并支付劳动者的劳动报酬,这就形成了循环经济的价值流动过程。当然,在市场经济条件下,资金或资本投入的方式是多元化的,可以是国家财政的投资,也可以是国内银行或国外银行的贷款,还可以通过股份制进行集资、融资,或由国外的公司独立投资等等。

价值物化与价值增值。这是指具体生产过程。劳动者通过各种特殊的、合适的劳动,运用一定的技术手段和劳动技能消耗着物化劳动和活劳动,从而将劳动物化在资源的开发、利

---

[1] 李树.循环经济:我国社会经济发展模式的必然选择[J].理论导刊,2002(6):32—35.

用和产品的生产中。而且劳动者不仅通过具体劳动将所消耗的生产资料的价值转移到了新产品的价值中去,还创造了一定量的新价值,使价值流增大,从而使价值链能够持续运行。当然,在循环经济系统的价值增殖过程中,不但包括一定时间系统总体经济产品或劳务价值的数量,而且包括自然资源状况的改变和生态环境质量状况的改变所形成的生态环境价值(包括正值与负值)的数量[①]。

价值产出和价值实现。价值是随着循环经济过程中所形成的各种物质流、能量流得以产出和实现的。因此,实现物质流、能量流的合理运行是循环经济价值链持续运行的必要条件。实际上,循环经济价值流的运行除了与物质流、能量流密不可分,还必须依靠人力流和信息流,而这些又是常常要得到服务业的支持。因此,在一定条件下,循环经济的价值流能否持续运行,与银行、保险、证券等金融服务业的发展水平及对循环经济的支持力度有着直接的联系。现代金融业不仅为实体经济价值流运行服务,而且不断通过金融工具的创新实现金融资产的自我扩张,形成与实体经济价值流相平行的虚拟经济价值流。必须保持虚拟经济价值流同其为实体经济服务的价值流的协调,才能使循环经济价值链持续运行。

外显价值和潜在价值。从价值的属性和构成角度看,价值活动分为价值创造和价值发现。传统的产业价值链的形成是一个价值创造过程,即它着眼于价值资源的经济利益,不考虑资源使用过程中废弃物的循环和有效利用。循环经济则是一个价值创造过程,强调从废弃物中发现新的价值。循环经济价值链中的资源(或中间产品)价值可以划分为外显价值和潜在价值两部分。前者是传统价值链理论所研究的,后者存在于循环经济价值链之中。循环产业就是通过一定的制度安排、技术创新和组织创新使潜在价值外显化。

4.2.3 价值链与环保产业的兴起

一个产业对国家与社会的贡献直接体现为其带来的经济效益;评价产业价值最常用的标准莫过于产值或利润。对于能有效改善人类生存环境的环保产业而言,产值及利润的直接经济利益固然是其对社会的价值贡献,但其发展对于改善环境质量、促进持续发展,对于打破国际贸易壁垒、提高企业的国际竞争能力,对于有效履行国际义务、缓和国际关系矛盾等多方面的社会贡献,仅用环保产业的产值是无法体现的。

在传统的环保产业调查中,一般将环保产业分成几个门类,将这几大门类的产值进行简单加和作为其统计产值。但由于环保产业广泛渗透于国民经济各部门,在确定环保产业产值时,应考虑渗透于其他行业中的、难于统计的环保相关产品与技术的产值贡献。环保产业的价值首先直接体现为可度量的环保产业的产值,但由于环保产业对社会、经济、环境及可持续发展的巨大贡献以及环境资源价值尚未得到充分认识等因素,环保产业在理论上的价值远大于其实际产值。对环保产业价值进行评价,应考虑在环保产业产值的基础上增加一个价值放大系数,以使环保产业价值回归到其应有的水平。环保产业价值放大系数与环保产业的发展阶段及社会文明状况等因素有关。在环保产业发展初期,环保产业产值与价值的差距较大,环保产业价值放大系数也较大;随着清洁生产的普遍推广及可持续发展战略的

---

① 迈克尔·波特.竞争优势[M].北京:华夏出版社,1997:33—48.

实施,环境资源的价值逐渐被认识,环保产业的价值日益被发掘,环保产业产值与价值的差距日益缩小,环保产业价值放大系数也应随之减小。

环保产业的发展将减少经济发展造成的环境污染与环境破坏,保护自然资源与改善环境质量,从而产生巨大的社会、经济与环境效益。从理论上讲,由于环保产业的发展而挽回的环境资源的价值可以作为环保产业的价值。随着环境经济学的发展与环境资源价值核算方法的成熟,环保产业的价值可以通过因环保产业发展而免于污染与破坏的环境资源价值来评价。

4.3 循环经济价值链的运行

循环经济价值链就是对某一产业的转换过程与阶段功能及其附加价值的创造方式,所具体描绘的方法。经由产业价值链的展开,很容易就可以看出产业结构的竞争强度、竞争力的优劣势、内外在环境衍生的课题、企业的生存空间与定位以及潜在的环境冲击与趋势等。循环经济价值链的有效运行必须以循环经济系统控制为基础,以减少处理成本和剩余物质的数量为途径,以利润大于零为目标,在更高的层次上实现经济价值、社会价值和生态价值的有机统一。

4.3.1 循环经济系统控制

循环经济系统控制以各种经济系统的控制问题作为自己的研究对象,运用定性和定量相结合的方法来分析各种经济系统的功能以及用各种控制方法来实现资源最优化配置的经济问题。

1) 循环经济的运行

从循环经济系统控制的角度来看,一个封闭的经济实体(比如自给自足的小农自然经济系统),几乎与外界不发生商品交换和信息联系,无法得到外力作用。任何经济实体,在它不跟外界发生作用的封闭状态下,都会表现出相对静止状态,甚至出现经济衰退。当然,其内部消耗越少,能维持的周期越长。如果说封闭系统是无加速度的惯性系统,那么开放系统则是有加速度的发展系统。也就是说,对于一个受外力作用的物体,外力越大,加速度越大;对于所受外力相同的两个物体,质量大的物体加速度小,质量小的物体加速度大。

在循环经济控制中,信息处理是非常重要的,将经济效果假设为信源,可将价格看作是传输信息的通道,而将收入作为信息的受体。从统计规律来看,它要求信息必须足够多、变化必须足够灵敏和迅速,人们才能从中得到有关经济效果,去除虚假的信息而获得真实信息。循环经济控制就是通过对信息传输速率和效率的定量分析,来研究不同经济体制的控制能力。

2) 循环经济的内在动力

要使一个无加速度的封闭系统转变为一个有加速度的开放系统,必须改变经济系统的条件和内在结构。有势能差的非平衡系统是动态发展的系统;无势能差的平衡系统是不发展的系统。在没有势能差的系统中,势能差的增大能够使系统从无序向有序转化。而经济系统结构各组成部分之间存在的互补作用往往可以放大系统的整体功能。

一个具有内在发展机制的经济系统必须是一个有差异、非均匀、非平衡态的经济系统,因此，必须改革已经僵化的经济体制与机制，扩大系统内的势能差，加强系统各组成部分之间的互补作用，使系统具有自组织能力和内在动力。体现在企业外部，以竞争力为主；体现在企业内部，则以协同力为主。竞争力推进企业导向与外界环境相适应；协合力则提升企业的整体功能。在循环经济系统控制中，从生态大系统分析应用了生态学的原理，更加强调企业之间的协同，最终构成企业内部及企业与企业之间的价值链循环。

3）循环经济耦合

循环经济系统包括串联耦合和并联耦合两种类型。串联耦合是指甲企业的产出（输出），就是乙企业的投入（输入）；而乙企业的产出（输出），就成为丙企业的投入（输入）；最后，丙企业的产出（输出），又成为甲企业的投入（输入）。循环经济系统控制要求，不仅在企业产品方面形成这种串联回路，更重要的是在废弃物方面也形成这样一个串联回路，以形成互相耦合的经济系统。并联耦合则是指一个企业要输入多个企业的产品，又要将本企业的产品输往多个其他企业，这样就形成了一个并联回路。而循环经济控制论要求，在这些企业的废弃物间交叉输配，形成多重耦合。

串联企业有着自己的特点：串联企业越多，生产效率越低。不过，废弃物输出的串联企业越多，资源利用效率越高。要在两者间取得平衡，应以基本实现资源利用的循环为标准。例如，美国、欧盟和日本早在20世纪90年代中期就开始用转基因技术培育木本和藻类植物，其能将空气中的二氧化碳固化为生物质，成为含油植物，然后通过加工制出新生物能源，实现了工业系统与自然系统的耦合，是典型的生态工业链。

循环经济作为一种新型的经济发展模式，强调人地系统的相互适应、相互促进和相互协调。它的宗旨是进入经济系统的物质流最小化和进入经济系统的物质流利用最大化，同时实现废弃物产生的最小化和无害化。循环经济的意义还在于，它要求经济发展的生态环境内生机制，协调了扩张型经济增长机制和稳定型生态平衡机制的矛盾关系。

4）循环经济反馈

循环经济控制要求在一定自然资源投入的情况下，使总产出最大化、排出废弃物最小化。在上述前提下，选择最优顺序实施决策，解决最优设备更新期、最优人员调配、最优产业布局等一系列问题。循环经济系统控制还必须考虑生态成本，改变企业单一资源成本的观念，即生态成本高，价格也就高。另外还需解决一旦取消绿色产品市场准入制度，市场就出现萎缩的问题。因为这将导致生产成本更高，使市场更难进入，从而形成负反馈恶性循环的格局。

5）从传统工业经济到走向循环经济的悲壮历程——挪威罗加兰地区循环经济控制案例分析

挪威以斯塔万格市为首府的罗加兰郡是个有35万人口，0.9万平方千米的地区，现在是世界上最富裕的地区之一。不过，这里曾经有一段从传统工业经济到今天循环经济的悲壮经历和惨痛教训。

斯塔万格市地处高寒，农业生产率很低，但有丰富的森林资源。在工业革命以前，生产力低下，开发十分困难。当时人民生活十分贫困，穿着粗制的兽皮衣，甚至穴居。工业革命以后，该地区开始利用木锯和电锯大力开发当地的森林资源，向英国和德国输出寒带的名贵木材，人民生活开始达到温饱，斯塔万格市就是那个时期建设的。但因为对森林资源掠夺性的开发，不到半个世纪，树就被砍光了，造成森林资源的枯竭，很快地区经济发展停滞，人民生活又陷于困顿。在没有抛弃传统工业经济概念的情况下,斯塔万格人开始寻找其他资源的开发。斯塔万格附近的北海是最好的沙丁鱼渔场,因此,他们开始了对渔业资源的开发。而且在19世纪竟然考虑到生产加工产品,制成鱼罐头远销欧美。当时他们的沙丁鱼罐头产量占世界1/2以上。然而,经过了半个世纪掠夺性的开发,沙丁鱼资源又枯竭了,斯塔万格人再一次陷入困境。于是,在20世纪初,人们开始了悲壮的逃荒历程。在北美,至今许多城市还有当年逃荒的挪威人留下的聚居区。

两次惨痛的教训深深地教育了斯塔万格人,于是他们开始了循环经济的探索:尊重自然规律,逐步恢复良性的生态循环,合理地利用可再生资源。由于对森林砍伐有度,种植补充,今天森林又满山遍野了;由于对沙丁鱼捕捞有度,休养生息,现在斯塔万格的沙丁鱼罐头产量又居世界第一位了。现在,北海又发现了石油资源,吸取前两次的教训,他们对油盆应用了系统分析:哪里采,哪里不采;哪口油井出油多少。他们还由此及彼考虑到水资源,现在斯塔万格考虑到人口的增长,建起了可满足50万人口的污水处理厂。由于本着循环经济的理念进行生态建设,现在,斯塔万格地区森林遍布山冈,草地遍布坡地,城市优美,农村幽静,山清水秀,污染极少,是世界上生态系统最好的地区之一。斯塔万格从失败走向成功,关键在于以循环经济的理念调节控制,以生产与自然资源循环的耦合推进发展经济。

4.3.2 企业循环经济价值链的形成机制

循环经济价值链的形成是以其利润大于零为前提条件的,这也是循环经济持续发展的经济动力。在工业生产过程中,企业生产会伴随着大量的生产剩余物,这些剩余物中部分仍可回收再利用。将其加以回收,一方面可节约能源,另一方面可减少环境剩余物质;而且,上述过程也是价值增加的过程。从理论上说,在一定技术水平下,投入一定的初始资源,应经过多次循环再利用,直到可回收资源得到充分利用,排放到自然界的剩余物质最少。因此,从微观的企业角度看,循环经济价值链运动的过程也是剩余物质最小化的过程。

在资源使用量一定的情况下,可通过技术进步发展循环经济,在增加制成品的同时,减少剩余物质,形成价值链。其价值函数可表示为:

$$W = W_{\text{有用物质}+\text{有用能量}} + W_{\text{可再生物质}+\text{可再生能量}} - W_{\text{废物}}$$

可见,在产品一定的情况下,价值链的形成只有通过减少使用剩余物来实现。而剩余物使用可以通过两个途径:可再生物质和能量以及使用后的剩余物质。在实际生产过程中,当可回收资源经再生产后的价值已经小于回收再利用过程中添加资源的价值时,则没有再利用的必要,这时,剩余物质循环便停止。

单个企业的剩余物质最小化过程,表现为可回收物质的价值随着循环的增加而递减,可以通过模型来表示:

$$R_{i+1} = \alpha R_i + \beta W_i$$

当 $\gamma W_i \leqslant \alpha C_0 + \beta W_i$ 时循环便停止[①]。

式中:R_i 是指第 i 次循环再生产的资源价值;W_i 是指第 i 次循环再生产后的可回收资源价

---

① 马传栋. 可持续发展经济学[M]. 济南:山东人民出版社,2002:65.

值;α 是指一次生产前后,可回收资源与原始资源价值比(常量);C_0 是指添加资源中不变资本投入部分在各次循环中的折旧(常量);β 是指添加资源中可变资本投入部分与可回收资源价值比(常量);γ 是指可回收资源投放到环境中的机会成本与可回收资源价值比(常量)。

降低成本是价值链持续运行的基础。对剩余物质的控制需要经营成本,也就是说需要资本的投入。根据生产经济模型,结合传统生产性服务理论中有关物质加工过程中的能量消耗和剩余物质生成等理论,一个厂商的成本函数可表示如下:

$$TC = C_1R + C_2E + C_3I + C_4W_A + C_5W_B$$

式中:TC 为总成本;C_1 是投入物质的价格;C_2 是能源价格;C_3 是信息价格;C_4 和 C_5 是剩余物质处置成本;而 R、E、I、W_A 和 W_B 分别是各生产要素的投入量。

总成本最小化的最好途径是减少处理成本和剩余物质的数量。由于一般来说,减少投入成本比较困难,因此,总成本的削减更多的要通过减少剩余物质的处置成本和提高剩余物质的再利用率(在某种程度上可视为减少剩余物质的数量)来实现。根据经济学边际分析方法,剩余物质的边际处置成本与边际收益相等的点是处置成本的最优值,即 MC=MR。边际处置成本包括处置单位剩余物质的各种支出,而边际收益主要包括剩余物质再利用对于原材料支出的节约和由此减少的剩余物质治理的费用。由于成本、收益是能够准确核算的,因此,可以用成本—收益分析法研究剩余物质最小化带来的收益。在剩余物质再生产的成本—效益分析中,其成本是由资本、劳动、物质、信息和额外支出组成。在一定时期内,这些成本可以核算。其收益包括可按市场价格计算的产品价值、不能按市场价格计算的产品价值(如未来使用的年结余)以及其他收益的价值(如一些公共性的收益)。

4.3.3 价值链的延伸与社会价值、生态价值的整合

上面对循环经济价值链的分析是从经济角度进行的,即对经济价值链的分析。然经济价值链一旦形成,其意义就不仅在于经济本身,还具有社会价值和生态价值的重要意义,是在更高的层次上对经济价值、社会价值和生态价值的整合。

过去,对于工业污染的治理更多的是从社会价值和生态价值的角度出发,因此,其投入是一种政府行为;从经济的角度看,是高投入少产出,或者只有投入没有产出,因为它的产出体现在社会价值和生态价值上。由于,没有经济价值链的运行,社会价值和生态价值的维系没有根本的保障,所以过去对于工业污染的治理常常出现这样的情况:污染——治理——再污染——再治理,社会价值和生态价值实际上没有得到根本的实现。

在现代市场经济条件下,循环经济价值链的运行有利于社会价值和生态价值同步提高和真正实现。一般地说,循环经济价值链的运行会出现三种不同的状态:第一种是递减式,除支付成本和向国家交税以外,循环经济在价值输入上小于价值输出,导致循环经济每个层次的企业不断亏损;第二种是相对平衡式,除支付成本和向国家交税以外,循环经济每个层次的企业在价值的输入与输出方面相对平衡;第三种是增殖式,即除支付成本和向国家交税外,循环经济每个层次的企业都有一定的利润。很显然,增殖式是循环经济正常运行的前提条件,也是可持续发展的必然要求。下面通过案例说明。

江苏省洋河酒厂股份有限公司采用循环经济的理念和技术实施改造,使下游工序的废

弃物回到上游工序中循环使用,在废弃物不断循环利用中,价值效应得到充分体现[①]。洋河酒厂股份有限公司是传统的白酒酿造企业,从"九五"开始到 2003 年底,洋河酒厂累计投入 7 000 多万元,对生产环节进行改造,降低酿酒过程中资源的能源消耗。1996 年,投资 3 500 万元建成 3 000 kW 日电联产工程,拆除 7 台小锅炉。1997 年,投资 500 万元建成日处理能力 3 600 t 的第一污水处理站;投资 800 万元,实施冷却水和洗瓶水的回用系统改造等工程;对酿酒生产的下脚料——酒糟进行二次发酵,每年可节约酿酒用粮 2 859 t,且经过再次发酵后的酒糟是家畜的上好饲料,每年仅售酒糟就可创造经济效益 600 万元以上。2001 年,洋河实施清污分流工程和可回收水循环利用工程,投用后每年减少污染物排放量达 3 200 多 t,同时将水的利用率由原来的 22% 提高到 86%。黄水是酿造白酒无法回避的副产物,COD 含量高,直接排放危害大;通过污水站来处理黄水,则需要大量的清水稀释。通过技术攻关,该公司开发了黄水再利用技术,每天少处理污水 300 t 左右,同时每年可以增产 60°原酒 133.5 t。投资 685 万元的 3 500 t 大酒罐工程和投资 1 178 万元的"名优酒罐装生产线"技改项目,每年可新增经济效益达 730 万元。在贮存酒损的控制上,则新购了大量优质的陶瓷坛;对酒流转的关键环节安装了酒质流量计,确保酒的损耗降到最低。洋河发明的环保型锅底等,投用后杜绝了醅料混入锅底的现象;同时,使底锅水中的污染物被提前截留挥发,使锅底废水的 COD 浓度下降到 80% 以上,每年可创经济效益 40 万元。在能源管理上,该公司从 2003 年 9 月开始,对能源管理进行了一系列改造。其中,对 400 V 以上的电能和 400 V 以下的电能分别由不同的部门管理,实行不同的管理方案:即 400 V 以上的电能由公司热电站管理,400 V 以下的电能实行招投标方式承包到人。新的能源管理方案实施几个月就节约能源 30 万 kW·h。此外,还对酿酒生产的酒糟加以开发利用,通过酒糟二次发酵每年节约酿酒用粮达 2500 多吨,经过再次发酵后的酒糟作为饲料出售到各农户,每年仅此就新增经济效益 600 万元以上;对发酵用泥的再利用是洋河酒厂在构建循环经济模式中的再一环节,过去是直接丢弃发酵用泥,如今,从房大曲和老窖泥中选育出了大曲功能菌和窖泥功能菌应用于生产,使得已酸乙脂的含量提高 2 倍、出酒率提高 5%、年增经济效益 620 万元[②]。

可见,当价值链的运行处于增殖状态时,循环经济才是持续发展的,而且此时的物质流、能量流、信息流、人力流和价值流处于良性循环的状态,从而实现经济价值、社会价值和生态价值的有机统一。微观企业是这样,宏观社会也是如此。社会层面大循环有利于价值链的延伸,从而全面提升区域经济竞争力。

复习思考题 4

4.1 阐述生态价值链、循环经济价值链的内涵。
4.2 分析循环产业价值链的形成基础及形成机制。

[①] 马传栋. 可持续发展经济学[M]. 济南:山东人民出版社,2002:65.
[②] 王澄虹. 循环经济如何实现多赢——江苏洋河酒厂循环经济实践的走访调研与思考. http://www.jssb.gov.cn/tjxxgk/tjfx/sjfx/200512/t20051220_7106.html

5 循环经济仿真模型

"情景"(Scenario)一词源自戏剧艺术,构造未来研究和政策分析情景之父 Herman Kahn 于 20 世纪 50 年代将"情景"引入到美国兰德公司军事战略研究规划[①]。此后,情景分析应用到了更为广泛的仿真或过程研究,同样也运用到经济学研究之中。模仿经济学的出现是经济学发展的必然,其产生也是学科边缘化和自然—经济—空间互动复杂化的趋势。因此,20 世纪 90 年代,人们将模仿作为内生变量引入经济学分析框架,是经济学发展的一个巨大进步[②]。循环经济系统的特征主要表现为高层次、多回路、非线性以及子系统的数量巨大、类别繁多、多重反馈、结构复杂。所以本章尝试将循环经济系统作为一个整体去设计,引入系统仿真模型对系统进行模拟,在设计时主要考虑系统和公司层次上物质流、能量流和信息流的交换。由于许多环境问题与经济系统中的物质与能量的流动有着直接的关系,而投入/产出分析方法可以追踪直接物质与能量流和间接物质与能量流的路径,因此,本章在总结介绍循环经济系统结构与特征的基础上,采用投入/产出方法建立基于物质与能量流分析的循环经济系统模型,并介绍了循环经济系统中的多级递阶智能控制系统的构建和运行原理。本章着重是通过建立循环经济方针仿真理论模型,为提高循环经济运行效率和运行管理的可控性提供基础。

5.1 循环经济系统结构与特征

5.1.1 循环经济系统的结构

从全球化的角度看,循环经济系统就相当于是由无数相关的经济子系统组成的整体网络,系统之间用循环经济链联系。由于循环经济系统的复杂性,每个经济子系统之间有许多不同的联系,这些联系取决于决策者的目标和系统中的产品、资源、信息等其他因素的限制,见图 5.1。

图 5.1 的最上层代表该循环经济系统,最下层代表维数、材料和具体产品的其他参数。在两层之间的是公司、产品和若干个子系统层次。由图 5.1 可知,循环经济系统结构具有相互紧密联系的层次和系列。纵向有串行树枝状结构;横向之间通过物质流、能量流和信息流形成网络状、链状、原子结构状的"系统元"。各子系统之间既有统一性,又有非均质性和各向异性。

循环经济系统的组成环境是社会系统,从社会系统的微观角度看,是公司、机构、组织、经济园区、地区甚至国家;从社会系统的宏观角度看,则环境可视为由社会经济系统、社会政治系统、社会意识系统组成。循环经济系统与社会系统间存在交互作用,相互影

[①] 王如松,周涛,陈亮等.产业生态学基础[M].北京:新华出版社,2005:234—235.
[②] 任寿根. 模仿经济学[M].北京:中国财政经济出版社,2003:1—2.

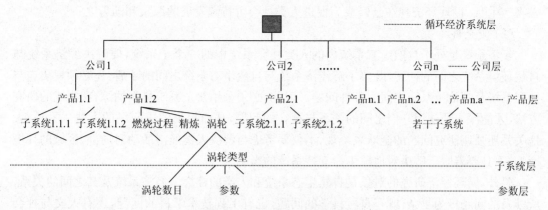

图 5.1 多层循环经济系统

响和依赖。从系统学的角度出发,为了尽可能简单而准确地阐述清楚问题,尽量避免考虑其技术实现的细节,主要考虑某个局部地域上的循环经济系统,它是一个多层次的复杂系统,具体见图 5.2。

5.1.2 循环经济系统特性

由上文可以看出,循环经济系

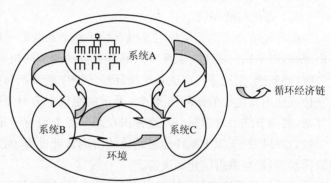

图 5.2 开放的循环经济系统

统是一个研究领域广阔、研究对象众多的开放的复杂巨系统。下面,将从系统学的角度分析,表明循环经济系统具有开放的复杂巨系统的特性。

(1) 开放性

循环经济系统内各个子系统都有边界,通过边界与更大的系统、旁系统,进行资源交换、信息交换、物质交换和能量交换等等,相互影响、相互作用。这种交换贯穿经济活动的规划、编制、控制全过程;如果停止,经济活动也就停止。

循环经济认为,在某种意义上说,经济系统就是向社会系统提供产品和服务的子系统。通过产品的整个运动过程(包括原材料采掘、原材料生产、产品制造、产品使用、产品的回用、产品最终处置),经济系统与社会系统发生物质、能量与信息的交换,从而对自然环境和社会经济产生影响。因此,当前循环经济的研究内容,可以说都是围绕经济生产的整个运动过程开展的,例如原料与能量流动的分析,产品生命周期设计与生命评价,为环境设计、产品导向的环境政策等等。

随着循环经济的进一步发展和推广,当政府决策部门和企业管理者将循环经济和现有的许多传统目标如产品质量、大规模制造、生产效益等自觉地看成同等重要时,循环经济将会在一定程度上作用于改变人类社会的政治、经济、文化和意识形态,一个社会—文化的变革必将产生[①]。循环经济现在已经成为促进人类社会可持续发展的源泉和动力之一。

(2) 复杂性

经济系统是处于自然生态系统内的人类社会系统中的一个子系统,要解决经济系统与自然环境系统之间的冲突,既要了解经济系统与自然生态系统之间的矛盾,还必须解决它与社会系统及其他子系统之间的各种问题。因此,必须采用复杂系统科学的综合、集成的研究方法,才能深入地认识它们之间的关系与存在的问题,从而提出解决问题的方法。另外,人地关系还强调研究问题的全球系统观,不仅要考虑与解决人类经济活动对局部、区域的环境影响,而且要着眼于解决对地球生命支持系统的影响。

另外,循环经济研究的对象是自然生态系统和人类的社会—经济系统及其之间的关系,所涉及的问题极为复杂:既有自然科学的问题,也有工程技术学科的问题,还有人文与社会科学的问题。因此,循环经济的研究已经超越了学科的界限。

(3) 进化与涌现性

循环经济系统的长期稳定发展有赖于整个系统的平衡。这种平衡的内在机制是市场价值规律,而平衡的实现要求系统内部具有自动调节的机制和能力。当系统的某一组成部分失败(如破产、搬迁等),造成系统循环经济链中断或部分脱节时,必须有其他组成成员填满空位或使用新途径的循环经济链。系统的组成部分越复杂,能量流动和物质循环的途径越复杂,其调节能力就越强。但这种内在调节能力也有一定限度,因此,有必要辅以人为调控手段,这种调控来源于循环经济系统的协调管理机构,通过这种自组织与自适应作用反过来取得经验,最终取得优化解决方案。

循环经济系统有趋于成熟的倾向,即常说的"进化",在进化的过程中,系统由简单的状态变为较复杂的状态。自然生态系统进化的模式将为认识现代经济体系和思考其未来发展提供理论基础和视角。

(4) 其他性质

① 循环经济系统的作用大于系统各部分的简单的总和。经济系统的整体优势、整体作用十分明显,这就是聚集效应。只要聚居到一定程度,加之循环经济系统中良好的软硬件的配合,合理的物质、能源和信息分配,适当的政策调控优化,系统职能就能得到强化,效益就会增强。

② 循环经济系统中,总是上一层次的大系统决定性地影响下一层次的小系统。在循环经济系统中一切相对处于低层次的系统都受高一层次系统的决定性影响。所以,做规划不能没有全局观念,不能不考虑更大系统的影响。但同时众多的小系统也会反过来影响大系统。

5.2 基于物质与能量流分析的循环经济投入/产出模型及应用

从第一节可知,循环经济系统的特征主要表现在高层次、多回路、非线性以及子系统

[①] Jelinski, J. W., Graedel, T. E., Laudise, R. A., McCall, D. W., and Patel, C. K. N., "Industrial Ecology: Concepts and Approaches," National Academy of Sciences Colloquium on Industrial Ecology, Washington, D. C[R], 1992: 793—797.

的数量巨大、类别繁多、多重反馈、结构复杂。在设计过程中,就表现为涉及的学科知识多种多样;信息来源各不相同,有的定量、有的定性;而且信息精度不均衡;系统参数敏感性很不一致;系统高层次结构较清晰,而低层次结构难描述。对如此巨大的系统,不可能从最基本的子系统开始进行结构分析;且目前还没有能力去研究其微观机制。因此,子系统按其功能特点、结构特点予以划分,将具有共同属性的子系统归为同一子系统,形成高一层次的子系统(见图 5.2)。对该子系统(组)侧重其输入、输出特性的研究,而不侧重其内部结构的分析。该子系统(组)的状态(或称为该子系统(组)的输出变量)可视为整个复杂巨系统的一个或一组参数。于是,对于上述分类后的子系统(组),尽管组间存在着各种关联乃至反馈关系,然而任一子系统(组)的元素与其他子系统(组)的元素相对来说具有独立性。

所以这里将循环经济系统作为一个整体去设计,在设计时采取了略去结构的微观细节、抓住主要属性的方法。主要考虑系统和公司层次上物质流、能量流和信息流的交换,对产品及以下层次集成"组"进行"宏观性"处理,用一定近似程度的仿真模型代替或视为整个系统的一组参数,通过开放系统与外界不断地进行物质、能量和信息的交换,以这些要素为纽带,对系统与系统进行连结,使系统功能扩大。

物质与能量流是经济系统中环境问题研究的基础。许多环境问题与经济系统中的物质与能量的流动有着直接的关系。而投入/产出分析方法可以追踪直接物质与能量流和间接物质与能量流的路径,其他任何的物质流分析方法都不能处理这个问题,所以本节将用投入/产出方法建立基于物质与能量流分析的循环经济系统模型。

5.2.1 循环经济系统的静态投入/产出模型

本节将在前文有关物质和能量流分析基础上建立循环经济的定量模型,从而超越现阶段对循环经济描述性的分析而进行较为严格的量化,以便找出循环经济系统中物质和能量的流动与环境问题之间的量化关系,从而为循环经济从理论走向实践提供依据。

投入/产出分析方法是一个静态的建模方法,一般上是用来建立经济系统各个部门的经济货币流的相互作用的模型。然而,在本书中,"经济"被理解成一组物质材料从原始状态经过一系列的生产、消费到最终或为废弃物(或成为再度使用的资源)的过程[1],所以用投入/产出方法建立循环经济系统模型主要是建立时间上某一点时经济系统的稳定流的模型(这里将物质流和能量流看作稳定流),而不去考虑它们之间经济的相互作用关系。和其他的物质流分析方法一样,投入/产出分析方法是基于稳定的物质上的;与其他方法不同的是,投入/产出分析方法可以通过物质流系统和相应的物质流矩阵,去追踪直接流和间接流的路径,甚至在一个包含反馈循环的复杂网络中,它也能追踪每个流从哪里来、到哪里去。

1) 建立投入/产出矩阵 P

这里,从一个生态的角度来建立投入/产出模型,主要考虑循环经济系统中的物质流。理论上,这种方法可以同样的运用于能量流(因为物质流和能量流都可以看作稳定流进行建模)。

---

[1] Ayres, R. U. Resource, Environment, and Economics: Applications of the Material/Energy Balance principle [M]. New York: John Wiley & Sons, 1978.

用如图 5.3 的一个简单的循环经济系统做例说明。其中：

H_k：第 k 个过程；

z_{i0}：从系统外输入第 i 个过程的输入流（每单位时间的物质或能量）；

y_{0j}：从第 j 个过程输出到系统外的输出流（每单位时间的物质或能量）；

f_{ij}：从第 j 个过程流向第 i 个过程的流（每单位时间的物质或能量）；

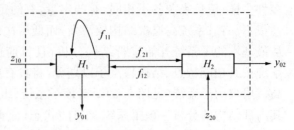

图 5.3 投入/产出流示例

由此，给出系统的投入/产出矩阵 P，见表 5.1。这里的投入/产出矩阵 P 是系统在一个给定时间内的稳定的物质流的定量表示。P 是一个 $2n \times 2n$ 的矩阵，其中 n 是循环经济系统的过程数。

根据物质守恒定律，用 P 建立系统的平衡流（即输入流＝输出流）。通过 H_k 的总流量被定义为 x_k，则有

$$x_k = \sum_{j=1}^{n} f_{kj} + z_{k0} \qquad k = 1, 2, \cdots, n \qquad (5.1)$$

$$x_k = \sum_{i=1}^{n} f_{ik} + y_{0k} \qquad k = 1, 2, \cdots, n \qquad (5.2)$$

或(5.1)中，将流入一个过程的所有输入流相加（从其他过程、系统外）；在式(5.2)中，将所有从这个过程输出的流相加，这两个表达式在物质守恒定律下是相等的。由投入/产出矩阵 P 来看，就是 P 的每行元素之和等于 P 的每列元素之和，所以 P 的形式虽然简单，但非常重要。

投入/产出分析方法的一个最有利的方面，是它能分析系统中的直接流和间接流之间的关系。据此，可以计算出过程中的总流量通过每个过程的比例。若利用式(5.1)，则这个比例是建立在输入流上的；如利用式(5.2)，则这个比例是建立在输出流上的，本书主要分析后者，前者可按照同样的方法类推。

表 5.1 投入/产出矩阵 P

	H_1	H_2	$\cdots$	H_n	z_{10}	z_{20}	$\cdots$	z_{n0}
H_1	f_{11}	f_{12}	$\cdots$	f_{1n}	z_{10}	0	$\cdots$	0
H_2	f_{21}	f_{22}	$\cdots$	f_{2n}	0	z_{20}	$\cdots$	0
$\vdots$	$\vdots$	$\vdots$	$\ddots$	$\vdots$	$\vdots$	$\vdots$	$\ddots$	$\vdots$
H_n	f_{n1}	f_{n2}	$\cdots$	f_{nn}	0	0	$\cdots$	z_{n0}
y_{01}	y_{01}	0	$\cdots$	0				
y_{02}	0	y_{02}	$\cdots$	0		0		
$\cdots$	$\vdots$	$\vdots$	$\ddots$	$\vdots$				
y_{0n}	0	0	$\cdots$	y_{0n}				

2) 建立投入/产出模型

用 a_{ik} 表示从第 k 个过程流向第 i 个过程的流占第 i 个过程总流量 x_i 的比例，则有：

$$f_{ik} = a_{ik} \cdot x_i \qquad i, k = 1, 2, \cdots, n \qquad (5.3)$$

将式(5.3)代入式(5.2)，则

$$x_k = \sum_{i=1}^{n} a_{ik} \cdot x_i + y_{0k} \qquad k = 1, 2, \cdots, n \qquad (5.4)$$

将式(5.4)转化为矩阵形式：

$$x = A'x + y \qquad (5.5)$$

其中，$A = \begin{pmatrix} a_{11} & a_{12} & \cdots & a_{1n} \\ a_{21} & a_{22} & \cdots & a_{2n} \\ \cdots & \cdots & \cdots & \cdots \\ a_{n1} & a_{n2} & \cdots & a_{nn} \end{pmatrix}$ $\quad 0 \leqslant a_{ij} < 1, 0 < \sum_{i=1}^{n} a_{ij} < 1$

称 A 为循环经济系统的过程流系数矩阵。

由式(5.5)可得：

$$\begin{aligned} x &= (I - A')^{-1} y \\ &= (I - A)'^{-1} y \\ &= N'y \end{aligned} \qquad (5.6)$$

N 被称为循环经济系统的结构矩阵，因为它代表组成系统的过程间的所有直接和间接关系。

$$\lim_{l \to \infty} \sum_{k=0}^{l} 0 \, (A)^k = I + A + A^2 + \cdots + A^k + \cdots = (I - A)^{-1} = N \qquad (5.7)$$

这里 A^k 代表系统内路径长度为 k 的所有流的集合。例如，一个从一个过程到另一个过程的直接流的长度为 1，一个通过一个中间过程的间接流的长度为 2 等。在这个数列中的第一项是单位阵，代表系统中所有的最初流；A 代表所有的直接流；A^2 代表长度为 2 的所有间接流；无穷项代表无穷长度的间接流。所以，式(5.7)中的所有项的和代表所有的直接流和间接流，用 N 表示。通过 N，过程间的相关关系都被综合考虑。这里，将以江苏省无锡新区为案例分析。

3) 应用实例

可以将循环经济结构理解为资源生产、加工生产、还原生产组成的循环经济链。仔细观察无锡新区中的产业，找出环氧树脂这种产品作为主线，通过建立循环经济链，构建如图 5.4 的简化的循环经济系统。

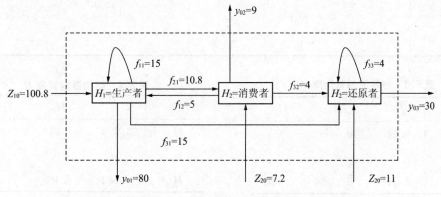

（所有流的单位是万 t/年）

图 5.4 一个简化的循环型工业系统（所有流的单位是万 t/年）

在图 5.4 中有三个过程,其中 H_1 代表循环经济系统中的环氧树脂的总的生产,如安特固化学(无锡)有限公司的主要产品是环氧树脂;H_2 代表循环经济系统中的环氧树脂的总的消费,如敦南科技(无锡)有限公司的生产原料是环氧树脂;H_3 代表循环经济系统中的环氧树脂生产和消费中可回收废弃物的再还原(这里主要考虑苯),如废弃物可回收给柯达(无锡)科技股份有限公司生产副产品苯。这里系统中的单位均为万 t/年。

其中输入流 z_{10}:100.8 万 t/年代表生产环氧树脂的原材料;z_{20}:7.2 万 t/年代表从系统外进口的作为消费的环氧树脂;z_{30}:11 万 t/年代表从系统外输入的作为回收苯生产的原材料。

中间流 f_{11}:15 万 t/年代表环氧树脂生产中实施清洁生产回收得到的原材料;f_{12}:5 万 t/年代表回收环氧树脂的二次生产;f_{21}:10.8 万 t/年代表输出给消费过程的环氧树脂;f_{31}:15 万 t/年代表环氧树脂生产中可回收的废弃苯;f_{32}:4 万 t/年代表环氧树脂消费中可回收的废弃苯;f_{33}:4 万 t/年代表苯还原生产中实施清洁生产回收得到的原材料。

输出流 y_{01}:80 万 t/年代表环氧树脂的输出;y_{02}:9 万 t/年代表消费环氧树脂后产生的不可回收的废弃物的丢弃;y_{03}:30 万 t/年代表苯的输出。这样的一个循环经济系统构成的投入/产出矩阵 P 如表 5.2。

按照上面提出的投入/产出方法计算出这个工业系统的过程流系数矩阵 A,如表 5.3。从这个矩阵可以看出,进入流 12.4% 来自于 f_{11},4.1% 来自于 f_{12},所以容易知道有 83.5% 来自于 z_{10};进入 H_2 的流 60% 来自于 f_{21},所以容易知道有 40% 来自于 z_{20};进入 H_3 的流 44.1% 来自于 f_{31},11.8% 来自于 f_{32},11.8% 来自于 f_{33},所以容易知道有 32.3% 来自于 z_{30}。

表 5.2 循环经济系统投入/产出矩阵 P

P	H_1	H_2	H_3	z_{10}	z_{20}	z_{30}
H_1	15.0	5.0	0	100.8	0	0
H_2	10.8	0	0	0	7.2	0
H_3	15.0	4.0	4.0	0	0	11.0
y_{01}	80.0	0	0	0		
y_{02}	0	9.0	0			
y_{03}	0	0	30.0			

表 5.3 过程流系数矩阵 A

A	H_1	H_2	H_3
H_1	0.124	0.041	0
H_2	.6	0	0
H_3	0.441	0.118	0.118

表 5.4 结构系数矩阵 N

N	H_1	H_2	H_3
H_1	1.175	0.048	0
H_2	0.705	1.029	0
H_3	0.682	0.162	1.134

计算该系统的过程流系数矩阵 N(见表 5.4):

(1) 由第 1 行可知:在 H_1 中输出 1 万 t/年的流,要求 $x_1 = 1.175$ 万 t/年,$x_2 = 0.048$

万 t/年，这时的工业系统是一个理想的循环经济系统，只有产品输出，无任何污染输出。

（2）由第 2 行可知：在 H_2 中输出 1 万 t/年的流，要求 $x_1=0.705$ 万 t/年，$x_2=1.029$ 万 t/年，这时的工业系统是一个最不理想的循环经济系统，只有污染输出，无任何产品输出。

（3）由第 3 行可知：在 H_3 中输出 1 万 t/年的流，要求 $x_1=0.682$ 万 t/年，$x_2=0.162$ 万 t/年，$x_3=1.134$ 万 t/年，这时的工业系统从环境污染上看是一个理想的循环经济系统，无任何污染输出；但只有副产品输出，无任何产品输出，所以从经济效益上来说，没有可行性。

注意：因为在 H_1 中输出的 1 万 t/年流，要求 $x_1=1.175$ 万 t/年，所以有流反馈到 H_1；若终止 H_1 中的 1 万 t/年流，仅要求 $x_1=1$ 万 t/年，则没有反馈 H_1 到的流。所以，若 N 的对角线元素 n_{kk} 大于 1，则存在流反馈到 H_k。

若考虑这个工业系统的生态状态很稳定，在一定时间内保持不变，则若对第二年输出流的流量进行一些调整，使环氧树脂的产量增产 20%，即 $y_{01}=102$ 万 t/年；消费环氧树脂后产生的不可回收的废弃物降低 15%，即 $y_{02}=7.65$ 万 t/年；副产品苯的输出不变，即 $y_{03}=30$ 万 t/年。由式(5.5)可知：

$$\begin{aligned}X &= (I-A)'^{-1}y \\ &= N'y \\ &= \begin{bmatrix} 1.175 & 0.048 & 0 \\ 0.705 & 1.029 & 0 \\ 0.682 & 0.162 & 1.134 \end{bmatrix}' \cdot \begin{bmatrix} 102 \\ 7.65 \\ 30 \end{bmatrix} \\ &= \begin{bmatrix} 145.703 \\ 17.628 \\ 34.020 \end{bmatrix}\end{aligned}$$

这样的一个循环经济系统的设计如图 5.5。

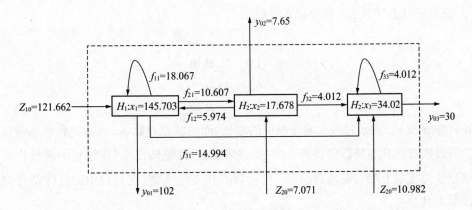

图 5.5　实际循环型工业系统（所有流的单位是万 t/年）

4）模型的局限性分析

（1）投入/产出法是静态的

这个模型将系统看作是一个稳定生态状态下的系统，这个状态足够长，以确保所有的流是平衡的。"在每一个瞬间,投入/产出流分析不代表是什么,而是在这个瞬间的流的体制下,能够是什么"[①]。因此,当系统中的物质流变化很快时(相对于平均流上的时间段),这种模型的局限性就很明显了。然而,在较为稳定的物质流系统如国内电力、冶金等系统中,这种模型还是很有用。

(2) 投入/产出流模型必须和其他工具一起使用

一个决策者不能仅仅依靠投入/产出分析去解决一个决策问题。虽然物质流是经济系统环境问题的一个部分,但还需要通过其他因素去更加充分的了解系统的环境状态。能量流、环境和社会影响、基于表现和经济的传统目标等都必须要考虑,甚至有时必须采用多目标决策工具去评价这些目标之间的交易。如果不能将这些因素都考虑全面,投入/产出流模型将缺少应用价值。

下面将针对这些局限性,提出动态投入/产出模型。

5.2.2 循环经济系统的动态投入/产出模型

第一节构建的投入/产出方法能够充分考虑循环经济系统中的直接和间接关系。但该方法是静态的,它只考虑静止状态下的平衡;它的技术是关注流的路径,而不是流上的时间。因此,模型的结果仅与这一年的数据有关,而与以前的数据无关,当数据变化时,该方法有很大的局限性。为此,在第一节的基础上建立动态的投入/产出模型。

用 φ_k 表示第 k 个过程的积累量状态,可用能量、产品、废弃物等资源表示,这里主要考虑过程的积累量规模。在循环经济系统是一个动态的系统时,系统中每个过程下一个时间上的积累量状态的变化与本时间段的流量的变化有关,为了简单起见,这里只考虑物质流的投入对积累量状态的影响。$\dot{\varphi}_k$ 表示第 k 个过程的积累量状态导数,则

$$\dot{\varphi}_k = \sum_{i=1}^{n} b_{ik} \cdot \dot{x}_i \qquad k = 1, 2, \cdots, n \qquad (5.8)$$

其中,b_{ik} 表示第 k 个过程单位积累量的变化占第 i 个过程流量变化的比例,$0 \leqslant b_{ik} < 1$。这里将 $\dot{\varphi}_k$ 分为正状态导数 $\dot{\varphi}_{k+}$ 和负状态导数 $\dot{\varphi}_{k-}$。

$$\dot{\varphi}_{k+} = \begin{cases} \dot{\varphi}_k & if \dot{\varphi}_k < 0 \\ 0 & 其他 \end{cases}$$

$$\dot{\varphi}_{k-} = \begin{cases} \dot{\varphi}_k & if \dot{\varphi}_k > 0 \\ 0 & 其他 \end{cases} \qquad (5.9)$$

正状态导数 $\dot{\varphi}_{k+}$ 表示过程积累量规模的增长,而负状态导数 $\dot{\varphi}_{k-}$ 表示过程积累量规模的下降。所以这样的状态导数使得所有的 $\dot{\varphi}_{k+}$ 都可以看作是输出流(在过程中通过将流转化为存储量使得流量下降);而所有的 $\dot{\varphi}_{k-}$ 都可以看作是输入流(在过程中通过降低存储规模使得流量上升)。

此时的循环经济系统如图 5.6。

由此,将系统的投入/产出矩阵 P 做相应的修改,见表 5.5。其中,投入/产出矩阵 P 是

[①] Finn, J. T. Flow Analysis: A Method for tracing Flow through Ecosystem Models [D]. Ph. D. dissertation, Institute of Ecology, University of Georgia: Athens, Georgia, 1977.

一个 $3n \times 3n$ 的矩阵;n 是循环经济系统的过程数。

根据物质守恒定律,用 P 建立系统的平衡流(输入流＝输出流＋存储规模的变化)。通过 H_k 的总流量同样被定义为 x_k,则有:

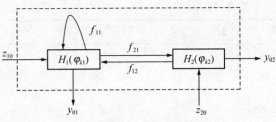

图 5.6 动态投入/产出流的例子

$$x_k = \sum_{j=1}^{n} f_{kj} + z_{k0} - \dot{\varphi}_{k-} \qquad k = 1,2,\cdots,n \tag{5.10}$$

$$x_k = \sum_{i=1}^{n} f_{ik} + y_{0k} + \dot{\varphi}_{k+} \qquad k = 1,2,\cdots,n \tag{5.11}$$

同样,考虑在输出流的基础上建立模型,将式(5.3)、式(5.8)代入式(5.11),有:

$$x_k = \sum_{i=1}^{n} a_{ik} \cdot x_i + y_{0k} + \sum_{i=1}^{n} b_{ik} \cdot \dot{x}_i \tag{5.12}$$

因为是正状态导数,所以这里 $\dot{x}_k > 0, k = 1,2,\cdots,n$。

将式(5.12)转化为矩阵形式:

$$x = A'x + B'\dot{x} + y \tag{5.13}$$

其中,$B = \begin{bmatrix} b_{11} & b_{12} & \cdots & b_{1n} \\ b_{21} & b_{22} & \cdots & b_{2n} \\ \cdots & \cdots & \cdots & \cdots \\ b_{n1} & b_{n2} & \cdots & b_{nn} \end{bmatrix}, 0 \leqslant b_{ij} < 1, 0 < \sum_{i=1}^{n} b_{ij} < 1$。

为生态状态增长系数矩阵。

根据循环经济系统的实际情况,通过式(5.13)建立一年时滞的动态离散投入/产出模型:

$$x(t) = A'(t)x(t) + B'(t)[x(t+1) - x(t)] + y(t) \tag{5.14}$$

由式(5.14)可得:

$$x(t+1) = B'(t)^{-1}[I - A'(t) + B'(t)]x(t) - B'(t)^{-1}y(t) \tag{5.15}$$

如果 $B(t)$ 具有统计上的稳定性且是可逆矩阵,周期都为一年,则可以用此模型来分析经济系统的发展趋势和发展过程,实现产业结构的优化。但在实际经济系统中,这些条件是无法满足的。所以下面将利用式(5.14)建立循环经济系统基于物质流的动态投入/产出反馈控制模型。

表 5.5 投入/产出矩阵 P

	H_1	H_2	$\cdots$	H_n	z_{10}	z_{20}	$\cdots$	z_{n0}	$-\dot{\varphi}_{1-}$	$-\dot{\varphi}_{2-}$	$\cdots$	$-\dot{\varphi}_{n-}$
H_1	f_{11}	f_{12}	$\cdots$	f_{1n}	z_{10}	0	$\cdots$	0	$-\dot{\varphi}_{1-}$	0	$\cdots$	0
H_2	f_{21}	f_{22}	$\cdots$	f_{2n}	0	z_{20}	$\cdots$	0	0	$-\dot{\varphi}_{2-}$	$\cdots$	0
$\vdots$	$\vdots$	$\vdots$	$\vdots$	$\vdots$	$\vdots$	$\vdots$	$\vdots$	$\vdots$	$\vdots$	$\vdots$	$\vdots$	$\vdots$
H_n	f_{n1}	f_{n2}	$\cdots$	f_{nn}	0	0	$\cdots$	z_{n0}	0	0	$\cdots$	$-\dot{\varphi}_{n-}$
y_{01}	y_{01}	0	$\cdots$	0								

续表 5.5

	H_1	H_2	$\cdots$	H_n	z_{10}	z_{20}	$\cdots$	z_{n0}	$-\dot{\varphi}_{1-}$	$-\dot{\varphi}_{2-}$	$\cdots$	$-\dot{\varphi}_{n-}$
y_{02}	0	y_{02}	$\cdots$	0								
$\vdots$	$\vdots$	$\vdots$	$\ddots$	$\vdots$								
y_{0n}	0	0	$\cdots$	y_{0n}								
$\dot{\varphi}_{1+}$	$\dot{\varphi}_{1+}$	0	$\cdots$	0	0							
$\dot{\varphi}_{2+}$	0	$\dot{\varphi}_{2+}$	$\cdots$	0								
$\vdots$	$\vdots$	$\vdots$	$\ddots$	$\vdots$								
$\dot{\varphi}_{n+}$	0	$0\cdots$		$\dot{\varphi}_{n+}$								
0												

5.2.3 循环经济系统的动态投入/产出反馈控制模型

1) 循环经济系统的动态投入/产出反馈控制模型

在建立循环经济系统的发展政策时,必须要考虑到外界一些因素对循环经济系统的扰动作用。比如通过生产过程输出流需求的适度增长来刺激实际输出流的相应增长,从而促使经济系统向前发展。此外,稳定的需求增长能带来消费过程稳定的污染物输出流的相对降低,从而使经济系统的发展进入良性循环轨道。上述实际生产问题可以归结为如下的两个控制理论问题:

① 在 n 个过程的输出流需求量不断变化的情况下,如何调控输出流水平,使过程的最终输出流既满足社会的需要,又实现供求的动态平衡。

② 在需求得以满足的同时,如何调控输出流,使经济系统对于需求量的变化具有稳定性,从而使输出水平呈现出稳定的变化。

针对这些问题,建立循环经济系统的动态投入/产出反馈控制模型。

设第 i 个过程的输出流的社会需求量为 $d_i(t)$,需求变化率为 $\alpha_i(t)$,$i=1,2,\cdots,n$。$\alpha_i(t)$ 可正可负,也可以是 $\sin(t)$、$\cos(t)$ 等其他形式。设

$$d_i(t+1) = [1+\alpha_i(t)]d_i(t), i=1,2,\cdots,n \tag{5.16}$$

则有

$$d(t+1) = (I+D)d(t) \tag{5.17}$$

其中,$d(t)=[d_1(t),d_2(t),\cdots,d_n(t)]'$ 为第 t 年输出流的社会需求量;$D=diag[\alpha_1(t),\alpha_2(t),\cdots,\alpha_n(t)]'$ 为对角阵;I 为单位阵。

为了解决上面提出的两个控制理论问题,需建立相应的状态空间模型。为此,选取状态向量 $x(t)$,外部干扰变量 $d(t)$,则控制向量和输出向量分别为

$$\mu(t) = x(t+1) - x(t) \tag{5.18}$$
$$y^*(t) = d(t) - y(t) \tag{5.19}$$

$\mu(t)$ 的意义是总流量的增量向量,有较高的实际调控可行性;$y^*(t)$ 的意义是经济系统输出流的社会需求量与实际过程提供的最终输出量之间的向量之差。

将式(5.14)代入式(5.19),得:

$$y^*(t) = d(t) - [I - A'(t)]x(t) + B'(t)\mu(t) \tag{5.20}$$

将式(5.17)、式(5.18)、式(5.20)合在一起,便得到需要的动态投入/产出反馈控制模型:

$$\begin{cases} x(t+1) = x(t) + \mu(t) \\ d(t+1) = (I+D)d(t) \\ y^*(t) = -[I-A'(t)]x(t) + d(t) + B'(t)\mu(t) \end{cases} \tag{5.21}$$

其中,式(5.17)为外部干扰变量的状态方程,式(5.18)为被控系统的状态方程,式(5.20)为输出方程。

下面将证明由式(5.21)确定的动态投入/产出反馈控制模型是完全可控且完全可观测的。

定理 5.1 动态投入/产出反馈控制模型

$$\begin{cases} x(t+1) = x(t) + \mu(t) \\ d(t+1) = (I+D)d(t) \\ y^*(t) = -[I-A'(t)]x(t) + d(t) + B'(t)\mu(t) \end{cases} \tag{5.22}$$

是完全可控且完全可观测的。

证明:系统的可控性矩阵为:

$$[I \quad II \quad \cdots \quad I^{n-1}I] = [I \quad I \quad \cdots \quad I]$$

其秩显然是 n,因此,系统是完全可控的(参见文献①)。

由 $0 \leqslant a_{ij} < 1, \sum_{i=1}^{n} a_{ij} < 1$ 可知:

$$|1 - a_{ij}| > \sum_{\substack{i=1 \\ i \neq j}}^{n} |a_{ij}|, \quad j = 1, 2, \cdots, n$$

因此,$I - A$ 是严格对角占优矩阵,从而是非奇异矩阵。矩阵

$$\begin{bmatrix} I-A \\ (I-A)I \\ \vdots \\ (I-A)I^{n-1} \end{bmatrix} = \begin{bmatrix} I-A \\ I-A \\ \vdots \\ I-A \end{bmatrix}$$

的秩等于 n,则系统的可观测性矩阵

$$\begin{bmatrix} I-A' \\ (I-A)'I \\ \vdots \\ (I-A)'I^{n-1} \end{bmatrix} = \begin{bmatrix} I-A \\ I-A \\ \vdots \\ I-A \end{bmatrix},$$

的秩等于 n,所以系统是完全可观测的②。

注:
(1) 控制器的设计

对于式(5.22),可以有很多种设计控制器的方法。因为本书的重点是模型的构造,所以

---

① 毛云英. 动态系统与最优控制 [M]. 北京:高等教育出版社,1994.
② 毛云英. 动态系统与最优控制 [M]. 北京:高等教育出版社,1994.

用设计控制器的方法作为例子[①]，具体实施时可根据实际情况选取相应的控制器。

(2) 数据来源和参数确定

模型所需要的数据比较多，主要由统计年鉴和投入/产出表得到。在动态投入/产出反馈控制模型中，有一些参数是作为已知量处理的，因而，在求解模型时，首先需要确定这些参数：

① 生态状态增长系数矩阵 B：生态状态增长系数矩阵 B 在模型的主要动态投入/产出方程中意义重大[②]，对模型来说也是非常重要的。由于投资的不稳定性，生态状态增长系数矩阵的确定有一定困难，可采用过去几年的加权平均值，或采用人工神经网络方法预测和专家调查法与试算分析相结合的方法确定。

② 过程流系数矩阵 A：过程流系数矩阵可以由年投入/产出表得到，并采用重点系数法修正[③]。

2) 线性多变量调节器的设计

引理 5.2 设矩阵 $A', B' \in R^{n \times n}$。如果 $I - A'$ 为可逆矩阵，则存在 $\delta > 0$，使当 $|a| < \delta$ 时，有

$$|I - A' - aB'| \neq 0,$$

即 $I - A' - aB'$ 为可逆矩阵。

证明：令

$$f(a) = |I - A' - aB'|, a \in R^1$$

显然 $f(a)$ 是定义在 R^1 上的 a 的连续函数。由 $f(0) = |I - A'| \neq 0$ 和 $f(a)$ 的连续性可知，存在 $\delta > 0$，使当 $|a| < \delta$ 时，有

$$f(a) = |I - A' - aB'| \neq 0$$

即当 $|a| < \delta$ 时，$I - A' - aB'$ 为可逆矩阵。

根据文献[④]和上文的两个控制理论问题，可归结出如下的线性多变量调节器的设计问题：这个线性多变量调节器由纯增益反馈控制器和状态观测器组成：

$$\mu(t) = F_1 x(t) + F_2 d(t) \tag{5.23}$$

使闭环系统

$$x(t+1) = (I + F_1)x(t) + F_2 d(t) \tag{5.24}$$

(渐近)稳定，并达到可输出调节状态，即有

$$y^*(t) = d(t) - y(t) \to 0, t \to \infty \tag{5.25}$$

根据文献[⑤]，$\mu(t) = F_1 x(t) + F_2 d(t)$ 设计如下：

第一步 求反馈增益矩阵 F_1，使矩阵 $I + F_1$ 的所有极点配置在复平面单位圆内，且和 $I + D$ 的极点均不同。通常 F_1 是按极点配置方法求得[⑥]，这里改设

[①] 王翼. 离散控制系统[M]. 北京：科学出版社，1987.
[②] GURGUL. Two-sector dynamic model of input-output type[J]. Syst Ana Modeling Simulation, 1994(16): 71—78.
[③] 唐小我. 修订直接消耗系数的一种新方法[J]. 预测，1991, 10(2): 46—50.
[④] 毛云英. 动态系统与最优控制[M]. 北京：高等教育出版社，1994.
[⑤] 王翼. 线性多变量调节器在动态投入/产出模型控制中的应用[J]. 系统工程，1986, 4(1): 23—25.
[⑥] 毛云英. 动态系统与最优控制[M]. 北京：高等教育出版社，1994.

$$F_1 = \mathrm{diag}(\lambda_1, \lambda_2, \cdots, \lambda_n) - I = \Lambda - I$$

其中，$|\lambda_i| < 1, i = 1, 2, \cdots, n$。实际调控时，可根据对经济系统稳定性的具体要求以及调控可行性，赋给 λ_i 以具体值。显然 λ_i 的模越小，受控系统达到新的平衡状态的速度就越快。可将 $I+F_1$ 的所有极点 $\lambda_i(i=1,2,\cdots,n)$ 配置到原点[①]。

第二步　求解矩阵方程

$$\begin{cases} V - V(I+D) = -U \\ (A'-I)V + B'U = I \end{cases}$$

即

$$\begin{cases} U = VD \\ (I-A')V - B'U = -I \end{cases}$$

为解此方程，令

$$V = (v_1, v_2, \cdots, v_n), v_i \in R^n, i = 1, 2, \cdots, n,$$

则有

$$U = (a_1 v_1, a_2 v_2, \cdots, a_n v_n) \tag{5.26}$$
$$(I-A')v_i - a_i B' v_i = (I - A' - a_i B')v_i = -e_i, i = 1, 2, \cdots, n$$

其中，e_i 为 n 阶单位矩阵 I 的第 i 列。

由投入/产出理论[②]可知，矩阵 $I-A'$ 为可逆矩阵。当社会需求量增长率 a_i 为绝对值较小的常数时，即 $|a_i| < \delta(i = 1, 2, \cdots, n)$，由引理 1 可知，$(I-A'-a_i B')$ 为可逆矩阵。于是，由式(5.26)知

$$v_i = -(I - A' - a_i B')^{-1} e_i, i = 1, 2, \cdots, n \tag{5.27}$$

即 $-v_i$ 为矩阵 $(I-A'-a_i B')^{-1}$ 的第 i 列 $(i=1,2,\cdots,n)$

第三步　计算反馈增益矩阵

$$\begin{aligned} K_2 &= K_1 V - U \\ &= [\Lambda - I](v_1, v_2, \cdots, v_n) - (a_1 v_1, a_2 v_2, \cdots, a_n v_n) \\ &= \Lambda(v_1, v_2, \cdots, v_n) - [(1+a_1)v_1, (1+a_2)v_2, \cdots, (1+a_n)v_n] \end{aligned} \tag{5.28}$$

设矩阵 $(I-A'-a_i B')^{-1}$ 的第 i 列为

$$(I - A' - a_i B')^{-1} e_i = \begin{bmatrix} m_{1i} \\ m_{2i} \\ \vdots \\ m_{ni} \end{bmatrix}, \quad i = 1, 2, \cdots, n$$

代入式(5.28)，得

$$K_2 = \begin{bmatrix} (1+a_1-\lambda_1)m_{11} & (1+a_2-\lambda_1)m_{12} & \cdots & (1+a_n-\lambda_1)m_{1n} \\ (1+a_1-\lambda_2)m_{21} & (1+a_2-\lambda_2)m_{22} & \cdots & (1+a_n-\lambda_2)m_{2n} \\ \vdots & \vdots & & \vdots \\ (1+a_1-\lambda_n)m_{n1} & (1+a_2-\lambda_n)m_{n2} & \cdots & (1+a_n-\lambda_n)m_{nn} \end{bmatrix}$$

于是，反馈控制器为

[①] 王翼. 线性多变量调节器在动态投入/产出模型控制中的应用[J]. 系统工程, 1986, 4(1): 23—25.
[②] 毛云英. 动态系统与最优控制[M]. 北京: 高等教育出版社, 1994.

$$\mu(t) = K_1 x(t) + K_2 d(t) = \begin{bmatrix} \lambda_1 - 1 & & & \\ & \lambda_2 - 1 & & \\ & & \ddots & \\ & & & \lambda_n - 1 \end{bmatrix} x(t)$$

$$+ \begin{bmatrix} (1+a_1-\lambda_1)m_{11} & (1+a_2-\lambda_1)m_{12} & \cdots & (1+a_n-\lambda_1)m_{1n} \\ (1+a_1-\lambda_2)m_{21} & (1+a_2-\lambda_2)m_{22} & \cdots & (1+a_n-\lambda_2)m_{2n} \\ \vdots & \vdots & & \vdots \\ (1+a_1-\lambda_n)m_{n1} & (1+a_2-\lambda_n)m_{n2} & \cdots & (1+a_n-\lambda_n)m_{nn} \end{bmatrix} d(t)$$

写成分量形式为

$$\mu_i(t) = -(1-\lambda_i)x_i(k) + \sum_{j=1}^{n}(1+a_j-\lambda_i)m_{ij}d_j(t), \quad i=1,2,\cdots,n \quad (5.29)$$

由反馈控制器的上述设计过程可知,只需分别求出 n 个逆矩阵 $(I-A'-a_iB')^{-1}(i=1,2,\cdots,n)$,即可由式(5.29)求出反馈控制器的各个分量。上述过程可在计算机上编程实现。整个动态投入/产出反馈控制系统见图 5.7。

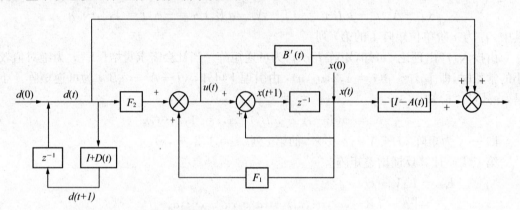

图 5.7　动态投入/产出反馈控制系

3) 应用实例

仍然以无锡新区简化的循环经济系统为例。总流量保持不变,仍为 $x(0)=(120.8, 18,34)'$。设此时考虑社会需求量 $d(0)=(75,9,28)'$。为简单起见,设每年循环经济系统的过程流系数矩阵不变为 A,见表 5.6;每年的生态状态增长系数矩阵 B 不变,见表 5.7。将 $I+F_1$ 的所有极点 $\lambda_i(i=1,2,\cdots,n)$ 配置到原点。利用上面建立的模型式(5.21),确立无锡新区的简化的循环经济系统,见图 5.8,构成的投入/产出矩阵 P 见表 5.8。以上述数据作为初始值计算,进行为期 5 年的预测规划。设每年的变化率均为 $a_1=0.1;a_2=-0.05;a_3=0.08$(根据实际情况,$a_i(i=1,2,\cdots,n)$ 可正可负,也可以是 $\sin(t),\cos(t)$ 等其他形式),利用 MATLAB 进行 SIMULINK 动态仿真,得到的仿真结果如表 5.9、表 5.10 和图 5.9~图 5.14 所示。从结果中可以看出,循环经济系统的动态投入/产出反馈控制模型在 3 个过程的输出流需求量不断变化的情况下,能较好的调控输出流的水平,使过程的最终输出流既满足社会的需要,又实现供求的动态平衡,并且输出水平呈现出稳定的变化。

5 循环经济仿真模型

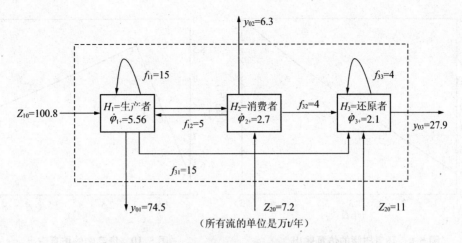

（所有流的单位是万t/年）

图 5.8 具有生态状态的简化的循环工业系统

表 5.6 过程流系数矩阵 A

A	H_1	H_2	H_3
H_1	0.124	0.041	0
H_2	0.6	0	0
H_3	0.441	0.118	0.118

表 5.7 生态状态增长系数矩阵 B

B	H_1	H_2	H_3
H_1	0.4	0.2	0.15
H_2	0	0	0
H_3	0.2	0.1	0.1

表 5.8 循环经济系统投入/产出矩阵 P

P	H_1	H_2	H_3	z_{10}	z_{20}	z_{30}	$-\dot\varphi_{1-}$	$-\dot\varphi_{2-}$	$-\dot\varphi_{3-}$
H_1	15.0	5.0	0	100.8	0	0	0	0	0
H_2	10.8	0	0	0	7.2	0	0	0	0
H_3	15.0	4.0	4.0	0	0	11.0	0	0	0
y_{01}	74.5	0	0						
y_{02}	0	6.3	0						
y_{03}	0	0	21.9			0			
$\dot\varphi_{1+}$	5.56	0	0						
$\dot\varphi_{2+}$	0	2.7	0						
$\dot\varphi_{3+}$	0	0	2.1						

表 5.9 3个过程的年控制值 μ（单位：万t/年）

过程 \ 年数	1	2	3	4	5
1	12.939 00	11.987 00	13.139 00	14.514 0	15.962 0
2	3.031 90	0.680 31	0.804 64	0.937 41	1.079 60
3	2.661 70	2.975 30	3.216 50	3.477 50	3.759 80

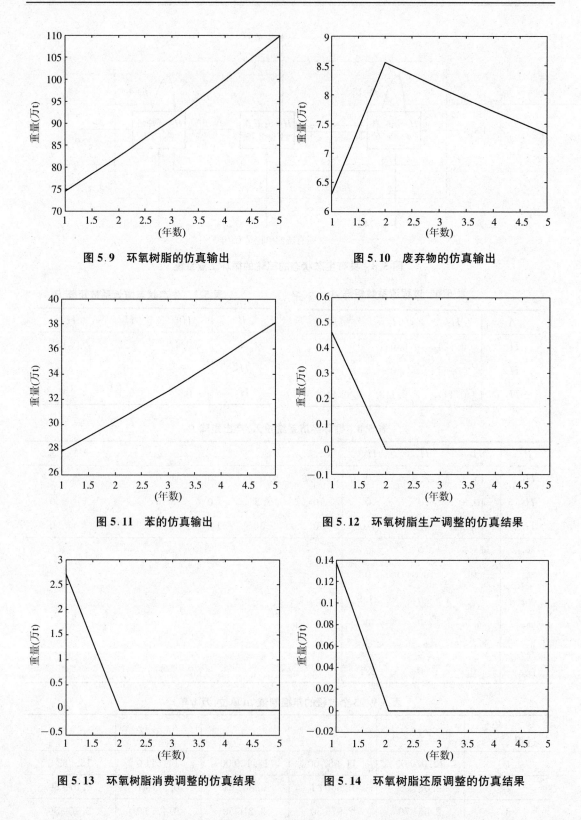

图 5.9　环氧树脂的仿真输出

图 5.10　废弃物的仿真输出

图 5.11　苯的仿真输出

图 5.12　环氧树脂生产调整的仿真结果

图 5.13　环氧树脂消费调整的仿真结果

图 5.14　环氧树脂还原调整的仿真结果

表 5.10 3 个过程的年总流量 x(单位:万 t/年)

年数 过程	1	2	3	4	5
1	120.8	133.190	145.180	158.370	172.890
2	18.0	21.032	21.712	22.517	23.454
3	34.0	36.662	39.637	42.853	46.331

4) 模型的局限性分析

从上面的结果可以看出,动态投入/产出反馈控制模型对于循环经济系统外部的干扰表现较为稳定,能够较好地进行循环经济系统的中长期宏观预测设计,但具体到每一年的实际规划,发现存在以下问题:

(1) 上文提出的动态投入/产出反馈控制模型并没有考虑到其他因素的影响。即在实际的投入/产出分析中,由于受生产条件、资金、资源等方面的限制,每年总流量的改变量 $\mu(t)$ 应有上、下限约束,即 $a(t) \leqslant \mu(t) \leqslant b(t)$,其中 $a(t)$ 和 $b(t)$ 是给定的总流量的改变量 $\mu(t)$ 的下限和上限。

(2) 在动态投入/产出反馈控制模型中,基于稳健性的思想,追求的是社会需求向量 $d(t)$ 与系统的输出向量 $y(t)$ 尽可能相等,这对于循环经济系统的中长期宏观预测设计来说是合理的。然而,具体到每一年的实际规划中,供需不平衡的现象是很难完全避免的,单纯的将这一个目标作为决策依据,显然与实际不符。

(3) 一个决策者不能仅仅依靠投入/产出分析去解决一个决策问题。虽然物质流是经济系统环境问题的一个部分,但还需要有其他的因素去更加充分的了解系统的环境状态。能量流、环境和社会影响、基于表现和经济的传统目标等都必须要考虑(比如 GDP 最大、能耗最小)等。如果不能将这些因素都考虑全面,投入/产出流模型将缺少应用价值。

(4) 因为整个循环经济系统所追求的整体目标显然与各个过程的局部目标不一致,如果只考虑整体目标而不顾各个过程的实际情况,即使过程间形成了共生关系,但各个过程是在市场经济下运行的,必然受到市场经济规律的约束,由于整体的目标与局部目标的不一致,使得企业间终止了相互间的共生关系,那么循环经济系统就遭到了破坏。因此这样的系统从某些方面来说具有不稳定性。所以整体与局部之间的协调性问题很重要,这是实际工作中需要考虑的重点。

如果将这些局限性问题都通过一个单一的动态投入/产出反馈控制模型(见图 5.15)去解决是很困难的,因为循环经济系统是一个开放的复杂巨系统,任何子过程的改变都要求模型随之改变,使得模型的结构的灵活性与可靠性降低,并且费时多、成本高。所以,基于动态投入/产出反馈控制模型(见式(5.21)),考虑设计一个多级递阶智能控制系统。这个系统中包含组织器、适应器、若干个多级递阶智能协调器和控制器。在这种多级递阶智能控制系统中,任何由于子过程的改变而造成的决策的改变都是局部性的,所以这种系统的结构的灵活性与可靠性较好,并且费时少、成本低,真正符合了循环经济系统的开放复杂性的特点,具有实际运用价值。

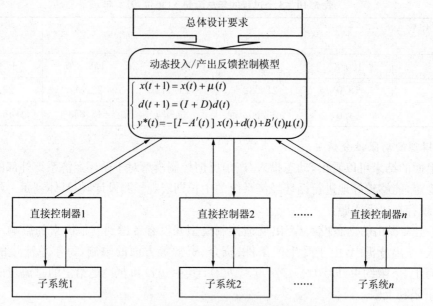

图 5.15 动态投入/产出反馈控制模型的运行

5) 基于投入/产出模型的循环经济"3R"评价指标的定量确立

循环经济的建立依赖于一组以"减量化、再使用、再循环"为内容的行为原则(称为 3R 原则),每一个原则对循环经济的成功实施都是必不可少的。因为循环经济系统结构的复杂性和信息的多源性,其一般很难定量表述。下面将根据第一节建立的循环经济的投入/产出模型,建立针对"3R"原则的一种简易可行的评价指标及其方法,用来衡量以"3R"为特征的循环经济系统的发展水平,并为循环经济的发展决策提供正确的依据。

(1) 物质减量化的评估指标——物质利用强度 IU

虽然不同学者对物质减量化的定义有所不同,但都具有一定的共同之处。一般而言,物质减量化是指:在单位经济产出过程中所消耗的物质材料或产生的废弃物量的绝对(或相对)减少。物质利用强度 IU(intensity of use)是目前使用最广泛的、用来评估物质减量化的一个指标,它用于评估生产和服务过程中所消耗物质的量与经济产出之间的关系。IU 是从会计学中某一具体物质消耗量 (X_i) 的计算式式(5.30)演化而来的:

$$(X_i) = \left(\frac{X_i}{Y}\right)\left(\frac{Y}{GNP}\right)(GNP) \tag{5.30}$$

式中,Y 是消耗物质 i 的经济产出;GNP 是经济总产出。

物质利用强度 IU 是物质消耗量与附加值的比值,其表示如式(5.31):

$$IU = \left(\frac{X_i}{GNP}\right) = \left(\frac{X_i}{Y}\right)\left(\frac{Y}{GNP}\right) \tag{5.31}$$

在大多数 IU 分析中,X 的单位是质量或体积的单位。

根据循环经济的思想,这里将经济总产出理解为循环经济系统的总收益减去污染对环境的损害(称为绿色经济总产出)。由循环经济的定量模型可知,循环经济系统可以分为生产者、消费者和还原者。令 $H_p(p=1,2,\cdots,g)$ 为循环经济系统中所有的生产过程的集合,令 $H_c(c=1,2,\cdots,m)$ 为循环经济系统中所有的消费过程的集合,令 $H_r(r=1,2,\cdots,h)$ 为

循环经济系统中所有的还原过程的集合,则 $g+m+h=n$。利用建立的循环经济的定量模型定义:

$$IU = \left(\frac{\text{物质流的总输入}}{\text{经济总产出}}\right) = \frac{\sum_{i=1}^{n} z_{i0}}{\sum_{p=1}^{g} y_{0p} \cdot p_{0p} - \sum_{c=1}^{m} y_{0c} \cdot p_{0c} + \sum_{r=1}^{h} y_{0r} \cdot p_{0r}} \quad (5.32)$$

式中:p_{0p}、p_{0c} 和 p_{0r} 分别为生产过程、消费过程和还原过程输出流的价格系数。

用图 5.5 的例子作个示范。若环氧树脂 y_{01} 的单位价格为 15 000 元/t,还原产品 y_{03} 的单位价格为 10 000 元/t,废弃物 y_{02} 处理所需的费用是 8 000 元/t,则 $IU=0.07‰$。

若没有建立循环经济系统,则实际情况如图 5.16,可以计算出 $IU=0.15‰$。由此可以看出,循环经济使经济系统的物质利用强度 IU 得到了较大的降低。

注:为了简化,这里没有考虑水、电、气等能源的输入,实际运作中,可以将这些因素加入输入流 z_{i0} 中同理操作。也可以将物质利用强度分为若干子指标,如水/万元、电/万元、煤/万元和原材料/万元等等。

(2) 再使用、再循环化的评估指标——生产循环率 RE_p、消费循环率 RE_c、物质再生率 RE_r。

表 5.4 中,从 H_1 中输出 1 万 t/年流要求 $x_1=1.175$ 万 t/年,所以有流 0.175 万 t/年反馈到 H_1。

若终止 H_1 中输出 1 万 t/年流要求 $x_1=1$ 万 t/年,则没有反馈 H_1 到的流。因此,若 N 的对角线元素 $n_{kk}>1$,则存在流反馈到 H_k;若 $n_{kk}=1$,则表示所有通过 H_k 的流输出后就没有返回;若 $n_{kk}>1$,则 $n_{kk}-1>0$ 的差代表曾经由 H_k 产生的流又通过循环返回 H_k。由此定义给定过程 H_k 的循环流的百分比为 RE_k,称为返回循环效率:

$$RE_k = \frac{n_{kk}-1}{n_{kk}} \quad (5.33)$$

相应的,称 RE_p 为生产循环率;RE_c 为消费循环率;RE_r 为物质再生率。RE_p、RE_c 和 RE_r 越高,循环经济系统再循环、再使用的程度越高。
其中

$$RE_p = \frac{\sum_{p=1}^{g} RE_p x_p}{\sum_{p=1}^{g} x_p}; \quad RE_c = \frac{\sum_{c=1}^{m} RE_c x_c}{\sum_{c=1}^{m} x_c}; \quad RE_r = \frac{\sum_{r=1}^{h} RE_r x_r}{\sum_{r=1}^{h} x_r}$$

在图 5.5 的例子中,$RE_p=0.149$、$RE_c=0.028$、$RE_r=0.118$,表明系统初步具有了循环经济的模式;而在图 5.16 的实际经济系统中,这三个指标均为 0,揭示了实际的高消耗支持下的经济高增长模式,这显然是一种不可持续的发展模式。

5.3 循环经济系统的多级递阶智能控制系统

这里将以第二节建立在循环经济系统的物质流和能量流基础上的投入/产出模型为基础,建立循环经济系统的多级递阶智能控制系统,用来解决动态投入/产出反馈控制模型的局限性问题,以期符合循环经济系统的开放的复杂巨系统的特点。

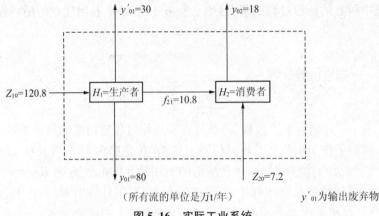

图 5.16 实际工业系统
（所有流的单位是万t/年）　　　　y'_{01}为输出废弃物

5.3.1 开放的循环经济系统的设计方法——多级递阶智能控制设计

1) 多级递阶智能控制的结构

从上文可知,开放的循环经济系统的特征主要表现在高层次、多回路、非线性以及子系统的数量巨大、类别繁多、多重反馈、结构复杂。在设计过程,就表现为涉及的学科知识多种多样;信息来源各不相同,有的定量,有的定性,而且信息精度不均衡;系统参数敏感性很不一致;系统高层次结构较清晰,而低层次结构难描述。则设计这样一个开放的复杂巨系统的方法必须遵从这些特点。由此,本节根据图 5.2 的多层循环经济系统的结构,提出了一种多级递阶智能控制设计方法,如图 5.17。

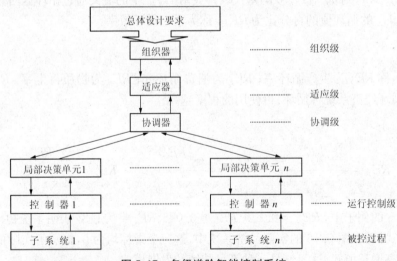

图 5.17 多级递阶智能控制系统

其中每一级的作用如下：

(1) 组织级

组织级是多级递阶智能控制系统的最高级,是智能系统的"大脑",具有相应的学习能力和决策能力。它的任务是按照循环经济系统的总目标来选择下级所采用的模型结构、控制策略等等。如果总目标有了变化,它可以自动改变协调级中所用的性能指标;当参数辨识不能令人满意时,它可以修改适应级的学习策略。

(2) 适应级

它的任务是根据对实际循环经济系统的观测来辨识调节层中所使用的模型的参数,使得模型尽量和变化的实际过程保持一致。

(3) 协调级

它的任务是根据一定的最优性指标来规定运行控制层各控制器的设定值。这一级只要求较低的运算精度,但要有较高的决策能力,甚至具有一定的学习能力。

(4) 运行控制级

它直接控制局部过程并完成子任务。与协调级相反,这一级必须高精度的执行局部任务,而不要求具有太高的能力。

2) 用多级递阶智能控制设计循环经济系统的好处

对循环经济系统这样一个复杂的大规模系统来说,想用一个决策单元来解决它的优化问题是很困难的,因为一个决策单元处理信息的能力毕竟是有限的。

在递阶结构中,同级的子系统可以平行地运行,所以在一个给定的时间内,有可能做更多的工作。

对于各个独立的决策单元来说,为使它们能实现系统的总体控制目标,采用协调器的形式比在所有的决策单元之间进行通信有效得多。

对于一般的大规模管理系统来说,任务本身就是按某种递阶的形式来组织的。如果优化是管理的一个目标,那么很自然地会采用递阶优化的形式。

这种多级递阶智能控制设计系统结构的灵活性和可靠性比较好,因为在这种多级的递阶系统中,任何由于子系统的改变而要求决策的改变都是局部性的,因而费时少、成本低,在环境中易于适应变化,所以它比严格的系统能在更长的时间内适应竞争,符合下文提出的开放工程系统的实际思想。

从图 5.17 看出,可以将多级递阶智能控制设计系统的工作原理做两次分解。从横向来看,将一个复杂系统分解为若干个相互联系的子系统,对每个子系统单独配置控制器,这样便于直接进行控制,使复杂问题在很大程度上得到了简化;从纵向看,将控制这个复杂系统所需要的知识的多少,或者说所需要智能的程度,从低到高作了一次分解,这就给处理复杂问题带来了方便。

这个多级递阶智能控制设计系统的结构与一般的多级递阶控制系统的结构基本相同,其差别主要表现在这个多级递阶智能控制设计系统利用了开放工程系统的思想,采用了综合集成研讨厅体系的方法,更多地利用了人工智能的原理和方法,使组织器、适应器和协调器都具有利用知识和处理知识的能力,具有程度不同的自学习能力等。

5.3.2 综合集成研讨厅体系在多级递阶智能控制设计系统中的应用

1) 综合集成研讨厅体系

1992 年 3 月,钱学森教授进一步扩展了从定性到定量的综合集成法,提出了"从定性到定量综合集成研讨厅"体系的思想[①]。研讨厅体系的构思是将专家们和知识库信息系统、各种人工智能系统、快速巨型计算机组织起来,成为巨型人—机结合的系统;将逻辑、理性与非

---

① 戴汝为,王珏,田捷. 智能系统的综合集成[M]. 杭州:浙江科学技术出版社,1995.

逻辑、非理性智能结合起来（专家们高明的经验判断代表了以实践为基础的非逻辑、非理性智能）；将今天世界上千百万人的聪明才智和已经不在世的古人的智慧都综合起来。通过研讨厅体系，一方面将以往只能体现"个体"的经验知识上升为能体现"群体"的经验知识，另一方面是用语言和符号来表达连接起来的知识体系，以提高人的意识，并将意识提高到思维的层次。综合集成研讨厅体系就其实质而言，是将专家群体（各方面有关的专家）、数据和各种信息与计算机、网络等信息技术有机地结合起来，将各种学科的科学理论与人的知识和经验判断结合起来的系统，这个系统只能是基于网络的。

2）综合集成研讨厅体系在多级递阶智能控制设计系统中的应用

循环经济系统是一个开放的复杂巨系统，需要从定性到定量进行综合集成。用综合集成研讨厅体系的方法解决循环经济管理系统的问题，就是将专家群体（循环经济链各环节的专家）、先进的管理思想、信息技术、计算机和网络技术和制造技术以及各种信息、数据、以往的成功案例和相关知识集成在研讨厅中，使企业以循环经济链模式在环境中保持稳定，易于适应变化，且能够在全球化市场中保持竞争力。循环经济管理系统的综合集成研讨厅体系是一个以人为主、人机结合的系统，其中人在系统中的作用是最重要的。例如循环经济链的伙伴选择、计划控制体系、评价体系等，必须由人来参与决策，此外循环经济系统中各子系统及子系统内部存在着大量人的活动。人机结合就是在研制多级递阶智能控制设计系统时，应强调人类的心智与机器的智能相结合。从体系上讲，在设计过程中，将人作为成员综合到整个系统中去，充分利用并发挥人类和计算机各自的长处，形成新的体系。从定性到定量的综合集成方法主要是由定性描述、定量描述、定性推理、定量推理以及在此基础之上的由多次迭代、逐步逼近、融合、求解过程构成的多模式自适应动态优化的综合集成方法。

综合集成研讨厅体系在多级递阶智能控制设计系统中的应用从下文多级递阶智能控制系统的构造和运行步骤可以看出。其主要表现在：

（1）在组织级中首先应明确该循环经济系统的任务、目的，应尽可能地收集有关专家的建议和意见。由于专家的意见是一种定性的认识，通常不完全一样。此外，应搜集有关文献资料，认真了解情况。

（2）在定性认识的基础上由知识工程师参与，建立一个系统模型。在建立模型的过程中必须注意与实际数据结合，统计数据的个数应与参数个数相一致，由计算机进行建模工作。

（3）模型建立后，在适应级中通过计算机建立程序（如神经网络算法等），辨识调节层中所使用的模型的参数，这时需要专家对参数结果进行反复检验、修改，使模型尽量和变化的实际过程保持一致。

（4）在知识工程师的协助下，在协调级中提出问题求解的约束条件与期望目标，选择合适的求解方法，根据求解结果判断是否达到期望的目标。如果达到，生成新的问题求解状态继续进行，不断循环，直到满意为止。在计算机工作时，可以根据中间结果与所获得的信息不断给计算机增加新的知识，修改期望的目标；也可以终止计算机的运行，重新设定问题的求解初始状态。

（5）运行得出结果后需要将专家系统和各方面的信息结合，对结果反复进行检验、修改，直到专家和决策者都认为满意时，这个模型才算完成。

以上步骤综合了许多专家的意见、大量书本资料的内容和计算机信息,实现了对于总的方面的定量认识,是一种集大成的智慧,在一定程度上体现了将专家群体的经验、知识注入到系统中的特点。上述论述表明:从定性到定量综合集成这一处理开放的复杂巨系统的方法是可操作的。其用以处理十分复杂的问题时,能够得到对整体的定量的把握。

5.3.3 开放的工程系统在多级递阶智能控制设计系统中的应用

1) 开放的工程系统

信息时代的变化速度是空前的,一个设计者设计一个工程系统时应使该系统能适应这种变化,而一个开放的工程系统则既能适应于现在也能适应于未来。

开放的工程系统的思想与全球竞争市场中用更少的资源完成更多的任务的思想有紧密的联系,其定义如下[1]:开放的工程系统是一个由产品、服务和(或)方法组成的系统,它在环境中易于适应变化,且能使生产者在全球化市场中保持竞争力……

这个定义的关键是一个系统在环境中易于适应变化。因为开放的系统能满足变化的市场的需要,所以它比严格的系统能在更长的时间内适应竞争。一个开放的工程系统的设计可建立一个针对市场的质量系统快速反应,然后不断的修正系统适应变化的市场的要求。开放的工程系统有三个特征[2]:① 在设计的早期阶段增加的设计知识;② 在设计的早期保证设计自由;③ 在设计的整个过程中增加的效率。

将系统设计成一个开放的工程系统,得到的好处需要用一个长期的眼光来看。开放的工程系统在最初的设计阶段,可能会花费很多,但因为"增加的设计知识"和"保证设计自由"使它在开放的环境中能适应变化,对以后未知的变化做好准备,所以能减少未来重新设计的时间和费用,在更长的时间内,能取得更大的收益。

2) 开放的工程系统思想在多级递阶智能控制设计系统中的应用

由循环经济系统的性质可知,循环经济系统具有工程系统的所有要素和特征,在某种意义上来说就是一种特殊的工程系统,所以工程系统的研究方法与技术对于循环经济系统的设计有很重要的作用。

在循环经济系统中,当几种企业一起运作时,系统会很快变得复杂且弹性降低。所以一个循环经济系统在实际运行中,必须易于修正或在市场变化时保持稳定,因此开放的工程系统的设计思想对于循环经济系统的设计十分重要,它能使循环经济系统形成一个弹性的系统,这对于保证循环经济系统长期稳定的发展是必需的。

开放的工程系统的思想在多级递阶智能控制设计系统中的应用从下文多级递阶智能控制系统的构造和运行步骤可以看出。其主要表现在:

(1) 在多级递阶智能控制设计系统中,设计了一个多级智能协调器。在这个多级智能协调器中,每个过程均能够存在一个决策单元。各决策单元处于不同的级别,按递阶排列,

---

[1] Simpson T. W., Lautenshlager U., Mistree F.. The What and Why of Open Engineering Systems. The Information Revolution: Present and Future. Norwood, N.J.: Ablex Publications, 1997. 45—98.

[2] Simpson T. W., Lautenshlager U., Mistree F.. The What and Why of Open Engineering Systems. The Information Revolution: Present and Future. Norwood, N.J.: Ablex Publications, 1997. 45—98.

呈金字塔结构。只有上下级间才有信息交换，同级之间不交换信息。目标可能有冲突，此时通过上一级的协调器来解决。通过在协调器和各个决策单元中建立的非线性多目标动态优化决策模型，使协调的最后结果是或者近似于全局优化的结果。因为在这种多级的递阶结构中，任何由于子过程的改变而要求决策的改变都是局部性的，所以这种多级智能协调器的结构的灵活性、可靠性较好，并且费时少、成本低。

（2）在智能协调器中，根据实际的具体情况，在协调器和各个决策单元中建立相应的非线性多目标动态优化决策模型。用目标规划法等方法解多目标优化模型，使约束条件变为"弹性约束"，使解的范围扩大。动态投入/产出模型常具有不稳定性，单目标优化模型已使其不稳定性得到一定改善[①]，而多目标优化模型则使其不稳定性得到较大改善。

（3）在多级递阶智能控制设计系统中，提出了满意解的思想。系统运行得出结果是一组满意解。这里形成一个满意解集优于最优化点集是因为，在简化的模型中的最优解决策在现实生活中很少是最优的。所以让决策者在满意解集中选择一个，更接近真实复杂的世界，且其可应对环境中较小的变化。

5.3.4 多级递阶智能控制系统的构造和运行步骤

本段将详细阐述多级递阶智能控制系统的构造和运行步骤如下（见图5.18）：

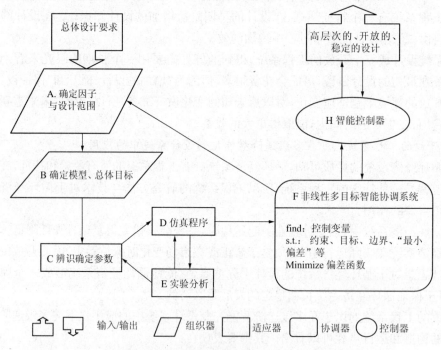

图 5.18 复杂的循环经济系统的设计步骤

（1）由工程师和专家参与，明确循环经济系统的总体要求和目标。

（2）分类并确定设计参数（控制变量、干扰变量和输出变量）及其范围（见图5.19），根据

[①] Adem Rose, William Miernyk. Input-outout Analysis: The First Fifty Yeard. Economics Systerms Research, 1989 (1). 233—235.

范围定义一个初始探索空间。

(3) 建立动态投入/产出反馈控制模型式(5.34)

$$\begin{cases} x(t+1) = x(t) + \mu(t) \\ d(t+1) = (I+D)d(t) \\ y^*(t) = -[I-A'(t)]x(t) + d(t) + B'(t)\mu(t) \end{cases}$$
(5.34)

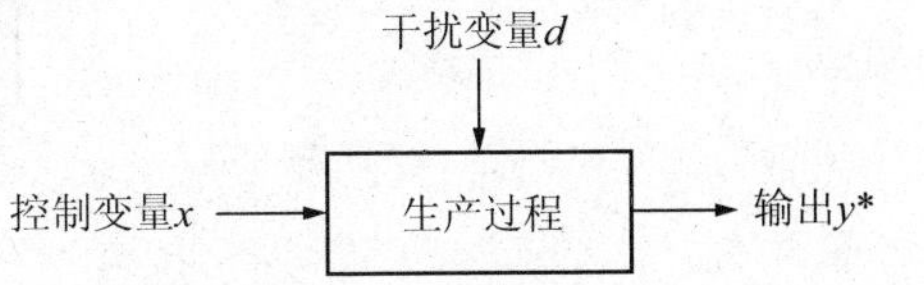

图 5.19 参数种类

注:式(5.34)中变量的意义与第二节的相同。

(4) 由专家系统根据实际情况确定系统的总体目标,建立相应的目标函数。

(5) 由智能适应器根据实际情况建立专家系统和仿真程序(如人工神经网络等),预测每年社会需求量的变化率 $a_i(i=1,2,\cdots,n)$;目标函数的期望值 $E=(e_1,e_2,\cdots,e_n)'$;年总流量的改变量 $\mu(t)$ 的上、下限约束;各个过程的能耗向量 $P(t)=[p_1(t),p_2(t),p_3(t)]'$;过程流系数矩阵 $A(t)$;生态状态投资系数阵 $B(t)$ 等系统参数。

(6) 通过实验分析处理器结合专家系统,分析实验结果,明确重要的控制因子,除去不重要的因子。如果有必要,设计和构造更准确的仿真程序。将分析结果反馈到智能适应器,在图 5.19 的 C、D、E 之间形成迭代,直到产生准确的模型参数。

(7) 在智能协调器中,协调器和各个决策单元建立各自的非线性多目标动态优化决策模型,然后求解出各自的满足控制因子约束条件的最优控制值和性能指标值,反馈给组织器进行修正,最终由专家系统和决策者确定满意解集。

(8) 由专家系统在满意解集中选择符合实际情况的最优控制,传给每个子系统的智能控制器(包括系统控制目标、动态调节器等),控制各个子系统的运行。

(9) 输出一个高层次的、开放的、稳定的设计说明书。

在设计过程中,动态投入/产出反馈控制模型、专家系统、智能控制技术、仿真程序和实验分析综合在非线性多目标智能协调系统的框架中,探索设计空间,搜寻稳定区域,形成一个开放的、稳定的设计,充分体现了将循环经济系统设计成一个开放的工程系统的指导思想,并使得这个设计系统具有自适应、自组织、自学习和强壮性的特点。

5.3.5 多级递阶智能协调器

1) 多级递阶智能协调器的结构

针对上文中提出的问题,在循环经济系统的多级递阶智能控制系统中,需要一个智能协调器协调循环经济系统的整体目标与各个过程的局部目标,这是整个控制系统的核心。本节考虑设计一个多级递阶智能协调器,如图 5.20 所示的是一个二级结构(多级以此类推)。上层的协调器控制着下层的各个决策单元,它们有各自的子系统模型和控制目标。由于协调器的任务是通过对下层决策的干预来保证它们分别找到的决策能满足整个控制目标的要求,所以协调器要不断地和下层的决策单元交换信息:一方面发出干预信号 C;一方面接受从下级送来的各决策单元做出的决策和获得的性能指标值(信号 D)。干预信号也起协调作用,产生干预信号的原则就是协调策略。协调器的智能性从多级递阶智能控制系统的结构中可以看出,从下文的智能协调控制器的运行原理中也可以看出。

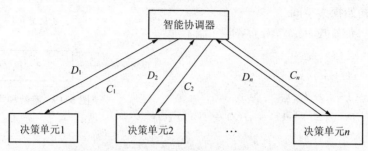

图 5.20 循环经济系统的多级递阶智能协调器

2) 多级递阶智能协调器的建立

循环经济系统是一个复杂的动态巨系统。在可持续发展战略指导下,一个循环经济系统发展规划追求的应是自然、人、社会、经济的协调发展,即多目标协调发展。单纯追求某一个目标最大(最小)而不顾及其他目标,将可能导致经济的畸形发展。基于这种认识,本节建立了一个以动态投入/产出模型为核心,以多目标优化模型为决策依据的多级递阶智能协调器,较好地反映了实际的循环经济系统的发展规律。

注:这里仍然只考虑物质流,能量流可同理建立。并且在模型中只要加上货币单位就变成了循环经济系统的经济模型。

基于循环经济系统整体和局部协调稳健发展的原则,在多级递阶智能协调器中,根据具体情况,在协调器和各个决策单元中建立相应的非线性多目标动态优化决策模型。它较之单目标非线性动态优化决策模型具有如下优点:

(1) 求解多目标优化模型一般可以达到综合平衡。而单目标模型总是使产出大于等于需求。

(2) 动态投入/产出模型常有计算的不稳定性。用目标规划法等方法解多目标优化模型,使约束条件变为"弹性约束",使解的范围扩大。单目标优化模型已使其不稳定性得到一定改善[①],而多目标优化模型则使其不稳定性得到较大改善。

(3) 非线性多目标动态优化决策模型比较适合人机交互决策,它可以将决策者的经验或有关定性分析结论与模型结合起来,得出正确实用的决策选择。

3) 多目标优化模型的建立

循环经济系统可以分为生产者、消费者和还原者。令 $H_p(p=1,2,\cdots,g)$ 为循环经济系统中所有的生产过程的集合;$H_c(c=1,2,\cdots,m)$ 为循环经济系统中所有的消费过程的集合;$H_r(r=1,2,\cdots,h)$ 为循环经济系统中所有的还原过程的集合,则 $g+m+h=n$。这里考虑 5 个目标函数(可根据实际情况增减):

(1) 循环经济系统中的产出收益最大

$$\max \sum_{i=1}^{g} y_i(t) \tag{5.35}$$

(2) 循环经济系统的还原水平最高

$$\max \sum_{i=1}^{h} y_i(t) \tag{5.36}$$

---

① 曾五一. 关于动态投入/产出优化模型应用的研究[J]. 系统工程,1985(2):29—37.

(3) 系统的过程尽可能达到综合动态供需平衡

$$\min \sum_{i=1}^{n} y_i^*(t) \tag{5.37}$$

(4) 系统能耗降低的最快

$$\min P(t)'\mu(t) \tag{5.38}$$

其中 $P(t) = [p_1(t), p_2(t), \cdots, p(t)_n]'$ 为各个过程的能耗向量，如水、电、煤等，这里考虑消耗能源的总量。

(5) 系统的污染最小

$$\min \sum_{i=1}^{m} y_i(t) \tag{5.39}$$

约束条件为

$$a_i(t) \leqslant \mu_i(t) \leqslant b_i(t), \quad i=1,2,\cdots,n \tag{5.40}$$

其中，$a_i(t), b_i(t) \geqslant 0 (\ i=1,2,\cdots,n)$。

当然，协调器和各个决策单元的目标函数可以是不一样的。

注：这里目标函数式(5.35)和式(5.36)、式(5.37)追求的是在系统的收益尽可能供大于求的情况下达到动态平衡；目标函数式(5.37)和式(5.39)追求的是在系统的污染尽可能小的情况下达到动态平衡，这与循环经济系统的实际运行情况相符合。这里只是用5个目标函数作为例说明问题，实际运作中可以有所修正。

4) 建立非线性多目标动态优化决策模型的步骤

本段将建立协调器和各个决策单元的非线性多目标动态优化决策模型，步骤如下：

(1) 为每个目标函数确定期望值 $E = (e_1, e_2, \cdots, e_n)'$

对每一个目标函数，首先要确定一些希望达到的理想值 $e_i(i=1,2,\cdots,n)$，这些值的确定并不要求十分严格和精确，可以根据以往的历史资料，或根据市场的需求、上级部门的布置等等来确定。显然，这样确定的目标期望值可能是矛盾的，而且一般不可能全部达到，但这对求解问题是无关紧要的。此后就是寻找某个可行解，使这些目标函数的期望值最好地、最接近地得以实现。

(2) 对每一个现实目标和约束条件加上正、负偏差变量 $d_i^+, d_i^- (i=1,2,\cdots,n)$

目标函数加上期望值称为现实目标。如上所述，各个目标函数的期望值 e_i 往往不可能全部达到，为了从数量上描述诸目标的期望值没有达成（实现）的程度，对每个目标函数分别引入正、负偏差变量 $d_i^+, d_i^- (d_i^+, d_i^- \geqslant 0; i=1,2,\cdots,n)$，其中 d_i^+ 表示第 i 个目标超出期望值的数值，d_i^- 表示第 i 个目标未达到期望值的数值。由于对同一个目标函数，它的取值不可能在超出期望值的同时又没有达到期望值，或在没有达到期望值的同时又超出期望值，故 d_i^+ 和 d_i^- 中至少有一个为零，即有 $d_i^+ \cdot d_i^- = 0 (i=1,2,\cdots,n)$，所以正、负偏差变量满足：

$$d_i^+ \cdot d_i^- = 0 \quad i=1,2,\cdots,n$$

$$d_i^+ \cdot d_i^- \geqslant 0 \quad i=1,2,\cdots,n。$$

同样可以通过将约束条件加上正、负偏差变量 $d_i^+, d_i^- (i=1,2,\cdots,n)$ 使不等式变为等式。

(3) 权系数和优先等级

在多目标决策问题中,各个目标的重要程度一般情况下是不完全一样的。在建立目标规划模型时,根据目标的重要程度,可以给每个目标以不同的权系数 ω_i 及优先等级 L_i。在相同的约束条件下,不同的权系数、不同的优先等级将会得到完全不同的最优解。

(4) 达成函数

多目标决策问题中的各个目标函数通过引入期望值、正/负偏差变量和权系数及优先等级而被纳入约束条件中。接着要考虑的就是如何选择一个可行的方案(即求出一个可行的解),它使各目标函数的值最接近各自的期望值;也就是说,要使诸偏差变量达到最小值。为此,构造一个新的目标函数,以求得有关偏差变量的最小值(见表5.11)。

表 5.11 转换规则

目标或约束类型	目标规划格式	需要极小化的偏差变量
$f_i(X) \leqslant e_i$	$f_i(X) + d_i^+ - d_i^- = e_i$	d_i^+
$f_i(X) \geqslant e_i$	$f_i(X) + d_i^+ - d_i^- = e_i$	d_i^-
$f_i(X) = e_i$	$f_i(X) + d_i^+ - d_i^- = e_i$	$d_i^+ + d_i^-$

5) 智能协调器的运行步骤

该循环经济系统的智能协调器的运行步骤如下:

(1) 决策单元根据各自子系统的非线性多目标动态优化决策模型,求解出各自满足控制变量约束条件的最优控制 $\mu^* = [\mu_1^*(t), \mu_2^*(t), \cdots, \mu_n^*(t)]'$ 和性能指标值 D。

(2) 协调器根据建立的整体非线性多目标动态优化决策模型,求解出满足控制因子约束条件的综合最优控制 $\tilde{\mu}^* = [\tilde{\mu}_1^*(t), \tilde{\mu}_2^*(t), \cdots, \tilde{\mu}_n^*(t)]'$ 和性能指标值 f。

(3) 决策单元以最优控制 $\mu^* = [\mu_1^*(t), \mu_2^*(t), \cdots, \mu_n^*(t)]'$ 为基本点,在该单元的性能指标值 D 的一定范围(如 5%)内,寻找满意解集 M。

(4) 协调器以综合最优控制 $\tilde{\mu}^* = [\tilde{\mu}_1^*(t), \tilde{\mu}_2^*(t), \cdots, \tilde{\mu}_n^*(t)]'$ 为基本点,在性能指标值 f 的一定范围(如 5%)内,寻找满意解集 $\tilde{M}$。

(5) 决策单元将各自的满意解集 M 传递给协调器。若各个决策单元的解集与 $\tilde{M}$ 有交集,根据实际情况,由决策者和专家系统在交集中选择一个综合最优控制 $\tilde{\mu}^* = [\tilde{\mu}_1^*(t), \tilde{\mu}_2^*(t), \cdots, \tilde{\mu}_n^*(t)]'$。协调器将 $\tilde{\mu}^* = [\tilde{\mu}_1^*(t), \tilde{\mu}_2^*(t), \cdots, \tilde{\mu}_n^*(t)]'$ 传给各个决策单元。若各个决策单元的解集与 $\tilde{M}$ 没有交集,则

① 考虑发出干预信号 C,通过调整满意解集的探索点、扩大各个决策单元或协调器的性能指标值的范围(如 10% 等)、输入新的期望值或重新确定优先级,再寻找满意解集。

② 建立循环经济系统的专家系统,结合无锡新区的实际情况,研究制定鼓励循环经济系统协调发展的措施。在考虑综合最优控制 $\tilde{\mu}^* = [\tilde{\mu}_1^*(t), \tilde{\mu}_2^*(t), \cdots, \tilde{\mu}_n^*(t)]'$ 时,对于牺牲自己局部性能指标的过程,在产业政策和财税政策等方面给予优惠政策,以促进循环经济系统的全面发展。

智能协调器的整个工作过程如图 5.21。

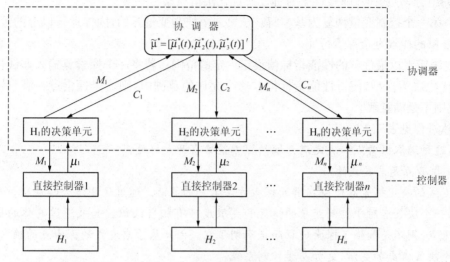

图 5.21　智能协调器的运行步骤

5.3.6　满意解集的确定策略

1) 探索点的确定

针对开放的工程系统的要求,在非线性多目标智能协调系统中,提出满意解集的概念。

定义 5.1　通过非线性多目标动态优化决策模型得到最优控制 $\mu^* = [\mu_1^*(t), \mu_2^*(t), \cdots, \mu_n^*(t)]'$,称 $\mu_i^*(t)(i=1,2,\cdots,n)$ 为每个控制变量 $\mu_i(t)(i=1,2,\cdots,n)$ 的基本点。

定义 5.2　满意解集是指以建立的非线性多目标动态优化决策模型得到的最优控制为基本点,通过探索点和启发性规则形成的控制变量的解集。该解集中的任何解的性能指标值都在最优控制的性能指标值 f 的一定范围内(该范围由系统事先给出)。

通过非线性多目标动态优化决策模型得到最优控制 $\mu^* = [\mu_1^*(t), \mu_2^*(t), \cdots, \mu_n^*(t)]'$ 后,决定每个控制变量的满意解的探索范围决定于以下两个规则:

(1) 若非线性多目标动态优化决策模型的一个控制变量的最优解不在其上、下限上,则在解的两边各取一点做进一步探索,两个点与最优解不一定必须等距离。

(2) 非线性多目标动态优化决策模型的一个控制变量的最优解是其上限或下限,则在解的界限内的一侧取两个点做进一步探索。

这些用于进一步探索的点称为探索点,由设计者启发式的决定。

注:非线性多目标动态优化决策模型的最优解可能不唯一。一般而言,目标要求确定得越低,可供选择的解就越多;目标定得越高,最优解的选择余地也越小,且可能使得一些较低级别的目标无法完全实现。循环经济系统是一个复杂的巨系统,变量很多,所以这里假设只存在唯一的解。若解不唯一,则可以根据专家系统的判断找出一个最优解。

2) 探索策略

(1) 第一个控制变量取为两个探索点中的一点,其余控制变量为各自基本点和探索点的排列组合,分别代入非线性多目标动态优化决策模型。

(2) 第一个控制变量取为两个探索点中的另一点,其余控制变量为各自基本点和探索点的排列组合，分别代入非线性多目标动态优化决策模型。

(3) 第一个控制变量恢复为基本解。从第二个控制变量开始，同样运行以上的策略，直到控制变量的探索点全部运行完。

(4) 决策者以最优解的性能指标值设定一定的范围。若将一个探索点输入非线性多目标动态优化决策模型，使得性能指标值在这个允许的范围内，则这个探索点在满意解范围内；反之则不是满意解。

具体过程见表 5.12～表 5.15。

注：这种选取探索点和决定满意解的探索策略有两大好处：

(1) 探索点是启发式的

启发式的决定探索点使得在解的探索方法上更加灵活。通过运用综合集成研讨厅体系的方法，一个决策者对于控制变量的情况和灵敏度可有相当认识。如果通过具体的规则去决定探索点，则不是加强了探索进程而是限制了它。因此基于启发式的探索点的确定方法，使得一个决策者更加灵活、更加易于控制系统。

(2) 解的范围由性能指标值确定

由非线性多目标动态优化决策模型可知，当控制变量变化较小时，其相互作用对系统行为没有太大影响；当控制变量变化较大时，其相互作用对系统行为有较大影响。因为最优解附近的解更有影响力，故这种策略能保证满意解集不会离最优解太远。

5.3.7 应用案例

仍以无锡新区简化的循环经济系统为例，说明多级递阶智能协调器建立的原理和步骤。

(1) 首先建立协调器的整体非线性多目标动态优化决策模型：

$$
\begin{aligned}
\min f &= [d_1^- + d_2^+ + d_3^- + d_4^+ + d_4^- + d_5^-] \\
\text{s.t.} \quad & y_1(t) - d_1^+ + d_1^- = e_1(t) \\
& y_2(t) - d_2^+ + d_2^- = e_2(t) \\
& y_3(t) - d_3^+ + d_3^- = e_3(t) \\
& y_1^*(t) + y_2^*(t) + y_3^*(t) - d_4^+ + d_4^- = 0 \\
& p_1(t)\mu_1(t) + p_2(t)\mu_2(t) + p_3(t)\mu_3(t) - d_5^+ + d_5^- = 0 \\
& a_1(t) \leqslant \mu_1(t) \leqslant b_1(t) \\
& a_2(t) \leqslant \mu_2(t) \leqslant b_2(t) \\
& a_3(t) \leqslant \mu_3(t) \leqslant b_3(t) \\
& d_i^+ \cdot d_i^- = 0 \quad i = 1,2,\cdots,7 \\
& d_i^+, d_i^- \geqslant 0 \quad i = 1,2,\cdots,7
\end{aligned}
\tag{5.41}
$$

(2) 建立环氧树脂生产过程的非线性多目标动态优化决策模型：

$$
\begin{aligned}
\min D_1 &= L_1(d_1^-) + L_2(d_2^- + d_2^+ + d_3^+) \\
\text{s.t.} \quad & y_1(t) - d_1^+ + d_1^- = e_1(t) \\
& y_1^*(t) - d_2^+ + d_2^- = 0 \\
& p_1(t)\mu_1(t) - d_3^+ + d_3^- = 0 \\
& a_1(t) \leqslant \mu_1(t) \leqslant b_1(t)
\end{aligned}
$$

(3) 建立环氧树脂消费过程的非线性多目标动态优化决策模型：

$$\min D_2 = L_1(d_1^+) + L_2(d_2^+ + d_2^- + d_3^+)$$
$$\text{s.t.} \quad y_2(t) - d_1^+ + d_1^- = 0$$
$$y_2^*(t) - d_2^+ + d_2^- = 0$$
$$p_2(t)\mu_2(t) - d_3^+ + d_3^- = 0$$
$$a_1(t) \leqslant \mu_1(t) \leqslant b_1(t)$$
$$a_2(t) \leqslant \mu_2(t) \leqslant b_2(t);$$
$$a_3(t) \leqslant \mu_3(t) \leqslant b_3(t)$$
$$d_i^+ \cdot d_i^- = 0 \quad i = 1, 2, \cdots, 3$$
$$d_i^+, d_i^- \geqslant 0 \quad i = 1, 2, \cdots, 3$$

(5.43)

(4) 建立环氧树脂还原过程的非线性多目标动态优化决策模型：

$$\min D_3 = L_1(d_1^-) + L_2(d_2^- + d_2^+ + d_3^+)$$
$$\text{s.t.} \quad y_3(t) - d_1^+ + d_1^- = e_3(t)$$
$$y_3^*(t) - d_2^+ + d_2^- = 0;$$
$$p_3(t)\mu_3(t) - d_3^+ + d_3^- = 0$$
$$a_1(t) \leqslant \mu_1(t) \leqslant b_1(t)$$
$$a_2(t) \leqslant \mu_2(t) \leqslant b_2(t);$$
$$a_3(t) \leqslant \mu_3(t) \leqslant b_3(t)$$
$$d_i^+ \cdot d_i^- = 0 \quad i = 1, 2, \cdots, 3$$
$$d_i^+, d_i^- \geqslant 0 \quad i = 1, 2, \cdots, 3$$

(5.44)

以图5.9中的数据为初始值，设 $d = (75, 9, 28)'$，$e = (85, 0, 35)'$，利用Hooke-Jeeves的直接搜索法对上面的各个非线性多目标动态优化决策模型进行计算，得到的最优控制为基本点。再利用探索策略，得到协调器和各个决策单元的探索点及性能指标值如表5.12～表5.15所示。

由表5.12～表5.15得，该循环经济系统的整体满意解集和各个过程的满意解集为表5.16。经过专家系统和决策者共同参与，综合考虑循环经济系统的整体满意解集和各个过程的满意解集，根据实际情况，最终确定各个控制变量的满意解集（见表5.16）。

表5.12 循环经济系统中的整体探索点

探索点	μ_1	μ_2	μ_3	f
基本点	10.0	2.0	2.0	61.20
2	10.5	2.0	2.0	63.25
3	10.5	2.0	2.2	63.67
4	10.5	2.0	2.5	64.30

续表5.12

探索点	μ_1	μ_2	μ_3	f
5	10.5	2.5	2.0	64.25
6	10.5	2.5	2.2	64.67
7	10.5	2.5	2.5	65.30
8	10.5	2.8	2.0	64.85
9	10.5	2.8	2.2	65.27
10	10.5	2.8	2.5	65.90
11	11.0	2.0	2.0	65.30
12	11.0	2.0	2.2	65.72
13	11.0	2.0	2.5	66.35
14	11.0	2.5	2.0	66.30
15	11.0	2.5	2.2	66.72
16	11.0	2.5	2.5	67.35
17	11.0	2.8	2.0	66.90
18	11.0	2.8	2.2	67.32
19	11.0	2.8	2.5	67.95
20	10.0	2.5	2.0	62.20
21	10.0	2.5	2.2	62.62
22	10.0	2.5	2.5	63.25
23	10.0	2.8	2.0	62.80
24	10.0	2.8	2.2	63.22
25	10.0	2.8	2.5	63.85
26	10.0	2.0	2.2	61.62
27	10.0	2.0	2.5	62.25

在性能指标5%的范围内　　　　大于性能指标5%

表5.13　环氧树脂生产过程中的探索点

探索点	μ_1	μ_2	μ_3	D_1
基本点	10.0	[2,4]	2.0	40.0
2	10.5	/	2.0	41.5
3	10.5	/	2.2	41.5
4	10.5	/	2.5	41.5
5	10.5	/	2.0	41.5

续表 5.13

探索点	μ_1	μ_2	μ_3	D_1
6	10.5	/	2.2	41.5
7	10.5	/	2.5	41.5
8	10.5	/	2.0	41.5
9	10.5	/	2.2	41.5
10	10.5	/	2.5	41.5
11	11.0	/	2.0	43.0
12	11.0	/	2.2	43.0
13	11.0	/	2.5	43.0
14	11.0	/	2.0	43.0
15	11.0	/	2.2	43.0
16	11.0	/	2.5	43.0
17	11.0	/	2.0	43.0
18	11.0	/	2.2	43.0
19	11.0	/	2.5	43.0
20	10.0	/	2.0	40.0
21	10.0	/	2.2	40.0
22	10.0	/	2.5	40.0
23	10.0	/	2.0	40.0
24	10.0	/	2.2	40.0
25	10.0	/	2.5	40.0
26	10.0	/	2.2	40.0
27	10.0	/	2.5	40.0

在性能指标 5% 的范围内　　大于性能指标 5%

注：控制变量 μ_2 对环氧树脂生产过程没有影响。

表 5.14　环氧树脂消费过程中的探索点

探索点	μ_1	μ_2	μ_3	D_2
基本点	14.0	2.0	3.5	13.0
2	13.5	2.0	3.5	13.0
3	13.5	2.0	3.2	13.0
4	13.5	2.0	3.0	13.0
5	13.5	2.5	3.5	14.0
6	13.5	2.5	3.2	14.0

续表 5.14

探索点	μ_1	μ_2	μ_3	D_2
7	13.5	2.5	3.0	14.0
8	13.5	2.8	3.5	14.6
9	13.5	2.8	3.2	14.6
10	13.5	2.8	3.0	14.6
11	13.0	2.0	3.5	13.0
12	13.0	2.0	3.2	13.0
13	13.0	2.0	3.0	13.0
14	13.0	2.5	3.5	14.0
15	13.0	2.5	3.2	14.0
16	13.0	2.5	3.0	14.0
17	13.0	2.8	3.5	14.6
18	13.0	2.8	3.2	14.6
19	13.0	2.8	3.0	14.6
20	14.0	2.5	3.5	14.0
21	14.0	2.5	3.2	14.0
22	14.0	2.5	3.0	14.0
23	14.0	2.8	3.5	14.6
24	14.0	2.8	3.2	14.6
25	14.0	2.8	3.0	14.6
26	14.0	2.0	3.2	13.0
27	14.0	2.0	3.0	13.0

在性能指标 5% 的范围内　　　　大于性能指标 5%

表 5.15　环氧树脂还原过程中的探索点

探索点	μ_1	μ_2	μ_3	D_3
基本点	10.0	[2,4]	2.0	10.00
2	10.5	/	2.0	10.00
3	10.5	/	2.2	10.30
4	10.5	/	2.5	10.75
5	10.5	/	2.0	10.00
6	10.5	/	2.2	10.30
7	10.5	/	2.5	10.75

续表 5.15

探索点	μ_1	μ_2	μ_3	D_3
8	10.5	/	2.0	10.00
9	10.5	/	2.2	10.30
10	10.5	/	2.5	10.75
11	11.0	/	2.0	10.00
12	11.0	/	2.2	10.30
13	11.0	/	2.5	10.75
14	11.0	/	2.0	10.00
15	11.0	/	2.2	10.30
16	11.0	/	2.5	10.75
17	11.0	/	2.0	10.00
18	11.0	/	2.2	10.30
19	11.0	/	2.5	10.75
20	10.0	/	2.0	10.00
21	10.0	/	2.2	10.30
22	10.0	/	2.5	10.75
23	10.0	/	2.0	10.00
24	10.0	/	2.2	10.30
25	10.0	/	2.5	10.75
26	10.0	/	2.2	10.30
27	10.0	/	2.5	10.75

在性能指标5%的范围内	大于性能指标5%

注：控制变量 μ_2 对环氧树脂还原过程没有影响。

表5.16 整体和各个过程中的满意解集

过　程	μ_1	μ_2	μ_3
协调器	[10.0~10.5]	2.0	[2.0~2.2]
环氧树脂生产过程	[10.0~10.5]	[2.0~4.0]	[2.0~2.5]
环氧树脂消费过程	[13.0~14.0]	2.0	[3.0~3.5]
环氧树脂还原过程	[10.0~11.0]	[2.0~4.0]	[2.0~2.2]
最终满意解集	[10.0~10.5]	2.0	[2.0~2.2]

注：由最终满意解集可以发现，协调器、环氧树脂生产过程和环氧树脂还原过程的利益得到了满足，而环氧树脂消费过程的性能指标超出了范围。从(5.39)可以看出，期望值是循环经济系统的废弃物的零输出，这是循环经济系统的最理想模式，但根据无锡新区的实际情况，在工业经济不断增长的情况下，一开始循环经济系统还达不到最理想模式，只能牺牲消费过程的少量性能指标，但随着循环经济系统的进一步发展，一定能不断地向循环经济系统的最理想模式前进，最终达到生产、消费和还原过程的整体协调发展。

这里取 $\mu_1=10.5$,$\mu_2=2$,$\mu_3=2.2$。确定的循环经济系统的结构如图 5.22 所示：

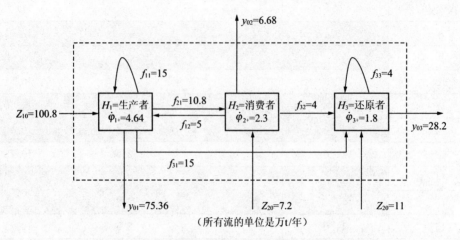

（所有流的单位是万t/年）

图 5.22　具有生态状态的简化的循环经济系统

复习思考题 5

5.1　你是如何认识循环经济系统是一个开放的工程系统的？

5.2　阐述循环经济系统的结构及特征。

6 原生资源开发及其再生利用

减量化是发展循环经济的基本原则之一,是从源头实现循环经济发展目标的重要途径;《中华人民共和国循环经济促进法》也明确发展循环经济应当按照减量化优先的原则实施。因此,分析资源(特别是原生资源)开发利用的状况、效率和政策绩效,是制定循环经济政策的重要基础。资源的合理利用问题涉及到经济运行的不同层面和不同流通环节,并直接决定了循环经济运行的效果。本章在前述相关理论的基础上,重点介绍资源开发及再生利用。

6.1 原生资源及其开发利用

原生资源是十分重要的基础性资源,其数量、分布、开采和利用直接关系到生产力布局以及经济社会可持续发展。随着我国工业化、城市化的快速发展,经济社会发展对于原生资源的需求不断扩大,如何切实解决经济社会发展面临的资源瓶颈约束、提高资源利用效率、促进资源的循环利用成为我国目前经济社会发展面临的重要课题。为此,本节对我国原生资源的概念进行了界定,并总结了其特征和分类体系。在对我国原生资源分布和禀赋特征、开采利用现状进行分析的基础上,提出了原生资源开采利用中存在的主要问题。

6.1.1 原生资源的内涵与特征

1) 原生资源的内涵

联合国环境规划署认为,所谓资源,特别是自然资源,是指在一定时间、地点和条件下,能够产生经济价值,以提高人类当前和未来福利的自然环境因素和条件[1]。原生资源是资源的一部分是最初的资源;次生资源是从原生资源再转化而形成的[2]。比如,就水资源而言,降水是原生的水资源,河水、地下水则是次生水资源。当然,这种观点也存在片面性,降水转化为河水、地下水是自然过程的产物,完全来自自然界,所以都归为原生资源更合适。

结合以上概念,原生资源的内涵应包括以下几点:① 原生资源是和次生资源相对而言的,即指原始(最初)形成的资源;② 由于社会资源、知识资源是随着人类社会出现而产生、变化的,因此原生资源一般指自然资源;③ 原生资源不包括所有的自然资源,经过人为转化形成的自然资源不属于原生资源。

因此,原生资源是指人类从自然界直接获取的、未经人类加工转化的自然资源,即来自于自然界的原始资源。如水资源、矿产资源、生物资源、能源资源、海洋资源、土地资源、气候资源等。这样的概念、界定与自然资源的概念十分相近。联合国教科文组织对自然资源的

---

[1] 封志明.资源科学导论[M].科学出版社,2004:39—42.
[2] 张学文.降水量也是一种水资源:从资源气象的一个重要公式 Q=AR 谈起[N].中国气象报,2005—3—10.

定义为:自然资源是从自然环境中得到、可以采取各种方式被人们使用的任何东西。两者的主要区别在于:原生资源只包括未经人类活动转化的自然资源。

2) 原生资源的特征

根据以上原生资源的概念,其主要特征有[1][2][3]:

(1) 有效性和稀缺性。原生资源是经济社会发展的重要基础性资源,因此具有有效性。由于存在着人类社会发展对于原生资源需求量大与其供给有限性之间的矛盾;存在着空间分布上的不均衡以及资源利用上的竞争,因此具有稀缺性。

(2) 整体性和层次性。原生资源是人地系统的重要组成部分,同时,各种原生资源之间存在相互依存的关系,彼此联系构成一个有机的整体,从而导致了原生资源分布从宏观到局部的空间差异。而且一种资源的开发利用,往往必然会引起周围自然环境乃至其他原生资源配置结构的变化,因此具有整体性。其层次性表现在资源的空间分布范围和构成方面。

(3) 地域性和动态性。地域性是指原生资源空间分布的数量、规模、质量等的不均衡。比如生物和气候资源的地带性分布、矿产资源的区域特征以及降水资源的时空差异等。动态性一方面是指部分原生资源供给量的季节性变动,如水资源、生物资源;另一方面也指人类认识和利用原生资源程度的不断变化和深入,如发现、开发、利用原生资源能力的增强等。

(4) 社会性和历史性。原生资源价值随着人类需要和利用能力的变化而总体上不断提升,因此具有社会性。人类利用原生资源的范围不断变化,这主要受制于特定历史阶段的认识水平和技术能力,因此具有历史性。

本书主要对关系国家资源安全的战略性原生资源,如矿产资源、水资源和生物资源等的分布、开采利用及存在的问题进行论述,目的是了解我国重要资源的禀赋、开发潜力和利用效率,并在此基础上进一步提出资源保护和高效利用的政策措施。

6.1.2 原生资源开采与利用状况

作为资源大国,我国具有明显的资源优势。但随着经济的发展,我国对资源的需求量大幅提高,资源的开采量也随之大幅上升,造成了一些原生资源的危机。这里重点介绍三种主要原生资源的开发利用现状。

1) 水资源

我国多年平均降水量约 648 mm,降水总量 6.2 万亿 m^3。通过水循环形成可更新的地表水和地下水的水资源总量合计约 2.8 万亿 m^3,具有人均水资源占有量偏少和时空分布很不均衡的特点,这与水土资源不相匹配有密切关系。目前,我国水资源的开发利用现状如下:

(1) 供水能力。我国的供水能力从 1949 年的 1 000 多亿 m^3 增加到 2007 年的 5 819 亿 m^3。其中地表水供水量约 4 724 亿 m^3;地下水开采量 1 069 亿 m^3;

(2) 用水现状。我国用水增长迅速,1949 年估计约 1 031 亿 m^3;1997 年到达

---

[1] 封志明. 资源科学导论[M]. 科学出版社,2009:39—45.
[2] 蔡运龙. 自然资源学原理(第二版)[M]. 科学出版社,2007:40—48.
[3] 彭补拙,濮励杰,黄贤金. 资源学导论(修订版)[M]. 东南大学出版社,2014:7—10.

5 546 亿 m^3，人均用水 450 m^3；2007 年达到 5 819 亿 m^3，人均用水 442 m^3。其中农业用水占 63%，工业用水占 25%，生活用水占 12%；

(3) 用水效率。我国的人均用水量低于世界水平，仅为美国用水量的 24%。随着用水量的增加，我国用水效率逐年有所提高，但单方水的 GDP 产出量仍低于发达国家。表明随着经济实力的增长，通过经济结构的调整、用水效率的提高，节水尚有较大潜力[①]。

2) 矿产资源

随着我国矿产资源政策法规的不断完善，矿产资源合理开发利用的总体水平有了很大提高，但与世界先进水平相比还有较大的差距。主要表现在矿产的结构不合理，技术装备落后，能源、原材料消耗高，浪费大，综合利用低。矿产能源的原材料耗比消费要比国外先进水平高 30%~90%。目前存在的主要问题包括：

① 有关矿产资源节约与综合利用的法律法规不够健全；② 少数行业的矿产开采存在严重的浪费资源的违法行为，资源综合利用水平低；③ 优势矿产普遍存在过量开采、过量出口的问题；④ 开采综合利用的矿产比率比较低，综合利用指数不高；⑤ 矿产资源综合利用和回收技术还有待进一步提高；⑥ 资源开发所得的产品的科技含量和附加值不高，有相当部分矿产企业的生产还属于低层次的原料生产和加工，产品档次较低，特别是金属矿和建材矿；⑦ 尾矿及固体废弃物资源的开发利用还处于起步阶段[②]。

3) 生物资源

根据全国第五次森林资源清查统计，全国林地用地面积 26 329.5 万 hm^2，森林面积 15894.1 万 hm^2，全国森林覆盖率为 16.55%，是世界上生物资源最丰富的国家之一。目前，森林资源开发利用现状特点有：① 森林资源结构失调，可采资源继续减少；② 日益增长的社会需求对森林经营管理造成了巨大的压力；③ 森林资源破坏现象严重，林地被改变用途和征占数量较大[③]。

我国草地资源总体利用过重，特别北方地区已处于严重过度利用状态，广大牧区已超载 50%。我国部分地区还存在动物资源过度捕猎现象，使部分动物物种濒临灭绝。

6.1.3 原生资源开发利用的主要问题

根据我国目前原生资源的特点和开发利用状况，原生资源的开发利用过程中主要存在以下的共性问题：

1) 原生资源过度开发且利用效率低

我国原生资源的开发利用基本保证了国民经济建设和社会发展的需要。但总体上我国对资源的开采利用是粗放的，具体表现在：① 水资源的利用效率低。比如农业灌溉、工业用水等都存在浪费和低效利用的情况；不少城市地下水也存在过量开采的现象。(2) 矿产资源经营粗放和回收率低。部分矿山企业开采技术落后，装备差，效率低，而且存在采富弃贫、经营粗放的情况。这使得我国单位 GDP 的物质资源消耗远大于发达国家，并造成了矿产资

---

① 陈志恺. 中国水资源的现状、发展趋势和可持续利用问题. http://www.studa.net/shuili/060219/0934283.html
② 目前我国矿产资源开发利用保护现状存在的主要问题. http://www.cngold.org.cn/c/cn/news/2008-05/21/news_1817.html
③ 彭补拙，濮励杰，黄贤金. 资源学导论(修订版)[M]. 南京：东南大学出版社，2014：131—132.

源的结构性短缺。(3)生物资源严重过度开采。一些地区滥伐森林,超出了地方生态系统的恢复能力,造成了系统的破坏。

2) 资源开采和利用造成的生态破坏

一方面原生资源的过度开采造成了资源的短缺,另一方面资源的开采和利用方式不合理也会导致污染,破坏区域的生态平衡。主要表现有:① 水体污染。工业、生活废水及农业的面源污染造成地表水甚至地下水的污染,超出了水体的自净能力,给地区饮水安全造成威胁。② 矿产资源的开发破坏当地的自然环境,如破坏地表植被和土壤、造成地面沉降和水土流失等,同时开发过程也会带来一定程度的污染,对当地大气、水和土壤环境造成影响。③ 生物资源的过度开发,造成地方生物多样性的降低和生态退化,严重者会导致系统的生态崩溃。如过度砍伐、过度放牧和捕猎等都会对生态环境造成影响。

3) 原生资源勘探、开发等环节缺乏完善的管理体制

原生资源开发利用的管理体制存在的问题主要有:① 农业、工业等领域的水资源利用缺乏有效的管理和监督,并且存在一定的误区。我国的水环境保护法规还不完善,缺乏水环境综合治理的法规,没有综合性的跨行政区水环境的管理法律。目前的法律规定散见于各个有关的法律文件,不系统、不全面,难以依法对跨行政区水环境进行综合系统地管理。② 我国现行的矿业管理体制不完善,缺乏市场经济条件下对矿产开发的"三率"(开采回收率、采矿贫化率、选矿回收率)进行监督以及对乡镇矿业的发展进行正确引导的有效途径与手段,也存在矿产资源管理立法不够完善的问题。如《矿产资源法》的相应配套法规尚不完善,缺乏矿产资源管理的具体规定。③ 生物资源的开采和利用缺乏优先的管理和监督。因此,应加强生物资源管理,确保其可持续的利用、贸易和消费;建立一个广泛的管理体系,严格禁止有破坏性的捕猎方法的使用以及任何形式的濒危物种贸易;对森林资源开采进行严格管理等。

4) 大开发与大保护的矛盾

为了保障经济社会发展的资源供应,我国自 20 世纪 90 年代以来,尤其是 20 世纪末期以来业已进入了原生资源大开发的阶段,不仅西部大开发、中部崛起等一系列战略事实推进了资源大开发,而且深部找矿等一系列资源开发战略实施也积极推进了资源大开发。但若要实现资源利用的代际均衡,不仅需要注重资源的适度开发,还需要注重资源的合理保护,才能实现我国经济社会的长期可持续发展。

6.2 我国原生资源利用与保护绩效评价

对原生资源开采和利用的政策绩效进行评价,有助于了解我国目前资源环境综合利用的效率和区域差异,是制定科学的高效利用资源的政策的基础。本研究结合资源环境综合绩效指数的评价方法,对我国不同区域进行评价,以便从整体上把握我国各区域的资源利用态势和效率。

6.2.1 评价理论与方法

我国资源总量巨大,科技生产技术低,导致我国资源开发利用的效率低下,资源浪费非常严重。为了能够对国家、地区或部门资源利用效率总体状况进行监测和综合评价,中国科学院可持续发展战略研究组(2006)提出了综合表征节约型社会的节约指数或称资源环境综

合绩效指数。其核心是通过资源利用、污染物排放强度来综合反映社会的节约水平。节约指数的具体定义是:一个国家、地区或部门的资源消耗或污染物排放占世界或该国的份额与该国、地区或部门 GDP 占世界或该国的份额之比,而整个国家或地区的节约指数是各类别资源节约指数的加权平均[1][2]。即:

$$REPI_j = \frac{1}{n}\sum_i^n w_{ij}\frac{x_{ij}/x_{i0}}{g_j/G_0}$$

这里将研究对象看作各个省市自治区。式中,$REPI_j$ 是第 j 个地区的节约指数;w_{ij} 为第 j 个地区第 i 种资源消耗或污染物排放的权重;x_{ij} 为第 j 个地区第 i 种资源消耗或污染物排放总量;x_{i0} 为全国第 i 种资源消耗或污染物排放总量;g_j 为第 j 个地区的 GDP 总量;G_0 为全国的 GDP 总量。该指数实质上是一种相对效率,其值不仅能够反映一个地区资源利用程度与全国平均水平的相对差距,而且能够反映地区之间的相对差距。该指数值越小,表明一个地区的资源利用效率相对越高(越节约);而该指数值越大,则意味着该地区的资源利用相对越浪费。如果该指数等于 1,则说明该地区的资源环境绩效与全国平均水平相同;如果该指数大于 1,则说明该地区的资源环境绩效低于全国平均水平;如果该指数小于 1,则说明该地区的资源环境绩效高于全国平均水平。

6.2.2 资源利用的政策绩效评价

结合中科院可持续发展战略研究组的评价方法,建立原生资源利用综合绩效评价指标体系,选用资源消耗量和污染物排放量指标两大类指标对全国各省、自治区和直辖市进行评价(见表 6.1)。资源消耗包括 5 个指标,其中,固定资产投资用来代表矿产资源消耗量;林产品产值代表生物资源(森林资源)的消耗量;用水总量、能源消费总量和电力消费量分别用来表示地区水资源消耗量和能源矿产消费量。这里特别突出了本节中的三种主要原生资源(水资源、矿产资源和生物资源)的消耗量指标。污染物排放包括 7 个指标,分别表征区域水、大气和固体废弃物污染的程度。这些指标较全面地反映了地区资源消耗程度和地区污染程度。

表 6.1 原生资源利用综合绩效评价指标体系

资源消耗指标	污染物排放指标
用水总量(万 t)	污水排放量(万 t)
能源消费总量(万 $t_{标准煤}$)	COD 排放量(万 t)
固定资产投资(亿元)	氨氮排放量(万 t)
电力消费量(亿 kW·h)	工业废气排放量(万 t)
林产品产值(亿元)	SO_2 排放量(万 t)
	烟尘排放量(万 t)
	工业固体废弃物排放量(t)

---

[1] 中国科学院可持续发展战略研究组. 2006 年中国可持续发展战略报告——建设资源节约型社会和环境友好型社会. 北京:科学出版社,2006.
[2] 梅国平,毛小兵. 我国自然资源利用的绩效评价研究[J]. 江西社会科学,2008,(11):68—71.

以上各指标数据均来源于2008年中国统计年鉴和2008年中国能源统计年鉴。由于台湾、香港、澳门和西藏的部分指标数据缺失,因为暂不对这四个地区的资源利用绩效进行评价。另外在评价过程中,对于以上各指标未设置权重,用各地区 x_{ij}/x_{i0} 的均值代表该地区综合资源消耗和污染程度。

通过以上的评价方法,结合各地区GDP数据,就可以对各地区的综合绩效进行计算(见表6.2),从而得出各地区的资源环境综合绩效指数的排名(见表6.3)。

表6.2 各省、直辖市和自治区的原生资源利用综合绩效

地区	GDP（亿元）	g_j/G_0	$\frac{1}{n}\sum x_{ij}/x_{i0}$	地区	GDP（亿元）	g_j/G_0	$\frac{1}{n}\sum x_{ij}/x_{i0}$
北 京	9 353.3	0.034	0.011 964 855	河 南	150 12	0.055	0.048 082 38
天 津	5 050.4	0.018	0.009 219 947	湖 北	9 230.7	0.034	0.032 968 13
河 北	13 710	0.05	0.058 501 258	湖 南	9 200	0.033	0.045 808 762
山 西	5 733.4	0.021	0.062 835 736	广 东	31 084	0.113	0.063 883 494
内蒙古	6 091.1	0.022	0.029 748 601	广 西	5 955.7	0.022	0.039 863 617
辽 宁	11 023	0.04	0.044 531 825	海 南	1 223.3	0.004	0.011 470 118
吉 林	5 284.7	0.019	0.018 039 317	重 庆	4 122.5	0.015	0.028 845 617
黑龙江	7 065	0.026	0.023 814 473	四 川	10 505	0.038	0.054 313 398
上 海	12 189	0.044	0.021 560 561	贵 州	2 741.9	0.01	0.026 402 154
江 苏	25 741	0.094	0.059 497 159	云 南	4 741.3	0.017	0.036 169 426
浙 江	18 780	0.068	0.044 157 785	陕 西	5 465.8	0.02	0.024 841 375
安 徽	7 364.2	0.027	0.031 666 295	甘 肃	2 702.4	0.01	0.015 892 042
福 建	9 249.1	0.034	0.028 400 154	青 海	783.61	0.003	0.005 208 115
江 西	5 500.3	0.02	0.026 733 234	宁 夏	889.2	0.003	0.008 438 296
山 东	25 966	0.094	0.060 642 918	新 疆	3 523.2	0.013	0.026 498 958

表6.3 各省、直辖市和自治区原生资源利用综合绩效指数得分与排名

位序	地区	综合绩效	位序	地区	综合绩效	位序	地区	综合绩效
1	北 京	0.352 1	11	吉 林	0.939 7	21	甘 肃	1.618 9
2	上 海	0.486 9	12	湖 北	0.983 2	22	青 海	1.829 6
3	天 津	0.502 6	13	辽 宁	1.112 1	23	广 西	1.842 6
4	广 东	0.565 8	14	河 北	1.174 7	24	重 庆	1.926 2
5	江 苏	0.636 3	15	安 徽	1.183 7	25	新 疆	2.070 5
6	山 东	0.642 9	16	陕 西	1.251 1	26	云 南	2.100 0
7	浙 江	0.647 3	17	江 西	1.338 0	27	海 南	2.581 2
8	福 建	0.845 3	18	内蒙古	1.344 5	28	宁 夏	2.612 4
9	河 南	0.881 7	19	湖 南	1.370 7	29	贵 州	2.650 7
10	黑龙江	0.927 9	20	四 川	1.423 2	30	山 西	3.017 0

6.2.3 评价结果分析

从评价结果(见表 6.3)可以看出,我国全国平均原生资源利用绩效指数为 1.362,各省市区中(除台湾、香港、澳门、西藏外)排在前 10 名的是北京、上海、天津、广东、江苏、山东、浙江、福建、河南和黑龙江;除此之外,吉林和湖北的综合绩效指数也小于 1,这说明这些地区的资源环境绩效高于全国平均水平,这些地区主要分布于东部地区(见图 6.1)。排在后 5 位的分别为云南、海南、宁夏、贵州和山西,这些地区的综合绩效指数都在 2 以上,远远大于全国平均值,山西的绩效指数甚至大于 3。说明这些地区资源利用绩效偏低,以较多的资源消耗和较重的污染创造了相对较低的 GDP。总的来讲,相对于 GDP 来说,原生资源消耗越少、污染物排放越少,则资源利用的绩效越高,绩效指数越低。

将各省区的综合绩效按照 0.3—0.7、0.7—1.0、1.1—1.5、1.5—2.1、2.5—3.1 五级分类(见图 6.1)发现,我国资源环境综合绩效水平呈现比较明显的空间差异特征。从中国的宏观地带来看,目前中国的资源环境综合绩效指数呈现东部高于东北和中部地区、东北和中部高于西部的现象。

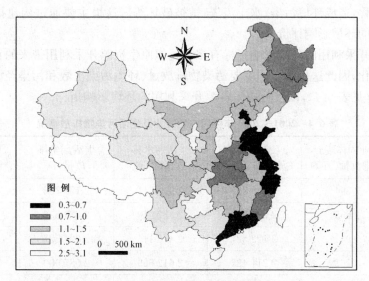

图 6.1 全国资源利用综合绩效指数的分布图

本节的评价结果与相关研究不尽相同,如中科院《2009 中国可持续发展战略报告》通过资源环境综合绩效指数对全国进行了综合评估,北京、上海、天津、广东、浙江、海南、山东、江苏、福建、河南列前 10 位。这些省市区除河南外,其他分布在东部地区。位列全国后 5 位的省市区依次为甘肃、新疆、贵州、青海、宁夏,这些省市全部分布在中西部地区,尤其以西部地区居多数[1]。梅国平[2]采用修订了的资源绩效指数对我国各省区评价结果显示,排在前 10 位的分别是北京、上海、广东、浙江、天津、海南、山东、江苏、福建和安徽。后 5 位的是辽宁、内蒙古、宁夏、贵州和山西。产生差别的主要原因在于,本节与后两种研究的评价指标有所不同。本节将原生资源消耗量作为主要评价指标,目的在于对水资源、矿产资源和生物资源

---

[1] 中国科学院可持续发展战略研究组.2009 中国可持续发展战略报告.北京:科学出版社,2009.
[2] 梅国平,毛小兵.我国自然资源利用的绩效评价研究[J].江西社会科学,2008,(11):68—71.

保护和利用的政策绩效进行评价和分析，因此与其他两种方法在评价目的和结果上有所差别。

另外，陈劭锋[①]的研究表明，每个地区的综合绩效程度和排名不是一成不变的，2000～2005年，全国绩效指数总体上呈下降趋势，平均每年下降2.7%，说明我国的资源环境综合绩效水平比2000年有了一定得提高。各省市区的综合绩效指数降幅有所差异，黑龙江、湖北和天津的下降幅度最大，达28%左右；青海的下降幅度最小，只有5.3%。

6.3 我国原生资源开采利用评价

本节着重从我国原生资源开采利用的环境影响、效率等方面进行分析评价，并分析相应的政策需求。

6.3.1 资源开采利用的环境影响评价

原生资源的开采和使用过程不可避免地会对环境造成影响，通过人为活动，加速环境中的物质循环过程，造成环境污染、水土流失、植被破坏等。这里主要通过构建指标体系方式进行资源开采的环境影响评价。

表征资源开采利用的环境影响指标有多种。但原生资源开采利用带来的直接环境影响指标不容易量化，因此这里对全国主要污染物排放量、环境污染次数和污染经济损失等间接指标进行分析（见表6.4），以代替原生资源开采利用的环境影响指标。

表6.4 2001～2007年中国主要工业及生活污染物排放情况

年份	工业固体废弃物排放量(万t)	工业废水排放总量(万t)	生活污水排放量(万t)	生活烟尘排放量(t)	工业废气排放总量(亿$m^3_{标}$)
2001	2 894	2 026 282	2 302 341	2 178 736	160 863
2002	2 635	2 071 885	2 322 940	2 084 836	175 257
2003	1 941	2 122 527	2 470 115	2 024 527	198 906
2004	1 762	2 211 425	2 612 669	2 085 000	237 696
2005	1 493	2 431 121	2 813 968	2 336 000	268 988
2006	1 302	2 401 946	2 966 341	2 243 000	
2007	1 076	2 466 493	3 102 001	2 155 000	388 169

由表6.4可以看出，我国"三废"的年排放中，工业固体废弃物排放自2001年以来呈下降趋势，从2001年的2 894万t下降到2007年的1 076万t；生活烟尘排放量2001年以来基本持平；而工业废水、废气和生活污水排放都成明显增加的趋势，自2001年以来分别增长了22%、141%和35%，这说明随着我国资源消耗的增多，污染强度（特别是大气污染程度）也在进一步提高。固体废弃物排放量的减少主要是因为固废处理率的提高。总体来说，不断增长的资源消耗量对环境造成的压力明显增大。

---

① 陈劭锋. 2000～2005年中国的资源环境综合绩效评估研究[J]. 科学管理研究，2007，25(6)：51—53.

另外,自 2000 年以来,我国水污染、大气污染和固废污染次数分别下降了 58%、73% 和 56%,环境污染和破坏事故次数从 2000 年的 2411 次下降到 2006 的 842 次(见图 3.2),其中,水污染次数占 57%,达到 482 次(见图 6.2)。说明我国环境保护和治理的力度不断增强,资源利用的负面环境影响正在不断下降。同时,环境污染造成的经济损失也由 2000 年的 1.78 亿元降到 2006 年的 1.33 亿元(见图 6.3)。

通过对相关指标的变化趋势分析发现,我国原生资源开发造成的环境污染和影响较大,但近年来呈明显下降趋势。这说明随着经济的发展和资源利用效率的提高,我国的环境保护不断加强并取得了一定的成效。

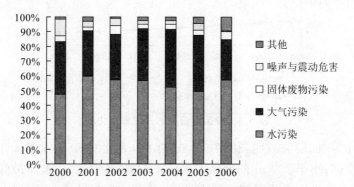

图 6.2 2000~2006 年中国环境污染与破坏事件种类及次数

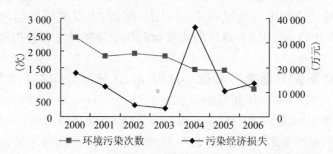

图 6.3 2000~2006 中国环境污染次数与污染经济损失的变动分析

6.3.2 资源利用效率评价

资源利用效率评价既要考虑不同的资源类型,也要考虑资源利用的经济、社会和生态效益。本节主要侧重于资源的经济效率,即主要考察资源的单位消耗和经济增长量等相关指标的关系。反映资源利用效率的指标主要有三个:一是资源容量(或称资源的消耗量),即单位产品中某种自然资源的含量,如每 t 钢材的能源消耗量。二是资源投入/产出率,即单位资源所提供的产品或服务数量,如每单位能源消耗所创造的国内生产总值。三是资源利用强度,即资源的承载能力以及可更新资源的利用和索取强度,如土地的开发强度、单位草场的载畜量。

1) 水资源利用效率

水资源利用效率可以用单位 GDP 水耗、单位农业增加值水耗、单位工业增加值水耗及其变异系数等指标来表示。

由图 6.4 可见,我国单位 GDP 水耗呈逐年下降的趋势,由 2000 年的 544 m³ 下降到 233 m³。由于农业是高耗水行业,故单位农业增加值水耗虽然也呈下降趋势,但 2007 年仍达 1 281 m³,是单位工业增加值水耗的 11 倍。

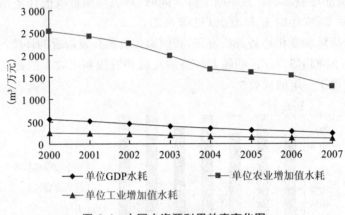

图 6.4 中国水资源利用效率变化图

另据李世祥等[①]的研究表明:1999～2006 年间,万元 GDP 用水量大于 1000 m³ 的地区基本上位于西部;小于 200 m³ 的地区大多位于东部,其中北京、天津最低。就各省区而言万元 GDP 用水量年均递减率较高的有北京、天津、浙江、山东、河南、陕西、宁夏,递减率均在 0.1 以上;其他地区的递减率均在 0.05～0.1 之间。万元工业增加值用水量年均递减率接近 0.1 或 0.1 以上的地区占 70% 以上,湖南、安徽递减微弱,安徽甚至为负递减。这表明,1997 年以来,中国各地区的水资源利用效率整体上都在提高,但各地区之间存在明显差异。

从表 6.5 的变异系数(标准差/均值)可以看出,区域万元 GDP 用水量差距的动态变化过程。全国在 1997～1999 年间差距呈扩大趋势,1999～2006 年间收敛特征显著。但东部地区万元 GDP 用水量的差距却表现为上升趋势,也就是说,1997 年以来东部地区的水资源利用效率的地区差距一直在扩大;中部地区以 2000 年为分水岭,前后两个时间段内都大致平稳,但后一时间段的差距水平要小于前一时间段;西部地区在 1997～1999 年大致平稳,但 1999～2006 年差距逐渐缩小,收敛趋势明显。同时,三大地带内的万元 GDP 用水量差距整体水平均低于全国平均水平,差距水平最大的为西部,其次为东部、中部。1997～2006 年间,各地区万元 GDP 用水量变异系数与万元 GDP 用水量年均递减率之间存在着显著的正相关关系。即区域万元 GDP 用水量递减越快,其地区间的水资源利用效率差距越大;反之,万元 GDP 用水量递减慢的地区,地区间的水资源利用效率差距也小[②]。

---

①李世祥,成金华,吴巧生.中国水资源利用效率区域差异分析[J].中国人口、资源与环境,2008,18(3):215—220.

②李世祥,成金华,吴巧生.中国水资源利用效率区域差异分析[J].中国人口、资源与环境,2008,18(3):215—220.

表 6.5　1997~2004 年中国三大地带万元 GDP 用水量的变异系数值[①]

年份	全国	东部	中部	西部
1997	0.927 91	0.476 697	0.339 591	0.772 264
1998	0.964 97	0.533 595	0.368 904	0.801 888
1999	0.999 24	0.506 527	0.360 043	0.808 537
2000	0.951 14	0.528 774	0.379 106	0.751 558
2001	0.946 77	0.559 302	0.348 386	0.749 587
2002	0.934 3	0.571 405	0.327 906	0.730 576
2003	0.893 33	0.617 081	0.345 741	0.696 416
2004	0.909 41	0.644 479	0.371 656	0.710 778
2005	0.905 31	0.645 810	0.369 574	0.695 217
2006	0.900 25	0.649 813	0.369 957	0.693 105

通过各省区的水资源利用效率的对比发现,经济发达地区的人均用水量和万元 GDP 用水量均较低,且两者具有大致相似的走势(见图 6.5),并且各地区人均用水量指标与人均 GDP 走势明显相反(见图 6.6)。

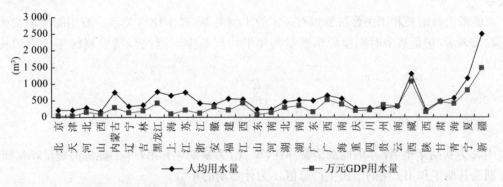

图 6.5　2007 年中国各省区人均用水量和万元 GDP 用水量对比

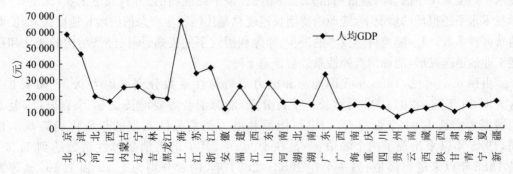

图 6.6　2007 年中国各省区人均 GDP 对比

①李世祥,成金华,吴巧生.中国水资源利用效率区域差异分析[J].中国人口、资源与环境,2008,18(3):215—220.

这说明经济发展水平是水资源利用效率区域差异的重要影响因素,经济发达地区水资源利用效率较高。主要原因在于:较高的经济发展水平伴随着较高的城镇化率,不但水资源利用的技术水平较高,而且非农产业比例大,耗水大户——农业用水比重小,因而可以在总体上降低万元 GDP 用水量。发达地区的产业集聚效应和较高的管理技术水平,使得供用水的规模效益较大,单位水资源的经济产出较高。经济欠发达地区城镇化率较低,农业比重高,服务业发展水平低,技术和管理水平相对落后,导致用水效率较低。而且欠发达地区生态、环境及人口压力大,基础设施和水资源保护的投入不足,依赖水资源生存的压力远高于水资源的可持续利用,因而水资源利用方式粗放、效率低。

另外,我国还存在用水结构不合理和水价偏低的现象,不利于资源节约和合理利用。主要表现在:三次产业中农业用水量偏大,水价较低,很多地区基本不征收农业水费。目前我国水费仅占工业产品成本的 0.1%~0.3%,占消费支出的 0.23%,不能充分发挥促进水资源合理利用的作用,并间接导致了水资源浪费[1]。即便一些地区水价上涨较快,但水价结构欠合理,尤其是水资源费偏低,难以反映水资源价值,从而客观上也导致了水资源的过度占用。

2) 矿产资源利用效率

由于各种矿产资源消费量的指标难以获取,而能源消费为衡量国家或地区资源利用和消耗的主要指标,因此本节主要以能源消费弹性系数和各地区能耗来分析矿产资源的利用效率。

能源消费增长和国民经济发展有一定的比例关系,这个比例关系一般用能源消费弹性系数来表示,它是某个时期能源消费量的年平均增长率与国民经济发展的年平均增长率之比[2]。

$$\varepsilon = \frac{\left(\frac{E_t}{E_0}\right)^{1/t} - 1}{\left(\frac{M_t}{M_0}\right)^{1/t} - 1}$$

式中,ε 为基期年至第 t 年的能源消费弹性,E_0、E_t 为基期年和第 t 年的能源消费量,M_0 和 M_t 分别为基期年和第 t 年的国民生产总值,t 为计算期的年数。

能源消费弹性系数的发展变化与国民经济结构、技术装备、生产工艺、能源利用效率、管理水平乃至人民生活等因素密切相关。当国民经济中耗能高的部门(如重工业)比重大,科学技术水平还很低的情况下,能源消费增长速度总是比国民生产总值的增长速度快,即能源消费弹性系数>1。随着科学技术的进步、能源利用效率的提高、国民经济结构的变化和耗能工业的迅速发展,能源消费弹性系数会普遍下降。

由图 6.7 可见,1985 年我国能源和电力消费弹性系数分别平均为 0.57 和 1.01,这表明 20 年前,我国 GDP 每增长一个百分点,能源消费需要增长 0.57 个百分点,电力消费需要增长 1.01 个百分点。其后,能源和电力消费弹性系数的年变化趋势基本相同,1985 年以来出现了两个峰值:一是在 1990 年,其中电力消费弹性系数达到 1.63,是 1985 年以来的最高值;另一个在 2003~2004 年,两者分别为 1.59 和 1.56,显著大

---

[1] 张远.自然资源利用效率的研究——仅以水资源和土地资源为例[J].价格理论与实践,2005(9):25—27.
[2] 封志明.资源科学导论[M].科学出版社,2004:224—225.

于GDP的增速。而在1998年,两者均达到最低,分别为-0.53和0.36,这表明能源消费出现负增长,而电力消费弹性系数也显著低于GDP的增速。两者的急剧波动反映了在我国经济发展中,能源消耗仍然处于不稳定状态,总体水平偏高,因为有不少年份消费弹性大于1。能源消费和电力消费的增加,反映我国化石矿产资源消耗量的增加,这进一步加大了资源压力。

另外,各地区单位GDP能耗和单位工业增加值能耗存在明显的区域差异(见图6.8)。各地区单位工业增加值能耗明显大于单位GDP能耗,说明工业是高耗能产业,也是主要的能源消费行业。在全国各省区中,经济发达地区如北京、天津、上海、浙江、广东等单位GDP能耗明显较低,其中北京最低,为0.714 $t_{标准煤}$/万元。而西部经济欠发达地区能耗较高,其中宁夏最高,达到3.954 $t_{标准煤}$/万元,是北京的5.5倍;相应地,其工业增加值能耗也较高,达到8.12 $t_{标准煤}$/万元。这表明,发达地区因为产业结构升级、集约化经营程度较高等原因,单元GDP能耗较低,具有较高的能源使用效率;而西部地区的能源使用粗放特征明显。

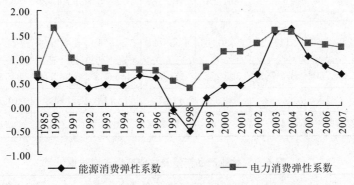

图6.7　1985～2007年中国能源与电力消费弹性系数

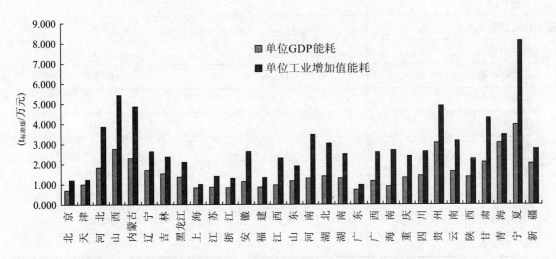

图6.8　2007年中国各省区能耗指标比较(注:缺西藏、台湾、香港、澳门数据)

3) 生物资源利用效率

生物资源包括植物资源、动物资源两部分,其中植物资源又包括森林资源和草地资源等。考虑到部分数据不易获取,本节采用林业资源的消耗和产出来分析生物资源的利用效率。林业资源的利用效率可以林业资源的消耗量与林业产值的比值来表示,而林产品的产量又可以代表林业资源的消耗量。2000~2007年,我国主要林产品产量都呈明显的上升趋势(见表6.6),其中木材、竹林、锯材和人造板分别增长47.69%、148.76%、345.92%和341.56%。锯材和人造板产量的大幅上升表示人类社会木材需求的增加,两者的年均增加率为49.42%和48.79%(见表6.7)。

表6.6 2000~2007年我国主要林产品产量

项 目	2000	2001	2002	2003	2004	2005	2006	2007
木材(万 m^3)	4 723.97	4 552.03	4 436.07	4 758.87	5 197.33	5 560.31	6 611.78	6 976.65
竹材(万根)	56 183.05	58 146.46	66 810.93	96 866.51	109 846.36	115 173.85	131 175.56	139 761.01
锯材产量(万 m^3)	634.44	763.83	851.61	1 126.87	1 532.54	1 790.29	2 486.46	2 829.10
人造板产量(万 m^3)	2 001.66	2 111.27	2 930.18	4 553.36	5 446.49	6 392.89	7 428.56	8 838.58
松香产量(t)	386 760	377 793	395 272	443 306	485 863	606 594	845 959	1 061 658
栲胶产量(t)	7 510	3 482	9 132	11 970	12 113	7 668	10 564	13 733
紫胶产量(t)	778	431	750	1 078	1 117	779	3 569	3 430

表6.7 林业产品产量及林业产值年增长率

项 目	2000~2007增长率(%)	年均增长率(%)
木材产量	47.69	6.81
竹材产量	148.76	21.25
锯材产量	345.92	49.42
人造板产量	341.56	48.79
松香产量	174.50	24.93
栲胶产量	82.86	11.84
紫胶产量	340.87	48.70
林业总产值	252.51	36.07
第一产业总产值	132.13	18.88
第二产业总产值	483.21	69.03
第三产业总产值	624.56	89.22

相应地,林业总产值也呈明显上升趋势(见图6.9),2007年达到1.253万亿元,2000~2007年增长252.51%,平均年增长率为36.07%(见表6.7),远远超过了GDP的增长,占GDP的比重也由3.6%上升到5%。这说明,随着林业消费量和产品产量的增加,其总产值

也在不断提高,并且逐渐成为快速增长的经济部门。

在林业总产值中,第一产业产值比重2000年以来呈下降趋势;而第二和第三产业呈明显上升趋势,两者的年均增长率达到69%和89%,远远超过了林业总产值的增长速度(见表6.7)。2007年三次产业比重分别占44%,48%和8%(见图6.10),这说明工业和现代服务业对林业产品的需求不断增加,这也是造成林业产品产量和消费量大幅攀升的主要原因。以表6.7中还可以看出,人造板和锯材产量的增速超过了林业总产值的增速。这表明,随着经济结构的转变,要提高生物资源的利用效率,应重点提高第二、第三产业的利用效率,尽可能降低木材的不合理使用,并尽可能提高林产品的加工转换效率。

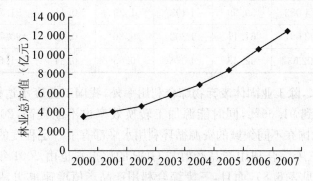

图6.9 林业总产值变化趋势

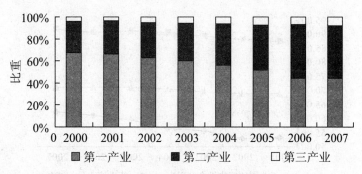

图6.10 林业总产值的产业比重变化

4) 资源循环利用效率

资源循环利用是循环经济的重要表现,也是我国建设资源节约型和环境友好型社会的内在要求。同时,资源循环利用效率还反映了资源节约的程度,对于认识区域资源环境的综合效益具有重要意义。

通过主要指标的对比分析发现(见表6.8),2001年以来,我国工业固体废弃物产生量呈增加趋势,由2001年的88 840万t增加到2007年的164 239万t;但由于固体废弃物的综合利用率较高,我国工业固体废弃物的排放量由2894万t下降到1.76万t,工业固体废弃物排放率也由3.26%下降到0.65%。这说明我国随着经济的发展,资源循环利用水平大幅度提高,固体废弃物对环境的污染和占用大大降低。

表 6.8 资源循环利用效率指标对比

年份	工业固体废弃物产生量(t)	工业固体废弃物综合利用量(t)	工业固体废弃物综合利用率(%)	工业固体废弃物排放量(%)	工业固体废弃物排放率(%)	三废综合利用贡献率(%)	工业废水达标排放率(%)	能源加工转换效率(%)
2001	88 840	47 290	53.23	2 894	3.26	0.31	87.30	69.03
2002	94 509	50 061	52.97	2 635	2.79	0.32	88.34	69.04
2003	100 428	56 040	55.80	1 941	1.93	0.32	89.18	69.40
2004	120 030	67 796	56.48	1 762	1.47	0.36	90.70	70.71
2005	124 324	74 083	59.59	1 493	1.20	0.41	91.20	71.16
2006	151 541	92 601	61.11	1 302	0.86	0.48	90.70	71.24
2007	164 239	102 537	62.43	1 076	0.65	0.54	91.66	71.25

从 2001 年以来,除工业固体废弃物综合利用率外,我国工业废水达标排放率也明显提高,由 87.3% 增加到 91.66%,同时能源加工转换效率也不断提高,2007 年 71.25%(见图 6.11)。这说明我国在不同领域的资源循环利用水平都有了一定程度的提高。另外,三废综合利用贡献率(三废综合利用产品产值与 GDP 的比重),也由 2001 年的 0.31% 上升到 2007 年的 0.54%(见表 6.8),而且,三废综合利用产品产值增速也明显超过 GDP 的增速(见图 6.12),2007 年达到 31.6%。

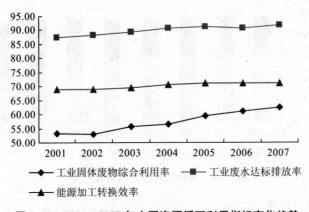

图 6.11 2001~2007 年中国资源循环利用指标变化趋势

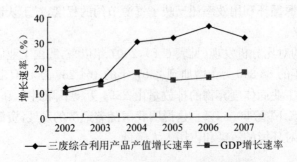

图 6.12 GDP 和三废综合利用产业产值增速对比

6.3.3 我国资源开发利用率与国外的对比

1) 我国单位 GDP 能耗偏高

由表 6.9 可以看出,我国的单位 GDP 能耗与其他国家相比明显偏高,是法国的近 5 倍,意大利的 4 倍,印度的 1.65 倍。这说明,我国的能源利用效率明显偏低,在经济发展的同时,也造成了极大的资源浪费。

表 6.9 世界十大经济大国能耗比较[①][②]

国家	法国	日本	意大利	西德	巴西	英国	美国	加拿大	印度	中国
1 美元能耗(J)	8 719	9 797	10 989	11 304	11 369	14 591	20 664	24 454	26 348	43 394
中国与其比值	4.98	4.43	3.95	3.84	3.82	2.97	2.10	1.77	1.65	1.00

2) 我国水资源利用效率普遍较低

我国万元 GDP 用水量是世界平均水平的 4 倍。农业用水方面,我国农业用水量占总用水量的 73.4%。我国长期以来采用漫灌式灌溉方式,和发达国家采用的喷灌式、滴灌式相比,水资源利用效率较低:当前我国灌溉用水的利用系数只有 0.3~0.4,而发达国家为 0.7~0.9。农作物水分利用率平均为 0.87 kg/m³,与以色列的 2.32 kg/m³ 相比,相差 1.45 kg/m³。在工业节水方面,中国生产 1t 钢需水 23~56t,而美国、日本和德国用水不到 6t;中国生产 1t 纸至少需水 450t,而发达国家至多需要 200t;工业用水重复利用率要比发达国家低 15%~25%[③]。

3) 我国资源综合利用水平较低

与发达国家相比,我国资源综合利用水平差距较大。我国矿产资源总回收率和共伴生矿产资源综合利用率分别为 30% 和 35% 左右,比国外先进水平低 20 个百分点。我国木材综合利用率约为 60%,发达国家一般在 80% 以上。此外,我国大量的废旧家电及电子产品,废有色金属、废纸、废塑料、废玻璃、废旧木质材料等还没有得到有效利用,既浪费了资源,又污染了环境。这也从另一方面说明,我国资源综合利用具有较大的潜力[④]。

6.4 原生资源的再生利用

资源的再生利用有助于缓解和最终解决我国的资源短缺问题,也有利于保护生态环境,促进经济的可持续发展。加强原生资源的再生利用,不仅可以节约原生资源,遏制废弃物的泛滥,而且具有比利用原生资源生产消耗低、污染物排放少的特点。面对日益严峻的资源紧缺问题,资源的循环再生利用是发展循环经济的内在要求和必然选择,解决重要的原生资源的瓶颈约束和循环再生利用问题是发展循环经济至关重要的环节。

[①] 中国自然资源丛书编撰委员会. 中国自然资源丛书(矿产卷),1995.
[②] 中国矿业协会矿产资源委员会. 社会主义市场经济条件下矿产资源政策问题研究,1997.
[③] 张远. 自然资源利用效率的研究——仅以水资源和土地资源为例. 价格理论与实践[J],2005(9):25—27.
[④] 国家发改委. "十一五"资源综合利用指导意见. 2005.

6.4.1 原生资源再生利用的内涵、路径及意义

原生资源再生利用是指原生资源及其衍生产品、最终产品经回收利用或反复回用而形成或再形成有效产品的过程。从这里可以看出,原生资源再生利用主要途径有:① 原生资源在利用过程中或利用后的直接回用,如水资源回用或污水处置后回用、尾矿的处置等;② 原生资源在生产或利用过程中形成的副产品的回用,如铁矿石在炼铁、炼钢过程中形成铁渣等的回用;③ 原生资源所形成产品的回收或重新回用。

原生资源是人类社会发展和运转的物质和能量基础,要实现原生资源的可持续循环利用,就必须提高原生资源利用效率和资源循环再生利用水平。因此,原生资源再生利用意义如下:

一是节约资源,实现可持续发展的要求。我国人均资源紧缺,资源消耗量大,石油等重要战略资源的进口依存度不断提高。因此,要使经济发展与资源、环境相协调,必须在减少资源消耗量、促进资源再生利用、提高资源利用率、废弃物循环利用、减少废弃物排放上下工夫,以缓解资源需求和环境污染的压力,从而保障经济、社会的持续健康发展[1]。

二是发展循环经济,落实科学发展观的要求。资源再生与循环经济是实践科学发展观的重要举措。发展循环经济,开展资源再生利用有利于节约资源和保护生态环境,有利于国家经济持续快速发展,应从战略高度来看待循环经济与资源再生,应将再生资源作为"二次原料"加以循环利用[2]。

三是保护环境,构建生态文明的要求。资源的再生利用可以在很大程度上促进废弃物的循环利用,降低其对水、大气和土壤环境造成的影响。这是符合生态学物质循环和流动规律的,且与我国构建生态文明的内涵是一致的。

6.4.2 原生资源再生利用的相关建议

1) 加强再生资源的循环回收利用

为促进再生资源回收,规范再生资源回收行业的发展,节约资源,保护环境,实现经济与社会可持续发展,中国于2007年实施了《再生资源回收管理办法》[3]。再生资源主要是原生资源加工制造过程的产物或产品使用产生的废弃物,因此,加强再生资源的回收,可以在很大程度上减少原生资源的消耗量,缓解资源紧张的压力,并能有效减少废弃物对环境和人体的危害,这也是发展循环经济的内在要求。

2) 着力构建全社会循环经济体系

努力构建资源节约型、环境友好型的产业结构、增长方式和消费模式,加快推进资源再生与循环利用,需要以降低资源消耗、减少废弃物排放和提高资源生产率为目标,以技术创新和制度创新为动力,加强法制建设,完善政策机制 强化宣传教育,树立生态文明观念,形成政府推动、企业实施、全社会共同参与的工作机制[4]。

---

[1] 李志芳. 再生资源回收利用体系建设对城市环境和资源循环利用的作用[J]. 再生资源与循环经济, 2008, 1(1): 11—13.

[2] 刘强, 崔燕, 矫旭东. 大力发展循环经济, 加快资源再生利用[J]. 中国资源综合利用, 2009, 27(5): 3—6.

[3] 中华人民共和国商务部. 再生资源回收管理办法.

[4] 刘强, 崔燕, 矫旭东. 大力发展循环经济, 加快资源再生利用[J]. 中国资源综合利用, 2009, 27(5): 3—6.

3) 合理布局原生资源再生利用的产能或园区

由于我国近年来加大了对于原生资源再生利用的财政支持力度,加之经济社会发展对于再生资源产业的需求加大,我国包含原生资源再生利用在内的再生资源产业发展迅速,但也带来了地域性不平衡问题,乃至于个别地方开始出现垃圾发电产能过剩问题。因此,在引导再生资源产业发展方面,既要注重政府支持,更要注重市场需求,合理布局再生资源产业产能或园区,同时注重相关基础设施及园区的共享性,避免重复建设带来的资源浪费与环境污染。

4) 不断完善原生资源再生利用的激励与惩罚措施

一是建立政府优先采购制度,不断提高原生资源再生利用水平;二是严格管制再生资源的非法进口或区际转移;三是建立促进原生资源再生利用的技术研发及消费者使用的激励政策;四是鼓励建立原生资源再生利用交易的市场平台。

6.5 原生资源开采和高效利用的政策建议

要实现对原生资源的保护和高效利用,在政策制定方面应重点突出两个方面:一是加强原生资源保护和适度控制原生资源开采;二是提高资源利用效率。结合以上的分析和国内外政策的对比,提出如下政策建议:

6.5.1 控制原生资源开采的政策措施

1) 促进原生资源进口的政策措施

促进原生资源的进口可以在很大程度减少国内对原生资源开采的需求,达到资源保护的目的,并降低资源开发对环境的影响。促进原生资源进口可以通过以下政策来实现:一是提高国内原生资源取得及开发利用成本,鼓励重要原生资源的进口;二是通过购买国外原生资源开采权或合作开发的方式,增强战略资源储备能力;三是以双赢为目标,如促进中非合作,积极支持非洲发展粮食等农业生产,以推进建立更为密切的资源合作伙伴关系。

2) 调查与明晰原生资源产权

中国是以生产资料公有制为基础的社会主义国家,自然资源属国家和集体所有。在我国的《矿产资源法》《森林法》等法律都对资源产权进行了明确的界定。产权管理的目的在于消除资源获得的随意性,改变资源利用的外部性特征,完备资源产权制度。这里可参考西方政府的主要干预措施:政府接管全部资源的所有权和使用权,直接管理资源;所有权归政府所有,使用权合理分配;建立管理机构并赋予足够的权限管理私人资源使用者[①]。此外,需要处理好国有资源开发利用过程中中央政府与地方政府的相互关系,合理增强中央政府的调控权利,避免国有资源实际为地方政府所占有而带来的过度或掠夺性开发问题。

3) 严格原生资源开采单位的资格审查

对原生资源开采应建立严格的资源许可制度。许可制度是自然资源行政许可的法律化,是自然资源管理部门对自然资源进行监督、管理和保护,实现自然资源开发利用总量控

---

① 封志明. 资源科学导论[M]. 科学出版社,2004:403.

制,保障资源永续利用和维护生态平衡的重要手段[①]。应加强对资源开采的监管,对资源开采实行更严格的许可制度,如提高许可证发放标准等。同时,在确定开发份额的基础上,引入市场竞争机制,不断提高原生资源开发利用成本,抑制过度开发行为。

6.5.2 提高资源利用效率的政策措施

1) 促进再生资源循环利用的政策措施

① 积极开发和推广使用新能源,减少化石能源的使用。② 建立资源价格调节机制,对资源浪费大和能耗大的行业征收污染附加税,并提高资源价格。③ 制定资源回采率保证金制度。如要求采矿权人事先按年交纳一定数额的回采率保证金,年底由有关的基层矿管机构检查实际回采率,只有回采率达标后才能收回此保证金,改变以往被动的"管矿主"为主动的"矿主管"。④ 加强对资源使用污染物的处理和回收,严格污染物达标排放制度。⑤ 提高资源回收利用率。⑥ 制定完善的资源循环利用和污染物处理的激励政策,包括税收减免或财政补贴等。

2) 制定工业企业资源利用效率最低标准

① 加强对企业水耗、能耗等的管理,制定工业企业资源利用效率的最低标准。② 通过强化价格机制作用,调整电价、水价,对工业企业矿产资源原料以及其他原材料合理定价,运用价格杠杆,降低资源消耗和污染排放,促进资源的节约利用。③ 建立企业资源利用效率评价指标体系,加强对企业资源使用的监管和评价。

3) 其他提高资源使用效率的政策措施

① 产业布局应充分考虑不同地区水资源、矿产资源的供需情况,尽可能将资源分布与产业布局相结合。如高耗水产业应避免布局在水资源严重缺乏的地区。② 加强节水、节能技术的研究和推广。如农业节水灌溉技术,工业企业特别是高耗能企业的节能减排技术等。③ 促进经济结构调整,改变区域产业构成,减少重工业和高耗能产业,以降低能源消耗量。④ 加快研究并逐步建立以资源生产率、资源消耗降低率、资源回收率、污染排放强度降低率等为基本框架的循环经济评价指标体系,将主要指标纳入国民经济和社会发展计划。

6.5.3 政策的适用性

1) 不同经济发展阶段的适用性

对于不同经济发展阶段,应考虑到该阶段对原生资源的实际需求。前文研究表明,原生资源的消耗量和使用效率与经济发展程度具有明显的相关性,即经济发展程度越高,资源效率越高,水资源和能源使用效率都具有这一特点。而随着经济的发展,服务业比重将会加大,这会降低资源消耗并提高资源使用效率。因此,制定资源开发政策既应考虑对资源的需求,同时也应随着经济发展而有所变化。

2) 不同区域的适用性

不同地区在制定政策时应充分考虑到自身所处的经济发展阶段,切实了解区域的产业构成情况和能源效率。比如以农业为优势产业的地区,应考虑到农业水耗大的需要,不能盲目参照发达地区而设置过低的水耗指标。同样,工业特别是重工业发达的地区,能耗水平必

---

①封志明.资源科学导论[M].科学出版社,2004:408.

然偏高,因此不会有太高的资源使用效率。这些都应在政策制定中给予充分考虑。

通过以上对原生资源开发利用现状、存在问题、利用效率等的分析发现,我国目前还存在资源开发粗放、资源浪费、回收率低等一系列问题。因此,转变经济增长方式,树立可持续发展的资源利用和消费观念,对于我国经济社会的可持续发展十分重要。循环经济通过减量化、再循环和再利用的原则,最大限度地实现了资源的循环利用并大幅度减少了物质消耗,从而减少了对人类环境的污染和破坏,减轻了环境负荷,对资源节约和环境保护具有十分重要的意义。

复习思考题6

6.1 阐述原生资源及其特征。
6.2 如何进行原生资源开发政策绩效评价?
6.3 分析原生资源再生利用的内涵、途径及意义。

7 低碳经济

工业革命以来,由人为碳排放造成的温室效应及其影响是当前人类所面临的最严重的全球环境问题之一。为缓解温室效应,1997年联合国气候变化框架公约(UNFCCC)制定了旨在限制发达国家温室气体排放的《京都议定书》。之后,碳循环和碳减排成为国际学术界研究的重点领域之一。如何改变依赖化石能源的传统经济运行方式,实现低碳发展,缓解全球变暖成为重要的课题之一。正是在这种背景下,低碳经济(low carbon economy)应运而生。本章主要介绍低碳经济的内涵和特征,并对我国的碳排放、碳足迹及碳中和量进行核算,并分析不同行业碳排放与碳足迹的差别,为定量分析我国低碳经济的可行性和潜力打下基础。

7.1 低碳经济概述

7.1.1 低碳经济的内涵

低碳经济的概念最早出现在2003年的英国能源白皮书《我们能源的未来:创建低碳经济》,其中认为:低碳经济是通过更少的自然资源消耗和更少的环境污染,获得更多的经济产出[1]。2015年英国商务部(Department for Business Innovation & Skills)发布的《英国低碳经济的规模与绩效》(The size and performance of the UK low carbon economy)进一步将低碳经济定义为"是指那些有助于形成低碳产出(low carbon outputs)的生产活动(包括产品和服务)"[2]。

我国一些学者也对低碳经济的概念进行了定义。从能源结构优化及技术创新角度认为,低碳经济的实质是提高能源效率和清洁能源结构,其核心是能源技术创新和制度创新[3]。有学者还进一步阐述了这一点,认为低碳经济就是最大限度地减少煤炭和石油等高碳能源消耗的经济,也就是以低能耗、低污染为基础的经济[4]。

从温室气体减排角度看,低碳经济是指在经济社会发展过程中,以排放最少的温室气体获得整个社会的最大的产出,以低能耗、低排放为特征。低碳经济的本质是通过提高能源效率,转变能源结构,发展低碳技术、产品和服务,在确保经济稳定持续增长的同时削减温室气体的排放量[5]。

---

[1] 付允,汪云林,李丁. 低碳城市的发展路径研究[J]. 科学对社会的影响,2008(2):5—10.
[2] Department for Business Innovation & Skills. The size and performance of the UK low carbon economy (Report for 2020 to 2013), 2015, 3, https://www.gov.uk/government/uploads/system/uploads/attachment_data/file/416240/bis-15-206-size-and-performance-of-uk-low-carbon-economy.pdf
[3] 庄贵阳. 中国:以低碳经济应对气候变化挑战[J]. 环境经济,2007(1):70.
[4] 夏堃堡. 发展低碳经济,实现城市可持续发展. 见张坤民,潘家华,崔大鹏. 低碳经济论. 中国环境科学出版社,2008:384—390.
[5] 温宗国. 低碳发展措施对国家可持续性的情景分析. 见张坤民,潘家华,崔大鹏. 低碳经济论. 中国环境科学出版社,2008:105—126.

从低碳经济的目标角度看,低碳经济重点在低碳,目的在发展,是要寻求全球水平、长时间尺度的发展[1]。

其实,碳减排除了与能源开采、利用等方面有关外,农业、林业、土地利用活动以及废弃物处置等也会对碳减排产生积极或消极的影响。因此,低碳经济是以实现碳减排为目标的经济活动过程及规律。它是循环经济的一种形态,需要通过减量化的资源投入、促进资源再利用以及废弃物资源化等途径加以实现。

7.1.2 低碳经济的特征及意义

低碳经济作为循环经济的一种形态,其特征主要表现在以下几个方面:

① 低碳经济是相对于无严格约束的碳密集能源获取方式、能源利用方式以及其他碳密集活动的高碳排放经济模式而言的。因此,发展低碳经济的关键在于降低单位能源利用或降低经济产出(包括 GDP、收入、产品等多层次)的碳排放量(即碳强度),通过碳捕捉、碳封存、碳蓄积降低碳强度,控制乃至减少二氧化碳排放量。

② 低碳经济不同于基于化石能源的经济发展模式,它推行新能源经济发展模式。能源合理开采及利用是实现低碳排放的主要途径。因此,发展低碳经济的关键在于使经济增长与由能源利用引发的碳排放增长脱钩,实现经济与碳排放错位增长(低增长、零增长或负增长)。通过能源替代、发展低碳能源和无碳能源控制经济体的碳排放弹性,并最终实现经济增长的碳脱钩[2]。

③ 低碳经济不仅是新型的经济运行方式,也是经济发展方式、能源消费方式、人类生活方式的一次新的变革,它将全方位地改造建立在化石燃料基础上的现代工业文明,使之转向生态文明[3]。

④ 低碳经济是一种为解决人为碳通量增加引发的地球生态圈碳失衡而实施的人类自救行为。因此,发展低碳经济的关键在于改变人们的高碳消费倾向和偏好,减少碳足迹,实现低碳生存[4]。

⑤ 低碳经济以减少传统高碳能源消耗和碳排放为目标,以低能耗低污染为主要特征,低碳经济具有"低耗能、低污染、低排放"三低特征[5],与循环经济有共同的出发点和目标。低碳经济既是循环经济的具体体现和应用,也是实现循环经济的重要途径。

目前,我国仍处于工业化和城镇化快速发展阶段,庞大的发展需求和较低的技术水平,预示着我国将潜在有巨大的碳排放压力。发展低碳经济可以缓解以重化工产业为主导的工业进程带来的能源和资源问题,对建设资源节约型社会具有重要意义。

① 发展低碳经济是实现社会经济可持续发展的重要选择。要实现我国社会经济的可持续发展,低能耗高增长是唯一可选择的经济增长模式,而发展低碳经济则是实现这一经济

---

[1] 潘家华. 低碳发展的社会经济与技术分析[R]. 可持续发展的理念、制度与政策[M]. 北京:社会科学文献出版社,2004:223—262.
[2] 谢军安,郝东恒,谢雯. 我国发展低碳经济的思路与对策[J]. 当代经济管理,2008,30(12):1—7.
[3] 鲍健强. 低碳经济:人类经济发展方式的新变革[J]. 中国工业经济,2008(4):153.
[4] 谢军安,郝东恒,谢雯. 我国发展低碳经济的思路与对策[J]. 当代经济管理,2008,30(12):1—7.
[5] 厉以宁,朱善利,罗来军,傅帅雄. 人民要论:构建中国低碳经济学[N]. 人民网—人民日报,2015-4-22,http://theory.people.com.cn/n/2015/0422/c40531-26884026.html

增长模式的一个重要选择。

② 发展低碳经济是提高经济质量的关键环节。发展低碳经济其实质是提高能源效率和清洁能源结构，核心是技术创新和制度创新，经济发展从依靠资源和能源消耗向依靠科技进步和智力投资转变。低碳经济符合可持续发展的全新经济发展模式，其先进性和科学性赋予它旺盛的生命力，可以实现资源节约、节能减排，转变经济增长方式，走新型工业化道路。

③ 发展低碳经济是应对全球经济格局变化的基本保证。低碳经济已成为世界经济发展的新趋势，这种趋势已经初见端倪。低碳经济带来贸易条件、国际市场、技术竞争力的比较优势，由此引发世界经济格局的变化。如果继续发展以资源为优势的高碳经济，就是违背市场发展趋势，就有可能被时代所淘汰。

④ 发展低碳经济是促进循环利用的有效方式。"减量化、再利用、资源化"作为循环经济发展的理念，对提高能源利用效率、节约能源起到重要作用，而发展低碳经济正是实现这一理念的有效方式。

7.1.3 国际社会碳减排行动框架

1992年，联合国环境与发展大会通过了《联合国气候变化框架公约》(UNFCCC)，这是世界上第一个关于控制温室气体排放、遏制全球变暖的国际公约，也是国际社会在应对全球气候变化问题上进行国际合作的一个基本框架。会议所设立的"共同但有区别的责任"至今仍然是气候变化国际公约的黄金定律，它既认同了历史责任造成的区别，又把大多数国家团结到 UNFCCC 的旗下，共同应对气候变化的挑战。此后，联合国气候变化框架公约缔约国不定期的进行磋商，以探讨全球应对气候变化的途径，到2014年已经先后召开了二十次公约缔约国大会(Conferences of Parties, COP)。

表 7.1 COP 会议的历程

会议名称	时间(年)	地点	主要成果
COP 1	1995	柏林	各缔约国在柏林启动了新一轮关于强制性目标和时间表的谈判。通过柏林授权启动议定书的谈判
COP 2	1996	日内瓦	发布《日内瓦宣言》
COP 3	1997	京都	形成并通过了《京都议定书》作为实施联合国气候框架公约的具体机制
COP 4	1998	布宜诺斯艾利斯	通过《布宜诺斯艾利斯行动方案》
COP 5	1999	波恩	决定履行《布宜诺斯艾利斯行动计划》
COP 6	2000 2001	海牙 波恩	海牙会议未取得共识，二次会议通过《波恩协议》
COP 7	2001	马拉喀	通过《马拉喀什协定》，协议确定了 CDM 的规则并设立气候变化特别基金
COP 8	2002	新德里	通过《德里宣言》
COP 9	2003	米兰	未能形成任何纲领性文件
COP 10	2004	布宜诺斯艾利斯	总结了公约十年进展

续表 7.1

会议名称	时间(年)	地点	主要成果
COP 10	2005	蒙特利尔	第一次缔约方会议。会议通过《蒙特利尔行动计划》,对"后京都"提出设想
COP 12	2006	内罗毕	着重讨论后京都问题
COP 13	2007	巴厘岛	确定了"巴厘路线图"
COP 14	2008	波茨南	为 2009 年的新协议做最后冲刺
COP15	2009	哥本哈根	拟出版的《哥本哈根协议》
COP15	2009	丹麦首都哥本哈根	《哥本哈根协议》
COP16	2010	墨西哥坎昆	设立"绿色基金"项目
COP17	2011	南非德班	决定实施《京都议定书》第二承诺期并启动绿色气候基金决定启动一个新的进程即"德班增强行动平台"(简称"德班平台")
COP18	2012	卡塔尔多哈	勉强通过的京都议定书修正案
COP19	2013	波兰华沙	"德班增强行动平台"谈判进程工作计划、损失和损害机制、气候融资
COP20	2014	秘鲁利马	决定了 2015 年 12 月巴黎气候大会前的谈判基础——案文草案;就 2020 年后国家气候行动计划的信息披露范围达成一致
COP21	2015	法国巴黎	

UNFCCC 只确定了框架性原则,参加国规定具体要承担的义务以及执行机制需要具有法律效力的文件。1997 召开的 COP 3 堪称里程碑,大会通过了《京都议定书》,其规定到 2010 年全球温室气体排放应比 1990 年的排放量相应减少 5.2%,并规定了 15 个工业化程度较高的发达国家温室气体限排任务及时间表。议定书也引入了联合履约(Joint Implementation, JI)、排放贸易(Emission Trading, ET)和清洁发展机制(Clean Development Mechanism, CDM)3 个灵活机制,允许发达国家以成本有效方式在全球范围内减排温室气体。

2007 年 COP 13 孕育出"巴厘岛路线图",要求发达国家在 2020 年前将温室气体减排 25% 至 40%。2009 年底,COP 15 将在丹麦首都哥本哈根举行,届时与会各国将就 2012 年后("后京都议定书时代")全球应对气候变化的新安排达成一致。COP 15 若能够达成气候变化协议,欧盟将承诺在 2050 年前削减高达 95% 的温室气体排放,在 2020 年前减少 30%。

除了在 UNFCCC 和《京都议定书》的全球协议下的各国行动外,国际上各种多边或双边组织、机构,乃至基金会、智囊团等等,都把气候变化作为核心工作内容,如联大气候变化高级别会议、"G8"、"G20"对话、APEC 等,这些都是 UNFCCC 和京都议定书的有益补充。如 2009 年 G8 会议提出到 2050 年将全球温室气体排放量减少至少一半,发达国家减少 80% 以上的长期目标。

7.1.4 低碳经济发展模式

"低碳经济模式"就是以低能耗、低污染为基础的绿色经济模式。目前低碳经济发展模式主要有绿色能源模式、碳排放交易模式和清洁生产模式。

1) 绿色能源模式

绿色能源模式旨在建立一种减少高碳消费。如煤和石油,提高天然气、风能、核能、地热能消费比例,优化能源消费结构的模式。在发展绿色能源模式过程中必须有技术保证。

中国是世界上少数几个以煤为主要燃料的国家之一,2005年中国的一次能源生产量为20.61亿吨标准煤,其中原煤所占的比重高达76.4%。与世界部分发达国家相比,中国能源结构中石油、天然气、核电等优质能源的比例很小,一直以来能源结构不合理是导致中国温室气体排放量偏大的主要原因之一。近、中期中国油气在一次能源消费中的比例虽会有所提高,但仍然会比较低,现阶段不会改变煤炭在一次能源消费中的首要地位,因此,要降低煤炭消费的比例,只有通过逐步增加可再生能源和新能源的使用来实现。

(1) 将适度、合理发展水电作为促进中国能源结构向清洁、低碳化方向发展的重要措施之一,因地制宜开发小水电资源;

(2) 积极推进核电建设,将核能作为国家能源战略的重要组成部分,逐步提高核电在中国一次能源供应总量中的比重;

(3) 以生物质发电、沼气、生物质固体成型燃料和液体燃料为重点,合理推进生物质能源的开发和利用;

(4) 合理扶持风能、太阳能、地热能、海洋能等的开发和利用。通过大规模的风电开发和建设,促进风电技术进步和产业发展。积极发展太阳能发电和太阳能热利用,推广太阳能一体化建筑、太阳能集中供热水工程、光伏发电系统、户用太阳能热水器、太阳房和太阳灶。积极推进地热能和海洋能的开发利用,推广满足环境和水资源保护要求的地热供暖、供热水和地源热泵技术,研究开发深层地热发电技术。发展潮汐发电,研究利用波浪能等其他海洋能的发电技术。

另外,根据中国今后经济社会可持续发展对构筑稳定、经济、清洁、安全能源供应与服务体系的要求,进一步强化清洁、低碳能源开发和利用的鼓励政策。制定相关配套法规和政策,制定国家和地方可再生能源发展专项规划,明确发展目标,将可再生能源发展作为建设资源节约型和环境友好型社会的考核指标,并通过法律等途径引导和激励国内外各类经济主体参与开发利用可再生能源,促进能源的清洁发展。

2) 碳排放交易模式

碳排放交易模式是一种缓解气候变化的重要机制,它在温室气体减排投资上具有灵活性。它是让一些低碳排放量者向碳排放量配额者出售自己的配额,以降低高碳排放量者的减排成本。简言之,就是发达国家用"资金+技术"换取发展中国家的温室气体的"排放权"(指标),由此抵消发达国家国内超额排放的额度,从而减少全球温室气体,减缓直至阻止"温室效应"的机制,实现双方的优势互补,造成一种"双赢"的局面。

目前国际上有多个碳排放交易市场,包括(清洁发展机制,Clean Development Mechanism,CDM)项目的交易市场CDM、欧盟排放交易体系、英国排放交易体系、芝加哥气候期货交易所和法国的POWERNEXT的现货交易市场等,其中最有代表性的是欧盟的排放交易体系和CDM项目的交易市场。

(1) 欧盟排放交易体系

欧盟排放交易体系是发达国家之间交易的典型代表。在已经正式生效的《京都议定书》中,欧盟原15个成员国承诺2008~2012年间将温室气体的排放量在1990年的基础上减少8%。为了实现这一承诺,欧盟委员会根据"总量控制、负担均分"的原则,首先确定了各个成员国的碳排放量。按照欧盟规定,其无偿取得总排放额度后,作为一个整体指标分配给各成员国,各成员国在分配额度内无偿使用。如果某成员国的排放量超过分配额度,则应向其他成员国购买指标。然后,各成员国再将指标分配给各自国家的企业。其中各成员国政府应至少将95%的配额免费分配给企业,剩余5%的配额可采用竞拍的方式。各个企业在获得碳排放指标后,必须严格遵守。如果某一企业的排放量超过分配额度,则应向国内其他企业购买指标。

(2) CDM项目的交易市场

为了降低发达国家的减排成本,《京都议定书》允许发达国家通过提供"资金+技术"的方式,在削减成本较低的发展中国家开展项目级的合作,项目所实现的"经核准的减排量"(CERs)用于发达国家缔约方完成在《京都协议书》下的减排义务,即清洁发展机制(CDM)。亚洲是清洁发展机制下减排额的主要供应地区。截至2006年,来自亚洲的减排额占据了整个碳交易总量的84%。中国和印度继续成为供方市场的主导者,分别占据了60%和15%的市场份额。

开发碳排放交易,对于我国经济发展具有如下意义:① 有利于加快经济增长和产业结构调整;② 有利于进一步扩大对外开放;③ 有利于科技创新和提高国际竞争力;④ 有利于保护环境和建设生态省份;⑤ 有利于构建以人为本的和谐社会。

目前我国在推行碳排放交易模式过程中,应加强政府的组织推动,抢占市场先机;制订规划,合理利用碳排放资源;围绕重点行业,积极谋划建设减排碳源的重大项目;以科技创新为先导,控制和减少排放总量,实现可持续发展;搭建碳减排交易平台,扩大对内、对外宣传力度等。

3) 清洁生产机制

CDM是《京都议定书》所建立的三个减排机制之一。它是一种灵活的履约机制,允许发达国家通过资金和技术支持,在发展中国家温室气体减排项目上投资,来换取或购买经认证的温室气体减排量,从而部分履行其在《京都议定书》所承诺的限制和减少的排放量。碳排放交易或交换市场是其实现平台。关于CDM的具体内容将在后面章节中专门论述。

7.2 碳排放核算

碳排放核算有助于在大尺度上了解一个国家或区域不同行业或部门的碳排放状况。本节在概略介绍目前碳排放核算的主要方法的基础上,以中国为例,阐明清单编制法碳排放核算的框架、思路和方法。

7.2.1 核算方法与思路

1) 碳排放核算的主要方法

目前,国际上的估算碳排放的方法与计算污染物排放量的方法相似,主要采用清单编制法、实测法、物料衡算法、排放系数法、模型法、生命周期法和决策树法。在使用过程中,各有所长,互为补充。

(1) 清单编制法。目前最具影响力的方法是IPCC制定的国家温室气体清单,最新版《IPCC国家温室气体清单指南》已于2006年问世。2006版的《IPCC国家温室气体清单指南》为估算人类活动温室气体的源和汇提供了方法和缺省值,它是在1996年版《IPCC国家温室气体清单指南》的基础上结合相关成果修订而成的。在编制中国1994年国家温室气体清单的过程中,清单编制机构基本采用了《IPCC 国家温室气体清单编制指南(1996 年修订版)》提供的方法,并参考了《IPCC 国家温室气体清单优良作法指南和不确定性管理》,分析了 IPCC 方法对中国的适用性。1994 年中国温室气体清单报告了二氧化碳、甲烷和氧化亚氮三种温室气体的排放源和吸收汇,涉及能源、工业生产过程、农业、土地利用变化和林业、废弃物处置等五个部门。1994 年中国温室气体排放总量为 40.6 亿 t 二氧化碳当量(扣除碳汇后的净排放量为 36.5 亿 t 二氧化碳当量),其中二氧化碳排放量为 30.7 亿 t,甲烷为 7.3 亿 t 二氧化碳当量,氧化亚氮为 2.6 亿 t 二氧化碳当量。

(2) 实测法。主要通过监测手段或国家有关部门认定的连续计量设施,测量排放气体的流速、流量和浓度,用环保部门认可的测量数据来计算气体的排放总量的统计计算方法[1]。实测法的基础数据主要来源于环境监测站,监测数据是通过科学、合理地采集和分析样品而获得的。样品是对监测的环境要素的总体而言,如采集的样品缺乏代表性,尽管测试分析很准确,不具备代表性的数据也是毫无意义的[2]。

(3) 物料衡算法。物料衡算是对生产过程中使用的物料情况进行定量分析的一种方法,始于质量守恒定律。生产过程中,投入某系统或设备的物料质量必须等于该系统产出物质的质量。该法是将工业排放源的排放量、生产工艺和管理、资源(原材料、水源、能源)的综合利用及环境治理结合起来,系统地、全面地研究生产过程中排放物的产生、排放的一种科学有效的计算方法。它适用于整个生产过程的总物料衡算,也适用于生产过程中某一局部生产过程的物料衡算。目前大部分的碳源排量的估算工作和基础数据的获得都是以此方法为基础的。具体应用中,主要有表观能源消费量估算法和详细的以燃料分类为基础的排放量估算法(IPCC、OECD、IEA,1996)。

(4) 排放系数法。排放系数法是指在正常技术经济和管理条件下,生产单位产品所排放的气体数量的统计平均值。排放系数也称排放因子。目前的排放系数分为没有气体回收、有气体回收、治理情况下(IPCC,1990)。但在技术水平、生产状况、能源使用情况、工艺过程等因素的影响下,排碳系数存在很大差异。因此,使用系数法存在的不确定性也较大。此法对于统计数据不够详尽的情况有较好的适用性,对我国一些小规模甚至是非法企业估算其排碳量也有较高的效率。

(5) 模型法。由于森林与土壤这类生态系统复杂,碳通量受季节、地域、气候、人类与各种生物活动、社会发展等诸多因素的影响,而各因素之间又是相互作用的,因此,对于森林与土壤的排碳量,国际上多用生物地球化学模型进行模拟[3]。它将环境条件,包括温室、降水、太阳辐射和土壤结构等作为输入变量来模拟森林、土壤生态系统的碳循环过程,从而计算森林—土壤—大气之间的碳循环以及温室气体通量[4]。代表模型有:F7 气候变化和热带森林研究网络、COMAP 模型、CO_2 FIX 模型、BIOME.BGC 模型、CENTURY 模型、TEM 模型和我国自己开发的 F.CARBON 模型[5]。基于碳循环模型的模拟方法要求准确获得森林及土壤的呼吸、各种生物量在不同条件下的值及其生态学过程的特征参数,但以上数值目前还

---

[1] 张德英,张丽霞. 碳源排碳量估算办法研究进展[J]. 内蒙古林业科技,2005(1):20—23.
[2] 国家环境保护总局规划与财务司. 环境统计概论(第一版)[M]. 北京:中国环境学科出版社,2001.
[3] 魏殿生,徐晋涛,李怒云. 造林绿化与气候变化(第一版)[C]. 北京:中国林业出版社,2003.
[4] 吴家兵,张玉书,关德新. 森林生态系统 CO_2 通量研究方法与进展[J]. 东北林业大学学报,2003,31(6):49—51.
[5] 齐中英. 描述 CO_2 排放量的数学模型与影响因素的分解分析[J]. 技术经济,1998,(3):42—45.

处于研究之中,因此,其局限性很大:不仅一些生态学过程特征难以把握,而且模型参数的时间和空间表性也值得怀疑①。

(6) 生命周期法。生命周期分析/评价法是对产品"从摇篮到坟墓"的过程中有关的环境问题进行后续评价的方法②。它要求详细研究其生命周期内的能源需求、原材料利用及活动造成的向环境排放的废弃物,包括原材料资源化、开采、运输、制造/加工、分配、利用/再利用/维护以及过后的废弃物处理。按照生命周期评价的定义,理论上每个活动过程都会产生二氧化碳气体。由于研究时是从活动的资源开发开始,因此会涉及不同的部门和过程,需要对在这个过程中能源、原材料所历经的所有过程进行追踪,形成一条全能源链,并对链中的每个环节的气体排放进行全面综合的定量和定性分析。所以用该法研究每个活动过程排放的温室气体时,是以活动链为分类单位的,与常规的碳源分类方式不太一样③。

(7) 决策树法。由于目前的许多项目只是零散地计算某一范围或地区的排碳量,随着人们在微观层次上对各个碳排放特征有了较深入地了解后,国内外现在都面临着一个如何将微观层次的研究整合到宏观的国家或部门排放的问题上④。这对在国家级和部门排放量的估算中如何系统地合理利用数据,避免重复计算和漏算尤其重要。IPCC 在提供单一点碳源排放估算方法外,还提供了通过使用决策树的方法来确定关键源及合理使用数据、避免重复计算的问题。

2) 清单编制法核算框架、思路

根据《IPCC 国家温室气体清单指南》提供的方法,将全国 31 个省、自治区、直辖市(不包括香港、澳门特别行政区与台湾省)作为整体分析对象,对 1995~2005 年全国碳排放状况进行核算。基于中国的实际情况,包括排放源的界定;关键排放源的确定;活动水平数据的可获得性、可靠性和可持续性,分析了 IPCC 方法对中国的适用性,确定了编制《中国 1995~2005 年碳排放清单》的技术路线。清单中碳排放的核算共包括四个部分:能源;工业生产过程;农业、林业及其土地利用变化以及废弃物。估算的碳排放气体种类包括二氧化碳(CO_2)与甲烷(CH_4)。图 7.1 为对全国碳排放进行核算的总体框架,可见,碳排放是基于不同部门的复杂核算过程:

(1) 能源活动的碳排放主要包括化石燃料燃烧的二氧化碳和甲烷排放、煤炭开采活动中的甲烷逃逸排放。

(2) 根据《清单指南》对工业过程排放源的界定,结合中国工业生产的特征,核算的工业过程与产品利用碳排放源主要包括采掘工业中水泥、石灰和玻璃,化学工业中的炭化钙、天然纯碱,金属工业中钢铁、铁合金、铝、镁、锌、铅生产过程中二氧化碳与甲烷的排放。

(3) 农业活动的碳排放主要包括稻田的甲烷排放、动物肠道的甲烷排放、动物粪便的甲烷排放。

(4) 林业及其土地利用的碳排放主要包括森林和其他木质生物量储量的变化,包括活立木生长碳吸收、森林资源消耗引起的二氧化碳排放、森林与非林地转化引起的二氧化碳排放/吸收。

---

① Dennis D B, Kell B W. Modeling CO_2 and water vapore change of a temperate broadleaved forest across hourly to decadal time scales [J]. Ecological Modeling, 2001, 142: 155—184.
② 于秀娟. 工业与生态(第一版)[M]. 北京:化学工业出版社, 2003.
③ 马忠海. 中国几种主要能源温室气体排放系数的比较评价研究[D]. 中国原子能科学研究院, 2002:27.
④ 张德英,张丽霞. 碳源排碳量估算办法研究进展[J]. 内蒙古林业科技, 2005(1):20—23.

（5）废弃物处置的碳排放主要包括城市固体废弃物处置的甲烷排放、城市生活污水和工业生产废水的甲烷排放。

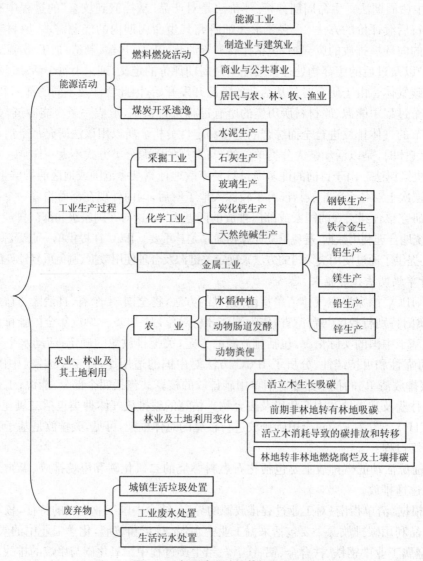

图7.1 中国碳排放核算框架图

3）数据来源

本节用于计算碳排放的原始数据主要来源于《中华人民共和国统计年鉴》、《中国能源统计年鉴》、《中国煤炭工业年鉴》、《中国矿业年鉴》、《中国化学工业年鉴》、《中国海关统计年鉴》、《中国钢铁工业年鉴》、《中国有色金属工业年鉴》、《中国农业年鉴》、《中国林业年鉴》、《全国森林资源统计：1994～1998》、《中国环境年鉴》、《全国森林资源清查结果报告》等。

7.2.2 核算方法与过程

应用2006年最新版的《IPCC国家温室气体清单指南》提供的清单编制方法对我国

1995～2005年二氧化碳与甲烷的排放进行核算。这里按照《清单指南》提供的清单编制方法,结合具体情况,通过查找各类统计资料获取原始数据,分部门对中国历年碳排放进行核算,并编制中国历年碳排放清单[①]。

1) 能源活动的碳排放

(1) 化石燃料燃烧的碳排放

在能源活动清单中,化石燃料燃烧是中国碳排放的主要排放源。本文在化石燃料燃烧碳排放清单编制过程中同时采用了《IPCC国家温室气体清单指南》推荐的基于不同部门和燃料种类的参考方法。部门分类和燃料种类分类与《清单指南》的分类基本相同。燃料种类分为:煤、焦炭、焦炉煤气、其他煤气、其他焦化产品、原油、汽油、煤油、柴油、燃料油、炼厂干气、其他石油制品及天然气等13种化石燃料。部门分为:能源工业、制造业与建筑业、商业/公共事业、居民与农林牧渔业等4大类能源消耗部门。我国能源统计将交通运输、仓储及邮电通讯业的能源消耗作为一个部门进行统计,并且没有对各类型交通工具的能源消耗进行统计,因此将该行业整体纳入商业/公共事业部门进行计算。需要说明的是本部分核算碳排放的化石燃料消耗数据为燃烧的能源利用,不包括燃料在工业过程中作为原料、材料等非能源利用的消耗。

表7.1、表7.2为1995～2005年中国能源活动各部门化石燃料燃烧导致的二氧化碳和甲烷的排放量。从排放的二氧化碳总量来看,中国能源活动的二氧化碳排放呈现先缓慢减少再快速增加的态势。总体上,二氧化碳的排放量从1995年的353 651.20万t增长到2005年的593 417.36万t;各部门历年排放量变化态势基本与排放总量态势一致,但各部门中只有居民生活的二氧化碳排放的绝对量是变小的,其他部门的二氧化碳排放都是绝对量增加的。中国化石能源燃烧活动的甲烷排放量变化态势与二氧化碳的不同,呈现快速下降后缓慢增加的态势。总体上,甲烷的排放量从1995年的1 401 856.44 t下降到2005年的1 150 242.28t。由于居民生活是甲烷排放的主要来源,从而使甲烷总体排放态势与居民生活排放水平一致。二氧化碳和甲烷排放量上的变化是各部门对化石燃料的需求量和需求结构变化的体现。

将化石燃料燃烧所产生的二氧化碳与甲烷气体的量折算成纯碳排放量,从能源燃烧活动碳排放的部门构成来看,在研究期间,能源活动导致的碳排放明显以能源工业和制造业为主(见图7.2),这两个部门碳排放所占比例已占到总排放量的80%左右。其中,能源工业、建筑业、交通运输、仓储、邮电业部门所占份额呈现逐年增长的态势;而采掘业、制造业、商业、居民生活部门所占份额逐年减小,其中制造业与居民生活部门减小幅度最为明显;农、林、牧、渔、水利业所占份额变化较小。

(2) 煤炭开采的逃逸排放

根据《IPCC国家温室气体清单指南》提供的方法和缺省因子,结合数据获取情况,对中国煤炭开采和矿后活动的甲烷排放量进行核算。依据开采类型的不同,分矿井开采和露天开采两种情况进行核算。

[①] IPCC,2006,2006 IPCC Guidelines for National Greenhouse Gas Inventories, Prepared by the National Greenhouse Gas Inventories Programme, Eggleston H. S., Buendia L, Miwa K., Ngara T. and Tanabe K. (eds). Published: IGES, Japan.

表 7.1 1995~2005 年中国能源活动化石燃料燃烧二氧化碳(CO_2)排放量（单位：万 t）

年 份	能源工业	制造业及建筑业			商业/公共事业			居民及衣、牧、渔业		合 计
	能源生产及加工行业	采掘业	制造业	建筑业	商业及其他	交通运输、仓储、邮电业	农、林、牧、渔、水利业	居民生活		
1995	145 659.17	2 523.04	134 043.49	1 870.94	12 807.56	11 810.35	8 731.66	36 204.98	353 651.20
1996	162 164.52	2 742.44	137 969.75	1 964.59	13 979.36	11 626.01	8 889.14	38 875.97	378 211.78
1997	166 016.67	2 327.48	127 555.33	1 866.16	10 954.77	11 482.61	9 121.20	34 081.06	363 405.31
1998	166 990.49	2 182.01	121 972.37	2 460.34	11 129.01	16 285.77	9 256.08	26 167.10	356 443.17
1999	170 195.70	1 796.50	113 547.77	2 354.59	11 609.82	18 452.16	9 186.32	25 344.39	352 487.24
2000	177 944.87	1 754.52	105 061.03	2 465.89	11 719.35	19 654.76	9 204.47	24 836.22	352 641.11
2001	185 812.43	1 753.37	99 671.43	2 570.23	12 083.09	20 042.36	9 299.66	24 980.87	356 213.43
2002	206 077.38	1 739.74	105 009.53	2 725.72	12 230.02	21 490.62	9 698.44	25 157.71	384 129.17
2003	245 505.00	2 050.33	122 576.47	2 825.69	12 563.69	24 542.98	9 868.38	27 148.85	447 081.40
2004	290 474.93	1 846.47	149 207.99	5 843.58	14 118.80	28 843.32	12 142.22	27 786.18	530 263.48
2005	323 658.82	2 138.46	173 176.67	6 104.26	14 191.28	32 246.45	12 419.47	29 481.96	593 417.36

注：能源业包括：煤炭开采和洗选业、石油和天然气开采业、石油加工、炼焦及核燃料加工业、电力、热力的生产和供应业。
采掘业包括：黑色金属矿采选业、有色金属矿采选业、非金属矿采选业、其他采矿业。
制造业包括：农副食品加工业、食品制造业、饮料制造业、烟草制品业、纺织业、纺织服装、鞋、帽制造业、皮革、毛皮、羽毛(绒)及其制品业、木材加工及木、竹、藤、棕、草制品业、家具制造业、造纸及纸制品业、印刷业和记录媒介的复制、文教体育用品制造业、化学原料及化学制品制造业、医药制造业、橡胶制品业、塑料制品业、非金属矿物制品业、黑色金属冶炼及压延加工业、有色金属冶炼及压延加工业、金属制品业、通用设备制造业、专用设备制造业、交通运输设备制造业、电气机械及器材制造业、通信设备、计算机及其他电子设备制造业、仪器仪表及文化、办公用机械制造业、工艺品及其他制造业、废弃资源和废旧材料回收加工业。

表 7.2 1995~2005 年中国能源活动化石燃料燃烧甲烷(CH_4)排放量（单位：t）

年份	能源工业	制造业及建筑业		商业/公共事业		居民及农、林、牧、渔业		合计
	能源生产及加工行业	采掘业	制造业	建筑业	商业及其他	交通运输、仓储、邮电业	农、林、牧、渔、水利业	居民生活	
1995	18 241.40	2 382.80	128 422.14	1 480.72	15 294.59	15 254.08	159 786.19	1 060 994.53	1 401 856.44
1996	19 977.53	2 620.72	131 407.72	1 528.88	16 888.80	15 110.09	163 781.90	1 128 305.47	1 479 621.12
1997	20 504.31	2 191.94	121 626.61	1 389.41	13 759.56	14 444.71	166 789.24	961 438.72	1 302 144.50
1998	20 659.17	2 071.80	115 936.78	1 997.24	13 671.98	21 268.15	167 261.39	703 339.88	1 046 206.38
1999	20 909.70	1 665.71	107 183.48	1 812.21	14 591.03	24 234.72	152 809.22	667 074.80	990 280.87
2000	21 848.74	1 609.05	97 749.37	1 881.85	14 779.85	25 978.23	146 188.06	628 458.45	938 493.60
2001	22 741.11	1 604.67	92 053.67	1 933.98	15 233.84	26 571.92	142 359.67	622 589.91	925 088.78
2002	25 014.55	1 564.82	96 621.63	2 018.89	15 423.24	28 541.32	144 761.45	605 693.64	919 639.53
2003	29 488.58	1 864.17	113 407.76	2 099.20	15 777.42	32 716.59	149 471.76	649 497.62	994 323.10
2004	34 596.66	1 655.55	139 500.80	3 360.99	17 739.03	38 781.91	191 215.45	648 663.55	1 075 513.95
2005	37 763.20	1 943.83	160 725.58	3 475.57	17 824.13	43 412.60	193 502.46	691 594.92	1 150 242.28

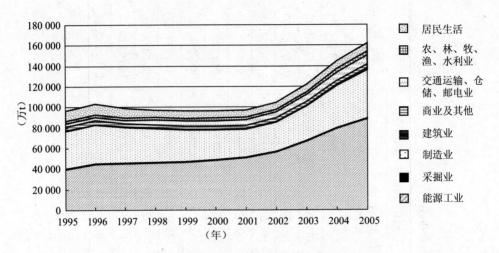

图 7.2 中国能源燃烧活动碳排放的部门构成

表 7.3 显示了研究期间不同开采类型的甲烷排放水平。可以看出,两种开采类型的排放量与排放总量都呈现了先缓慢减少再快速增加的态势,这主要是由历年煤炭的开采数量决定的。在研究期间,2000 年排放量最小,为 11 575 950.28 t;2005 年的排放量最大,为 25 503 673.37 t。我国煤炭开采活动甲烷的排放主要来自矿井开采过程中的瓦斯排放,其占到总排放量的 99% 以上。

表 7.3　1996~2005 年中国煤炭开采活动甲烷(CH_4)排放量（单位:t）

年份	矿井开采			露天开采			总计
	开采活动	矿后活动	合计	开采活动	矿后活动	合计	
1995	13 744 697.81	1 908 985.81	15 653 683.61	80 170.29	6 680.86	86 851.15	15 740 534.76
1996	14 108 029.83	1 959 448.59	16 067 478.41	82 289.54	6 857.46	89 147.00	16 156 625.42
1997	13 866 818.58	1 925 947.02	15 792 765.60	80 882.60	6 740.22	87 622.82	15 880 388.42
1998	12 080 030.18	1 677 781.97	13 757 812.15	66 095.57	5 507.96	71 603.53	13 829 415.68
1999	10 649 165.04	1 479 050.70	12 128 215.74	58 735.50	4 894.62	63 630.12	12 191 845.86
2000	10 106 326.78	1 403 656.50	11 509 983.28	60 892.62	5 074.38	65 967.00	11 575 950.28
2001	11 284 069.45	1 567 231.87	12 851 301.32	68 089.31	5 674.11	73 763.42	12 925 064.74
2002	14 405 829.19	2 000 809.61	16 406 638.80	87 959.76	7 329.98	95 289.74	16 501 928.54
2003	17 453 169.25	2 424 051.29	19 877 220.54	101 801.12	8 483.43	110 284.55	19 987 505.09
2004	20 124 412.13	2 795 057.24	22 919 469.37	117 381.99	9 781.83	127 163.82	23 046 633.19
2005	22 269 909.42	3 093 042.98	25 362 952.40	129 896.28	10 824.69	140 720.97	25 503 673.37

2) 工业生产过程的碳排放

(1) 采掘工业

采掘工业生产过程的碳排放核算采用《IPCC 国家温室气体清单指南》提供的方法和缺省因子。水泥生产过程以水泥产量和熟料进出口数量、玻璃生产过程以平板玻璃的产量为活动数据,对碳排放水平进行核算。中国石灰生产大部分都是乡/村办企业,大多采用土法土窑生产,生产技术落后的生产模式,企业规模较小,虽然我国没有石灰生产量的统计数据,但石灰生产是我国工业生产过程碳排放的一个关键源。因此本节根据中国建筑材料工业协会的《建材行业主要产品国内外能耗对比研究》报告中提供的部分年份石灰生产数据,对其他年份的石灰产量进行差值推算。

1995~2005年我国采掘工业生产过程的二氧化碳排放量呈现逐年增加的态势(见表7.4),其中水泥生产过程是最主要排放源。2005年采掘工业生产过程的二氧化碳排放量为85 075.43万t,比1995年增长了86%。2005年水泥生产的碳排放占到了总排放量的一半。水泥与平板玻璃生产的碳排放增长较为快速,而石灰生产的碳排放增速比较平缓。

表7.4 1995~2005年中国采掘工业生产过程二氧化碳排放量(单位:万t)

年 份	水泥生产	石灰生产	平板玻璃生产	合 计
1995	18 595.48	19 257.75	7 865.86	45 719.08
1996	19 240.84	19 606.20	8 034.69	46 881.72
1997	20 079.87	19 954.65	8 315.35	48 349.87
1998	20 920.30	20 303.10	8 597.02	49 820.41
1999	22 344.82	20 651.55	8 709.90	51 706.27
2000	23 222.93	21 000.00	9 176.10	53 399.03
2001	25 711.42	21 348.45	10 482.06	57 541.93
2002	28 201.33	21 696.90	11 722.78	61 621.01
2003	33 542.95	22 045.35	13 851.30	69 439.60
2004	37 677.98	22 393.80	18 513.09	78 584.87
2005	42 228.06	22 742.25	20 105.12	85 075.43

(2)金属工业

金属工业生产过程的碳排放包括了钢铁、铁合金和有色金属生产。表7.5显示了1995~2005年中国金属工业生产过程碳排放的总体情况。2005年金属工业二氧化碳与甲烷的排放量分别为63 393.33万t和2 979.80万t,分别比1995年增长了2.12和2.15倍。钢铁生产是金属工业主要的二氧化碳排放源,占到历年二氧化碳排放量的90%以上。甲烷排放主要是由钢铁生产中的烧结矿与铁合金生产中的硅钢产生的,其中烧结矿生产过程为金属工业最主要的甲烷排放源。

表7.5 1995~2005年中国金属工业生产过程二氧化碳与甲烷排放量

年 份	二氧化碳排放(万t)				甲烷排放(万t)		
	钢铁生产	铁合金生产	有色金属生产	合 计	钢铁(烧结矿)生产	铁合金(硅钢)生产	合 计
1995	18 722.06	761.08	841.92	20 325.06	945.58	0.12	945.70
1996	19 358.13	854.66	803.96	21 016.75	1 013.12	0.15	1 013.27
1997	20 432.88	759.37	904.54	22 096.79	1 039.24	0.12	1 039.37
1998	21 128.24	719.86	951.12	22 799.22	1 100.12	0.13	1 100.25
1999	22 236.96	675.41	1 239.10	24 151.47	1182.33	0.11	1 182.44

续表 7.5

年 份	二氧化碳排放(万 t)				甲烷排放(万 t)		
	钢铁生产	铁合金生产	有色金属生产	合 计	钢铁(烧结矿)生产	铁合金(硅钢)生产	合 计
2000	22 442.45	736.63	1 397.47	24 576.55	1 186.26	0.12	1 186.38
2001	25 715.95	852.14	1 733.96	28 302.05	1 349.34	0.13	1 349.47
2002	28 998.38	954.37	2 058.22	32 010.97	1 538.68	0.15	1 538.83
2003	35 274.51	1 268.48	2 718.83	39 261.82	1 778.55	0.22	1 778.76
2004	46 250.99	1 580.98	3 367.31	51 199.28	2 326.07	0.26	2 326.33
2005	57 623.24	2 120.34	3 649.75	63 393.33	2 979.45	0.35	2 979.80

钢铁生产过程中二氧化碳排放的核算,按不同的产品种类及工艺过程分别进行。钢的生产有转炉、电炉和平炉三种不同的冶炼方法,并分别按其产量进行二氧化碳排放的核算。冶炼方法决定了钢生产过程中二氧化碳的排放水平,三种冶炼方法中平炉钢生产过程中二氧化碳的排放水平最高,转炉次之,电炉钢的排放水平最低,仅为平炉的 5.5%。中国的钢生产主要是以转炉钢为主,其二氧化碳排放量所占份额也最大,并呈不断增加的态势,2005 年转炉钢二氧化碳排放量达到 43 687.50 万 t。研究期间,平炉钢的产量不断减少,2003 年开始我国已经基本停止了平炉钢的生产;而电炉钢产量持续增加,这对二氧化碳的减排是很有利的。由于生铁和烧结矿产量的逐年增长,其生产过程中的二氧化碳排放量也不断增加(见图 7.3)。

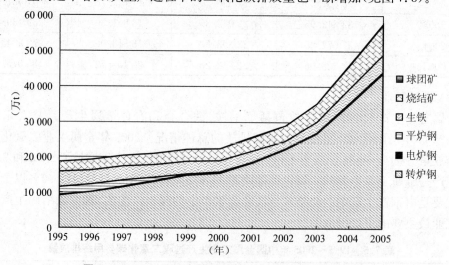

图 7.3 1995~2005 年中国钢铁生产过程二氧化碳排放

铁合金生产过程中二氧化碳的排放在金属工业中所占比例最低,但呈现先缓慢减少再快速增加的态势(见图 7.4),2005 年其二氧化碳排放量达到了 2 120.34 万 t,比 1995 年增长了 1.79 倍。铁合金生产过程二氧化碳排放核算包括了硅铁、碳素锰铁、中低碳素锰铁、硅锰合金和铬铁 5 种合金。其中,硅铁生产历年的二氧化碳的排放比例最高,占到了 60% 左右,这归因于其产量与排放因子均为最高的缘故。

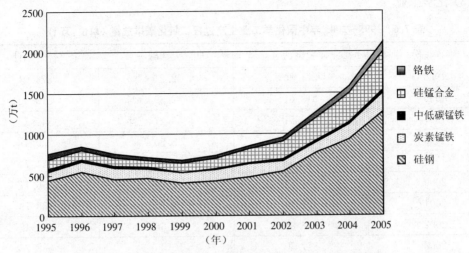

图7.4 1995～2005年中国铁合金生产过程二氧化碳排放

有色金属生产过程中碳排放核算由铝、镁、铅、锌4种金属组成。核算中以各金属的原生产量作为活动数据,采用《IPCC国家温室气体清单指南》提供的缺省因子进行碳排放的核算。由于数据的可获取性的原因,未对电解铝生产过程中的自焙与预焙工业过程进行分别核算,但由于其排放因子数值相差较小,对结果影响较小;镁生产过程中碳排放的核算,未能对白云石及菱镁矿进行分别核算,这可能对核算结果有一定的影响。在研究期间,有色金属生产过程中的二氧化碳排放量呈现逐年增加的态势,从1995年的841.92万t增长到2005年的3 649.75万t。其中铝镁生产排放比例最高,特别是2000年以来增长迅速。锌生产的二氧化碳排放量虽然逐年增加,2005年达到466.26万t,但其排放份额却降低到12.78%。由于铅的产量与排放因子均为最低,所以其二氧化碳排放所占份额也最小,仅为有色金属工业总量的2%～4%(见图7.5)。

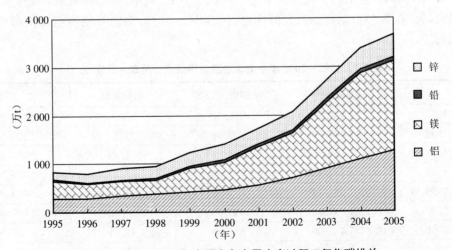

图7.5 1995～2005年中国有色金属生产过程二氧化碳排放

(3) 化学工业

表 7.6 1995~2005 年中国化学工业生产过程二氧化碳排放量（单位：万 t）

年 份	炭化钙	天然碱	合 计
1995	371.80	2.21	374.01
1996	312.61	2.69	315.30
1997	346.51	3.21	349.72
1998	221.92	8.50	230.43
1999	219.53	5.22	224.74
2000	354.84	1.93	356.77
2001	377.51	8.28	385.79
2002	463.86	10.56	474.42
2003	577.70	10.56	588.26
2004	867.80	11.73	879.53
2005	1 157.91	12.90	1 170.81

化学工业碳排放的核算主要包括了炭化钙与天然碱生产过程二氧化碳的排放。1995~2000 年化学工业二氧化碳的排放呈现小幅的波动状态，进入 2000 年后则呈现了快速增长的态势。2005 年化学工业生产过程的二氧化碳排放为 1 170.81 万 t，是 1995 年的 3.13 倍。炭化钙生产占到了二氧化碳排放的绝大部分，是化学工业生产的关键排放源（见表 7.6）。

3) 农业活动的碳排放

农业活动的碳排放核算的范围主要包括稻田、动物消化道、动物粪便的甲烷排放。表 7.7 为我国历年农业活动甲烷的排放清单，可以看出，农业活动的甲烷排放量的年变化较小。2005 年，我国农业活动甲烷排放量为 2 506.56 万 t。其中，水稻种植的甲烷排放量所占份额最大，为 60% 左右；动物肠道发酵次之，占 30%~40%；动物粪便所占比例最小，仅为 3%~4%。

表 7.7 1995~2005 年中国农业活动甲烷排放清单（单位：万 t）

年 份	水稻种植	动物肠道发酵	动物粪便	合 计
1995	1 528.72	822.22	87.30	2 438.24
1996	1 548.59	702.46	74.53	2 325.58
1997	1 549.79	746.14	81.73	2 377.66
1998	1 522.19	791.13	86.59	2 399.92
1999	1 526.72	817.92	88.99	2 433.63
2000	1 497.33	838.25	92.06	2 427.63
2001	1 453.20	840.85	94.51	2 388.57
2002	1 430.08	864.00	96.31	2 390.39
2003	1 283.49	902.26	99.26	2 285.01
2004	1 438.79	940.33	103.85	2 482.97
2005	1 452.97	945.50	108.08	2 506.56

(1) 水稻种植

中国水稻种植面积约占世界水稻种植面积的 21%，中国水稻田约占全国耕地面积的 25%。本节依据 IPCC 推荐的清单估算法对中国稻田土壤的甲烷排放量进行估算。中国水稻生产的分布和表现形式十分复杂，不同水稻种植区的气候、土壤条件各不相同，水稻品种、耕作制度、灌溉管理、肥料类型和施用方式等因素的差异会影响对稻田甲烷排放的估算。为了便于准确估算我国稻田甲烷的排放总量，首先根据中国农业气候区划的规律、稻作区域的自然条件、品种类型分布、栽培制度等特点，将中国稻作区域划分成六个水稻气候生态带，分别为华南双季稻区、华中双单季稻区、西南高原单双季稻区、华北单季稻区、东北早熟单季稻区和西北干燥区单季稻区[①]。

李克让等人将 IPCC 推荐的缺省值与我国现有的实测数据进行比较印证，然后确定用于估算我国各稻区甲烷排放量的排放系数。这里以各稻区历年的水稻播种面积作为活动数据，再用上述获得的排放系数，核算我国水稻种植的甲烷排放量（见图 7.6）。我国水稻种植的甲烷排放量在研究期间变化不大，并有逐年减少的趋势，2005 年水稻种植的甲烷排放量为 1 452.97 万 t，比 1995 年减少了 75.75 万 t，这主要是由于水稻种植面积变化快新导致的。在六大水稻种植区域，西南稻区与华中稻区的排放份额最大，占到了排放总量的近 90%，这是因为西南稻区的排放系数最高，而华中地区的水稻种植面积最大；东北与华北稻区各占 2% 左右；华南稻区占 5% 左右；而西北稻区却不到 1%，主要由于西北稻区水稻种植面积和排放系数均为最小。

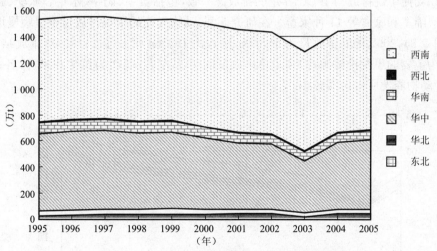

图 7.6　1995～2005 年中国水稻种植甲烷排放

(2) 动物肠道发酵

动物肠道发酵甲烷排放的核算采用 IPCC 提供的方法和排放系数[②]。主要包括了黄牛、奶牛、水牛、马、驴、骡、骆驼、山羊和绵羊等 9 种食草动物的肠道发酵的甲烷排放，同时还考虑了中国饲养量最大的家畜——猪的甲烷排放。图 7.7 为历年动物肠道发酵的甲烷排放总量与构成，可以看出甲烷的排放量呈现出缓慢增长的态势，2005 年为 945.50 万 t，比 1995 年增长了 15%。从甲烷排放的构成来看，黄牛的排放量最大，占到了 50% 左

[①] 李克让. 土地利用变化和温室气体净排放与陆地生态系统碳循环[M]. 北京：气象出版社，2002.
[②] 林而达，李玉娥. 全球气候变化和温室气体清单编制方法[M]. 北京：气象出版社，1998.

右;其次为水牛和绵羊,各占12%~14%;山羊占近10%;猪占到了5%以上;其他动物所占比例较小。

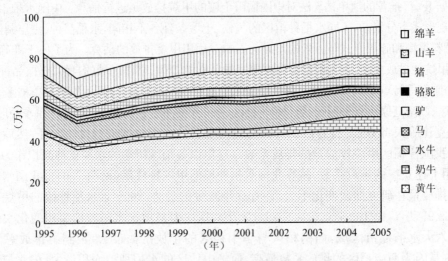

图7.7 1995~2005年中国动物肠道发酵甲烷排放

(3) 动物粪便

动物粪便甲烷排放与IPCC界定的排放源一致,包括黄牛、奶牛、水牛、马、驴、骡、骆驼、猪、山羊、绵羊和家禽等11种家畜。在研究期间,动物粪便的甲烷排放量也呈缓慢增长的态势(见图7.8),2005年的排放量为108.08万t,比1995年增长了24%。从排放结构来看,猪粪便为主要的甲烷排放源,占到了总排放量的70%左右;其次为黄牛和家禽,各占7%左右;其他动物粪便所占份额较小。

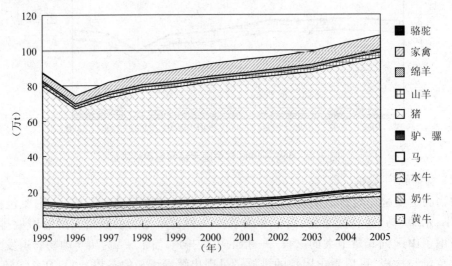

图7.8 1995~2005年中国动物粪便甲烷排放

4) 林业与土地利用变化

以《IPCC国家温室气体清单指南》中的方法为基础,结合中国林业与土地利用变化的特点,按照李克让等人提供的计算步骤与我国参数的设定,对我国林业与土地利用变化的碳排放进行核算①。本节以中国森林资源清查提供的活立木蓄积的年净生长量、中国有林地与其他地类面积的变化以及《中国林业年鉴》提供的历年森林资源消耗量为活动数据,结合根据相关研究确定的我国独特的木材密度、树干到全林生物量扩展系数和碳密度等参数,核算我国林业与土地利用变化的碳收支情况(见表7.8)。林业与土地利用变化包括碳吸收与碳排放两部分的核算内容,碳吸收包括活立木生长与前期非林地转林地土壤吸碳两部分,碳排放包括活立木消耗导致的碳排放和转移、林转非林地清理剩余物现场燃烧排碳、前期林地转非林地地上生物量腐烂排碳以及前期林转非林地土壤排碳四个部分。本部分核算过程与结果均为碳元素的量,为了承接其他部分的核算结果,本文同时提供了将其折算为二氧化碳当量的结果。

随着我国活立木蓄积的年净生长量与林地面积的增加,我国林业与土地利用变化的碳吸收量也在不断增加,2005年我国林业与土地利用变化的碳吸收量为29 676.31万t(折合108 813.14万tCO_2当量),比1995年增长了12.15%。活立木生长吸碳是我国林业与土地利用变化的主要碳汇。据第六次中国森林资源清查的数据核算,1999~2005年每年的活立木生长吸碳达26 341.00万t,占到总吸收量的90%左右。研究期间,我国林业与土地利用变化的碳排放量呈现逐年变小的趋势,2005年我国林业与土地利用变化的碳排放量为11 188.33万t(折合41 023.89万tCO_2当量),比1995年减少了20.15%。活立木的消耗和转移是主要的碳排放源,它主要是由木材的利用、薪柴及各种灾害等对树木的消耗和转移导致的,其排放量占到了总排放量的70%~80%。根据林业与土地利用变化的碳源和汇的计算结果,进一步核算得出碳收支平衡值。我国历年的林业与土地利用变化总体上表现为碳汇,并呈现逐年增长的状态,2005年该部门的碳净吸收量为18 487.98万t(折合67 789.25万tCO_2当量),比1995年增加了6 038.81万t(折合22 124.29万tCO_2当量)。需要说明的是,由于我国森林资源清查每5年进行一次,并且由于清查资料的可获取性原因,部分数据只能沿用上次清查结果,使得各年核算结果数值不变,但由于该项所占比重较小,对最终结果不会产生太大的影响。

5) 废弃物

废弃物处置主要表现为甲烷的排放。本节对其核算的碳排放源主要包括城市固体废弃物、城市生活污水和工业生产废水处置的甲烷排放。城市固体废弃物是以城市生活垃圾的产生量为活动数据,利用IPCC提供的SIMPLE FIRST ORDER DECAY(FOD)模型,核算我国1995~2005年城市生活垃圾的甲烷排放量;废水处置的甲烷排放是以《中国环境年鉴》统计的我国工业废水与城市生活污水中的化学耗氧量(COD)为活动数据,采用IPCC推荐的排放因子与提供的中国缺省的处置方式进行核算。

随着我国生活质量与城市化水平的提升,我国城市生活垃圾产生量不断增大,有其导致的甲烷排放量也随之增长,2005年城市生活垃圾处置的甲烷排放量为178.56万t,是1995年的1.83倍。城市生活污水的化学需氧量排放,与城市生活垃圾变化一致,也是呈现不断增长的态势,但其增长速度较慢。工业废水的甲烷排放变化态势与城市生活垃圾和生活污水变化态势相反,呈现逐年减少的态势,这主要是国家对工业污染治理力度的不断加大,使工业废水排放的污染水平不断降低(见表7.9)。

---

① 李克让. 土地利用变化和温室气体净排放与陆地生态系统碳循环[M]. 北京:气象出版社,2002.

表 7.8 1995~2005年中国林业与土地利用变化碳收支清单（单位：万 t）

年份	碳吸收核算				碳排放核算						碳收支核算	
	活立木生长吸碳	前期非林地转林地土壤吸碳	碳吸收合计	折合二氧化碳吸收合计	活立木消耗导致的碳排放和转移	林转非林地清理剩余物现场燃烧排碳	前期非林地转林地地上生物量腐烂排碳	前期林转非林地土壤排碳	碳排放转移合计	折合二氧化碳排放转移合计	碳收支平衡值	折合二氧化碳收支平衡值
1995	24 248.80	2 212.65	26 461.45	97 025.31	11 480.22	104.20	173.66	2 254.20	14 012.28	51 378.35	12 449.17	45 646.96
1996	24 248.80	2 212.65	26 461.45	97 025.31	11 475.00	104.20	173.66	2 254.20	14 007.06	51 359.21	12 454.39	45 666.10
1997	24 248.80	2 212.65	26 461.45	97 025.31	11 721.52	104.20	173.66	2 254.20	14 253.58	52 263.11	12 207.87	44 762.20
1998	24 248.80	2 212.65	26 461.45	97 025.31	11 060.51	104.20	173.66	2 254.20	13 592.56	49 839.40	12 868.88	47 185.91
1999	26 341.00	2 373.03	28 714.03	105 284.78	10 448.58	104.20	173.66	2 392.52	13 118.95	48 102.83	15 595.08	57 181.94
2000	26 341.00	2 533.41	28 874.41	105 872.84	9 723.86	104.20	173.66	2 538.64	12 540.36	45 981.32	16 334.05	59 891.52
2001	26 341.00	2 693.79	29 034.79	106 460.90	9 465.47	104.20	173.66	2 538.64	12 281.97	45 033.90	16 752.82	61 427.00
2002	26 341.00	2 854.17	29 195.17	107 048.96	8 798.29	104.20	173.66	2 538.64	11 614.79	42 587.56	17 580.38	64 461.40
2003	26 341.00	3 014.55	29 355.55	107 637.02	8 693.94	104.20	173.66	2 538.64	11 510.44	42 204.94	17 845.11	65 432.08
2004	26 341.00	3 174.93	29 515.93	108 225.08	8 485.48	104.20	173.66	2 538.64	11 301.97	41 440.57	18 213.96	66 784.50
2005	26 341.00	3 335.31	29 676.31	108 813.14	8 371.84	104.20	173.66	2 538.64	11 188.33	41 023.89	18 487.98	67 789.25

表 7.9 1995～2005 年中国废弃物的甲烷排放清单（单位：万 t）

年　份	城市生活垃圾	城镇生活污水	工业废水	合　计
1995	97.46	54.85	153.68	305.99
1996	105.81	57.39	140.72	303.92
1997	113.56	59.93	134.13	307.62
1998	120.89	62.47	100.75	284.11
1999	128.09	62.66	86.46	277.22
2000	134.84	66.55	88.13	289.52
2001	141.64	71.81	75.88	289.33
2002	150.43	70.37	73.00	293.80
2003	159.54	73.85	63.99	297.38
2004	168.95	74.55	63.71	307.22
2005	178.56	77.24	69.35	325.15

7.2.3 中国历年碳排放核算结果汇总

表 7.10 为 1995～2005 年中国二氧化碳排放的汇总表，可以看出，2005 年二氧化碳的总排放量与净排放量为 784 080.83 万 t 与为 675 267.69 万 t，分别比 1995 年增长了 66.31% 与 80.35%。能源活动为中国二氧化碳的主要排放源，占到历年排放总量的 75% 左右；工业生产过程为第二大排放源，占到总排放量的 13%～20%，并且所占比例呈逐年增加的态势。林业及其土地利用变化所占比例最小，且林业表现出较强的碳汇功能，平均每年约有 19% 的二氧化碳排放被林业吸收。总体上，历年二氧化碳的总排放量与净排放量均表现为先减后增的态势，这与能源活动排放的变化态势基本一致。

表 7.10 1995～2005 年中国二氧化碳排放汇总（单位：万 t）

年　份	能源活动	工业生产过程	林业及其土地利用变化	总排放量	林业吸收	净排放量
1995	353 651.20	66 418.15	51 378.35	471 447.70	97 025.31	374 422.39
1996	378 211.78	68 213.78	51 359.21	497 784.77	97 025.31	400 759.46
1997	363 405.31	70 796.37	52 263.11	486 464.79	97 025.31	389 439.48
1998	356 443.17	72 850.06	49 839.40	479 132.63	97 025.31	382 107.32
1999	352 487.24	76 082.48	48 102.83	476 672.56	105 284.78	371 387.78
2000	352 641.11	78 332.35	45 981.32	476 954.78	105 872.84	371 081.94
2001	356 213.43	86 229.76	45 033.90	487 477.09	106 460.90	381 016.19
2002	384 129.17	94 106.40	42 587.56	520 823.12	107 048.96	413 774.16
2003	447 081.40	109 289.68	42 204.94	598 576.02	107 637.02	490 939.00
2004	530 263.48	130 663.69	41 440.57	702 367.74	108 225.08	594 142.66
2005	593 417.36	149 639.57	41 023.89	784 080.83	108 813.14	675 267.69

总体上，1995～2005 年中国甲烷排放呈现出逐年增长的态势，2005 年的甲烷排放量为 8 476.91 万 t，为 1995 年的 1.57 倍（见表 7.11）。总体而言，农业活动是 1995～2005 年中

国甲烷的主要排放源,平均每年占到排放总量的40%,其排放数量历年的变化较小;而能源活动与工业生产过程的甲烷排放却呈现出快速增加的态势,到2005年,二者的排放水平均超过了农业活动的排放量,成为最主要的排放源;废弃物处置所占比例较小,且年际变化较小。

表7.11　1995~2005年中国甲烷排放汇总（单位:万t）

年 份	能源活动	工业生产过程	农业活动	废弃物处置	排放总量
1995	1 714.24	945.70	2 438.24	305.99	5 404.17
1996	1 763.62	1 013.27	2 325.58	303.92	5 406.40
1997	1 718.25	1 039.37	2 377.66	307.62	5 442.90
1998	1 487.56	1 100.25	2 399.92	284.11	5 271.83
1999	1 318.21	1 182.44	2 433.63	277.22	5 211.50
2000	1 251.44	1 186.38	2 427.63	289.52	5 154.98
2001	1 385.02	1 349.47	2 388.57	289.33	5 412.38
2002	1 742.16	1 538.83	2 390.39	293.80	5 965.17
2003	2 098.18	1 778.76	2 285.01	297.38	6 459.34
2004	2 412.21	2 326.33	2 482.97	307.22	7 528.73
2005	2 665.39	2 979.80	2 506.56	325.15	8 476.91

表7.12为1995~2005年中国碳排放汇总表。可以看出,二氧化碳为最主要的碳排放气体,占到碳排放总量的90%以上。历年中国碳排放总量呈现先缓慢减小后快速增加的态势,2005年中国碳排放总量为220 197.90万t,比1995年增加了66%;历年碳吸收表现为逐年增加,2005年的碳吸收水平达到了29 676.31万t。由于林业的碳汇功能,使得历年的碳净排放量相对于总排放量有显著的减少,2005年中国碳净排放量为190 521.59万t,比1995年增加了79%。

表7.12　1995~2005年中国碳排放汇总（单位:万t）

年 份	二氧化碳排放总量	二氧化碳吸收总量	甲烷排放总量	折纯后碳排放合计	折纯后碳吸收合计	折纯后碳净排放合计
1995	471 447.70	97 025.31	5 404.17	132 629.77	26 461.45	106 168.32
1996	497 784.77	97 025.31	5 406.40	139 814.28	26 461.45	113 352.83
1997	486 464.79	97 025.31	5 442.90	136 754.39	26 461.45	110 292.94
1998	479 132.63	97 025.31	5 271.83	134 626.41	26 461.45	108 164.96
1999	476 672.56	105 284.78	5 211.50	133 910.24	28 714.03	105 196.21
2000	476 954.78	105 872.84	5 154.98	133 944.81	28 874.41	105 070.40
2001	487 477.09	106 460.90	5 412.38	137 007.58	29 034.79	107 972.79
2002	520 823.12	107 048.96	5 965.17	146 516.55	29 195.17	117 321.38
2003	598 576.02	107 637.02	6 459.34	168 092.51	29 355.55	138 736.96
2004	702 367.74	108 225.08	7 528.73	197 201.38	29 515.93	167 685.45
2005	784 080.83	108 813.14	8 476.91	220 197.90	29 676.31	190 521.59

7.2.4 小结

根据2006年最新版的《IPCC国家温室气体清单指南》,结合中国的具体情况,确定编制中国1995~2005年碳排放清单的技术路线,对我国1995~2005年二氧化碳与甲烷的排放进行核算。碳排放的核算共包括:能源;工业生产过程;农业、林业及其土地利用变化以及废弃物4个部分。最终得出了1995~2005年中国碳排放清单,为深入分析中国碳排放水平的变化提供了必要的准备。

7.3 碳排放足迹

本节同样以中国为分析对象,阐述碳排放足迹的概念及其计算分析方法。"足迹"在汉语辞典中的解释为脚印,即在地上留下的印记。20世纪90年代,加拿大学者提出了生态足迹(ecological footprint)的概念,其以生态生产性土地面积来度量某个确定人口或经济规模主体的资源消费和废弃物吸收水平,测量人类生存所必需的真实生物生产面积。生态足迹已经成为近些年的热点研究问题,世界各国学者对其进行了深入的研究并不断加以完善。2002年,A. Y. Hoekstra又提出了水足迹的概念,它是消费基础的水资源利用情况的指示器,是一个衡量人类对水资源系统真实占有量的简单而综合的指标[1]。这些足迹的研究,都是想更好、定量的反映人类社会经济活动中对于自然资源的占用、消费以及各种废弃物排放的代谢情况,由此可以更直观、准确的反映出对资源环境系统的影响状况。本节根据Bicknell的投入/产出思路,以区域投入/产出分析为基础,核算生产满足国民经济最终消费的产品(服务)量所需要的直接或间接碳排放量,对我国的碳排放足迹进行一个系统、全面的分析,识别中国社会经济代谢过程中人文因素对碳排放组成格局的影响作用[2]。

7.3.1 碳排放足迹的提出及其研究思路

"碳足迹"(carbon footprint)的概念在2006年就已经在英国流行,被列入英国和美国出版的第六版《牛津简明英语词典》。它指的是每个人的温室气体排放量(以二氧化碳为标准计算),表征了个人的能源意识和行为对自然界产生的影响。一个人的碳足迹可以分为第一碳足迹和第二碳足迹。第一碳足迹是因使用化石能源而直接排放的二氧化碳,比如一个经常坐飞机出行的人会有较多的第一碳足迹,因为飞机飞行会消耗大量燃油,排出大量二氧化碳。第二碳足迹是因使用各种产品而间接排放的二氧化碳,比如消费一瓶普通的瓶装水,会因它的生产和运输过程中产生的排放而带来第二碳足迹。碳足迹越大,说明个人的碳排放量越多,就意味着你对全球变暖所要负的责任越大。缩减"碳足迹"在近年就已成为一些深具环境保护意识国家的流行语,以及民众的集体无意识行动。提出碳足迹就是为了让人们意识到应对气候变化的紧迫性。"碳中和"伴随着"碳足迹"而来,其为褒义词,即计算二氧化

---

[1] Hoekstra A. Y., Virtual water: an introduction[A]. Virtual Water Trade: Proceedings of the International Expert Meeting on Virtual Water Trade Value of Water Research Report Series (No. 12)[C]. Delft, The Netherlands: IHE, 2003:13—23.

[2] Bicknell K, Ball R, Ross C, et al. New methodology for the ecological footprint with an application to the NewZealand economy [J]. Ecological Economics,1998,27(2):149—160.

碳的排放总量,然后通过植树等方法将数量相当的二氧化碳吸收掉,达到保护、平衡环境的目的。"碳足迹"是随着人们对全球变化的越发重视而产生的新名词,我国对于碳排放足迹方面的研究尚不多见,因此有必要对我国的碳足迹进行一个系统、全面的分析。

目前对生态足迹的研究已经持续了近20年,并取得了一系列的研究成果,发展已较为成熟。因此本文借鉴生态足迹的研究方法,加以改进后应用于中国碳排放足迹研究中。目前有两类生态足迹模型应用频率最高,一类是Wackernagel与Rees提出的基本模型;另一类是基于投入/产出分析的模型,从目前国内相关研究来看,基本沿用Wackernagel的模型[1]。该模型在理论及应用上仍存在一定缺陷,无法对足迹消费中最终需求和中间投入环节进行区分,也难以考察生态足迹同国民经济部门的内在联系。Bicknell(1998)指出标准足迹模型上述的不足性,提出采用投入/产出技术,以土地乘数来计算区域生态足迹的贸易流动的新思路,利用投入/产出表的产品流信息追踪和计算最终消费的生态足迹格局,为衡量社会经济代谢的生态影响迈出了重要的一步。之后,很多研究者对Bicknell提出的投入/产出模型进行了有益的改进与实践。由于投入/产出表能清晰地描述社会最终需求部门和生产部门的联系结构和数量关系,使得投入/产出模型具有良好的结构性,一定程度弥补了生态足迹基本模型在识别环境影响的真实发生位置、组分构成及其在产业间的相互联系等不足。因此,本文采用Bicknell的投入/产出思路,并借鉴Ferng与我国学者赖力等改良后的算法,对我国碳足迹进行核算;再根据复合土地利用乘数的概念,得出复合碳排放乘数,进而更好地区分各部门的碳排放情况,识别中国社会经济代谢过程中人文因素对碳排放组成格局的影响作用[2][3]。

7.3.2 基于投入/产出法的碳排放足迹模型的构建

1) 投入/产出表的选取与处理

投入/产出分析是研究经济系统中各个部分之间在投入与产出方面相互依存的经济数量的分析方法。美国经济学家列昂惕夫于1931年开始研究投入/产出分析。20世纪50年代初,西方国家纷纷编制投入/产出表,应用投入/产出分析解决实际经济问题。前苏联于1959年开始应用投入/产出分析方法。联合国于1968年将投入/产出表推荐作为各国国民经济核算体系的组成部分。中国是应用投入/产出分析比较晚的国家,1974～1976年试编了第一张全国投入/产出表,1987年开始将投入/产出表编制工作制度化,每5年(逢2、逢7年份)调查和编制一次全国投入/产出基本表,基本表编制年份以后3年(逢5、逢0年份)编制延长表。截至目前,中国编制了1987、1992、1997与2002年4张基本表,1990、1995、2000年3张延长表。

由于投入/产出表并非逐年编制,因此本文结合进行碳排放核算的数据,选取1995、1997、2000与2002年四年的投入/产出表,对其进行归并调整,得出应用于本文的多部门价值量投入/产出表。表7.13为2002年中国价值量投入/产出表,包括了农业,采掘业,制造

---

[1] Wackernagel M, Onisto L, Bello P, et al. National natural capital accounting with the ecological footprint concept [J]. Ecological Economics, 1999, 29(3): 375—390.
[2] Ferng J J. Using composition of land multiplier to estimate ecological footprints associated with production activity [J]. Ecological Economics, 2001, 37(2): 159—172.
[3] 赖力,黄贤金,刘伟良等. 基于投入/产出技术的区域生态足迹调整分析——以2002年江苏为例[J]. 生态学报, 2006, 26(4): 1285—1292.

表 7.13 2002年中国价值量投入/产出表（单位：亿元）

投入\产出	农业	采掘业	制造业	电力、热力行业	建筑业	交通运输、仓储邮电业	商业其他	消费	资本累积	出口及其他	总产出
农业	4 636.82	40.05	7 835.79	5.85	2 286.30	131.68	1 402.26	10 628.15	1 104.71	1 188.30	29 259.90
采掘业	98.04	352.26	7 592.97	1 467.35	702.58	77.80	300.60	285.16	192.32	917.05	11 986.15
制造业	4 562.88	1 986.70	68 064.40	1 400.32	13 317.17	3 724.82	16 047.66	17 220.03	14 381.91	25 162.13	165 868.02
电力热力业	331.89	673.50	4 057.47	449.85	419.95	225.96	1 453.01	1 430.78	8.62	51.28	9 102.29
建筑业	49.71	14.06	72.33	7.98	33.86	196.19	1 467.35	0.00	27 275.36	104.59	29 221.44
交通运输邮电仓储业	615.22	381.77	4 542.94	346.89	1 275.98	1 628.61	2 129.07	2 076.94	239.97	1 661.03	14 898.42
商业及其他	1 653.71	902.26	12 881.00	843.59	3 502.65	1 595.48	13 785.02	40 050.14	2 362.12	5 116.14	82 692.11
劳动者报酬	13 315.97	2 569.50	15 038.63	1 012.06	3 898.60	3 096.11	20 019.62				
生产税净额	544.65	651.35	8 466.30	846.26	284.89	611.04	6 057.74				
固定资产折旧	764.91	711.60	5 722.92	1 236.01	702.10	1 840.37	7 762.65				
营业盈余	2 004.93	2 034.14	8 992.50	1 225.78	1 708.60	1 478.38	9 261.29				
增加值合计	16 630.47	5 966.60	38 220.35	4 320.11	6 594.19	7 025.89	43 101.30				
进口及其他	681.16	1 668.96	22 600.77	260.36	1 088.76	291.99	3 005.83				
总投入	29 259.90	11 986.15	165 868.02	9 102.29	29 221.44	14 898.42	82 692.11				

业,电力、热力煤气及水生产和供应业,建筑业,交通运输、仓储及邮电通讯业,商业以及其他服务业,七大产业部门。表中详细列出了各产业部门内部及社会需求之间的投入/产出关系。

2) 模型的构建方法与步骤

在这里以2002年为例,分步骤展示基于投入/产出技术的碳排放足迹的算法。

第一步:根据2002年的多部门价值量投入/产出表,计算直接消耗系数矩阵 A 与完全需求矩阵(又称里昂惕夫逆矩阵)$(1-A)^{-1}$:

$$A = \begin{bmatrix} 0.15847 & 0.00334 & 0.04724 & 0.00064 & 0.07824 & 0.00884 & 0.01696 \\ 0.00335 & 0.02939 & 0.04578 & 0.16121 & 0.02404 & 0.00522 & 0.00364 \\ 0.15594 & 0.16575 & 0.41035 & 0.15384 & 0.45573 & 0.25001 & 0.19407 \\ 0.01134 & 0.05619 & 0.02446 & 0.04942 & 0.01437 & 0.01517 & 0.01757 \\ 0.00170 & 0.00117 & 0.00044 & 0.00088 & 0.00116 & 0.01317 & 0.01774 \\ 0.02103 & 0.03185 & 0.02739 & 0.03811 & 0.04367 & 0.10931 & 0.02575 \\ 0.05652 & 0.07527 & 0.07766 & 0.09268 & 0.11987 & 0.10709 & 0.16670 \end{bmatrix}$$

$$(1-A)^{-1} = \begin{bmatrix} 1.21490 & 0.03130 & 0.11109 & 0.03187 & 0.15614 & 0.05305 & 0.05637 \\ 0.02917 & 1.06350 & 0.10009 & 0.20190 & 0.08267 & 0.04360 & 0.03591 \\ 0.40535 & 0.40687 & 1.87300 & 0.44626 & 0.98889 & 0.61398 & 0.49567 \\ 0.02995 & 0.07756 & 0.06054 & 1.08060 & 0.05404 & 0.04179 & 0.04027 \\ 0.00529 & 0.00505 & 0.00583 & 0.00583 & 1.00810 & 0.01957 & 0.02368 \\ 0.04757 & 0.05927 & 0.07269 & 0.07378 & 0.09670 & 1.15350 & 0.05741 \\ 0.13302 & 0.15308 & 0.20804 & 0.19249 & 0.27367 & 0.22047 & 1.26860 \end{bmatrix}$$

第二步:计算各产业部门单位价值量产出的碳排放,即碳排放强度。根据本文第2章对我国历年的碳排放核算结果,得到各产业部门2002年的碳排放量,结合各产业部门的产出水平,得出2002年的碳排放强度向量 $c = [0.54899\ 0.26155\ 0.34270\ 5.87323\ 0.02544\ 0.39355\ 0.04035]$。

第三步:对碳排放强度向量进行对角化处理,左乘完全需求矩阵 $(1-A)^{-1}$,即得到了碳排放完全需求矩阵 T(又称为碳排放乘数矩阵):

$$C = \begin{bmatrix} 0.54899 & 0 & 0 & 0 & 0 & 0 & 0 \\ 0 & 0.26155 & 0 & 0 & 0 & 0 & 0 \\ 0 & 0 & 0.34270 & 0 & 0 & 0 & 0 \\ 0 & 0 & 0 & 5.87323 & 0 & 0 & 0 \\ 0 & 0 & 0 & 0 & 0.02544 & 0 & 0 \\ 0 & 0 & 0 & 0 & 0 & 0.39355 & 0 \\ 0 & 0 & 0 & 0 & 0 & 0 & 0.04035 \end{bmatrix}$$

$T = C \times (1-A)^{-1}$

$$T = \begin{bmatrix} 0.66696 & 0.01718 & 0.06099 & 0.01750 & 0.08572 & 0.02912 & 0.03095 \\ 0.00763 & 0.27815 & 0.02618 & 0.05281 & 0.02162 & 0.01140 & 0.00939 \\ 0.13891 & 0.13943 & 0.64189 & 0.15293 & 0.33889 & 0.21041 & 0.16987 \\ 0.17590 & 0.45552 & 0.35554 & 6.34670 & 0.31740 & 0.24542 & 0.23654 \\ 0.00013 & 0.00013 & 0.00015 & 0.00015 & 0.02565 & 0.00050 & 0.00060 \\ 0.01872 & 0.02333 & 0.02861 & 0.02904 & 0.03806 & 0.45398 & 0.02259 \\ 0.00537 & 0.00618 & 0.00839 & 0.00777 & 0.01104 & 0.00890 & 0.05119 \end{bmatrix}$$

第四步：根据复合乘数的算法,将国内最终消费、资本形成与出口的碳排放矩阵分别表示为 FC、FA 与 FE,其是由碳排放完全需求矩阵右乘各部门最终使用的对角矩阵及其组分矩阵所得,如最终消费碳排放矩阵 FC 为:

$$FC = \left\{ T \times \begin{bmatrix} 10\,628.15 & 0 & 0 & 0 & 0 & 0 & 0 \\ 0 & 285.16 & 0 & 0 & 0 & 0 & 0 \\ 0 & 0 & 17\,220.03 & 0 & 0 & 0 & 0 \\ 0 & 0 & 0 & 1\,430.78 & 0 & 0 & 0 \\ 0 & 0 & 0 & 0 & 0.00 & 0 & 0 \\ 0 & 0 & 0 & 0 & 0 & 2076.94 & 0 \\ 0 & 0 & 0 & 0 & 0 & 0 & 40\,050.14 \end{bmatrix} \right\} \times \begin{bmatrix} 1 \\ 1 \\ 1 \\ 1 \\ 1 \\ 1 \\ 1 \end{bmatrix}$$

资本形成与出口的碳排放矩阵的计算过程与最终消费的一致,这里不再列出。FC、FA 与 FE 的计算结果为:

$$FC = \begin{bmatrix} 9\,468.50 \\ 1\,086.60 \\ 20\,029.00 \\ 27\,186.00 \\ 29.40 \\ 2\,587.60 \\ 2\,283.00 \end{bmatrix},\ FA = \begin{bmatrix} 4\,035.50 \\ 1\,053.60 \\ 19\,108.00 \\ 14\,725.00 \\ 703.38 \\ 1\,637.10 \\ 552.15 \end{bmatrix},\ FE = \begin{bmatrix} 2\,559.40 \\ 994.82 \\ 17\,706.00 \\ 11\,549.00 \\ 10.61 \\ 1\,638.60 \\ 501.48 \end{bmatrix}$$

第五步,计算进口贸易(包括其他来源商品)的碳排放需求。由于难以完全获取进口产品提供国的投入/产出表、碳排放与生产力等核算数据,这里假设进口产品提供国的平均生产技术水平、碳排放完全需求系数及结构与中国类似一致,并且将进口贸易区分为直接用于最终需求的进口以及用于间接需求的进口。表7.14为2002年中国进口贸易拆分后的价值表。

表 7.14　2002 年中国进口贸易价值表（单位:亿元）

产业部门	农　业	采掘业	制造业	电　热	建筑业	交　通	商业及其他	最终需求
农　业	107.94	0.93	182.41	0.14	53.22	3.07	32.64	300.80
采　掘	13.65	49.05	1\,057.25	204.32	97.83	10.83	41.86	194.18
制　造	621.73	270.70	9\,274.29	190.80	1\,814.56	507.54	2186.61	7734.53
电　热	9.49	19.26	116.06	12.87	12.01	6.46	41.56	42.64
建筑业	1.85	0.52	2.70	0.30	1.26	7.31	54.67	1\,020.15
交　通	12.06	7.48	89.04	6.80	25.01	31.92	41.73	77.96
商业其他	60.11	32.80	468.22	30.66	127.32	58.00	501.08	1\,727.64

直接使用国外产品所对应的碳排放矩阵 IM_d 的计算过程为:

$$IM_d = \left\{ T \times \begin{bmatrix} 300.80 & 0 & 0 & 0 & 0 & 0 & 0 \\ 0 & 194.18 & 0 & 0 & 0 & 0 & 0 \\ 0 & 0 & 7\,734.53 & 0 & 0 & 0 & 0 \\ 0 & 0 & 0 & 42.64 & 0 & 0 & 0 \\ 0 & 0 & 0 & 0 & 1\,020.15 & 0 & 0 \\ 0 & 0 & 0 & 0 & 0 & 77.96 & 0 \\ 0 & 0 & 0 & 0 & 0 & 0 & 1\,727.64 \end{bmatrix} \right\} \times \begin{bmatrix} 1 \\ 1 \\ 1 \\ 1 \\ 1 \\ 1 \\ 1 \end{bmatrix}$$

各产业部门对应的国外产品碳排放矩阵分别为 $IM_i^1, IM_i^2, IM_i^3, IM_i^4, IM_i^5, IM_i^6, IM_i^7$，计算过程如下：

$$IM_i^1 = \left\{ T \times \begin{bmatrix} 107.94 & 0 & 0 & 0 & 0 & 0 & 0 \\ 0 & 13.65 & 0 & 0 & 0 & 0 & 0 \\ 0 & 0 & 621.73 & 0 & 0 & 0 & 0 \\ 0 & 0 & 0 & 9.49 & 0 & 0 & 0 \\ 0 & 0 & 0 & 0 & 1.85 & 0 & 0 \\ 0 & 0 & 0 & 0 & 0 & 12.06 & 0 \\ 0 & 0 & 0 & 0 & 0 & 0 & 60.11 \end{bmatrix} \right\} \times \begin{bmatrix} 1 \\ 1 \\ 1 \\ 1 \\ 1 \\ 1 \\ 1 \end{bmatrix}$$

$IM_i^2, IM_i^3, IM_i^4, IM_i^5, IM_i^6, IM_i^7$ 的计算过程与 IM_i^1 一致，这里不再一一列出，只给出它们的计算结果：

$$IM_i^1 = \begin{bmatrix} 112.68 \\ 22.14 \\ 430.81 \\ 324.25 \\ 0.20 \\ 27.30 \\ 9.16 \end{bmatrix}, IM_i^2 = \begin{bmatrix} 19.59 \\ 22.16 \\ 191.00 \\ 250.75 \\ 0.09 \\ 13.62 \\ 4.48 \end{bmatrix}, IM_i^3 = \begin{bmatrix} 724.78 \\ 549.86 \\ 6242.80 \\ 4681.10 \\ 1.95 \\ 347.86 \\ 111.05 \end{bmatrix}, IM_i^4 = \begin{bmatrix} 16.64 \\ 62.88 \\ 159.69 \\ 251.63 \\ 0.09 \\ 14.39 \\ 4.60 \end{bmatrix}$$

$$IM_i^5 = \begin{bmatrix} 152.83 \\ 77.26 \\ 1214.90 \\ 811.96 \\ 0.41 \\ 69.81 \\ 22.97 \end{bmatrix}, IM_i^6 = \begin{bmatrix} 36.65 \\ 17.73 \\ 347.76 \\ 250.80 \\ 0.32 \\ 31.10 \\ 7.73 \end{bmatrix}, IM_i^7 = \begin{bmatrix} 177.98 \\ 77.69 \\ 1532.70 \\ 1212.10 \\ 2.07 \\ 97.69 \\ 45.74 \end{bmatrix}$$

$[r]$ 为调整因子①，代表各产业部门国外的投入直接用于最终使用的比例：

$$[r] = [1\ 1\ 1\ 1\ 1\ 1] - \left[\frac{681.16}{29\ 259.90}\ \frac{1\ 668.96}{11\ 986.15}\ \frac{22\ 600.77}{165\ 868.02}\ \frac{260.36}{9\ 102.29}\ \frac{1\ 088.76}{29\ 221.44} \right.$$

$$\left. \frac{291.99}{14\ 898.42}\ \frac{3\ 005.83}{82\ 692.11} \right]$$

$$= [0.976\ 72\ \ 0.860\ 76\ \ 0.863\ 74\ \ 0.971\ 40\ \ 0.962\ 74\ \ 0.980\ 40\ \ 0.963\ 65]$$

因此，间接使用国外产品的碳排放矩阵 IM_i 的计算过程为：

$$IM_i = \left\{ \begin{bmatrix} 112.68 & 19.59 & 724.78 & 16.64 & 152.83 & 36.65 & 177.98 \\ 22.14 & 22.16 & 549.86 & 62.88 & 77.26 & 17.73 & 77.69 \\ 430.81 & 191.00 & 6242.80 & 159.69 & 1214.90 & 347.76 & 1532.70 \\ 324.25 & 250.75 & 4681.10 & 251.63 & 811.96 & 250.80 & 1212.10 \\ 0.20 & 0.09 & 1.95 & 0.09 & 0.41 & 0.32 & 2.07 \\ 27.30 & 13.62 & 347.86 & 14.39 & 69.81 & 31.10 & 97.69 \\ 9.16 & 4.48 & 111.05 & 4.60 & 22.97 & 7.73 & 45.74 \end{bmatrix} \right\} \times$$

---

① Ferng J J. Using composition of land multiplier to estimate ecological footprints associated with production activity [J]. Ecological Economics, 2001, 37(2): 159—172.
赖力, 黄贤金, 刘伟良等. 基于投入/产出技术的区域生态足迹调整分析——以2002年江苏为例[J]. 生态学报, 2006, 26(4): 1285—1292.

$$\begin{bmatrix} 0.97672 & 0 & 0 & 0 & 0 & 0 & 0 \\ 0 & 0.86076 & 0 & 0 & 0 & 0 & 0 \\ 0 & 0 & 0.86374 & 0 & 0 & 0 & 0 \\ 0 & 0 & 0 & 0.97140 & 0 & 0 & 0 \\ 0 & 0 & 0 & 0 & 0.96274 & 0 & 0 \\ 0 & 0 & 0 & 0 & 0 & 0.98040 & 0 \\ 0 & 0 & 0 & 0 & 0 & 0 & 0.96365 \end{bmatrix} \times \begin{bmatrix} 1 \\ 1 \\ 1 \\ 1 \\ 1 \\ 1 \\ 1 \end{bmatrix}$$

最后,得出直接使用与间接使用国外产品的碳排放矩阵 IM_d 与 IM_i:

$$IM_d = \begin{bmatrix} 819.59 \\ 300.21 \\ 5695.70 \\ 3913.50 \\ 28.46 \\ 345.91 \\ 168.46 \\ 11271.83 \end{bmatrix} \qquad IM_i = \begin{bmatrix} 1123.70 \\ 743.35 \\ 9120.00 \\ 7015.90 \\ 4.73 \\ 544.67 \\ 186.95 \\ 18739.30 \end{bmatrix}$$

按照以上各步骤的核算,再分别对中国1995年、1997年、2000年这些有投入/产出表的年份进行碳排放的投入/产出分析,可以得出我国这些年份的碳排放明细。

7.3.3 碳排放足迹的核算结果与分析

由于投入/产出表获取性的限制,这里只能对1995年、1997年、2000年与2002年的碳排放足迹进行研究分析,且1995年的价值量投入/产出表没有分别列出各产业部门的进口与出口的价值量,仅有净出口量,因此不能对进、出口的碳排放足迹进行分解、分析,最终结果与其他年份业无可比性。需要说明的是,居民生活直接消费的化石能源与生活垃圾和污水所产生的碳排放无法嵌入到投入/产出表中。由于其本身为生活直接消费的排放,为最终消费的一部分,因此在最终结果中将其叠加到最终消费项。

表7.15为四个年份中国碳排放足迹总量的分解核算结果,2002年中国碳排放足迹总量为176 528.10万t,其中146 516.96万t源于国内最终使用排放,30 011.14万t源于国外进口排放。国内最终使用各项足迹由大到小依次为:最终消费(69 742.32万t)、资本积累(41 814.73万t)、出口(34959.91万t);国外进口足迹中,直接需求和间接需求足迹分别为11 271.83万t和18 739.30万t。进口与出口贸易对比发现,2002年我国出口价值额大于进口,在价值量上表现为贸易顺差;而我国碳排放净出口量为4 948.77万t,因而在碳足迹上表现为逆差,为碳排放净输入国。从各年份的对比来看,四个年份的碳排放足迹总量是递增的,最终消费足迹在各年份中所占的比例均为最大,占到了40%左右,但最终消费足迹的绝对数量表现出了减小的趋势;资本积累项足迹各年份的差别较大,其主要取决于固定资产与产品的库存增量情况;而出口与进口的历年碳排放足迹都呈现较大幅度增加的态势,这是使中国碳排放足迹总量增加的主要驱动因素;另外,碳排放的逆差水平呈现出增加的态势。

表 7.15 中国碳排放足迹总量(单位:万 t)

项　目	1995	1997	2000	2002
最终消费	82 765.99	72 584.06	68 698.52	69 742.32
资本积累	47 690.51	38 301.71	33 963.93	41 814.73
出口	—	25 867.75	31 282.34	34 959.91
进口直接需求	—	7 673.16	9 030.19	11 271.83
进口间接需求	—	14 660.45	17 126.18	18 739.30
国内足迹合计	130 456.50*	136 753.52	133 944.80	146 516.96
国外足迹合计	—	22 333.61	26 156.37	30 011.14
净出口	1 730.16	3 534.14	5 125.98	4 948.77
足迹总量	132 186.66**	159 087.13	160 101.16	176 528.10

* 未包括进出口足迹　** 未包括进出口足迹,仅包括净出口足迹

表 7.16 显示了我国人均碳足迹的核算结果。2002 年我国人均碳足迹总量为 1.37426 t/人,其中国内人均碳足迹为 1.14063 t/人;进口国外人均碳足迹为 0.233 64 t/人。最终消费足迹占到人均足迹总量的 39.51%,所占份额最大;资本积累足迹占 23.69%;出口足迹占 19.80%。2002 年我国人均净出口足迹为 0.038 53 t/人,即拥有人均 0.038 53 t 的碳排放逆差。从四个年份的对比来看,人均足迹总量除了在 2000 年有所下降以外,总体上呈现增长的状态,2002 年较 1997 年人均碳足迹增长了 0.087 t/人。各年的最终消费与资本积累足迹不但没有呈现增长状态,反而出现了下降的态势,因此人均足迹总量的增长主要是受到了进、出口足迹快速增加的推动。四个年份的人均净出口足迹均为正值,即表现为人均碳足迹的逆差,逆差额在总体上表现为快速增加,2002 年的逆差额已为 1995 年的 2.7 倍。

表 7.16 中国人均碳足迹(单位:t/人)

项　目	1995	1997	2000	2002
最终消费	0.68333	0.58713	0.54203	0.54294
资本积累	0.39374	0.30982	0.26797	0.32553
出口	—	0.20924	0.24682	0.27216
国内人均足迹	1.07708	1.10619	1.05682	1.14063
进口国外人均足迹	—	0.18065	0.20637	0.23364
人均净出口足迹	0.01428	0.02859	0.04044	0.03853
人均足迹总量	1.09316	1.28684	1.26320	1.37426

图 7.9 为 1997 年、2000 年与 2002 年各产业部门提供产品或服务所产生的碳排放足迹构成图。可以看出,产业部门总的碳排放足迹逐年增加,这与前面的碳排放总量足迹是对应的,不再赘述,这里主要分析各产业部门足迹的构成及其变化。这 3 个年份,制造业的碳排放足迹均为最大,占到了排放足迹总量的 40% 以上,2002 年制造业的碳排放足迹达到 71 658.70 万 t;其次为电力、热力行业,其历年的碳排放足迹占到了排放足迹总量的 35% 左右,并呈现出逐年增长的态势;农业排放足迹在各产业部门排到第三位,占排放足迹总量的

10%以上,但其呈现出减小的趋势;采掘业,建筑业,交通运输、邮电业,商业及其他服务业四个部门所占比例较小,均占排放足迹总量5%以下,但这四个部门排放足迹的绝对数量均呈现的增长的状态,特别是交通运输、邮电业与商业及其他服务业增长较为快速。

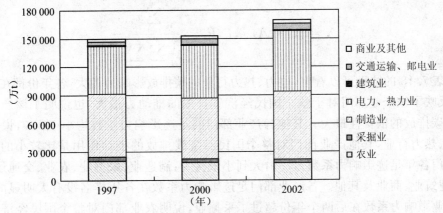

图7.9 中国产业部门碳排放足迹

表7.17中每一列的合计数表示某一产业最终需求每增加1万元各产业的部门产出所需的碳排放量之和(t),每一行的合计表示某一产业部门的产出每增加1万元各产业的最终需求所相应增加的碳排放量之和。可以看出,同样最终需求增加1万元,各产业部门增加的碳排放量由大到小依次为:电力,热力行业(6.606 89 t)、制造业(1.121 74)万t、农业(1.013 62 万t)交通运输、邮电仓储业(0.959 73 万t)、采掘业(0.919 91 万t)、建筑业(0.838 38 万t)、商业及其他(0.521 13 万t),从中可以看出各产业部门所提供最终需求,对碳排放的依赖程度,电力、热力行业是以能源消费为基础的产业部门,因此对碳排放的依赖程度最大。

表7.17 2002年中国各产业部门碳排放乘数矩阵

产业部门	农 业	采掘业	制造业	电力、热力行业	建筑业	交通运输、邮电仓储业	商业其他	合 计
农 业	0.666 96	0.017 18	0.060 99	0.017 50	0.085 72	0.029 12	0.030 95	0.908 42
采 掘	0.007 63	0.278 15	0.026 18	0.052 81	0.021 62	0.011 40	0.009 39	0.407 18
制 造	0.138 91	0.139 43	0.641 89	0.152 93	0.338 89	0.210 41	0.169 87	1.792 33
电力,热力行业	0.175 90	0.455 52	0.355 54	6.346 70	0.317 40	0.245 42	0.236 54	8.133 02
建筑业	0.000 13	0.000 13	0.000 15	0.000 15	0.025 65	0.000 50	0.000 60	0.027 31
交通运输、邮电仓储业	0.018 72	0.023 33	0.028 61	0.029 04	0.038 06	0.453 98	0.022 59	0.614 32
商业其他	0.005 37	0.006 18	0.008 39	0.007 77	0.011 04	0.008 90	0.051 19	0.098 83
合计	1.013 62	0.919 91	1.121 74	6.606 89	0.838 38	0.959 73	0.521 13	11.981 41

7.3.4 足迹影响力与感应力分析

影响力系数是反映国民经济某一部门增加单位最终使用时,对国民经济各部门产生的需求波及程度。这里引入碳排放足迹影响力系数,以碳排放来衡量某产业部门对其他各产业部门的影响程度。令 X 为足迹影响力矩阵,其中元素为 x_{ij},表示部门 i 对部门 j 的影响力,INF_j 为部门 j 的足迹影响系数,$\bar{c}$ 为碳排放强度,则有:

$$X = \bar{c}(1-A)^{-1}, INF_j = \frac{\sum_{i=1}^{n} x_{ij}}{\frac{1}{n}\sum_{i=1}^{n}\sum_{j=1}^{n} x_{ij}}$$

从表 7.18 的结果可以看出,电力、热力行业的碳排放影响力最大,各年份都在 3.0 以上,这反映了该产业部门对于整个国民经济碳排放的推动力最大,也说明了该产业部门发展对碳排放的依赖性最大。其他各产业部门的足迹影响力系数均小于 1.0,说明相对于电力、热力行业,其他产业部门对整个国民经济碳排放的推动作用是比较小的。其他产业部门各年足迹影响力系数排序由大到小依次为:制造业、采掘业、农业、交通运输、邮电业、建筑业、商业及其他。各产业部门足迹影响力系数在各年排名没有太明显的变化,只有农业影响力系数在后两个年份超过了采掘业,说明农业部门对整个国民经济碳排放的推动作用有增大的趋势。商业及其他服务业的足迹影响力系数最小,即对碳排放的推动作用最小,从就反映出,产业结构的调整与升级可以在很大程度上促进温室气体的减排。

表 7.18 碳排放足迹影响力系数

年 份	农 业	采掘业	制造业	电力、热力行业	建筑业	交通运输、邮电业	商业其他
1995	0.479 66	0.620 19	0.719 78	3.927 02	0.474 41	0.463 25	0.315 68
1997	0.523 79	0.548 05	0.638 62	4.032 56	0.448 63	0.469 94	0.338 41
2000	0.656 86	0.564 17	0.750 89	3.482 40	0.522 15	0.645 85	0.377 67
2002	0.592 20	0.537 45	0.655 37	3.860 00	0.489 81	0.560 71	0.304 46

感应力系数是反映国民经济各部门增加单位最终使用时,某部门由此而受到的需求感应程度。这里引入碳排放足迹感应力系数,反映某部门为满足其他部门的生产而产生的碳排放。令 Y 为足迹感应力矩阵,其中元素为 y_{ij},表示部门 j 对部门 i 的感应力,IND_i 为部门 i 的足迹影响系数,$\bar{c}$ 为碳排放强度,则有:

$$Y = \bar{c}(1-A)^{-1}, INF_i = \frac{\sum_{j=1}^{n} x_{ij}}{\frac{1}{n}\sum_{i=1}^{n}\sum_{j=1}^{n} x_{ij}}$$

表 7.19 为各产业部门碳排放足迹感应力系数,反映了各产业部门的需求感应程度。可以看出,各产业部门中,电力、热力行业与制造业两部门的感应力系数最高,且都大于 1.0,说明国民经济及其相关产业对这两个部门特别是电力、热力行业的碳排放的拉动力最大,即国民经济各部门对其需求所产生的碳排放的感应程度最大。相对于电力、热力行业与制造业,其他产业部门的足迹感应力系数都小于 1.0,即国民经济对这些部门碳排放的拉动作用相对较小,这些部门各年份平均足迹影响力系数由大到小的排序依次为:农业、交通运输、运输邮电业、采掘业、商业及其他、建筑业。足迹感应力的大小是由两方面原因造成的:一是该产

业部门的发展对碳排放的依赖程度;二是国民经济发展各部门对该部门的真实需求程度。因此,实现碳减排的途径可以从如下两个方面实现:一是减少产业部门对碳排放的依赖;二是调控产业结构,使低碳排放产业(如服务类产业)在国民经济中发挥更大的作用,成为国民经济的主导产业。

表7.19 碳排放足迹感应力系数

年 份	农 业	采掘业	制造业	电力、热力行业	建筑业	交通运输、邮电业	商业其他
1995	0.489 40	0.257 87	1.307 25	4.596 01	0.011 05	0.250 05	0.088 37
1997	0.502 54	0.264 54	1.117 49	4.794 33	0.011 86	0.239 92	0.069 31
2000	0.586 82	0.248 99	1.221 95	4.438 07	0.017 69	0.403 30	0.083 17
2002	0.530 73	0.237 89	1.047 15	4.751 62	0.015 95	0.358 91	0.057 74

7.3.5 碳足迹与碳中和

前面已经提到"碳中和"这个名词伴随着"碳足迹"而来,可以解释为产生的碳排放通过植树等方法吸收掉相等的数量,达到保护、平衡环境的目的,这里可以理解为森林的"碳汇"。前面已经对我国历年林业与土地利用变化导致的碳吸收量进行了核算,得出了我国历年的碳中和量,体现了我国森林资源的碳汇功能。表7.20为我国历年林业及其土地利用变化的碳吸收量,即我国碳排放的中和量。可以看出,我国碳中和量呈现逐年增加的态势,这主要是由于我国不断加强生态环境建设,使我国森林的吸碳能力逐渐增强,林地面积不断扩大,因此我国的碳中和能力也不断提升。2005年,我国碳中和量达到29 676.31万t,比1995年提升了12.15%。

表7.20 1995~2005年碳中和量(单位:万t)

年 份	1995	1996	1997	1998	1999
碳中和量	26 461.45	26 461.45	26 461.45	26 461.45	28 714.03

年 份	2000	2001	2002	2003	2004	2005
碳中和量	28 874.41	29 034.79	29 195.17	29 355.55	29 515.93	29 676.31

根据前面计算的四个年份的碳排放足迹总量与人均碳足迹,根据表7.20对其进行碳中和,可以得出这些年份中和后的碳排放足迹,即净碳足迹(表7.21)。这里将中和后的碳足迹称为净碳排放足迹(见表7.21)。经过中和后,四个年份的净碳排放足迹总量比足迹总量下降了20%左右,中和效果比较明显。2002年中和后的人均净碳排放足迹为1.146 98t/人,即中和量为0.227 28t/人。由此可见,碳中和的作用不可小视,其可以明显降低净碳足迹,是使区域净碳排放量下降的有效途径。当前随着我国工业化的进程,社会经济的发展必然会导致碳排放量的增加,对环境造成更大的影响,所承受到的国际压力也会越来越大。因此,在社会经济发展的同时实现碳减排,不但要在生产、生活中努力减少直接碳排放,而且要在末端对已经排放了的碳进行中和,这样也就可以降低净碳排放量,同样实现碳减排的目的。

表 7.21　碳足迹与碳中和

项　目	1995	1997	2000	2002
碳排放足迹总量(万 t)	132 186.66	159 087.13	160 101.16	176 528.10
碳中和总量(万 t)	26 461.45	26 461.45	28 874.41	29 195.17
净碳排放足迹总量(万 t)	105 725.21	132 625.68	131 226.75	147 332.93
人均碳足迹(t/人)	1.107 83	1.286 84	1.263 20	1.374 26
人均碳中和量(t/人)	0.218 47	0.214 04	0.227 82	0.227 28
人均净碳足迹(t/人)	0.872 89	1.072 80	1.035 38	1.146 98

7.3.6　小结

本节根据 Bicknell 的投入/产出思路，以区域投入/产出分析为基础，来核算生产满足国民经济最终消费的产品(服务)量的直接或间接碳排放量，对我国的碳排放足迹进行一个系统、全面的分析。并借鉴复合土地利用乘数的概念，得出了复合碳排放乘数，区分了各产业部门的碳排放情况。最后又引入碳中和的概念，其可以成为降低碳足迹的一个有效方法。具体结论如下：

(1) 中国的碳排放足迹较大，大部分源于国内的最终使用排放，其他源于国外的进口排放。1995 年、1997 年、2000 年与 2002 年我国人均碳足迹总量分别为 1.093 16 t/人、1.286 84 t/人、1.263 20 t/人与 1.374 26t/人。从足迹类型上看，中国属于价值量顺差与碳排放足迹逆差共存型，即碳排放净输入国。贸易额的增长对碳排放足迹的增加有较大的促进作用。

(2) 制造业、电力、热力行业与农业三个产业部门的排放足迹占到了总排放足迹的 80% 以上。根据碳排放乘数矩阵，电力、热力行业为对碳排放依赖程度最大的产业部门。

(3) 足迹影响力分析显示，电力、热力行业占据了碳排放足迹需求的强势地位；足迹感应力分析则表明，制造业与电力、热力行业两个产业部门足迹感应力系数最大，说明国民经济及其相关产业对这两个部门特别是电力、热力行业的碳排放的拉动力最大。根据足迹影响力与感应力的分析结果，认为实现碳减排的途径可以从如下两个方面实现：一是减少产业部门对碳排放的依赖；二是调控产业结构，使低碳排放产业如服务类产业在国民经济中发挥更大的作用，成为国民经济的主导产业。

(4) 碳中和可以明显降低净碳足迹，是使区域净碳排放量下降的有效途径。随着我国工业化进程的推进，社会经济的发展必然会导致碳排放量的增加，因此，在社会经济发展的同时实现碳减排，不但要在生产、生活中直接努力减少碳排放，而且可以在末端对已经排放了的碳进行中和，同样实现了碳减排的目的。

7.4　城市系统碳循环与碳管理

由于国际上对全球变暖的担忧，碳循环成为 20 世纪 90 年代以来全球变化研究的热点领域[1]。研究表明，全球碳循环过程与人类活动，特别是化石燃料燃烧和土地利用/土地覆

---

[1] Prentice K C, Fung I Y. The sensitivity of terrestrial carbon storage to climate change[J]. *Nature*, 1990, 346: 48—51.

被变化有着密切的关系[1][2]。IPCC 报告认为,化石燃料燃烧和土地利用变化每年排放到大气的 CO_2 分别为 5.5PgC(1Pg=10^{15} g)和 1.1PgC,合计为 6.6PgC[3],是大气的主要碳源[4],也是引起全球气候变化和温室效应的主要原因。城市是人类活动对地表影响最深刻的区域,工业革命以来,由于城市化的飞速发展,城市及其周边区域不仅地表土地利用/覆盖变化强烈,而且化石燃料燃烧集中,CO_2 排放量的 80% 以上来自于城市区域[5]。因此,城市化和城市扩展过程必然会对全球碳循环和气候变化产生深远的影响。但由于种种原因,一段时期以来,城市系统在全球气候变化和碳循环中的作用并未受到充分的重视,大部分学者侧重于对森林[6][7]、农田[8]、草地[9][10]、土壤[11][12]等自然碳循环过程的研究,而较少涉及城市碳循环领域。

进入 21 世纪以来,随着碳循环研究的进一步深入,城市碳过程研究开始受到国外学者的关注,一些领域的研究也逐渐展开,如城市能源碳排放[13]、城市碳循环模拟[14][15]、城市扩展及其碳排放[16]、城市碳管理[17][18]等方面。全球碳计划(GCP)于 2005 年发起了城市与区域碳管理(Urban and Regional Carbon Management,URCM)研究计划,其首要目标是支持区域碳管理,并实现城市可持续发展[19],该计划对城市碳过程的研究起到了重要的推动作用。但总体

---

[1] Canadell J G, Mooney H A. Ecosystem metabolism and the global carbon cycle [J]. *Tree*, 1999, 14(6):249.
[2] 陶波,葛全胜,李克让等. 陆地生态系统碳循环研究进展. 地理研究,2001,20(5):564—575.
[3] 李文华,赵景柱. 生态学研究回顾与展望[M]. 北京:气象出版社,2004:387.
[4] 王效科,白艳莹,欧阳志云等. 全球碳循环中的失汇及其形成的原因[J]. 生态学报,2002,22(1):94—103.
[5] Churkina G. Modeling the carbon cycle of urban systems[J]. *Ecological Modeling*, 2008, 216(2):107—113.
[6] Tian H, Mellilo J M, Kichlighter D W, et al. Effects of interannual climate variability on carbon storage in Amazonian ecosystems[J]. *Nature*, 1998, 396:664—667.
[7] Kauppi P E, Mielikainen K, Kuusela K. Biomass and carbon budget of European forests, 1971 to 1990[J]. *Science*, 1992, 256:70—74.
[8] West T O, Marland G. A synthesis of carbon sequestration, carbon emissions, and net carbon flux in agriculture: Comparing tillage practices in the United States [J]. *Agriculture, Ecosystems and Environment*, 2002, 91(1—3):217—232.
[9] Bradford M A, Tordoff G M, Black H I J, et al. Carbon dynamics in a model grassland with functionally different soil communities [J]. *Fuctional ecology*, 2007, 21(4):690—697.
[10] Chang R Y, Tang H P. Sensitivity analysis on methods of estimating carbon sequestration in grassland ecosystem of Inner Mongolia, China [J]. *Journal of Plant Ecology*, 2008, 32(4):810—814.
[11] Lal R. Soil carbon dynamics in cropland and rangeland [J]. *Environmental Pollution*, 2002, 116:353—362.
[12] 李克让,王绍强,曹明奎等. 中国植被和土壤碳储量[J]. 中国科学(D辑),2003,33(1):72—80.
[13] Gielen, D, Chen C H. The CO2 emission reduction benefits of Chinese energy policies and environmental policies: A case study for Shanghai, period 1995—2020[J]. *Ecological Economics*, 2001, 39(2):257—270.
[14] Svirejeva-Hopkins A, Schellnhuber H J, Pomaz V L. Urbanised territories as a specific component of the Global Carbon Cycle[J]. *Ecological Modelling*, 2004, 173(2—3):295—312.
[15] Svirejeva-Hopkins A, Schellnhuber H J. Modelling carbon dynamics from urban land conversion: fundamental model of city in relation to a local carbon cycle[J]. *Carbon Balance and Management*, 2006, 1:1—9.
[16] Svirejeva-Hopkins A, Schellnhuber H J. Urban expansion and its contribution to the regional carbon emissions: Using the model based on the population density distribution[J]. *Ecological Modelling*, 2008, 216(2):208—216.
[17] Lebel L. Carbon and water mamagement in urbanization[J]. *Global Environmental Change*, 2005, 15:293—295.
[18] Lebel L, Garden P, Banaticla M R N, et al. Integrating carbon management into the development strategies of urbanizing regions in Asia[J]. *Journal of industrial ecology*, 2007, 11(2):61—81.
[19] Urban and Regional Carbon Management. What is Urban and Regional Carbon Management? [EB/OL] http://www.gcp-urcm.org.

来说,城市碳循环和碳管理研究还处于起步阶段,而国内该领域的研究还几乎是空白。本节主要介绍城市系统碳过程特征、目前国内外城市碳循环和碳管理的研究进展,并提出该领域发展的主要问题和未来发展方向。

7.4.1 城市系统及其碳过程特征

城市系统是以人为主体,以聚集经济效益和社会效益为目的,融合人口、经济、科技、文化、资源、环境等各类要素的空间地域大系统[1],其碳过程与自然生态系明显不同。因此,需要从整体上认识城市系统的碳过程特征,综合考虑城市化石燃料排放的潜在驱动力以及生物碳源/汇[2],并从不同尺度研究城市系统的生物物理过程、社会经济过程及其相互作用[3][4]。

1) 城市系统的特征及范围

城市系统是一个多要素、多层次的社会、经济复合系统,其与自然生态系统相比,具有以下重要特征:

(1) 是一个纯粹的人工生态系统,具有社会和经济属性;
(2) 主要依赖燃料供能来维持自身的生存和发展;
(3) 具有整体性、复杂性和层次性[5],且具有高度的不确定性和异质性;
(4) 具有动态扩展性(人口、经济要素和面积等的扩展);
(5) 由于城市的高度开放性,其环境的影响范围要远远大于城市边界[6]。

根据城市的空间影响范围,城市系统可分为城市蔓延区(Urban Sprawl)和城市足迹区(Urban Footprint)。城市蔓延区主要指城市建成区,即城市形态集中连片的区域。城市足迹区是指满足城市居民消费和垃圾堆放所需的区域以及被城市污染和气候变化影响的区域。城市使用的大部分碳和能量来自于城市边界之外,即城市足迹区[7]。城市足迹区不一定与城市蔓延区毗邻,可能位于数百公里之外[8]。

另外,为方便分析城市系统碳流动的方式和过程,根据城市系统水平空间地表覆被的差异,可分为人工部分和自然部分。城市蔓延区以人工部分(建筑物)为主,足迹区以自然和半人工部分(农作物)为主(见表 7.22)。

---

[1] 吴晓军,薛惠峰. 城市系统研究中的复杂性理论与应用[M]. 西安:西北工业大学出版社,2007:4—5.
[2] Pataki DE, Alig RJ, Fung A S, et al. Urban ecosystems and the North American carbon cycle[J]. *Global Change Biology*, 2006, 12(11): 2092—2102.
[3] Alberti M, Waddel P. An integrated urban development and ecological simulation model[J]. *Integrated Assessment*, 2000, 1(3): 215—227.
[4] Grimm N B, Grove J M, Pickett STA, et al. Integrated approaches to long-term studies of urban ecological systems [J]. *Bioscience*, 2000, 50(7): 571— 584.
[5] 吴晓军,薛惠峰. 城市系统研究中的复杂性理论与应用[M]. 西安:西北工业大学出版社,2007:4—5.
[6] Churkina G. Modeling the carbon cycle of urban systems[J]. *Ecological Modeling*, 2008, 216(2): 107—113.
[7] Churkina G. Modeling the carbon cycle of urban systems[J]. *Ecological Modeling*, 2008, 216(2): 107—113.
[8] Folke C, Jansson A, Larsson J, et al. Ecosystem appropriation by cities[J]. *AMBIO*, 1997, 26(3): 167—172.

表 7.22 城市系统的空间范围及碳循环过程

类别		城市蔓延区			城市足迹区	
		人工部分	自然部分		人工部分	自然部分
地表特征		硬化地面	土壤	水体	硬化地面	土壤	水体
地上特征		建筑物、道路、广场	绿化植被或裸地	水体	建筑物、道路	农田、自然植被或裸地	水体
城市碳库		建筑物、构筑物、土壤、家具、图书等	土壤和植被碳库	溶解碳	建筑物、构筑物、土壤、家具、图书等	土壤和植被碳库	溶解碳
水平碳通量	输入	食物、纤维、木材或其他含碳产品	植物栽种、有机肥输入	含碳物质排入	部分工业产品、垃圾	作物栽种、有机肥输入	含碳物质排入
	输出	部分工业产品、垃圾	无	无	食物、纤维、木材或其他含碳产品	农产品输出	无
垂直碳通量	输入	无	植物光合作用	与大气的碳交换	城市排放CO_2的吸收	植物光合作用	与大气的碳交换
	输出	化石燃料燃烧、废弃物分解及人类呼吸	土壤和植物呼吸作用		少量化石燃料燃烧、废弃物分解及人类呼吸	土壤和植物呼吸作用	

注:根据文献①补充整理得到

2) 城市系统碳循环过程特征

作为一个复杂的社会、经济复合系统,与自然系统相比,城市系统碳循环过程具有较大的复杂性、不确定性和空间异质性特征,主要表现在以下方面:

(1) 城市碳循环过程涵盖城市足迹区,甚至影响到更大区域的生物地球化学过程。

(2) 城市碳过程包括自然过程和人为过程,以人为过程为主。城市人工部分的碳过程主要受人为因素的影响,而自然部分的碳过程主要受自然过程控制(见表 7.22)。

(3) 城市系统碳循环包括水平和垂直碳通量两部分(见表 7.22)。其中,水平碳通量以人为过程(含碳物质产品的水平传输)为主,垂直碳通量既有人为过程(化石燃料燃烧等)也有自然过程(植物和土壤等的呼吸作用)。

(4) 城市碳循环具有较大的空间异质性,城市碳通量的强度、范围和速率取决于社会发展程度、产业类型、经济结构、能源结构及能源使用效率等社会因素。

(5) 城市蔓延区的人工化程度较高,因此其人为碳通量较大。城市足迹区碳过程主要包括自然碳循环过程和含碳物质产品的传输,人为碳通量明显小于城市蔓延区。

(6) 部分碳过程存在于城市蔓延区和足迹区之间,且单向流动。如食物、纤维、木材或

---

① Churkina G. Modeling the carbon cycle of urban systems[J]. *Ecological Modeling*, 2008, 216(2): 107—113.

其他含碳产品由足迹区输入蔓延区,而部分工业产品和垃圾则由蔓延区输入到足迹区[1],这说明城市碳足迹大小与城市资源消耗量和产品销售地有关。

(7) 城市是一个动态扩展的系统,随着城市的进一步蔓延、人口的增加或经济结构的改变,其足迹区必然会发生变化,其碳过程的规模、强度和空间范围也将随之改变。

此外,从城市社会、经济的角度出发,可以将城市看作一个具有一定功能、格局和作用的复合体。出行、住房、食物和生活方式等是城市系统提供给居民的主要功能,这些功能如何提供和发挥与碳排放直接相关;而它们之间的关系也受到城市格局和作用的影响(见图7.10)。而城市功能、格局和作用会随着区域需求和经济竞争等因素不断发生变化,这会对城市系统的碳排放造成影响[2]。

从以上分析可知,城市系统碳循环过程是一个包括自然和人工过程、水平和垂直过程、经济和社会过程在内的复杂系统,与自然生态系统碳过程有着本质区别。[3]

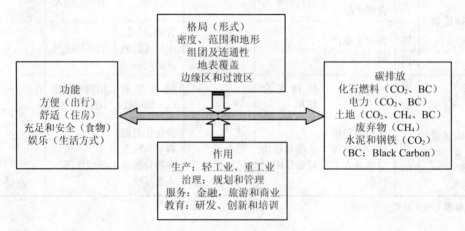

图7.10 城市系统的功能、格局和作用与碳排放的耦合作用关系[2]

7.4.2 城市系统碳循环研究

城市碳循环研究目前尚未形成系统性成果,主要在城市能源使用碳排放、城市植被和土壤碳研究、城市扩展对碳排放的影响、城市代谢与碳过程、城市系统碳循环模拟等方面开展了相关研究。

1) 城市能源使用碳排放研究

城市能源消费与碳排放密切相关,该方面的研究也更为深入。20世纪,人类社会能源消耗量增加了16倍,CO_2的排放量增加了10倍[4]。大部分高碳排放的亚洲国家的CO_2排放

---

[1] Churkina G. Modeling the carbon cycle of urban systems[J]. *Ecological Modeling*,2008,216(2):107—113.
[2] Lebel L,Garden P,Banaticla M R N,et al. Integrating carbon management into the development strategies of urbanizing regions in Asia[J]. *Journal of industrial ecology*,2007,11(2):61—81.
[3] Lebel L,Garden P,Banaticla M R N,et al. Integrating carbon management into the development strategies of urbanizing regions in Asia[J]. *Journal of industrial ecology*,2007,11(2):61—81.
[4] Crutzen P. Dowsing the Human Volcano[J]. *Nature*,2000,407(12):674—675.

量与能源消费量的增加趋势几乎一致[1]。面对全球气候问题谈判的压力,世界各国开展了能源碳排放的研究。由于能源消耗是城市CO_2的主要排放源头,因此对能源使用的碳排放及其清单的研究对于了解城市碳过程具有重要意义。

结合齐玉春等[2]的研究,城市能源使用碳排放主要来源于以下方面:① 工业生产、电力生产中的化石燃料燃烧;② 燃料加工、运输以及工业使用过程中的泄漏和挥发;③ 交通工具带来的碳排放;④ 居民独立采暖和生活炉灶中化石燃料的使用[3]。研究发现,在城市能源消耗中,很多国家的交通运输能源消耗量约占全部终端能源消费的1/4～1/3,占全部石油制品消耗量的约90%[4]。如2000年英国道路交通的CO_2排放量占总排放的25%左右,并超过电力生产带来的碳排放[5]。Jose M. Baldasano对巴塞罗那的研究发现,主要的CO_2源是私人交通,占研究期内排放总量的35%[6]。梅建屏等[7]通过城市微观主体碳排放评测模型,探讨了城市微观主体土地利用模式对碳排放的影响。其以南京市某单位为例,对不同交通方式能源使用碳排放量进行了评测,认为私人交通的碳排放量明显大于公共交通。

由于能源使用量及其碳排放的不断增加,如何通过能源消费结构的改变、能源利用效率的提高、能源利用技术的改进等途径减少碳排放是当前研究的重点之一[8]。要保持经济发展,不能只通过减少能源消费量来实现碳减排,而需要提高能源利用率,并寻求新型的、低碳能源代替高碳能源,即考虑能源结构问题。另外,部分学者还对不同经济发展阶段、经济结构及经济发展速度等对碳循环的影响进行过研究[9],因为不同的经济结构和经济发展阶段会对能源消费结构和能源转化效率造成影响,这进一步影响了城市碳过程。

2) 城市植被和土壤碳研究

受人类活动影响,城市植被和土壤的碳过程与自然生态系统存在差异。城市植被主要以绿化树木、灌木树篱和草地为主,其碳过程受人类日常维护措施如施肥、修剪和管理等的影响。城市土壤大部分长期被硬化地面覆盖,既不能生长植被,也不能接收雨水下渗,因此非城市景观向城市景观的转化会强烈改变土壤碳库和碳通量[10]。

美国学者David等[11]从国家、区域和州等不同尺度上对城市树木的碳储量进行了估算,

---

[1] Sissiqi T A. The Asian Financial Crisis——is it good for the global environment? [J] Global Environmental Change,2000,10:127.

[2] 齐玉春,董云社. 中国能源领域温室气体排放现状及减排对策研究[J]. 地理科学,2004,24(5): 528—534.

[3] 张仁健,王明星,郑循华等. 中国二氧化碳排放源现状分析[J]. 气候与环境研究,2001,6(3):321—327.

[4] 齐玉春,董云社. 中国能源领域温室气体排放现状及减排对策研究[J]. 地理科学,2004,24(5): 528—534.

[5] 张平. 英国提高能源效率的政策取向[J]. 中国能源,2001,(2):31—32.

[6] Baldasano J M,Soriano C,Boada L. Emission inventory for greenhouse gases in the city of barcelonam,1987—1996[J]. Atmospheric Environment,1999,33(23):3765—3775.

[7] 梅建屏,徐健,金晓斌等. 基于不同出行方式的城市微观主体碳排放研究[J]. 资源开发与市场,2009,25(1): 49—52.

[8] 刘慧,成升魁,张雷. 人类经济活动影响碳排放的国际研究动态[J]. 地理科学进展,2002,21(5):420—429.

[9] Sissiqi T A. The Asian Financial Crisis—is it good for the global environment? [J] Global Environmental Change,2000,10:127.

[10] Pouyat R,Groffman P,Yesilonis I,et al. Soil carbon pools and fluxes in urban ecosystems [J]. Environmental Pollution,2002,116: 107—118.

[11] Nowak D J,Crane D E. Carbon storage and sequestration by urban trees in the USA[J]. Environmental Pollution,2002,112: 381—389.

研究发现,由于生长速度快、高大树木众多,城市树木比非城市树木的碳汇作用更为显著,城市植被在降低大气CO_2浓度方面起着重要作用,但城市树木的维护带来的碳排放会部分抵消城市植被系统的碳吸收。管东生等[1]在研究广州城市绿地植物生物量和净第一性生产量的基础上,通过对城市绿地中碳的贮存、分布和绿地固碳放氧能力的估算,探讨城市绿地对城市碳氧平衡的作用,结果发现,城市绿地系统的环境支持能力在很大程度上决定于它的生物量和生产量。植物光合作用的固碳和放氧量分别相当于人口呼吸释放碳和消耗氧的1.7和1.9倍,但远小于化石燃料燃烧释放的碳和消耗的氧。

与自然土壤相比,城市生态系统土壤性质发生了显著的变化,城市化进程对于城市土壤碳含量产生了较大的影响。董艳等[2]研究了福建省福州市自然及人工管理绿地土壤有机碳含量的差异及垂直分布规律,发现该市自然绿地景观0～10 cm土层有机碳均值比人工管理绿地有机碳均值低。部分学者还对城市化和城市扩展对土壤碳储量的影响进行了研究,结果表明,城市土壤碳储量远远大于郊区和乡村[3][4]。Mestdagh等还对比利时佛兰德斯市区和边缘区草地的土壤有机碳储量进行了计算[5]。以上这些都为研究城市自然碳过程提供了较好的思路。由于城市植被和土壤属于城市自然系统的一部分,其碳过程除受人类管理措施影响外,仍以自然过程为主,其研究方法也与其他自然系统碳过程的研究方法类似,这也是目前城市碳过程研究较容易切入的一个方面。

3) 城市扩展对碳排放的影响

城市扩张是最重要的土地利用/覆盖变化方式之一。其对碳排放的影响主要包括两个方面:一是城市化带来更多的工业碳排放、产品消耗碳排放及使用建筑材料带来的间接碳排放;二是城市化带来的非工业化碳排放(地类转化带来的碳排放),比如当森林或草地转化为城市用地,由于植物地上生物量会以CO_2的形式释放到大气中,这种转化表现为碳源[6]。

城市建设用地是重要的碳排放源。李颖等[7]对江苏省不同土地利用方式的碳排放效应的研究发现,建设用地产生的碳排放量占总碳排放的一半以上,而且随着建设用地的扩展,碳排放强度呈逐年增加的态势。

Svirejeva-Hopkins等[8]针对1980～2050年间世界的八个地区,用基于人口密度空间分布的双参数"Γ分布"模型对城市扩展(自然生态系统或景观转变为城市用地)及其对碳排放的贡献做了定量的核算,结果发现,2005年全球城市化造成的碳排放为1.25GtC,之后有所

---

[1] 管东生,陈玉娟,黄芬芳.广州城市绿地系统碳的贮存、分布及其在碳氧平衡中的作用[J].中国环境科学,1998,18(5):437—441.

[2] 董艳,仝川,杨红玉等.福州市自然和人工管理绿地土壤有机碳含量分析[J].杭州师范学院学报(自然科学版),2007,6(6):440—444.

[3] Pouyat R,Groffman P,Yesilonis I,et al. Soil carbon pools and fluxes in urban ecosystems[J]. *Environmental Pollution*,2002,116:107—118.

[4] 章明奎,周翠.杭州市城市土壤有机碳的积累和特性[J].土壤通报,2006,37(1):19—21.

[5] Mestdagh I,Sleutel S,Lootens P,et al. Soil organic carbon stocks in verges and urban areas of Flanders,Belgium[J]. *Grass & Forage Science*,2005,60:151—156.

[6] 陈广生,田汉勤.土地利用/覆盖变化对陆地生态系统碳循环的影响[J].植物生态学报,2007,31(2):189—204.

[7] 李颖,黄贤金,甄峰.区域不同土地利用方式的碳排放效应分析——以江苏省为例[J].江苏土地,2008,16(4):16—20.

[8] Svirejeva-Hopkins A,Schellnhuber H J. Urban expansion and its contribution to the regional carbon emissions:Using the model based on the population density distribution[J]. *Ecological Modelling*,2008,216(2):208—216.

下降。城市碳排放具有明显的区域差异,中国和亚太地区城市是碳源;而其他区域正在由碳源变为碳汇,或处于中立状态。但这种观点也存在片面性。刘纪远等的研究表明,中国近20年来的城市用地大部分是由农田转化而来的[1],由于农田和城市的碳释放量相当,因此中国城市化自身造成的土地利用/覆盖变化对生态系统碳循环的影响并不显著。而美国等一些西方国家,由于森林覆盖率很高,大量城市用地是由森林转化而来的,因此,这些地区的城市化可能造成大量的碳排放[2]。由此可见,城市扩展对碳排放的影响,一方面要考虑其带来的直接和间接碳排放,另外还要考虑土地利用方式转换前后碳储量的变化。由于各国家、地区自然及社会条件的差异,城市扩展对碳排放的影响具有较大的不确定。

4) 城市代谢与碳过程研究

城市物质代谢的概念是由 Wolman[3] 于1965年提出的,他认为城市代谢就是将物质、能量、食物等输入城市系统,并将产品和废物从城市系统中输出的过程,就像自然生态系统的代谢过程一样。城市代谢指明了人类社会物质和能量运动的基本方式和方向。城市代谢研究的主要目的是分析和了解与人类有关的物质和能量的流动,重点关注进出社会经济系统的物质数量与质量及其对生态环境产生的影响[4]。目前,城市代谢的概念多应用到物质、能量、食物、营养物和水等领域,而较少涉及到碳过程。由于城市原料和产品的代谢是城市碳通量的载体,因此通过城市代谢方法可以更深入地了解城市系统的碳循环过程。城市代谢可以从宏观和微观等不同层面展开。

Kennedy对世界五大洲八个都市区的城市代谢过程进行了宏观研究,发现大部分城市人均水、污水、能源和原料等代谢量都呈明显增加的趋势[5],这意味着城市足迹区面临着较大的环境资源负担,或足迹区的扩大[6]。因为城市的繁荣依赖于与其腹地的空间关系和全球资源网,代谢增加意味着失去更多的农田、森林和生物多样性,增加更多的交通和污染[7]。城市代谢方法为认识城市系统的碳过程提供了较好的思路,但其未考虑城市蔓延区和足迹区的植被及土壤的垂直碳通量[8];即代谢方法只考虑了人类经济生活部分,而未涉及自然碳过程。

城市代谢也可以从微观的家庭代谢层面展开[9],即主要从家庭层面研究自然资源的流入与流出通量[10]。对荷兰城市家庭代谢研究发现:不同家庭生活模式影响着物质吞吐量,甚至影响着整个经济系统的运行。结果表明荷兰城市家庭代谢状况不利于社会、经济、生态的

---

[1] Liu J Y, Tian H Q, Liu M L, et al. China's changing landscape during the 1990s: large-scale land transformation estimated with satellite data[J]. *Geophysical Research Letters*, 32, L02405, doi:10.1029/2004GL021649. 2005.

[2] 陈广生,田汉勤. 土地利用/覆盖变化对陆地生态系统碳循环的影响[J]. 植物生态学报,2007,31(2):189—204.

[3] Wolman A. The metabolism of cities[J]. *Scientific American*, 1965, 213:179—190.

[4] 马其芳,黄贤金,于术桐. 物质代谢研究进展综述[J]. 自然资源学报,2007,22(1):141—152.

[5] Kennedy C, Cuddihy J, Engel-Yan J. The changing metabolism of cities[J]. *Journal of Industrial Ecology*. 2007, 11(2):43—59.

[6] Churkina G. Modeling the carbon cycle of urban systems[J]. *Ecological Modeling*, 2008, 216(2):107—113.

[7] Kennedy C, Cuddihy J, Engel-Yan J. The changing metabolism of cities[J]. *Journal of Industrial Ecology*. 2007, 11(2):43—59.

[8] Churkina G. Modeling the carbon cycle of urban systems[J]. *Ecological Modeling*, 2008, 216(2):107—113.

[9] 刘晶茹,王如松,王震等. 中国家庭代谢及其影响因素分析[J]. 生态学报,2003,23(12):2672—2676.

[10] 马其芳,黄贤金,于术桐. 物质代谢研究进展综述[J]. 自然资源学报,2007,22(1):141—152.

可持续发展[1]。罗婷文等[2] 2005 年对北京市家庭食物碳消费的变化趋势进行了分析,发现随着城市化的进程,1993 年以来,家庭食物人均及户均碳消费量均由明显减少趋势转变为明显增加趋势,主要原因是食物消费结构的变化。另外,食物碳消费量还与家庭收入、年龄结构和教育水平等有一定的关系[3]。这种微观层面上的碳过程研究为分析社会、经济因素对碳循环空间异质性的影响提供了较好的思路,并有助于解释不同经济结构和生活方式对碳循环的影响,为我们更精确估算城市碳通量奠定了基础。

5) 城市系统碳循环模拟

过去的碳循环模型(基于过程的、生物地球化学的、遥感的)大都是对自然生态系统如植被和土壤的模拟,这些模型也同样可以对城市植被和土壤的垂直碳通量进行估算,但其没有考虑与人类活动相关的水平和垂直碳通量[4]。而目前对城市系统碳过程进行整体模拟的模型还很少。Svirejeva-Hopkin 等于 2006 年对城市土地利用变化的碳动态过程进行了模拟,其将城市土地分为三部分:

$$S = Sg + Sf + Sb \tag{1}$$

式(1)中,S 为城区总面积,Sg、Sf、Sb 分别为为绿地、贫民区和建成区面积(见图 7.11)。[5]

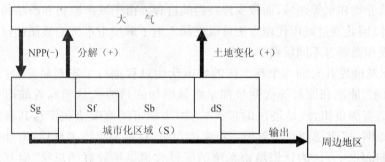

图 7.11 城市化生态系统的碳过程[2]
(注:Sg、Sf、Sb 和 dS 分别为为绿地、贫民区、建成区和城市年增加面积)

则城市生态系统碳的流动包括以下几部分:

生产的碳: $\qquad N = NPP \times Sg \tag{2}$

分解的碳: $\qquad D = (1 - ke) \times NPP \times Sg \tag{3}$

土地变化带来的碳: $\qquad dC = (B^* + D^*) \times dS \tag{4}$

输出的碳: $\qquad E = Ke \times NPP \times Sg \tag{5}$

式(2)~式(5)中,NPP、B^* 和 D^* 分别指 NPP、活生物量和腐殖质数量。系数 Ke 是指由城市系统区域输出到周边区域的死亡有机质的比例(为表达清楚,本文对原文献中个别数学符号进行了调整)。该模型主要用来模拟城市土地利用变化对碳通量的影响,但这里仅考

---

[1] Biesiot W, Noorman K J. Energy requirements of household consumption: case study of the Netherlands[J]. Ecological Economics, 1999, 28(3): 367—383.

[2] 罗婷文, 欧阳志云, 王效科等. 北京城市化进程中家庭食物碳消费动态. 生态学报, 2005, 25(12): 3252—3258.

[3] Luo T W, Ouyang Z Y, Frostich L E. Food carbon consumption in Beijing urban households[J]. International Journal of Sustainable Development and World Ecology, 2008, 15(3): 189—197.

[4] Churkina G. Modeling the carbon cycle of urban systems[J]. Ecological Modeling, 2008, 216(2): 107—113.

[5] Svirejeva-Hopkins A, Schellnhuber H J. Modelling carbon dynamics from urban land conversion: fundamental model of city in relation to a local carbon cycle[J]. Carbon Balance and Management, 2006, 1: 1—9.

虑了植被碳吸收和碳输出及土地利用变化带来的生物碳的变化,而未考虑人类工业活动和生活消费对碳过程的影响。

2008年,Svirejeva-Hopkin[1]又提出了一个基于人口密度空间分布的双参数"Γ分布"模型,该模型基于区域和世界碳排放及城市碳输出的动态对城市化进行了情景预测,并对城市年碳平衡进行了估算。与前述模型相比,"Γ分布"模型实现了人口密度和城市空间扩展的定量估算和预测,为进一步准确估算城市扩展对碳排放的影响打下了基础,但仍未建立关于城市碳过程的完整模型。

Churkina认为[2]:要构建城市系统碳循环及其影响的综合评价模型,不仅要考虑生物和物理特性,也要包括城市系统的人文因素,从自然和人文两个角度构建城市碳通量的估算模型,并从城市碳库、城市输入通量和输出通量等方面来整体考虑城市的碳通量(见图7.12)。对城市碳循环进行模拟,需要对生物物理通量和与人类有关的通量以及两者之间的关系进行调查研究。一方面需要大量能源使用、交通排放、植被和土壤碳通量等方面的数据,另一方面也需要开展针对影响城市碳循环的社会经济和生物物理因素方面的跨学科研究。只有这样,才能更好地了解不同区域城市系统碳循环的过程、途径、方向和机制。[3]

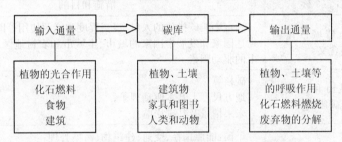

图7.12 城市生态系统的碳输入、碳库和碳输出[1]

城市碳循环研究的目的是通过了解城市碳通量的方向和规模及其影响机制,从而进一步为节约能源,减少碳排放,促进碳的循环利用,并采取切实有效的碳管理措施,实现低碳城市甚至无碳城市的目标,减缓全球变暖。

7.4.3 城市系统碳管理

全球碳计划(GCP)于2005年发起了城市与区域碳管理(URCM)研究计划,是"科学主题3"的首要内容。

1) 城市碳管理的内涵

URCM是基于区域、且与政府政策密切相关的科学计划,其核心是城市和区域水平的能源使用和土地利用变化[4],首要目标是支持区域碳管理和城市的可持续发展。URCM基于区域碳收支的角度对城市、区域和全球碳足迹、决定因素、发展模式和管理机会等采用比

---

[1] Svirejeva-Hopkins A, Schellnhuber H J. Urban expansion and its contribution to the regional carbon emissions: Using the model based on the population density distribution[J]. *Ecological Modelling*, 2008, 216(2): 208—216.
[2] Churkina G. Modeling the carbon cycle of urban systems[J]. *Ecological Modeling*, 2008, 216(2): 107—113.
[3] Churkina G. Modeling the carbon cycle of urban systems[J]. *Ecological Modeling*, 2008, 216(2): 107—113.
[4] Dhakal S. The Global Carbon Project and urban and regional carbon management[EB/OL]. on the website of URCM: http://www.gcp-urcm.org.

较的和历史的方法来研究①。要对城市和区域进行合理的碳管理,必须要有城市、区域、全球的综合视角,将碳管理和城市发展、城市部门、地方实际结合起来。

2) 基本理论和框架

为便于碳管理的实施,URCM 提供了一个完整的方案,而不仅仅局限于城市和区域的部门研究。其研究层次及主要内容包括②:

(1) 全球尺度。碳管理和人类社会的可持续性;城市化碳排放对碳汇功能的影响;空前的城市化率。

(2) 区域尺度。城市的扩展和新城市的产生,不断侵占传统生态系统的边界。

(3) 城市尺度。影响碳排放的因素包括城市规模和密度、城市蔓延、对汽车的依赖度、消费水平及生活方式。

城市与区域碳管理研究框架见表 7.23(由原文献的图转化而来)③。从大尺度到小尺度的研究,体现了从诊断方法到具体解决办法的递进。

表 7.23 城市与区域碳管理研究框架④

尺度	目标	措施和目的
大尺度	理解全球城市化趋势及其含义	确定影响碳排放的人口、富裕程度和能源使用等因素的趋势(包括发达国家和发展中国家的城市、半城市和农村地区),并确定大尺度上的驱动因素
中尺度	理解城市和区域发展及其碳影响	碳核算; 地方尺度上基本驱动因子; 未来情景及其碳影响
小尺度	阐明碳管理的干预、对策及权衡的途径	干预:能源选择、交通、建筑物、污染管理; 对策:管理措施、经济、信息和技术投资; 权衡:碳管理和其他社会经济条件之间的协调和权衡,不同尺度的制度面临的机遇和障碍

3) 主要科学问题

城市碳管理要解决的主要科学问题包括⑤:

(1) 在全球尺度上,城市化和全球碳循环是如何通过人口、富裕程度、能源及其他生物物理和社会经济机制相互作用的?

(2) 如果定量分析当前和过去城市及区域的碳源/汇? 低碳型城市和区域未来发展情景是什么?

(3) 不同城市的不同碳模式的基本驱动因子(如地理条件、社会经济因素、历史遗存/模

---

① Canan P,Crawford S. What can be learned from champions of ozone layer protection for urban and regional carbon management in Japan? [R]Global Carbon Project,2006:16—17.

② Dhakal S. The Global Carbon Project and urban and regional carbon management[EB/OL]. on the website of URCM:http://www.gcp-urcm.org.

③ URCM. Framework of Urban and Regional Carbon Management. http://www.gcp-urcm.org/Main/URCM-Science.

④ URCM. Framework of Urban and Regional Carbon Management. http://www.gcp-urcm.org/Main/URCM-Science.

⑤ URCM. URCM Science. http://www.gcp-urcm.org/Main/URCMScience.

式等)及其潜在结构是什么?

(4) 影响城市碳减排的管理策略有哪些?区域高效碳管理中的权衡和协作有哪些?在城市及区域碳管理中,碳管理制度和结构的作用是什么?

4) 城市化对区域碳收支的影响

城市化过程直接影响了区域能源消费格局、生活方式和城市扩展的速率,因此对区域碳循环具有较大的影响,这也是全球及区域气候变化的重要影响因素。Canan P[①]认为,城市化过程对区域碳收支的影响体现两个方面:

(1) 直接驱动力。一方面城市化带来土地利用变化,造成了森林、农地减少,并带来了碳排放;另一方面城市建筑、交通运输、工业等领域的能源使用也带来了碳排放。

(2) 潜在驱动力。包括人口(组成、分布)、组织(团体、组织)、生态环境(生态系统、气候、土地利用/覆被)、技术(能源、交通运输)、制度(经济、政策、健康、教育和宗教)及文化(信仰、价值观、习俗和道德)等六个方面。潜在驱动力是认识"碳-气候-人类"系统循环的区域差异的关键要素,因为这六个人类因素及其之间的耦合关系是造成不同城市碳模式差别的主要原因,也是解决上述碳管理科学问题的关键。因此,碳管理的关键是在社会和人文方面。

5) 碳管理措施

城市主要通过功能、格局和作用的相互结合来影响碳排放,而城市功能的发挥直接决定了碳排放的类型和规模。因此,城市碳管理可以从改变城市功能发挥的方式入手。表 7.24 提供了一个城市去碳化发展道路的框架[②]。表中,城市的四项主要功能都存在碳排放的负面效应,如果把加强去碳化管理作为城市战略的话,对城市功能来说既面临着机遇,又面临着挑战。

表 7.24 城市去碳化发展面临的机遇和挑战[③]

城市功能	负面影响(碳排放)	去碳化发展的挑战	去碳化发展的机遇
出行	燃料使用带来的碳排放	收入增加使人们机动车拥有量增加;交通系统的滞后	去机动化(高密度使大规模运输系统经济、可行)
住所	发电和工业生产(特别是水泥和钢铁)的碳排放	单位和家庭空调和采暖设备的数量不断增加	绿色社区(废物能量回收;高密度带来高效率;舒适和健康)
食物	家畜的 CH_4 排放;森林变为农田的碳释放	人们肉和乳制品的消费量增加	健康和充足(蛋白质替代品;生产和处理过程中的废物回收和高效能源利用)
生活方式	生活产品制造消耗的能源带来的碳释放;服务部门间接的碳排放	过度消费使人们为信用卡债务而超负荷工作;缺乏管理使工厂的污染强度增加	适度足迹(低能量、较少的原料、商品和服务;信息技术的合理使用;有意义的工作)

---

① Canan P,Crawford S. What can be learned from champions of ozone layer protection for urban and regional carbon management in Japan? [R]Global Carbon Project,2006:16—17.

② Lebel L,Garden P,Banaticla M R N,et al. Integrating carbon management into the development strategies of urbanizing regions in Asia[J]. *Journal of industrial ecology*,2007,11(2):61—81.

③ Lebel L,Garden P,Banaticla M R N,et al. Integrating carbon management into the development strategies of urbanizing regions in Asia[J]. *Journal of industrial ecology*,2007,11(2):61—81.

去碳化(decarbonization)是指采用低碳强度能源甚至无碳能源,以减少碳排放,这是工业生态学长期的研究主题[1]。城市的去碳化即实现城市的 U 型反转:从城市发展初期的低碳到现在的高碳,再到未来的去碳[2]。实施城市碳管理的目的是为了实现去碳化的城市化发展道路[3],以缓解城市化对全球变暖的影响。

结合 Lebel[4] 的研究,要实现去碳化的城市发展目标,可采取如下措施:

(1) 采用低碳强度的交通系统,比如尽量采用大容量的公共交通体系,以减少私人机动车的发展,这可以在很大程度上减少交通领域的碳排放。同时,尽量采用清洁能源和新能源;在新的城市化区域降低对化石燃料的依存度。

(2) 积极推进行业的技术革新,以提高能源使用效率、减少碳排放。

(3) 调节城市规划、土地和交通基础设施。城市化及其规划是将碳管理与城市发展相整合的关键过程,未来几十年的城市设计和管理方法将对未来碳循环产生巨大影响[5]。比如,在建筑设计和布局中可以考虑提高居住的节能和效率、考虑紧凑的块状格局使城市功能更有效的发挥、增加城市树木和绿地空间以增加碳吸收并降低城市热岛效应等,这些都应该在规划中进行调节。

(4) 部分改变人们的饮食习惯。基于科学合理的营养搭配和农业规划措施来生产并提供人们所需的食物,这不仅有利于人体健康,还可以减少碳排放、增加土壤碳固定。

(5) 通过对过度消费的调控来降低碳排放。比如为低收入阶层提供廉价、清洁和安全的出行方式、居住环境、工作和饮食等,同时向消耗大量资源并排放大量碳的群体征税[6]。

区域发展途径是社会、经济和政治系统一系列相关变化的结果,随着时间和地点的不同而变化,一方面对于碳沉积和流通可能产生不同的结果,另一方面碳沉积和流通反过来对发展过程产生反馈[7]。城市是生产和消费系统的汇合点,也是大量碳流动和汇集的地方,这为管理和调整碳排放提供了机会。可以通过政策调控、技术升级、塑造标准和消费者文化等措施来实现碳减排和碳管理[8]。更好的理解城市化中生产、消费系统的碳排放的含义,有助于在不同空间尺度上实现碳管理。

确定和评估可能影响碳循环过程未来演变的具体干预点和干预途径十分重要,这也是

---

[1] Nakicenovic N. Freeing energy from carbon. In: Ausubel J. H, Langford H D. Technological trajectories and the human environment. Washington, DC: National Academy Press, 1997: 74—88.

[2] Lebel L. Carbon and water mamagement in urbanization[J]. Global Environmental Change, 2005, 15: 293—295.

[3] Canan P, Crawford S. What can be learned from champions of ozone layer protection for urban and regional carbon management in Japan? [R]Global Carbon Project, 2006: 16—17.

[4] Lebel L, Garden P, Banaticla M R N, et al. Integrating carbon management into the development strategies of urbanizing regions in Asia[J]. Journal of industrial ecology, 2007, 11(2): 61—81.

[5] Munksgaard J, Wier M, Lenzen M, et al. Using input-output analysis to measure the environmental pressure of consumption at different spatial levels[J]. Journal of Industrial Ecology, 2005, 9(1—2): 169—185.

[6] Lebel L, Garden P, Banaticla M R N, et al. Integrating carbon management into the development strategies of urbanizing regions in Asia[J]. Journal of industrial ecology, 2007, 11(2): 61—81.

[7] Canadell J G, Dickinson R, Hibbard K 等. 柴御成,周广胜,周莉等译. 全球碳计划[M]. 北京:气象出版社,2004: 32—37.

[8] Munksgaard J, Wier M, Lenzen M, et al. Using input-output analysis to measure the environmental pressure of consumption at different spatial levels[J]. Journal of Industrial Ecology, 2005, 9(1—2): 169—185.

GCP 碳管理的行动计划之一[①]。城市系统的碳管理是一个不同尺度的多层次体系,不仅局限于节约能源、提高能源效率和减少排放等方面,而且涉及到复杂的城市社会和经济的各个方面;不仅是一个自然和技术问题,还是一个复杂的社会问题。碳管理和去碳化也不一定阻碍经济发展,完全可以在提高人们生活水平的同时实现碳减排[②]。

城市碳循环是基于物质流通和生活消费过程的,是包括人工和自然过程、水平和垂直过程、经济和社会过程在内的复杂系统,受城市功能、格局和作用的交互影响。因此,了解城市系统碳循环过程的方向、规模、内部机理及其影响因素,并采取切实有效的碳管理措施,减少碳排放,促进碳的循环利用,对于实现低碳城市目标、减缓全球变暖具有重要意义。但目前对于城市碳过程的研究还很欠缺,真正的城市碳循环系统整体模型研究尚未出现,对于城市碳过程的机理和影响机制还不十分了解,因此,未来应注意以下方面的研究:

① 必须考虑人文要素在城市碳过程中的作用。城市是一个复杂的人类—社会—经济巨系统,城市碳通量过程涉及到人类活动的各个方面,并且受经济、制度、行为和生活方式等因素的影响,因此,应积极开展人为过程的水平碳通量的定量研究。

② 构建城市碳循环模型。从城市系统碳通量的角度,结合自然和人文因素来构建城市碳循环模型,进一步认识和了解城市碳循环的影响机理,是今后该领域研究的重点。

③ 揭示城市不同用地类型碳循环特征及地类转换的碳排放效应。城市土地利用变化是碳排放的重要人为因素。城市化过程最终要体现在土地利用及其方式的变化上,因此分析和研究不同土地利用方式的碳储量、碳通量以及不同地类及其转化的碳排放效应,对于更大尺度的碳过程研究和区域之间的对比研究具有重要的意义。

④ 加强城市碳过程的经济及社会驱动机制研究。城市碳过程具有较强的空间异质性,不同区域的城市、城市的不同功能区的碳通量的规模和速率存在差异。加强不同经济条件的城市、城市不同功能区碳过程的机制研究,对于研究更大范围内的城市碳循环规律至关重要。

⑤ 实施切实可行的碳管理措施,以实现低碳城市的目标。城市碳管理必须基于科学的碳循环过程研究结论。采取合理措施,促进城市碳减排,实现去碳化发展目标和城市的可持续发展是研究的最终目的。

7.5 清洁发展机制及其政策保障

清洁生产是低碳经济发展的要求,也是低碳经济和循环经济在企业层面的技术体现。清洁发展机制(Clean Development Mechanism,CDM)是《京都议定书》第十二条所确立的发达国家与发展中国家合作应对气候变化,以项目为合作载体的机制,是实现低碳经济的一种手段。其主要内容是:发达国家通过提供资金和技术的方式,与发展中国家开展项目合作。通过项目实现的"经核证的减排量",用于发达国家缔约方完成在议定书第三条下关于

---

①Canadell J G,Dickinson R,Hibbard K,等. 柴御成,周广胜,周莉等译. 全球碳计划[M]. 北京:气象出版社,2004:32—37.

②Lebel L,Garden P,Banaticla M R N,et al. Integrating carbon management into the development strategies of urbanizing regions in Asia[J]. *Journal of industrial ecology*,2007,11(2):61—81.

减少本国温室气体排放的承诺。适于开发CDM项目的领域很多,从广泛意义上来说,任何以发展低碳经济为目标的低碳技术、碳减排技术项目,都可以作为CDM项目。因此,大力发展CDM项目实际上就是大力发展低碳经济。由英国引领的、向低碳经济的转型已成为世界经济发展的大趋势。欧盟于2005年正式启动了排放贸易机制,同时批准了满足标准的CDM项目碳减排量可以进入欧盟排放贸易交换体系。低碳技术和CDM是实现低碳经济、履行京都议定书的重要措施[1]。本节从发展低碳经济的角度,介绍清洁生产机制的内涵、特征、实施情况及其政策保障。

7.5.1 CDM的内涵与特征

1) CDM的内涵

清洁发展机制(CDM)的核心内涵是:发达国家通过提供资金和技术的方式,与发展中国家合作,在发展中国家实施具有温室气体减排效果的项目,促进所在国的可持续发展。项目所产生的温室气体减排量用于发达国家履行《京都议定书》的承诺。简言之,就是发达国家以"资金+技术"换取更多的温室气体排放权。CDM执行理事会(EB)是全球的CDM管理中心,负责制订政策、批准项目、委任经营实体、批准方法学等[2]。

2) CDM的特征

(1) CDM是一种双赢机制

一方面,通过CDM,发达国家可以从在发展中国家实施的CDM项目中取得"经证明的减排量"(CER),用于抵消一部分其在《京都议定书》中承诺的减排义务(其余的减排量按规定需在本国内完成)。以较低成本的"境外减排"实现部分减排目标,可帮助发达国家减轻其实现减排目标的压力。另一方面,在发展中国家实施的CDM项目绝大多数是提高能效、节约能源、可再生能源及资源综合利用、造林和再造林等的项目,符合发展中国家优化能源结构、促进技术进步、保护区域和全球环境的经济社会发展目标和可持续发展战略。此外,在实施CDM项目过程中,发展中国家可获得发达国家的技术转让、购买CER的资金甚至是项目的投资[3]。

(2) CDM是一种国际协作的环境保护策略

CDM是为应对气候变化、减排温室气体而提出的一种跨国环保策略。它不同于一般意义上的环境保护及国内的清洁生产,而是由发达国家对发展中国家进行资金投资来实现减排。虽然对发达国家而言,其是出于自身减排义务的需要,但该机制的出台和实施为全球环保协作提供了范例。

(3) CDM是一种新型的跨国贸易和投资机制

CDM创造了一种新型的跨国贸易和投资机制。它将温室气体减排量作为一种资源或者商品在发达国家与发展中国家之间进行交易。CDM是一种"境外减排",其产生的基础,或者说发达国家进行境外减排的动力,是经济学中的成本—效益分析和国际贸易中的比较优势理论。资料显示,在发达国家完成CO_2排放项目的成本比在发展中国家高出5~20倍。

---

[1] 姬振海. 低碳经济与清洁发展机制[J]. 中国环境管理干部学院学报,2008,18(2):1—4.
[2] 辛晓牧,冷雪飞. 清洁发展机制的进展及应对策略[J]. 环境保护与循环经济,2008,(4):15—17.
[3] 洪小红. 清洁发展机制(CDM)简介[J]. 科技资讯,2008,(18):103.

发展中国家较低的减排成本就成为推动发达国家到发展中国家投资减排项目以获得低成本减排效益的根本动力①。

7.5.2 CDM在国内外的发展状况

1) 国际CDM的发展情况

作为CDM项目发展的载体,世界银行首先推出CDM国家战略研究(NSS),随后建立了原型碳基金(PCF)、生物碳基金(BCF)、社区开发碳基金(CDCr)等,并托管意大利碳基金和荷兰碳基金,统称碳融资,资金总额10多亿美元。由欧洲多家金融机构成立的欧洲碳基金(ECF)投资全球范围内的温室气体减排项目及碳减排市场交易,管理资金约1.43亿欧元。面对国际市场碳交易的持续升温,世界银行仍是最大的CDM买主,但其选择目标更多考虑以社会经济效益为主②。

自《京都议定书》于2005年正式生效以来,已有38个国家和地区实施了2005～2007年的第一阶段减排。从2008年开始,这些国家就要进入第二个减排期。欧盟作为《京都议定书》的主力倡导者将继续在全球气候变化问题上发挥积极作用。按照《京都议定书》规定,欧盟15国(东扩之前)作为一个整体,其减排目标是要在2008～2012年间将温室气体排放量在1990年的水平上平均减少8%。考虑到各成员国间的经济技术和能源结构差异,欧盟对各国的协议减排指标作出了差异较大的规定:例如,卢森堡的削减目标是28%,德国21%,英国12.5%,希腊25%,西班牙15%;而葡萄牙还被允许比1990年的排放水平增加27%;对法国和芬兰的要求则是保持1990年的排放水平。

上述规定具有国际法的约束力,达不到减排承诺的国家将面临严厉的惩罚。如果在2012年前,缔约国没有完成任务,那么2012年后的减排任务将增加1.3倍。欧盟规定,如果企业温室气体排放超标,在2005～2007年的第一阶段减排期内,超额排放部分每标准tCO_2将被处以40欧元的罚款;在2008～2012年的第二减排期内,处罚的标准将达到100欧元。为配合减排行动,欧盟还出台了相应的内部温室气体排放贸易条令,规定满足要求的部分CERs可以进入欧盟的排放贸易体系。并于2007年1月提出,截至2020年,欧盟温室气体排放将在1990年的基础上减排20%;即使其他国家不减排,欧盟也将采取单方面的行动,力争到2050年减排额达到50%～60%。同时,欧盟开展多项双边CDM项目合作计划,旨在针对发展中国家发展CDM。其中,从2007年6月起,欧盟将在中国启动一项预算为280万欧元的CDM项目。该项目资助将持续到2010年,项目资金将运用于为中国发展清洁机制的研究、培训活动;法律法规建设;提供政策、建议和支持。这一系列举措,极大地促进了中国与欧盟的双边CDM项目合作,加强了CDM在中国可持续发展中所发挥的重要作用③。

2) 中国CDM的发展

作为发展中国家的中国,既是温室气体排放的大国,同时又深受温室效应之害。有关资料显示,我国现阶段温室气体的年排放总量已经超过全球总量的10%,位居美国之后列世

---

① 何艳梅.《京都议定书》的清洁发展机制及其在中国的实施[J].上海政法学院学报,2008,23(2):93—97.
② 熊继海,王贺礼.CDM项目开发现状与发展趋势[J].江西能源,2007(2):11—13.
③ 辛晓牧,冷雪飞.清洁发展机制的进展及应对策略[J].环境保护与循环经济,2008,(4):15—17.

界第二位,并有可能在 2010~2020 年间成为全球温室气体排放量最大的国家。我国政府早在 2002 年就已经核准了《京都议定书》,随着 2005 年 2 月 16 日《京都议定书》的正式生效,我国的 CDM 项目开发蓬勃发展。我国 CDM 管理机构为国家气候变化协调领导小组,并由国家发改委、科技部、外交部等七部委负责成立国家 CDM 项目审核理事会,负责对国内 CDM 项目的审核管理。国家非常重视 CDM 给我国带来的潜在发展机遇,制定和采取了一系列相关政策和措施,积极创建具有吸引力的项目实施环境,力争使我国在国际碳市场的竞争中处于有利地位,争取更多的 CDM 项目机会。

为充分利用 CDM,我国政府于 2004 年 6 月颁布了《中国清洁发展机制项目运行管理暂行办法》,为 CDM 项目的广泛开展奠定了基础,最近又对《办法》进行了修订。《办法》规定了项目申报、许可程序等政策,明确了提高能效、开发和利用可再生能源、甲烷回收利用等三个方面为我国开展 CDM 国际合作的优先领域。主要归因于我国的能源利用结构。煤炭是我国的基本能源,而且我国燃煤技术低效、污染严重。随着经济的发展及对能源需求的不断增长,相关问题将日益突出;实施能源替代及提高能源终端利用和燃煤效率,又受到自身资金和技术不足的极大制约。而我国作为世界最大的 CO_2 减排指标出口国,在许多方面拥有优势,包括技术实力、风险较低、相对容易获得项目融资等,具有开展 CDM 项目的巨大潜力。截至 2008 年 2 月 15 日,已有 1 068 个项目获得国家发改委的批准。其中 161 个项目在 CDM 执行理事会(EB)注册成功;共有 30 个项目获得 EB 签发的 CERs,累计签发量为 3 637 万 t,占 EB 签发总量的 31.33%,签发量已超过印度(30%)[1]。

3) CDM 在我国发展中存在的问题

我国拥有巨大的 CDM 项目市场潜力,但是目前的项目开发状况并不令人满意,主要原因如下:一是 CDM 国际规则复杂,项目准备成本高;二是目前减排额出售价格较低,影响了项目开发商的积极性;三是我国虽已开展了一些能力建设活动,但开发设计项目的能力仍然欠缺[2]。具体来讲,存在的问题主要有以下方面:

(1) 从方法学的开发来看,国内自主研发的方法学还比较少。截至 2007 年 11 月底,全球共开发了 CDM 常规项目方法学 62 个,主要涉及 HFC、N_2O、可再生能源、煤层气利用等领域。但发达国家研发的方法学较多,我国自己研发的方法学较少。

我国学者在方法学上主要有两个方向:一是自主开发新的方法学,目前我国已自主研发了约 10 个方法学,其中主要涉及煤层气开发和利用以及造林/再造林 CDM 项目领域;二是研究已有方法学和国际规则如何在中国实施。上述工作虽然对方法学的开发和实施起到推动作用,但相比较我国 CDM 项目开发的需要还远远不够[3]。比如,提高能效和煤层气开发利用是我国开展 CDM 项目的优先领域,但目前方法学很少或没能得到通过,这直接影响了在领域的项目开发[4][5]。

(2) 规范 CDM 市场的措施还比较缺失。根据《办法》,对项目业主的要求仅为中资或中

---

[1] 辛晓牧,冷雪飞. 清洁发展机制的进展及应对策略[J]. 环境保护与循环经济,2008,(4):15—17.
[2] 辛晓牧,冷雪飞. 清洁发展机制的进展及应对策略[J]. 环境保护与循环经济,2008,(4):15—17.
[3] 高海然. 我国清洁发展机制(CDM)项目实施现状和政策建议[J]. 能源与环境,2008,30(6):33—37.
[4] 段慧珠. 辽宁省开展清洁发展机制工作的潜力和建议[J]. 环境保护与循环经济,2007,27(5):15—16.
[5] 辛晓牧,冷雪飞. 清洁发展机制的进展及应对策略[J]. 环境保护与循环经济,2008,(4):15—17.

资控股,对项目参与方特别是咨询公司和中介公司的资质和行为规范并无明文要求,这在一定程度上也造成了国内CDM市场有些混乱。

(3) 申请方法学和注册项目的程序复杂,审批过程缓慢,造成目前存在项目数量少、交易成本高、风险大的问题①。

(4) 从国内目前正在审批和已经注册的项目来看,HFC和甲烷项目占了很大的比例。例如,在已经注册的七个项目中,两个HFC项目产生的减排量就占了总减排量的92%。当然在方法学中,研究非CO_2气体的占了绝大部分,客观上推动了此类型项目的发展。然而,这些项目对于我国的可持续发展贡献不大。另外,此类项目产生大量的CER,直接冲击国际碳市场,造成CER价格偏低,挤压了国内其他CDM项目的生存空间,不利于清洁发展机制原来目标的实现②。

7.5.3 CDM的政策保障措施

(1) 科学加强CDM项目开发能力建设。由于我国减排压力不断增大,因此,需要合理确定CDM机制实施的减排空间,以便履行我国自身的减排责任。此外,CDM项目申请需要经济、法律、技术、工程和外语等方面的高素质人才,因此,亟须培养一批专业化、年轻化的CDM项目开发人才,促进CDM项目的系统化开发,提高项目注册的成功率,取得更为良好的收益。同时,应积极加强同中介咨询机构的合作,努力为企业提供中介服务,指导单边项目企业寻找温室气体减排量购买方;拓宽国际温室气体减排量购买渠道,为核准减排量采取较高的价格和较为优惠的贸易条件;并可以通过对CDM项目打包开发来降低核准的成本和时间,加快开发的进度,达到项目开发的规模经济效益③。

(2) 确立国内的CDM市场规范。目前,在《办法》中对项目参与方,特别是对咨询机构和中介机构的资质并无明文要求和行为规范,但随着CDM项目在我国实践的深入,迫切需要对项目参与方的资质给予明确规定,以保证国内业主的利益和市场运作的规范。比如,建立健全的CDM管理制度,整顿CDM咨询机构,建立资质系统,给具备一定实力和条件的公司开展CDM咨询业务颁发资格证书。建立人才考核制度,使CDM开发人员持证上岗。建立中介机构淘汰体制,如果一个中介机构申请的项目大多数没有注册成功,可取消其资质;同时加强培训,增强咨询机构和中介机构的实力和业务水平④。

(3) 加强对清洁发展机制项目的规划和指导。清洁发展机制是控制温室气体排放的市场机制,国际市场竞争激烈,中国政府有关部门应分行业、分项目类型加强指导,帮助中国企业积极参与清洁发展机制国际竞争。

(4) 积极扶持清洁发展机制项目开发和审查咨询服务机构,允许为项目开发提供咨询服务的机构按照市场规律从项目成功开发中获得收益,激励咨询服务机构提供优质、高效、专业的服务,加快清洁发展机制项目开发。清洁发展机制程序复杂,执行理事会大约每两个月左右就要开一次会,对方法学、项目文件标准格式、审批程序等不断修改完善,项目开发者

---

① 刘灿生,朴芬淑,刘鹏远等.我国清洁发展机制(CDM)的实施[J].沈阳大学学报,2004,16(6):96—99.
② 马驰,朱益新.清洁发展机制——中国经济可持续发展的新机遇[J].生态经济,2007,(5):98—103.
③ 郭捷.利用清洁发展机制,促进区域可持续发展[J].中共乐山市委党校学报,2008,10(3):20—22.
④ 高海然.我国清洁发展机制(CDM)项目实施现状和政策建议[J].能源与环境,2008,30(6):33—37.

必须不断跟踪才能保证开发出合格的项目。而且,由于清洁发展机制是国际间合作,英语语言能力和国际合作经验必不可少,因此,除了少数大型企业以外,国内大部分企业不具备独立开发能力,需要有能力的专业咨询服务机构帮助。而清洁发展机制项目开发成功与否有很多因素,咨询服务机构的服务质量非常关键却又难以考核,将咨询服务机构的收益与项目的开发风险适当关联,是督促优质高效咨询服务的最佳选择[①]。

(5) 加强政府对开展清洁发展机制的服务引导。清洁发展机制是一种特殊商品的交易,既具有常规商品交易的市场风险,又需要国内、国际行政审批,对《气候变化公约》和《京都议定书》以及世界各国的政策和态度很敏感,项目参与单位不可控风险大。国家有关部门应利用掌握的国内外信息和公共部门公信优势,经常举办人员培训、信息交流,为清洁发展机制发展提供引导服务[②]。

复习思考题 7

7.1 阐述低碳经济、碳足迹、碳中和的概念?其对减缓全球气候变化控制的重要意义是什么?

7.2 阐述 CDM 的内涵及主要特征。

7.3 如何开展碳排放量核算?

[①] 温武瑞,肖学智.清洁发展机制在国内外的实践及启示[J].环境保护,2007,(6):50—54.
[②] 温武瑞,肖学智.清洁发展机制在国内外的实践及启示[J].环境保护,2007,(6):50—54.

8 农业循环经济

循环经济是在全球人口剧增、资源短缺、环境污染和生态蜕变的严峻形势下,人类深刻认识自然和重新改造自然的结果,是人们遵循自然规律和探索经济发展的客观规律的产物。作为推进人类社会可持续发展的一种实践模式,它强调有效利用资源和保护环境,以最小成本获得最大的经济效益、社会效益和环境效益。在全面发展循环经济、建设循环型社会中,循环型农业起着关键性和基础性的作用。农业不仅是基础产业部门,而且起到保护自然、稳定生态、实现人和自然和谐相处等机能,是"多功能"产业。农业循环经济不仅是当今世界农业发展的潮流和趋势,更是我国农业发展战略的必然选择。

8.1 农业循环经济概述

农业循环经济已逐渐成为当今世界农业发展的一股潮流和趋势,是 21 世纪农业发展战略的选择,各国纷纷以立法的方式加以推进。农业循环经济就是将循环经济理念应用于农业系统,在农业生产过程和产品生命周期中减少资源、物质的投入量和废弃物的产生排放量,实现农业经济和生态环境效益的"双赢"。这种农业发展模式称为循环型农业。

8.1.1 农业循环经济产生的背景

美国著名的未来学家阿尔温·托夫勒指出,21 世纪是世界农业大变革的时代,将出现全球范围的"第三次浪潮农业"。按照托夫勒的解释,第三次浪潮农业是在工业经济走向知识和信息经济时代背景下,人类利用高科技成果和手段使农业进入产业化发展方式的新农业[①]。虽然托夫勒没有明确提出循环型农业的概念,但他已经预示了人类未来农业经济发展的方向——循环型农业。

美国农业发展经济学家约翰·梅勒将农业的发展过程划分为传统农业、传统农业向现代农业过渡和现代农业这三个不同阶段[②]:

传统农业阶段:农业技术基本处于停滞状态,农业生产停留在生产初级农产品的水平上。在初级生产循环阶段中,产品直接来源于自然,基本上不产生废弃物和污染。人类与环境的关系是,人类从自然中获取资源,又不加任何处理地向环境排放废弃物,是一种开放式的生产过程。这个阶段由于手工劳动和技术落后等原因,农业生产过程中土地和劳动力浪费很大,因而造成传统农业增长缓慢。

传统农业向现代农业过渡阶段:农业被视为效益低下的弱质产业。这一是由农业自身

---

① (美)阿尔温·托夫勒著;朱志焱,潘琪译. 第三次浪潮[M]. 北京:北京三联书店,1983:412—419.
② (美)梅勒(JOHN W. MELLOR)著;安希伋,李素英,肖辉等译. 农业发展经济学[M]. 北京:北京农业大学出版社,1990.

特点决定的。受自然条件影响，边际收益递减规律在农业生产中表现得特别明显。由于农业生产过程中土地等资源的投入量固定不变，劳动力即使增加再多，农业产量也不会有大的提高。二是由于工业扩张占用了大量资本，农业机械的使用并不充分。所以这个阶段农业发展主要采用以提高土地产出率为重点的化学技术创新。大量的化学产品（化肥等）和农药被使用，致使农业环境的自净能力削弱乃至丧失，农业环境问题日益严重，土地资源的数量和质量危机越发突出。此阶段采用"先污染（发展），后治理"的后端治理模式。其结果是治理成本高，难度大，农业生态恶化现象难以遏制，经济效益、社会效益和生态效益都无法达到预期目的。

农业现代化阶段：农场规模趋于扩大，资本供给越来越充裕，采用现代化机械、运用先进生物技术进行农业生产。这个阶段开始体现出循环经济的基本特点：遵循生态学规律，合理利用自然资源和环境容量，在物质不断循环利用的基础上发展经济，使经济系统和谐地纳入到自然生态系统的物质环境过程中，实现农业经济活动的生态化。

从农业经济发展的经历来看，其经历了崇拜自然、征服自然和协调自然的三个转变过程。每一次转变都是以提高农业生产效率为目标；都是统筹人与自然的和谐发展，实现农业生产高效率的自我循环，并在农业内部实现资源利用最大化、环境污染最小化的集约性经营和内涵性增长，达到稀缺资源在更高效率层面上有效配置的目的，这与循环经济的资源化原则相一致。现代农业经济发展的基本原则强调从生产数量优先到生产质量优先的转变，从粗放型生产到集约型生产的转变，这与循环经济的减量化原则相统一。农业机械化、自动化等技术的出现实际上解决了循环经济要解决的一个关键问题，即人与资源的和谐关系。可见，农业经济发展的最终目标与循环经济的最终目标是一致的，都是希望借助产业内和产业间的代谢循环研究，找到能使经济体系与生物系统正常运行相匹配的途径，实现理想的循环经济系统。

8.1.2 农业循环经济与循环型农业的概念

从上述描述中可以看出，所谓农业循环经济就是在农业活动全过程实现资源利用效率最大化、废弃物最小化的经济活动过程与规律，其产业形态就是循环型农业。循环型农业的实现路径是循环经济思想在农业中的运用。它运用可持续发展思想和循环经济理论与生态工程学的方法，在保护农业生态环境和充分利用高新技术的基础上，调整和优化农业生态系统内部结构及产业结构，提高农业系统物质能量的多级循环利用，严格控制外部有害物质的投入和农业废弃物的产生，最大程度地减轻环境污染，使农业生产经济活动真正纳入到农业生态系统循环中，实现生态的良性循环与农业的可持续发展。

循环型农业体系是按照因地制宜和充分发挥资源优势的原则，在节水、节地和减少能耗的前提下，积极稳妥地调整农业产业结构，形成结构合理的农林牧副渔全面发展的大农业格局，使各行业之间相互依存，相互支持。协调好农业产前、产中、产后之间的关系，使农业向产前、产后延伸，形成"种养加"和"农工贸"配套的农业产业体系。积极发展生态高效农业，减少资源浪费，减少环境污染和农业生态破坏，使农业生态环境、农村经济形成良性循环，综合生产能力和可持续发展能力得到提高，实现农业经济效益、社会效益和生态环境效益的最大化的一种农业生产方式。所以，循环型农业即为将循环经济理念运用于农业经济发展系统中，充分利用当今高科技成果和手段，降低农业生产过程中资源、物资的投入量和废弃物的排放量，形成农业的种养加、农科教、产供销、农工贸一体化的自我积累、自我发展的良性循环体系。

农业循环经济包括四个层次：① 在农产品生产层次中推行清洁生产,全程防控污染,使污染排放最小化。② 农业产业内部层次实现物能相互交换,互利互惠,废弃物排放最小化。③ 农业产业的层次间相互交换废弃物,使废弃物得以资源化利用。④ 农产品消费过程中和消费过程后层次的物质和能量的循环。

农业循环经济的基本原则包括：① 农业的减量化原则是指为了达到通过减少资源的投入量来预防污染的目的,在农产品生产加工的整个生命周期中减少不可再生资源的投入量和废弃物的产生量。种植业可利用专门技术合理利用种植业天敌,如瓢虫、食蚜蝇、螳螂等减少农药喷洒量,既能节省人力、物力、财力,又能改善整个生态环境。② 农业的再利用原则是指农业资源被多次循环利用。如在水产养殖中,可通过在同一水体养殖不同种类的鱼类,因各类鱼的栖息水层不同,它们对水体营养成分的要求也不同,有的鱼以其他鱼的排泄物为食,能净化水体。而各类鱼的排泄物都能肥藕,这样就使水体达到自我净化的目的。③ 农业的再循环原则是指生产和消费中的废弃物可重新变成能利用的资源,比较典型的是秸秆还田。秸秆还田有两种方式：一是直接还田；二是间接还田。间接还田首先将作物秸秆作为饲料养殖家畜,而将家畜的粪便作为作物的优质有机肥。④ 农业循环经济的发展还要坚持再思考原则、因地制宜原则、整体性协调原则、生物共存互利原则、相生相克趋利避害原则、最大绿色覆盖原则、最小土壤流失原则、土地资源用养保结合原则、资源合理流动与最佳配置原则、经济结构合理化原则、生态产业链接原则和社会经济效益与生态环境效益"双赢"原则及综合治理原则等。

值得注意的是,循环经济的根本目标是在经济流程中系统地避免和减少废弃物,而废弃物再生利用只是减少废弃物最终处理量的方法之一。"3R"原则的顺序应该是减量化、再使用、再循环,即首先通过预防措施减少农业废弃物的产生,随之尽可能多地使用农业的中间产品,然后将农业废弃物资源化,最后一个环节提将无法再使用、再循环的废弃物焚烧或填埋。

8.1.3 循环型农业的特征

循环型农业本质上是一种低投入、高循环、高产出、高技术、产业化的新型农业,它具有很多生态农业的典型特征,同时广泛吸收了可持续农业的思想精华。与常规农业相比较,其具有的显著特征表现在以下四个方面：

(1) 理论指导方面。循环型农业借鉴工业生产方式,将清洁生产的思想和循环经济的理念应用到农业生产和经营中。提倡农业生产全过程控制和农产品生命周期全过程控制,预防污染的发生,注重农业生产环境的改善和农田生物多样性的保护,并将其看作农业持续稳定发展的基础。

(2) 生产方式方面。循环型农业摒弃了现代常规农业那种高投入、高产出的生产方式,注重高新技术在农业领域的广泛应用,在保持高产的基础上逐步用高新技术投入替代物质的高投入。循环型农业提倡实施农业清洁生产,改善农业生产技术,适度使用环境友好的"绿色"农用化学品,实现环境污染最小化。循环型农业将计算机和信息技术以及转基因、细胞融合、无性繁殖等生物技术运用到农业生产中,不但可以经营和管理农业生产资料、农业技术使用、农产品及再生产品的生产使用、贸易销售、宣传和推广,还可培育出优良的植物品种,大大提高资源利用率,削减和优化外部物质的投入量。

(3) 产业合作方面。现代常规农业往往局限于农业系统内部种植结构的调整,忽略与相关产业的耦合。循环型农业延长了农业生态产业链,通过废弃物利用、要素耦合等方式与相关产业形成协同发展的产业网络。循环型农业在不断提高农业产业化水平的基础上,从整体角度构建农业及其相关产业的生态产业体系。重点对农业系统内部产业结构进行调整和优化,通过与农业相关产业进行产品或者废弃物交换而相互衔接,使农业系统的简单食物链与生态产业链相交织构成产业生态网络,实现农业生态系统层次和区域层次的资源多级循环利用及生态良性循环。

(4) 生产效益方面。现代常规农业用高投入方式换得短期内较高的农业产量,但却为此付出了巨大的生态代价,同时农产品质量难以保证。循环型农业提倡资源的多级循环利用和适度的外部投入,利用高新技术优化农业系统结构,按照"资源→农产品→农业废弃物→再生资源"的反馈式流程组织农业生产,实现资源利用最大化使农业生产成本随之降低,农业产量和农产品质量以及经济效益和生态效益明显提高,使农业实现真正意义上的可持续发展。

8.1.4 我国发展农业循环经济的必然性[①]

(1) 从农业发展战略上看,首先,发展农业循环经济符合我国可持续发展的要求。发展循环经济、实施资源战略,具有和谐性、高效性和可持续性,可促进资源永续利用,保障我国农业经济安全。其次,循环经济理念要求人类不能单一地追求经济指标而不考虑生态环境。过去关注的经济增长主要是考虑不包含生态、环境损失的 GDP 指标,而非绿色 GDP 指标;描述地区差距和城乡差距主要以人均货币收入的高低为指标,对贫困与生态环境的关系关注得不够。发展循环经济对科学认识经济发展规律有着十分重要的作用,也符合我国节能减排的要求。第三,发展农业循环经济是提高我国农产品在全球市场竞争力的有效途径。农业循环经济可以帮助我国突破发达国家的"绿色壁垒"限制,提高我国农产品的市场竞争力。第四,发展循环经济是我国合理地调整农业产业结构,增加农民收入,缩小城乡差别,解决"三农"问题的重大战略措施。农民由于政治权力和经济权力的缺失与弱化,在工业化社会完全处于弱势地位,诸多权力受到严重侵犯,由工业化造成的生态环境破坏和污染导致农村新的贫困。解决这些问题的根本出路是发展农业经济。从可持续发展的角度来看,实现以循环经济为中心的农业可持续发展模式,才是解决"三农"问题的现实可行途径。应从战略的高度重视农业资源循环利用和农业环境保护,遏制传统的末端治理方式,提高资源生产率。

(2) 从农产品的需求角度看,当前,消费者对有机农产品的需求大量增加,尤其重视农产品的食品安全和保鲜等问题,这实际上就是对农业循环经济的一种呼唤。作为一种新的经济理念,循环经济强调经济增长并不意味着生产和消费更多的产品,而是着眼于提高用于消费的商品和提供的服务的质量,提高产品的价值,从而使经济发展实现从数量型增长到质量型增长的转变。

---

① 叶堂林.农业循环经济模式与途径[M].北京:新华出版社,2006:90.

(3) 从农产品的供给角度看,从 1997~2003 年我国是粮食净出口国,2003 年我国还出口了 2000 多万吨粮食;但 2004 年在粮食产量有所增加的情况下,我国反而要进口 800 万吨粮食。这说明我国粮食供给无法顺利转化为本国需求,许多粮食产品缺乏市场竞争力。为此,必须大力发展农业循环经济,加大无公害农产品的生产力度,促进农业结构调整,提高我国农产品的市场竞争力。

总之,要使我国农业经济得到高效率的发展,必须按照循环经济的理念和模式不但在技术层面强调发展农业循环经济,而且将制度、体制、管理、文化等因素通盘考虑,注重农业经济的创新和变革。

8.1.5 我国发展农业循环经济的可行性

循环经济理念的产生和发展是人类对人与自然关系深刻反思的结果。传统的经济发展模式下的"资源—产品—污染排放"的单向线性生产,将会导致人与自然之间出现尖锐矛盾,突出表现为资源危机、生存危机;而循环经济要求实现人与自然之间的和谐发展。就农业生产本身而言,它是自然生态系统的组成部分,推行农业循环经济模式具有天然的可行性。

(1) 农业与自然生态环境紧密相连。农业生产必须具有自然生态系统提供的水、土、大气和阳光等资源。从严格意义上讲,农业是自然生态系统的子系统,离开了自然生态大系统农业生产就会成为"无源之水"、"无本之木"。农业与自然生态环境紧密相连、水乳交融、密不可分的"先天条件",使农业经济系统更易于和谐地纳入到自然生态系统的物质循环过程中,建立循环经济发展模式。

(2) 农业与人类自身消费更贴近。农业是人类赖以生存的根本,是人类与自然之间和谐发展的直接体现。因而推行农业循环经济是协调人类与自然关系,促进人类可持续发展的最佳途径。人类处于食物链的最顶端,是自然的一部分,通过农业生产实现人类与自然之间的物质循环与能量转换,为遵循循环经济要求从根本上协调人类与自然的关系,促进人类可持续发展提供了更为直接的实现途径。

(3) 农业的产业构成特点使之更易于发展循环经济。农业产业系统是种植业、林业、渔业、牧业及其延伸出的农产品生产加工业、农产品贸易与服务业、农产品消费的耦合体,彼此之间相互依存、密切联系、协同作用、共同发展。合理的农业产业结构具有综合性、多样性、系统性等特点,具体体现在充分合理利用农业自然资源、劳动力资源、资金资源,促进农业产业协调发展,有效提高市场需求应变能力,以取得最佳的经济、社会、生态综合效益。农业产业部门间的"天然联系",导致农业产业结构呈现整体性特征;也正是农业产业结构的整体性特征决定着必须推行农业产业协调发展。

(4) 我国自古以农立国,具有发展农业循环经济的良好基础。历史上农业生产遗留下来许多优良传统和生产经验,其中很多思想与农业循环经济的特征相似。一方面,传统农业和生态农业在我国的发展,为农业循环经济的实施奠定了良好的实践基础,同时提供了丰富的理论及技术指导。另一方面,发展循环经济和建立农业循环经济已成为实现可持续发展的重要途径和实现方式,而农业研究的重点也正转向清洁生产概念在农业中的应用以及减少有害物质的排放,这对于推动农业循环经济在我国的发展极为有利。

8.2 农业循环经济发展模式及其产业链构建

农业循环经济发展模式即循环型农业发展模式，实际上是在实践中运用循环经济理论和原则组织经济活动的农业发展新模式。产业和企业是经济活动的主要组织方式和载体，所以，农业循环经济发展模式实质上是循环经济的产业发展模式和区域发展模式问题。农业循环经济产业链（体系）是由生态种植业、生态林业、生态渔业、生态牧业及其延伸出的生态型农产品生产加工业、农产品贸易与服务业、农产品消费等领域，通过废弃物交换、循环利用、要素耦合和产业生态链等方式形成的，呈网状的，相互依存、密切联系、协同作用的生态产业体系。各产业部门之间在质上为相互依存、相互制约的关系，在量上是按一定比例组成的有机体。农业产业部门间的"天然联系"、农业产业结构的整体特性正是农业循环所要求的，是建立农业循环经济产业链发展模式即循环型农业发展模式的基础。

8.2.1 农业循环经济的实现方式

农业循环经济的实现方式就是将农、林、牧、渔、加中的两个或以上产业进行耦合，在农业内部形成完备的功能组合，实现物质的多级利用和能量的高效转化。典型的农业循环经济即循环型农业一般可归纳为三种类型[①]：

一是以"食物链"原理为依据发展起来的良性循环多级利用型实现方式。生物之间相互依存又相互制约，一个生态系统中往往同时并存着多种生物，它们通过一条条食物链密切地联系在一起。如按照食物链的构成和维系规律，合理组织生产，就能最大限度地发掘资源潜力，节省资源，且减少环境污染。利用生态系统中生物间的相互制约，即一个物种对另一物种相克或捕食的天敌关系，还可人为调节生物种群，达到降低害虫、杂草及病菌对作物危害的目的，如利用杆菌防治稻纵卷叶螟等。

二是根据生物群落演替原理发展起来的时空演替合理配置型实现方式。根据生物群落生长的时空特点和演替规律，合理配置农业资源、组织农业生产，是生态农业重要内容之一。采用这种模式，可充分利用农业资源，使产业结构趋向合理，并保护农业生态环境。如在空间演替上，让农副业生产向空间或地下多层次发展，可在田间实行高秆、矮秆作物搭配种植，同时在田间的沟、渠、过道的空间中搭设棚架，栽种葡萄、芸豆等爬蔓作物；还可将种植植物和养殖动物搭配起来。在时间演替上，可采用间作方式，在同一块土地上种植成熟期不同的作物，以充分利用资源。

三是系统调节控制型实现方式。在一个生态系统中，生物为了繁衍生息，必须随时随地从环境中摄取物质和能量；而环境在生物生命活动过程中也得到某些补给，恢复元气和活力。环境影响生物，生物也影响环境；受到生物影响而改变了的环境又对生物产生新的影响。所以循环型农业必须通过合理耕作、种养结合来调节控制生态系统，实现良性循环和可持续发展。具体实现方式举例如下：

（1）农林立体结构循环方式

我国有许多乡村是土地呈平地、山坡立体型结构的山区、半山区。在这些地区可以将

[①] 初丽霞.循环经济发展模式及其政策措施研究[D].山东师范大学研究生硕士学位论文,2003：26—27.

林、农、药、菌等物种合理组合。坡顶种树,高坡栽果,平坡种草,在水土保持的同时发展林果、药材、野生菌生产及牛、羊养殖;平坝耕地以种粮为主,建立起充分利用空间、太阳能和土地资源的农业立体结构,形成良好的生态环境。

(2) 生态家园循环方式

在家庭承包责任制下,我国农业生产以户为单元,往往每户都兼营畜牧养殖业和水产养殖业,可以将家庭种植业、畜牧业和水产业紧密连接起来,形成户内循环利用,其循环过程如图 8.1 所示。

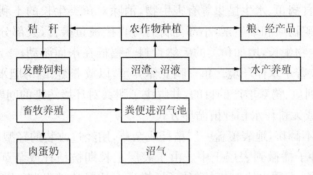

图 8.1 生态家园循环过程

从农作物种植中得到粮、经产品,副产品秸秆经过青贮和氨化发酵制成饲料;用之养畜得到肉、蛋、奶等畜产品。畜粪可制沼气,副产品沼渣、沼液又可作为有机肥料用于农作物种植,也可作为鱼饲料养鱼。在循环中,农民得到天然、无公害的优质农、畜、水产品,同时还得到沼气作为燃料。整个循环基本没有废弃物产生,实现了经济效益和生态效益"双赢"。

(3) 食用菌种植循环方式

种植食用菌是一种较好的循环型农业实现方式。食用菌味美可口、营养丰富,能防癌、抗衰老,是国际公认的健康食品,发展前景十分广阔。发展食用菌产业是提高农作物秸秆转化利用率和饲料价值的有效途径;而且食用菌生产属劳动密集型产业,可以吸纳大量劳动力。其循环方式如图 8.2 所示。

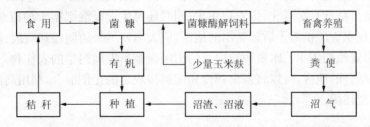

图 8.2 食用菌种植循环过程

利用农作物秸秆栽培食用菌,副产品菌糠既可返田肥地,又可作为畜禽的优质饲料。而且用麦秸、稻草等农作物秸秆形成的菌糠,不仅畜禽适口性好,而且还含有畜禽生长所需的各种营养物质。

(4) 农林牧渔结合循环方式

水资源丰富的地区可以猪—沼—鱼—果(菜、草)结合,池塘养鱼,塘边种果(菜、草),平地养猪,猪厩边建沼气池。用猪粪制沼气;沼渣、沼液作为饲料养鱼,作为肥料种果(菜、草);塘泥也作为种果(菜、草)的基肥;菜和草作为饲料养猪和养鱼,由此实现物质与能量的相互转化,形成综合利用的良性循环。

(5) 生物物种共生互利型

该类型将两种或以上相互促进的物种组合在一个系统内,使物种间互惠互利,达到共同增产、改善生态环境、实现良性循环的目的。种植业中传统的间种、套种就属于这种类型;稻田养鱼(鸭)和鱼—鸭结合立体养殖也属于这种类型。以鱼—鸭结合立体养殖为例:水下养鱼,水面养鸭,鸭取食病鱼、水生昆虫等有害生物,消除对鱼类生长的不利影响;鸭粪落入水中,因含有蛋白质、矿物质和维生素,小部分腐屑可直接被鱼摄食,大部分经游离分解,被水体吸收,促进浮游生物生长,增加鱼类的天然食料。鸭群在水面游动,一定程度上还增加了水中溶氧的密度,改善了水体环境。鱼—鸭立体养殖,以放养鲢、鳙等肥水鱼为主,可使鱼增产 15%～25%,达到鱼、鸭双增产的目的,并解决了鸭粪对环境污染的问题。

(6) 免耕直播或无耕作水稻种植循环方式

在耕作中土地不翻耕,地表覆盖一层秸秆或杂草,用经过改装的轻型播种机带着小犁头将秸秆层拨开,将种子播撒到表层土中。由于表层土长期被秸秆或杂草覆盖,一般都很湿润,加上微生物丰富,土质也比较松软,种子播撒后会比较快地发芽,也很容易地将根扎下去。种子发芽后,土层上的秸秆、杂草恰好成了呵护小苗的保护层。这种"不耕而种"看似原始的生产方式具有增产、环保、降低成本的众多好处。历茬秸秆的有机覆盖层既提供了肥力,又有助于保护土壤和墒情。随着秸秆残留物形成的有机覆盖层越积越厚,土壤质量会越来越好,农作物产量也会逐年提高。免耕法使得土壤微生物达到平衡水平,并由这些微生物承担起"耕作任务"。例如,身体柔软的蚯蚓不仅能使土壤变得疏松,它的粪便能使土壤肥沃,而且它们爬行的通道还能帮助存储水分。

(7) 其他循环经济实现型

① 生物物种交换利用。发掘传统农业中的轮作、套种及其他循环经济的做法进行推广应用。② 秸秆发酵还田。在农田废弃物较多的种植业主要产区,应用生物菌剂处理废弃物,发酵分解秸秆,改良土壤结构,减少农田氮、磷肥的施用量。这是解决农业废弃秸秆和增加土壤有机质、培肥地力的有效方法。③ 秸秆气化。在种植业比较发达、秸秆较丰富的地区,可利用设备将秸秆直接气化,供农户用火;同时还可生产复混肥用于种植业。④ 节水农业循环方式。在水资源供需矛盾较突出的地区,应大力发展渠道防渗和喷灌、滴灌等农业节水技术,提高水资源利用率。水资源较缺乏的山区应侧重发展耐旱的农作物。⑤ 粪便发酵还田。在农牧结合的地区,可以将畜禽粪便和配料按规定的比例混合,利用高温或生物手段发酵成为有机肥还田。

8.2.2 农业循环经济的产业链构建

农业循环经济倡导的是一种与环境和谐的经济发展理念和模式,其产业链构建主要体现在以下几个方面:

(1) 以生物质产业为基础的循环型农业的构建

生物质产业即利用可再生或可循环的生物质的产业,是循环型农业的扩展。生物质产业对解决当代能源危机、环境污染和人类严重疾病有重要作用,是一个朝阳产业,各国特别是发达国家非常重视。生物质能、生物材料、生物农药以及生物医药都属于生物质产业的范畴。生物质能的转化产品有燃料乙醇(由淀粉、糖类转化)、生物沼气(由秸秆和粪便转化,可燃成分是 CO、H_2 和 CH_4)、生物柴油(由植物油或废弃植物油转化,化学结构是甲基酯)等等。美国已开发的混合燃料 E85 由 85%乙醇和 15%汽油构成,价格比普通无铅汽油便宜 22%。

(2) 以生态农业为基础的循环型农业的构建

生态农业是因地制宜利用现代化科学技术与传统农业技术,应用生态学和经济学原理,充分发挥地区资源优势,依据经济发展水平及"整体、协调、循环、再生(自生)"的原则,运用系统工程方法,全面规划、合理组织农业生产,对中低产地区进行综合治理,对高产地区进行生态功能强化,实现农业高产优质、高效、持续发展,达到生态与经济两个系统的良性循环和经济、生态、社会三大效益的统一。它既是农、林、牧、副、渔各业综合起来的大农业,又是农业生产、加工、销售综合起来且适应市场经济发展的现代农业。

(3) 以有机农业为基础的循环型农业的构建

有机产业是指由有机农业(有机种植业、有机林业、有机畜牧业、有机渔业)、有机农产品生产加工业、有机农产品贸易与服务业、有机消费领域所构成的生态产业链。有机农业是在农业生产过程中遵循生态学原理和经济规律,不采用基因工程,不施用化肥农药等化学合成物质,利用生态农业技术,建立和恢复农业生态系统良性循环的农业。有机农产品是根据国际有机农业生态要求和相应的标准生产加工的,并通过有机产品认证机构认证的农副产品。有机农业在环境保护和农业污染防治上较彻底,发展有机产业与发展循环经济理念基本一致。因此,应全力推动以有机农业建设为基础,开发有机食品(产品)为目的,发展有机产业为手段的跨越式循环经济发展模式的应用。

(4) 以减量化原则运用为基础的循环型农业的构建

减量化原则是指为了达到既定的生产目的或消费目的而在农业生产全程乃至农产品生命周期(如从田头到餐桌)中减少稀缺或不可再生资源、物质的投入量,减少废弃物的产生量。一般认为,循环经济减量化原则在农业上的应用主要体现在"九节一减"。① 节地。这是减量化原则在用地上的应用。要求在修建民居、小集镇、城市、道路、厂房、基础设施等时,都要注意节约用地、集约用地,大力发展节能省地型住宅。② 节水。这是减量化原则在用水上的应用。我国人均水资源大大低于世界平均水平,而且水资源的时空和地域分布很不平衡,因此,应大力发展节水农业,推广先进实用节水技术,调整农作物结构。③ 节种。这是减量化原则在播种上的应用。种一亩小麦一般要用 30 斤种子,而科学用种只需 20 斤。④ 节肥。这是减量化原则在施肥上的应用。化肥的大量使用,不仅影响肥效的发挥,而且会造成土地板结、地力下降。化肥流失还会造成水体富营养化和化肥污染。⑤ 节药(含除草剂、抗生素、激素等)。这是减量化原则在施药上的应用。要求科学合理使用农药,严禁生产和使用高毒、高残留农药和过量用药,大力推广综合防治、生物防治办法,采用各种科学的方法减少农药的使用量。⑥ 节电。这是减量化原则在用电上的应用。要求大力推广各种先进的节电技术、设备、产品、工艺和科学的管理方法。⑦ 节油。这是减量化原则在用油上的应用。农业机械和农用运输设备要耗用大量的柴油、汽油,这方面的节约潜力很大。⑧ 节柴(节煤)。凡使用柴、草及农作物秸秆作燃料的地方,应坚持推广先进适用的省柴灶和用农作物秸秆、稻壳、木屑、竹屑等废料加工成的清洁碳。用煤作燃料的地方,应大力推广先进适用的节煤技术,以降低消耗、减轻对环境的污染。⑨ 节粮。城乡生活用粮以及用粮食作原料的各种加工业节约潜力很大。而采用科学的养殖方法,可使畜牧养殖业提高肉料比,节约大量粮食。⑩ 减人。有效转移农村富余劳动力,是缓解人多地少矛盾,提高农业劳动生产率,增加农民收入的有效途径。

(5) 以再利用原则运用为基础的循环型农业的构建

再利用原则是指资源或产品以初始的形式被多次使用。如畜禽养殖冲洗用水可用于灌溉农田,这既达到了浇水肥田的效果,又避免了污水随意排放,污染水体环境。又如在渔业养殖中,利用养殖用水的循环系统,使养殖污水经处理达标后循环使用,达到零排放的要求。再利用原则在农产品加工业中的运用主要体现在对各类农产品、林产品、水产品及其初加工后的副产品及有机废弃物进行系列开发、反复加工、深度加工、不断增值。农产品加工业在加工生产中产生的废弃物绝大多数属于原来农产品的组成部分,仍然含有大量的有机物质,开发价值高、成本低、技术容易掌握。

(6) 以再循环原则运用为基础的循环型农业模式的构建

再循环(资源化)原则是指生产或消费产生的废弃物能无害化、资源化、生态化循环利用,生产出来的物品在完成其使用功能后能重新变成可以利用的资源而不是无用的垃圾。"白色农业"是再循环原则在农业中的典型运用。"白色农业"即微生物农业,也就是将对传统农业中动植物资源的利用扩展到对微生物这种新资源的开发利用,创建以微生物产业为中心的新型工业化农业。由于从事微生物农业的科技人员身穿白色工作服,因而人们形象地称这种农业生产方式为"白色农业"。目前,"白色农业"已初步形成 6 大产业:微生物饲料、微生物肥料、微生物农药、微生物食物、微生物能源及微生物生态环境保护剂。"白色农业"可以生产出无公害绿色食品、无污染饲料、无污染肥料、无污染农药以及取之不尽的能源。

(7) 以再思考原则运用为基础的循环型农业模式的构建

农业生态恢复型发展模式是指运用生态学原理和系统科学的方法,将现代化技术与传统方法通过合理的投入和时空巧妙结合,使农业生态系统保持良好的物质、能量循环。从而达到人与自然协调发展的模式。恢复治理模式有土壤改造、植被的恢复与重建、防治土地退化、小流域综合整治、土地复垦等,这都是再思考原则的典型运用。根据这一思想,具体应采取以下措施:① 加强生态建设。比如,治理和防治水土流失,进行小流域治理,对城镇臭水沟、污水塘的污水进行治理及绿化。② 开发安全优质农产品。发展安全食品(包括无公害食品、绿色食品)不仅仅是生态农业和生态食品的问题,而且关系提高农业和农村经济整体素质与市场竞争力,关系农业增效与农民增收,关系农业良性循环和持续健康发展等。

8.3 农业循环经济的技术范式和技术支撑

农业循环经济的发展必须依靠制度创新与技术范式革命。在技术层次上,循环型农业是与传统农业的"资源→产品→废弃物排放"开放(或称为单程)型物质流动模式相对应的"资源消费→产品→再生资源"闭环型物质流动模式。其技术特征表现为资源消耗的减量化、再利用和资源再生化。从技术经济学角度看,循环型农业实际上是一种技术范式的革命。

8.3.1 农业循环经济的技术范式

按照著名经济学家乔瓦尼·多西的定义，所谓技术范式是为解决所选择的技术经济问题的一种模式，这是基于微观技术的定义。在宏观上，技术范式可定义为社会生产主导技术体系的基本特征和程序模式。在社会经济发展的不同历史阶段，不同社会形态对应不同的技术范式。农业经济社会的技术范式核心是劳动力与土地简单结合，以采集、种植和养殖为主，以手工劳动为主要特征的小规模生产。其生产过程基本不产生三废，产品直接来源于自然；产品消费以后形成的废弃物，基本上是对环境无害的有机物，直接返回大自然自然降解循环。即使使用燃料也主要取自于自然生态系统中的可再生的草木质植物，燃烧后释放的二氧化碳可以进入自然生态系统，通过光合作用循环再生成草木质植物。这是一种初始循环经济模式。

工业经济社会的技术范式复杂得多。其技术主体由劳动力与机器设备相结合的大工业体系替代了劳动力与土地的简单结合。生产过程的基本特征是以石化和煤炭能源消耗为基础，从自然界开采资源并对资源进行多次加工形成各种各样的复杂产品。工业经济社会中，工业技术和产品大规模渗入到农业领域，使农业的技术范式也发生了相应变革，生产过程中加入了化肥、农药、机械设备等工业品。于是，土地和劳动力的生产效率都大大提高了，但同时也给土地和水资源带来了越来越多的污染。伴随人类开垦荒地能力的提高，自然生态却遭到日益严重的破坏。在工业生产领域，动力主要由短期内不可能循环的能源来提供，导致向大气和环境中排放出各种废气、渣屑；各种物理的和化学的生产过程都要用清洁的水作为冷却剂或有毒、有害物质的排放载体，使得清洁的水资源日益减少；大量矿山的开采使得生态植被锐减；人口的膨胀使城市云集，工厂和住宅不断侵吞有限的可耕地[①]。

循环经济通过生产模式转换，不再以单一生产过程和单一产品的最优化为目标，而以整个生产过程的综合和多种产品产出的最优化为目标。从科学范式角度看，循环经济是基于技术范式革命的一种新经济发展模式，其技术主体要求在传统工业经济的线性技术范式基础上增加反馈机制。在微观层次上，要求企业纵向上延长生产链，从生产产品延伸到废旧产品回收处理和再生；横向上拓宽技术体系，将生产过程中产生的废弃物进行回收利用和无害化处理。

在宏观层次上，要求整个社会技术体系实现网络化，使资源实现跨产业循环利用，综合对废弃物进行产业化无害处理。

循环经济模式作为一种全新的发展理念不是以现代人的利益为唯一的利益，而是既满足现代人的需要又有益于生态平衡以维护子孙后代的利益，因而发展循环经济被认为是实施可持续发展战略最重要和最现实的选择。它着眼于提升人类的生活质量，通过科技创新和制度创新推进科技范式的生态化转向，推动经济从粗放型到集约型转变，最终实现传统工业文明向生态工业文明转变。正由于此循环经济范式的建立实质上是一种科技范式的革命。

循环经济放弃短期的表面物质追求，旨在系统地使产业经济的总体资源增值，通过科技创新和制度创新来推动可持续发展。它要求以生态标准和生产力标准来评估效益。其技术

---

① 齐建国. 关于循环经济理论与政策的若干思考[J]. 新视野，2004(2)：19.

特征表现为资源消耗的减量化、再利用化、资源再生化。这必然要求社会的生产消费模式实现由传统的"生产—消费"的线性过程向新型的"生产过程资源消耗减量化—消费过程可持续化—资源利用再生化"的封闭性循环过程的转变。

而要实现上述生产消费模式的转变,一个关键性的因素就是科学技术的创新水平。科学技术可以融入这一循环的全过程,实现资源的可持续利用、经济的可持续发展、生态环境的有序进化。这对科技发展提出了新的方向和强大需求,它要求大力发展高附加值、少污染排放的高新技术,要求大力发展废旧物资的综合回收与适用处理的生态技术。为此,必须对传统的科技观作出全新的价值选择,进行生态化科技创新,大力发挥高新科技的生态功能,建立、完善可持续发展的科技支撑体系。

生态化科技创新追求人与自然的和谐,在保护和改善生态环境的同时,最有效地利用资源,最大限度地减少污染物排放,即既提升经济运行的质量和效益又使生态环境得到有效的保护。

下面从如何循环的角度出发,介绍几种农业经济的循环范式:

(1) 食用菌栽培法

按照食用农产品安全、优质、卫生的标准,以工厂化就地生产的形式,将水稻秸秆作为菌菇生产的主要原料,通过生物处理和培育生产出菌菇农产品。这一生产过程既产出了优质的农产品,又使农作物秸秆被农民随意焚烧的现象得到了有效遏制,同时使菌菇生产原料(秸秆)经过生物腐化后变成了有机肥料,再返回施用到农田中。这一方法的应用,既为社会解决了农村富余劳动力的就业问题,增加了市场农产品种类,又解决了秸秆焚烧带来的环境污染,还提高了农民的收入。

(2) 过腹还田法

将田野中的青草采集后,作为奶牛的主要饲料;经过牛的消化,形成畜粪,再处置还田作为农业生产的有机肥料。这样,就解决了奶牛的饲料来源,减少了传统生产上大田种植的青玉米或其他饲料的使用量。

(3) 沼气利用法

将农田杂草、畜禽粪便集中堆放在一个大的容器内,使其高效腐化,产生气体可作燃气使用;经腐化后的废料,是农业生产的有机肥料。这种方法既可解决农田废弃物即时还田农作物不易吸收的问题,又为工矿、企业及居民提供了必需的生产与生活燃气。

(4) 立体种养法

在规模化农业生产的棚架作业区域内,适量的养殖禽类或水产品。禽类通过吃虫和田野内可食性生物来补充饲料;产出的禽粪则直接用于作物生长的有机肥料。这样既能起到生物防治病虫害的作用,又能提高土地利用率,同时为市场提供可口美味的食用农产品。种植180亩葡萄、提子,葡萄架下每年可放养"园林鸡"4万多只。

(5) 农作物杂渣就地处置还田法

在蔬菜生产中,产品上市时,有大量的作物残渣进入垃圾堆场或随意抛置在田间路边,加大了环卫单位的垃圾收集清运负担,引发了环境污染等问题。如果将这些作物残渣由种植人员在田间整理时统一收集,集中沤成有机肥料,则既省时省工、节约成本,又可减少污染源。

(6) 秸秆直接还田法

发挥秸秆还田作业机械的优势,将秸秆还田处置,再辅以绿肥播种和生物处置。这样既减少了污染，又改善了土壤结构，增加了土地肥力。

(7) 再生利用法

以稻麦秸秆为例。农民出售秸秆以发电或供气、供热，然后免费得到炉灰予以肥田。也可用稻麦秸秆制造新型轻质墙体材料，其具有防火、防潮、防蛀、隔音、轻质、高强度等优点。

(8) 水生态连接法

目前部分农村地区的河道由于水系不畅、生态退化、淤泥沉积而造成水质差、有害浮萍泛滥，可采用水生养殖和河道植被并举的方法来解决这个问题。即在河道内适当种植亲水植物，形成深水、浅水、河畔、河岸的植物链，并在河中放养各层面的鱼类，形成鱼吃草、大鱼吃小鱼、小鱼吃虾米、虾米吃泥巴的生物循环链，从而有效地改善水质，同时减少有害水草的生长和繁殖。

(9) 化肥、化学农药减施法

化学农药和化肥在施用过程中挥发较大，大致有五成左右通过空气挥发、水土流失滞留在空气和水土环境当中，这既降低了化肥、农药的施用效果，同时也造成了环境污染。积极使用生物农药和有机肥料是解决这一问题的重要途径。

(10) 精准农业法

利用信息技术支持建立现代化农事操作技术与管理系统，根据农作物生长特点、土壤性状及气候变异等因素，调节对农作物的投入，以最少或最节省的投入达到同等或更高的收入。这样可以高效地利用各类农业资源，取得较好的经济效益和环境效益。

总之，循环型农业是一项集经济、技术和社会于一体的系统工程，它建立了一套基本的技术实践规范和操作准则，从微观到宏观有不同的层次，以各种有效的途径将农业经济与环境协调发展作为循环型农业的发展目标，由多层次地利用达到控制环境污染，实现生态和经济的双重效益。其技术战略的宗旨是在传统经济的线性技术范式的基础上，增加微观领域的反馈机制和宏观领域的技术系统的最优化选择（在产业系统化的基础上进行最优化的技术选择），而贯穿在其中的技术特征表现为资源消费的减量化、再使用、再循环和对技术系统的重组。

8.3.2 农业循环经济的技术支撑

农业循环经济的技术支撑是指农业各产业部门之间及其内部各项技术的有机组合、配套，是技术基础研究、应用研究、开发研究、技术推广、技术应用以及技术保障条件之间所形成的相互联系、相互促进、相互制约的有机组合体。具体来说，我国农业循环经济的技术支撑应根据各地的资源优势、生产力水平以及农业发展的制约因素，确定适合当地可持续发展的技术系统、技术组合方式、技术发展模式，确定当地核心技术，从技术上促进农业实现优质、高产、低成本、无公害、无污染、无残留，促进人口—资源—环境—经济的良性循环与稳定发展，提高农业的经济效益、生态效益和社会效益。

1) 农业循环经济的技术支撑结构

相对于传统线性经济，循环经济发展模式要求从主要依靠自然资源转向主要依靠智力资本，从以牺牲环境为代价转向环境、经济和社会的协调发展。资源及其废弃物的循环利用和废弃物的低排放甚至零排放，靠的是智力投入和生态化的科技创新。技术是构筑循环经济的物质基础。发达国家正竞相开发循环型技术,建立循环型技术体系。日本著名的技术论专家星野芳郎提出"多样性技术",他认为现代人类的生态环境问题的解决不能仅靠单项技术,而必须依靠整个技术体系的历史性转变。因为自然本身是在经常地流动、变化和循环的,只有在有限的时间和空间里才有可能定量化、集中化和分散化。将无限的自然本身当作一个系统来控制的时候,必须尊重自然的流动性、循环性和分散性,只有这样才能巧妙地控制它。针对物质、能量在传统线性经济体系中不能环状运行的技术根源,必须推进生态化科技创新,加速开发能循环利用资源的低成本、高效率的生产技术体系和污染治理技术体系,加速开发有利于生态恢复和环境保护的技术体系。循环经济技术体系的发展重点是环境友好技术或环境无害化技术,其特征是合理利用资源和能源,尽可能地回收废弃物和消费品,并以环境可接受的方式处置整个过程中的废弃物。可以说,在循环经济模式的资源消费的减量化、再使用、再循环和再思考中,每个环节都需要生态化的科技及其载体(设施、设备)的开发和更新。构建循环经济技术支撑因此成为发展循环型农业的内在需求。

　　循环型农业的技术支撑结构是一项十分复杂的技术结构体系。从横向来看,包括农业产业技术系统和技术监测、监督、评价系统两大方面。其中产业技术系统包括种植业技术结构、林果业技术结构、畜牧业技术结构、水产业技术结构等;技术监测、监督、评价系统包括技术的检测监督、技术认证认可、技术评价等。从纵向来看,包括技术研发、技术应用、技术推广扩散、技术创新以及技术保障系统。从技术构成要素看,包括技术基础设施、耕作制度、栽培技术、要素投入、病虫防治、良种繁育等。我国循环型农业技术支撑的进步必须充分考虑上述结构内容,必须考虑各技术子系统之间的相互联系、相互制约关系以及它们之间的技术流、人员流、物质流、能量流、资金流的相互配合。

　　循环经济的技术支撑体系在实践4R原则时主要有三个层面,即单个企业的清洁生产、区域层次的生态农业区以及产品消费后的资源再生回收。与此对应,三个层面的技术要求分别是企业层次的"废弃物排放最小化"、区域层次的"企业间废弃物的相互交换"及产品消费中的物质和能量循环,由此形成"资源消耗—产品—资源再生"的物质闭环运动。在这三个层次中,生态农业区已经成为循环型农业实践的最重要形态。

　　2) 农业循环经济的技术组成

　　从可持续技术的内涵角度看,其就是按照动植物生命规律,依据气候、土壤等自然条件,对动植物种植与生长发育过程进行人工干预,减少对自然条件的依赖,促使动植物优质高效、可持续生产的方法、物质手段、操作程序等要素。内容包括技术研发、技术应用、技术选择、技术扩散、技术创新及技术管理等内容。从可持续技术的外延角度看,其因动植物种类、生长阶段、应用环境等因素的不同,而表现为各种门类繁多的具体形态,内容包括农艺技术、监管技术等等。我国农业循环经济技术重点突破的方向为:以提高农产品质量和市场竞争能力为目标的优质技术;以实现农产品高产和综合生产能力为目标的增产技术;以提高农民收入和农业整体经济效益为目标的高效技术;以生物技术、信息技术为重点的农业高技术;以发挥地区自然资源及技术经济优势为重点的综合配套支撑性技术;以保持农业资源持续利用以及加强环境保护、减少生态破坏的关键技术;以提高现代物质投入水平为目标的清洁化农用工业技术及治理农区环境污染的环保技术;以加强农业基础设施建设为重点的基本技术。具体的技术内容体现在以下方面:

(1) 清洁化生产技术

指在农业生产经营中采用能源消耗少、废弃物排放量小、有毒物质浓缩率低的耕作技术、动力与工具技术、加工、贮藏和保鲜技术等。在畜牧业生产与加工过程中主要有畜禽产品的清洁化生产技术、污水处理技术、粪便清洁处理技术以及牧场空气环境清洁技术；在化肥和农药生产技术上应注重选择提高吸收率和降低能耗的技术；在农膜生产技术上应注重选择提高可降解性和降低能耗的技术；在农业动力和各种机械工具技术上应选择降低能耗和提高产品加工中资源利用率的技术。同时要加强病虫害防治中的生物技术（以虫防虫、以菌防菌防虫等）和综合防治技术（包括抗病虫害的品种技术、低毒无机农药技术和生物农药与无机农药的施用技术等）的开发。此外，注重农村可再生能源在生产和生活中利用的技术（包括太阳能利用技术、风能利用技术、地热能利用技术、速生薪炭林营造技术、生物质气化技术和沼气利用技术等）、农村及城市废弃物（特别是城市有机肥）综合利用技术和无害化处理技术（包括厌氧发酵技术、秸秆与粪便氨化技术、废弃物腐熟技术、好氧发酵技术、有机粪肥喷施技术、离心固液分离高温消毒技术、远红外微波处理技术等）的研究，这也是农业循环经济的基本要求。

(2) 环境无害化技术

又称为环境友好技术或低副作用技术。是指通过对农业经济系统进行物流和能流分析，运用生命周期理论进行评估，从而大幅度降低生产和消费过程中资源、能源消耗及污染物的产生和排放。环境无害化技术主要包括不造成土壤有机质损失，从而不引起土壤板结和肥力下降的耕作技术；不造成土地盐碱化的灌溉技术以及不造成水土流失和沙漠化等副作用的土地开发和利用技术等。

结合农村可再生能源及农作物秸秆利用技术的开发，在农业耕作中应有选择地推行残茬覆盖技术，使部分秸秆直接返回农田；有选择地推行轮作倒茬技术，将牧草、绿肥和豆科作物等纳入轮作；尽快推行秸秆的过腹还田（通过发展畜牧业）和大部分有机废弃物氨化、腐熟后再返回农田技术。只有这样才能增加土壤有机质，从而减轻土壤板结、增加土壤肥力。在农业灌溉中大力推广节水型的滴灌、喷灌和埋灌技术，这样做既节约了水资源，又可避免土地盐碱化等现象发生。在农业土地资源的开发利用中，要特别注重选择资源的更新与恢复技术；在山区要推行等高利用土地技术，以减轻水土流失、防治土地荒漠化。

(3) 生态农业技术和生态良性化技术

生态农业技术指以生态学原理和系统科学为指导，通过运用传统农业技术精华和现代科学技术设计生态工程，将粮食生产与多种经济作物生产相结合，将种植业发展与林、牧、副、渔业发展相结合，将农业发展与二、三产业发展相结合。在农业生产过程中遵循生态学原理和经济规律，不采用基因工程，不施用化肥农药等化学合成物质，以建立和恢复农业生态系统良性循环，主张建立作物、土壤微生物、家畜和人和谐的有机农业。

生态良性化技术主要指对已经遭到破坏和退化的农业生态环境采取各种综合治理技术，如水土流失综合治理技术和荒漠化综合治理技术等。

(4) 自然灾害防治技术

洪涝、干旱、热带气旋、森林和草原火灾、低温冷冻、雪灾、滑坡、泥石流等农业灾害的发生与整个自然环境的变化有着极大的关系。其中人类干预和不合理利用自然环境资源的一些做法，往往加速了自然灾害的发生频率和危害程度。在循环型农业发展战略中，防灾、减灾是重要的内容。

(5) 提高产出效率的品种技术和专业化技术

我国的土地资源极为有限,要在有限的土地资源上生产十几亿人消费的农产品,只有通过品种技术和专业化技术才能实现。所以,发展以提高产出效率为主的品种技术和专业化技术就成为我国农业可持续发展的必由之路。品种技术的进步历来是提高产出效率的主要途径,20世纪60年代以来的两次绿色革命都是以品种技术的进步和农业化学品的使用为先导的。第二次绿色革命同第一次绿色革命相比,在发展趋势上突出了品种技术革新的三个特征。① 主要向除水稻、小麦和玉米以外的其他领域发展;② 主要向除灌溉和天然降水多的地区以外的旱地、低地和丘陵等低生产力的地区发展;③ 主要向以"基因工程"等为代表的现代生物技术发展。

农业中的专业化技术包括生产地区、部门、品种和工艺的专业化等。地区生产专业化和部门生产专业化是发展规模经营的主要技术体系,品种专业化和生产工艺专业化则是农业工厂化生产的主要技术体系。我国农业规模经营发展缓慢,农业生产的地区和部门专业化水平还比较低,除了技术本身存在障碍外,制度上的障碍是主要原因。我国农业品种和生产工艺专业化发展水平也较低,这主要受专业化技术本身的制约。因此,设法将专业化技术体系全面引入农业生产是提高我国农业产出效率的主要任务之一。鉴于此,我国应全面改革不适应地区和部门专业化发展的所有农业制度,将地区和部门专业化技术引入我国农业生产经营。同时,通过无土栽培技术(主要通过岩棉栽培、基质水培和营养液膜栽培等)、节水技术、光温高效利用技术、工厂化养殖技术和自动化管理技术等品种和生产工艺专业化技术的开发和应用,建立起完善的品种和生产工艺专业化技术体系。

(6) 资源综合利用技术和农产品深加工、精加工技术

资源综合利用技术包括三大类:第一类是提高水、土、光、温等农业自然资源综合利用效率的技术;第二类是提高农产品生产过程中各种投入品资源利用效率的技术;第三类是提高农产品及其副产品加工和消费后产生的各种废弃资源利用效率的技术,即农业废弃物综合利用技术。目前我国农业自然资源和农业投入品资源的利用效率同一些国家相比有较大的差距,资源利用效率提高的潜力还很大。20世纪80年代以来,我国对农产品及其副产品加工和消费后所产生的各种有机废弃资源(包括秸秆)进行沼气化利用取得了非常好的综合利用效果。所以,大力开发有利于提高我国农业产前和产中自然资源、投入品资源及产后和消费后废弃物利用效率的各种综合配套利用技术,是我国发展和建立可持续农业必不可少的技术选择。

农产品的深加工、精加工是农业资源综合利用技术的一个组成部分,我国目前由于农产品深加工、精加工技术的发展不足,致使农产品加工业还较落后,表现为结构不合理、品种单一和农产品资源综合利用程度低等,不能适应人们对农产品消费和建立可持续农业的需要。因此,今后应通过粮油多样化和专用化加工技术、畜牧产品分割化加工技术、水产品保鲜冷冻链化和精细化加工技术、林产品多用途化加工技术等深度开发,建立各种农产品深加工、精加工技术体系。

(7) 降低技术成本和提高技术管理效率的技术

任何农业技术,从其研究、开发到推广应用都要进行一定的投入,从而形成技术成本。而且越是高新技术,其研究与开发成本越高,推广应用的风险也越大。导致技术进入市场

后,由于技术价格高缺乏竞争力,打不开销售市场,甚至还可能葬送技术成果。由此可见,构建一个完备的、高效运行的技术体系,是需要支付成本的。在保证技术体系完备、高效的前提下,尽可能降低构件技术体系的成本是不可忽视的问题,应该建立一套优质、高产、低成本三位一体的技术体系。另外应提高农业的管理效率(包括农业资源与环境管理、农业生产管理、农业市场管理和消费管理等)也是它的基本要求。一般来说管理技术越先进,管理效率就越高。

(8) 农村能源开发及循环利用技术

农村目前应大力发展生物质能,并因地制宜的发展小水电、风能、太阳能等等。例如,辽宁"四位一体"模式依据生态学、生物学、经济学、系统工程学原理,以土地资源为基础,以太阳能为动力,以沼气为纽带,种植、养殖相结合,通过生物转换技术,在农户土地上全封闭状态下,将沼气池、畜(禽)舍、厕所、日光温室连结在一起,将沼池、畜(禽)舍、厕所和日光温室有机组合,实现产气、积肥同步,种植、养殖并举,得到能流、物流和社会诸方面的综合效益。

3) 构建循环型农业的技术支撑体系

构建循环型农业的技术支撑体系是一个系统工程,涉及多学科和领域,必须拥有强大的技术后备力量支持。其一是要与科研机构、大专院校挂钩,搞好协作,加快新技术的引进;二是各级专业技术部门要将引进外来技术人才与送大专院校培训人才相结合,壮大技术推广队伍;三是建立县农业技术推广体系,全面提高农民的科技素质。研究和投资应该由社会、国家和企业共同参与,因为废弃物转化为再生资源的技术的受益者不仅是企业,还有整个社会和国家;再者,废弃物转化为再生资源的技术研究的投资规模也往往是单个企业难以承受的。只有废弃物转化为再生资源在技术上是可行的,发展循环经济才具有技术基础和技术条件。技术的先进性可降低废弃物转化为再生资源的成本,为循环型农业推行提供动力和源泉。否则,如果废弃物转化为再生资源的成本大大高于企业取得自然资源的代价,则企业在资源的再利用上就缺乏比较优势,就不会发展循环经济式的生产。

循环经济技术已成为当今技术发展的主要潮流,必须坚持科技进步的方针,以信息化带动循环型农业,建立循环经济技术信息咨询服务体系,及时向社会发布有关循环经济技术、管理和政策等方面的信息,提供服务。要充分发挥相关行业协会和节能技术服务中心、清洁生产中心的作用。发展循环经济科技还必须在国际间加强科技交流与合作,借鉴国外推行循环经济的成功经验,注意引进核心技术与装备。要用高新技术和先进适用技术手段改造传统农业,大力发展绿色装备制造业和服务业,推动其向循环型农业的转变。

复习思考题 8

8.1 阐述农业循环经济的内涵及其特征。
8.2 分析我国我国发展循环型农业的必然性和可行性。
8.3 我国农业循环经济发展(循环型农业发展)的主要模式及其特征。

9 生态工业设计

工业生产过程是造成近代以来环境污染的主要原因,这主要与工业生产设计和运行方式息息相关。在许多情况下,环境的危机就是设计的危机。与自然本身不相容的设计,会造成能源和资源的浪费、环境的污染,并产生极其深远的影响。要改变这种现状,就必须使环境因素纳入到设计之中[①]。生态设计(Eco-design),也称绿色设计(Green Design)、面向环境的设计(Design for Environment)、生命周期设计(Life Cycle Design)等,按照 Sim Van der Ryn 和 Stuart Cowan (1996) 的定义:任何与生态过程相协调、尽量使其对环境的破坏影响达到最小的设计形式都称为生态设计,可见,其是产业生态学的具体应用。生态设计的范围涉及各行各业,目前主要集中在工业与产品生态设计、景观生态设计、建筑生态设计等领域[②]。与农业循环经济相对应,本章主要探讨工业领域的循环经济的运行方式和模式。考虑到工业设计过程对于工业循环经济运行的重要性,重点探讨生态工业设计的主要思路,包括产品生态设计、过程设计和运行、提高能源效率的设计等,以探索基于产业过程的工业循环经济模式。

9.1 产品生态设计

自然资源的普遍短缺和生态环境的迅速恶化是 21 世纪全球面临的最大问题。工业系统通过产品的整个运动过程(包括原材料采掘、原材料生产、产品制造、使用、回用、产品最终处置)与自然生态系统发生物质与能量的交换,从而产生影响。产品设计是工业设计的核心,传统的产品设计以满足人的需求为中心,而无视产品生产及使用过程中的资源和能源的消耗及对环境的排放,对当前人类所面临的资源和环境问题有着不可推卸的责任。因此,开发和设计环境友好的产品成为解决人类发展面临的资源和环境问题,是实现可持续发展的必然选择。

9.1.1 产品生态设计的概念及意义

1) 产品生态设计的概念

产品生态设计理念萌芽于 20 世纪 50 年代[③],60 年代得到一定程度的发展。做出跨时代贡献的是美国设计理论家 Victor Papanek,他在 1971 年出版的《为真实世界而设计》中强调,设计应该认真考虑有限的地球资源的使用,为保护地球的环境服务,但当时没有引起人们的足够重视。随着环境的恶化、资源的耗竭,人们逐渐认识到问题的严重性,尤其是在 20

---

① 张丹华,舒廷飞,包存宽. 生态设计回顾与展望[J]. 环境污染与防治(网络版),2006(5):1.
② Sim Van der Ryn, Stuart Cowan. Ecological Design (Tenth Anniversary Edition). Island Press, 2007.
③ 张丹华,舒廷飞,包存宽. 生态设计回顾与展望[J]. 环境污染与防治(网络版),2006(5):3.

世纪 90 年代可持续发展战略被提出之后,产品生态设计的概念开始逐步清晰。

联合国环境署工业与环境中心在 1997 年的出版物《生态设计——一种有希望的生产与消费思路》中对产品生态设计的定义是:生态设计作为一种新的设计概念,以产品环境特性为目标,以生命周期评价为工具,综合考虑与产品整个生命周期相关的生态环境问题,设计出既对环境友好的、又能满足人的需要的新产品[①]。

产品生态设计的理论基础是工业生态学中的工业代谢理论与生命周期评价[②]。基本思想是从产品的孕育阶段开始即遵循污染预防的原则,将改善产品对环境影响的努力凝固在产品设计之中。

2) 产品生态设计的特点

产品设计是将人的某种目的或需要转换为一个具体的物理形式或工具的过程。与传统的产品设计相比,生态设计强调考虑产品可能带来的环境问题,并将对环境问题的关注与传统的设计过程相结合,因此生态设计与传统的产品设计有很大的不同(见表 9.1)[③]。

表 9.1 产品生态设计和传统产品设计的比较

比较因素	生 态 设 计	传 统 设 计
设计依据	环境效益和产品性能、质量、成本要求	性能、质量和成本要求
设计人员	传统设计人员、生态学家和环境学家	传统设计人员
设计思想	在产品构思和设计阶段,要考虑降低能耗、资源再生利用和保护生态环境	很少或根本不考虑节省能源、资源再生利用和对生态环境的影响
设计工艺	在产品制造和使用过程中,尽量不产生毒副作用;利用产品的可拆卸性和可回收性,保证产生最少的废弃物	产品在制造和使用过程中不考虑回收,用完就扔掉
设计目的	为环境而设计	为制造而设计
所的产品	绿色产品或绿色标志产品	传统产品

传统产品设计主要考虑的有:市场消费需求、产品质量、成本以及制造技术的可行性等技术和经济因子。而生态设计除了考虑上述因子外,还将生态环境因子作为产品开发设计的一个重要指标,因而在产品生态设计中引入了新的思想理念:

(1) 从"以人为中心"的产品设计转向既考虑人的需求,又考虑生态系统安全的生态设计;

(2) 从产品开发概念阶段就引进生态环境变量,并与传统的设计因子如成本、质量、技术可行性、经济有效性等等进行综合考虑;

(3) 将产品的生态环境特性看作是提高产品市场竞争力的一个重要因素。在产品开发中考虑生态环境问题,并不是要完全忽略其他因子。因为产品的生态特性是包含在产品中的潜在特性,如果仅仅考虑生态因子,产品很难进入市场,结果产品的潜在生态特性也就无法实现。

---

① Brezet, H.; van Hemel, C. *Ecodesign: a Promising Approach to Sustainable Production and Consumption*; UNEP and TU Delft: Paris, France, 1997.

② 李素芹,苍大强,李宏. 工业生态学[M]. 北京:冶金工业出版社,2007:107.

③ 王寿兵,吴峰,刘晶茹. 产业生态学[M]. 北京:化学工业出版社,2006:113.

3) 产品生态设计的意义

传统的产品设计和生产方式侧重于产品本身的属性和市场目标,将产品生产和消费造成的资源枯竭和环境污染等问题留待以后的"末端治理"。生态设计则在产品设计之初就充分考虑促进资源节约和减轻环境影响的问题。

(1) 促进资源的节约利用

产品生态设计遵循减量化、再利用、再循环原则,将物质资源在生产过程中的流动从传统的"资源—产品—废弃物"的单向流动转变为反馈式的"资源—产品—再生资源"的循环流动,从而尽量减少资源的使用。它首先,通过提高资源利用效率以及加强智力资源对物质资源的替代,减少物质资源的使用;其次,通过模块化设计,尽量对零部件实现再利用;最后,增强产品的耐用性,并考虑材料的可回收性,实现资源的有效使用。

产品生态设计选择资源循环运行的生产模式,就是要在与自然和谐共处的前提下,利用自然资源和环境容量实现生产活动的生态化转向,通过可拆卸性、可回收性、可维护性、可重复利用性等一系列设计方法,延长产品使用周期,提高重复使用率。并使产品在完成其使用功能后,经过回收处理,又重新变为可以利用的资源,参与生产的再循环,提高资源的利用率。

(2) 减轻产品的环境影响

全球性的生态环境恶化是当前国际社会关注的焦点。事实上,大多数的环境污染在产品设计时就已经决定了[①]。因此,在防止污染的步骤中,设计显得至关重要。只有设计关把好了,后续的产品生产制造和使用过程对环境的影响才会减小到最低程度。因此为了从根本上解决污染的问题,必须在产品和生产技术的设计阶段就考虑到环境因素。

生态设计运用生态系统理论,将污染治理从消费终端前移至产品的开发设计阶段,从源头开始考虑产品生命全周期可能给环境带来的影响,趋利避害。在产品生产之前就充分考虑产品制造、销售、使用及报废后的回收、再使用和处理等各个环节可能对环境造成的影响,将其降低到尽可能小的程度。

(3) 提高企业产品竞争力

随着人们对生态环境问题的关注,设计更环保、更安全和更便宜的产品,是企业提高产品竞争力的重要手段。生态设计要求生产单位产品消耗的物质资源尽可能最少,这就意味着成本的降低;减少危险物质的使用及减少废弃物的产生,同样可以降低成本。

在降低成本的同时,可以通过提高产品的耐久性、安全性和可维修性提升产品品质,更好地满足顾客的需求。此外,生产此类产品还有树立企业环保形象、刺激创新等作用,进而可以全面提高企业产品的竞争力。

9.1.2 产品生态设计准则与策略

1) 产品生态设计准则

产品生态设计应遵循以下各项准则:

(1) 环境准则:必须将环境因素作为重要的指标,考虑如何降低物质消耗,降低能源消费,减少废弃物产生,减轻环境污染。

(2) 成本准则:产品生产的私人成本及对环境的外部成本之和最小化。

---

① 翁端.环境材料学[M].北京:清华大学出版社,2001:64.

(3) 功能准则：满足消费者对产品的品质和性能需求,去除多余功能。

(4) 美学准则：符合美学原理,满足消费者的审美需求。

2) 产品生态设计策略

(1) 选择对环境影响小的材料

生产产品必须使用材料,材料会影响到产品的功能和其他特性;同时材料的制取、加工、使用、回收处理等每一个阶段又都会对环境产生影响。因此,如何选择对环境影响小的材料,成为生态设计人员必须考虑的问题。具体而言,可遵循以下原则：

① 尽量避免使用或减少使用有毒、有害的化学物质。1988年美国环保局工业毒物计划中列出了17种需要消减的有毒化学物质(见表9.2)[1],要求制造业在1992年将其用量削减33%,到1995年削减50%,这一计划已经顺利地超额完成。

表9.2 美国环保局工业有毒化学品计划中的化学品

物质名称	物质名称	物质名称
苯	四氯乙烯	铝及其化合物
四氯化碳	三氯甲烷	甲基乙基酮
铬及其化合物	二甲苯	镍及其化合物
二氯甲烷	镉及其化合物	甲苯
汞及其化合物	三氯甲烷	三氯乙烯
甲基异丁基酮	氢化物	—

② 避免使用不可再生及需很长时间才能得到补充的材料,如化石燃料、热带硬木等。而提倡使用可再生材料以及在产品使用后可以被再次使用的可循环材料,如竹子、藤条、芦苇、麻纤维等速生植物原料。

③ 尽量使用品种相同的及可再循环的原材料,以便回收利用,降低新材料的使用量,同时也为再循环材料创造市场。

④ 尽量选择环境兼容性好的原材料,如生物降解塑料。

⑤ 尽量选择加工制造过程中能耗低的原材料。在原料的采掘和生产过程中需要的工艺过程越复杂,所消耗的能源就越多。不过有时使用高能耗原料其整个生命周期所耗能源可能比普通原料少。如铝是一种高能耗物质,在其冶炼过程中需要消耗大量的能源;但当铝被用于经常运输且可回收的产品时,却是合适的[2]。因此,使用这类原料时应综合考虑。

(2) 减少材料的使用量

无论使用何种材料,其使用量越少,成本越小,环境优越性越大。减少材料使用量的具体途径有：

① 使用轻质材料或高强度材料减轻产品重量和体积。例如,1994年发表的一项研究结果表明,通过降低钢材厚度、使用高强度钢材、采用特制的坯料、改进车体设计等措施,可以在不改变汽车装配过程和使用性能的前提下,使典型的家庭轿车的重量下降63.5 kg,同

---

[1] 王寿兵,吴峰,刘晶茹.产业生态学[M].北京：化学工业出版社,2006：133.
[2] 张天柱,石磊,贾小平.清洁生产导论[M].北京：高等教育出版社,2006：202.

时每辆汽车的生产费用可节约 37 美元[①]。

② 去除多余的功能。产品多一项功能不但会增加成本,也会增加环境负荷,因此,不能盲目追求多功能。例如,手机最初的功能是满足人移动时的信息交流,这一功能的实现大大方便了人们的交流,提高了工作效率。但是现在手机的功能越来越繁琐,与摄像头、网络、电视、移动存储器等组合,且这些附加功能的使用率并不高,这无疑是一种浪费。

(3) 优化制造技术和工艺

产品制造工艺不当或技术落后,会浪费能源和原材料、影响环境。加工制造技术和工艺的优化方式如下:

① 减少加工工序,简化工艺流程;

② 创新生产技术,如用精密铸造技术减少金属切削加工量;

③ 降低生产过程中的能耗和物耗;

④ 采用少废、无废技术,减少废料的产生和排放;

(4) 减轻包装和运输的环境影响

包装和运输是将产品生产者和消费者联系起来的重要环节。包装具有作为产品的盛装容器;保护产品,以利于储藏、保存、运输;满足一些特殊商品的安全要求;为消费者提供使用信息;吸引消费者注意,唤起购买欲望等诸多功能。但是很多包装过度奢华,而且只使用一次就被抛弃,成为城市垃圾的重要组成部分。因此,应提倡适度包装,尽量减少包装造成的环境问题。可采取如下的具体策略:

① 实行包装减量化,减少包装的使用。在满足保护、方便、销售宣传等功能的条件下,使用最小体积和最小质量的包装。

② 采用可重复利用的包装。如亨利·福特(Henry Ford)曾用板条箱装运 A 型卡车,当卡车到达了目的地,板条箱就变成了汽车地板;韩国用稻壳作为音响原件和电子装置的包装填充物,其随产品一起运到欧洲后,被再利用成为制作砖头的材料。

③ 包装材料采用无毒无害、可降解物质。例如,有些国家已经停止使用聚氯乙烯包装材料,改用纸质包装充填料等,以减少包装材料在生产和使用过程中对环境的不利因素。

运输危险产品会对环境产生影响,运输本身也要消耗能源、产生污染。因此,应尽量减少运输所造成的环境影响,具体措施如下:

① 减少产品的重量和体积,减轻产品的运输给环境带来的负担;

② 选择高效的运输方式,并尽可能避免空运;

③ 确保危险物品正确装运,防止运输过程中发生洒落、溢漏和泄出。

(5) 减少使用中的环境负荷

有些产品的环境负荷主要集中在使用阶段,如运输工具、家用电器、建筑机械等,减轻这些产品使用过程中的环境负荷,必须从产品设计开始考虑。如飞利浦公司开发的绿色电视非常注重节能技术的利用,其待机状态下的耗电量已从 5.1 W 降到 0.1 W,开机时的耗电量也由 41 W 降到 29 W[②]。

[①] 李素芹,苍大强,李宏. 工业生态学[M]. 北京:冶金工业出版社,2007:112.

[②] 李尚伟. 产品生态设计初探——兼评欧盟《用能产品生态设计指令》[J]. 法制与社会,2007,(10):885.

(6) 延长产品使用寿命

延长产品使用寿命,避免产品过早地进入处置阶段,是节约资源、减少废弃物的有效途径。具体的措施包括:

① 增强产品的耐用性。经久耐用能延长产品的使用寿命,但是耐用性只能适当提高,超过期望使用寿命的产品设计将造成不必要的浪费。对于那些会很快因技术进步而被淘汰的产品,没有必要设计太长的使用寿命,强调适应性是更好的策略[1]。

② 采用模块化设计并预留升级空间,使产品易于更新升级,从而实现在部分部件被淘汰时,通过即时更新而延长整个产品的生命周期。

③ 易于维护和修理。清楚标明产品如何打开以进行维护和维修、产品的某一部件应以某种特殊的方式进行清洁或维护及产品中需要定期检查的部件。需要定期更换的部件应易于更换。

(7) 产品报废后的有效回收

产品设计时应考虑易于报废后的回收及再利用。产品报废后应建立有效的回收系统:

① 易于拆卸的产品设计。在设计阶段不但要考虑装配方便,亦要考虑易于拆卸,如使用易于分离的钩、卡销、螺丝等连接点,而不采用焊接或黏合的连接方式;采用统一标准的连接点,易于用统一的工具拆卸或实行机械化拆卸;对材料加上标示或内置信息芯片,以便于识别及分拣。

② 建立有效的废旧产品回收系统。目前,国外倾向确立"谁造谁负责,谁卖谁负责"的立法原则,利用现有的制造系统和销售系统来完成废旧产品的回收任务。

③ 重复和再生利用。淘汰产品和报废产品拆卸后,有些部件只需清洗、磨光,再次组装后即可达到原设计的要求而再次使用。

④ 清洁的最终处置。有机废弃物可以制成堆肥、发酵产生沼气,也可以通过焚烧回收热量。无机废弃物除了安全填埋外,可以考虑搅拌在建材的原料中或作为筑路的地基材料。

9.1.3 产品生态设计的实施步骤

产品生态设计步骤主要有七步[2]:组织一个生态设计项目;选择一种产品;建立生态设计战略;产生和选择产品改进的想法;细化概念;交流和将产品推向市场;确定后续工作。

1) 生态设计项目组织

产品生态设计实施的第一步是启动生态设计项目。这一步首先要获得管理层的认可;然后成立一个项目组,制定项目实施的规划并做出预算。

(1) 获得管理层的认可

生态设计项目的实施首先要得到企业管理层的认可和支持,要让管理层了解相关工作的进展及问题,;管理层也必须为每一阶段工作提供支持并确定目标。

(2) 成立项目组

生态设计项目的实施会对企业的许多部门产生影响,因此有必要成立一个专门的项目

---

[1] 李素芹,苍大强,李宏.工业生态学[M].北京:冶金工业出版社,2007:113.
[2] 朱庆华,耿勇.工业生态设计[M].北京:化学工业出版社,2004:115.

组负责相关工作,如估计市场趋势和企业中可能发生的变化,负责整个生态设计项目和后续项目。

项目组成员包括:企业管理者、项目组组长、设计者、环境专家、营销部门和采购部门等,每个成员的主要任务见表 9.3。

表 9.3　生态设计项目组成员及其主要任务

成　员	主　要　任　务
企业管理者	在战略层次上确定环境方针和战略,明确环境目标和指标
项目组组长	协调和控制项目的进程,组织成员间的交流并向管理层汇报
设计者	产生创造性方法和调查新的可替代品,并与环境专家进行讨论
环境专家	帮助企业获得正确的环保信息和工具,确保所有项目都认真考虑环境问题
营销部门	为产品的市场变化提供建议,让消费者了解产品的环境价值
采购部门	选择环境影响小的材料和零部件供应商,并与其交流企业的环境改进愿望

(3) 制定项目计划和预算

大多数生态设计项目在 3~12 个月内完成,具体的时间取决于设计的深入程度和产品的复杂程度。创新项目制订工作计划的步骤与传统产品开发类似。

对企业内部员工费用的预算取决于产品的复杂程度;而对通常由外部引入的环境专家的费用预算则取决于环境研究中的情况,如开会的频率、组织报告的形式以及项目的深度等。

2) 选定生态设计产品

第二步的关键是选择一种合适的产品。首先,确定选择产品的标准;然后进行选择并制定详细的设计任务书。

(1) 确定选择产品的标准

凭直觉制定产品选择的标准通常无法做出最好的选择,以至于降低成功的机会。应考虑的标准如下[1][2]:

① 产品市场潜力和对公司未来的贡献;
② 产品革新和环境价值相结合的可能性;
③ 产品的复杂性;
④ 环境问题的解决程度;
⑤ 预期可以获得的效益;
⑥ 可利用的企业能力和财务资源。

(2) 选择产品

在选择产品之前,要对已有产品的市场潜力、潜在的环境价值和技术可行性进行评估(见表 9.4)[3]。

---

[1] 王寿兵,吴峰,刘晶茹. 产业生态学[M]. 北京:化学工业出版社,2006:119.
[2] 朱庆华,耿勇. 工业生态设计[M]. 北京:化学工业出版社,2004:122.
[3] 许或青. 绿色设计[M]. 北京:北京理工大学出版社,2007:122.

表 9.4　对已有产品评估的主要内容

评估内容		选择依据
预测市场潜力和环境价值		优先考虑选择市场潜力大和环境价值高的产品
评估技术可行性	产品复杂性	刚开始进行生态设计的企业,应避免过于复杂的产品;对于很复杂的产品,可以集中在一个零件或可单独安装的一部分
	产品寿命	寿命短的产品,如包装,经生态设计短期内就可以被消费者使用;而对寿命长的产品,最好先对其零部件或可装配部分进行生态设计

(3) 制定详细的设计任务书

在选定产品之后,应制定一个更为详细的设计任务书,内容至少包括如下几个方面:

① 对现有产品的总体分析;
② 说明选择特定产品进行生态设计的理由;
③ 对现有产品可能改变的程度;
④ 环境、财务指标及对产品的描述;
⑤ 项目管理方式;
⑥ 用于表述和测量结果的指标;
⑦ 项目组的最终组成及其任务;
⑧ 项目运作程序步骤;
⑨ 项目计划和时间进度;
⑩ 项目预算和后续工作所需的经费。

3) 建立生态设计策略

生态设计带来新的思想理念,能否从这种创新中获利的关键一点是建立生态设计策略,即从环境和企业观点考虑哪种生态设计路线是最有前途的。建立生态设计策略的程序包括五个方面:首先,分析产品的环境状况;然后,对生态设计的内、外部动力进行分析;在此基础上,形成改进方案;对改进方案的可行性进行研究;最后,将最有前途的方案作为项目的生态设计战略。

(1) 分析产品环境状况

为了很好地理解产品在其整个生命周期带来的环境影响,项目组首先必须确定确切的环境状况主题。在生态设计中,只考虑产品本身是不够的,必须考虑整个产品系统,并采用详细的方法来分析产品的环境状况。常用的两种方法是 MET 矩阵和生态设计清单。

① MET 矩阵。M、E、T 分别代表物质循环(material cycle)、能源使用(energy use)和毒物排放(toxic emission)。建立矩阵的作用是分析产品生命周期各个阶段的各种环境影响。环境问题归结为三类:物质循环(投入/产出)、能源使用(投入/产出)、毒物排放(输出);产品生命周期分为五个阶段:材料和部件的生产和供应、产品生产、分销、使用以及系统终结(见表9.5)[①]。

---

① 王寿兵,吴峰,刘晶茹.产业生态学[M].北京:化学工业出版社,2006:121.

表 9.5 MET 矩阵

产品生命周期的阶段		物质循环(投入/产出)(M)	能源使用(投入/产出)(E)	毒物排放(输出)(T)
材料和部件的生产和供应				
产品生产				
分销				
使用	运营			
	服务			
系统终结	回收			
	处置			

② 生态设计清单。生态设计清单列出所有在生命周期阶段中识别环境状况时需要咨询的问题,可以作为 MET 矩阵的补充。在生态设计清单表中,要问的问题放在左边,一些可能的改进方案放在右边,用 5 套问题来完成需求分析(见表 9.6)[1]。

表 9.6 生态设计清单表(需求分析)

产品系统如何满足社会需求?	产品生态设计策略:新概念开发
① 产品的主要功能和附带功能是什么?	① 低物质化
② 产品确实高效和有效地满足这些功能吗?	② 产品共享
③ 产品目前满足用户什么需求?	③ 功能集成
④ 产品功能的扩展或改进能满足用户需求吗?	④ 产品或部件功能优化
⑤ 这种需要会随时间的推移而改变吗?	
⑥ 能预见到这种根本性的产品革新吗?	
生命周期阶段 1:材料和零部件的生产和供应	
材料和零部件的生产和供应中会产生什么问题?	生态设计策略:选择环境影响低的材料
① 使用多少和什么种类的塑料和橡胶?	① 清洁材料
② 使用多少和什么种类的添加剂?	② 可再生材料
③ 使用多少和什么种类的金属?	③ 低能耗材料
④ 使用多少和什么种类的其他物质如玻璃、陶瓷等?	④ 可循环使用的材料
⑤ 使用多少和什么种类的表面处理物质?	⑤ 循环而来的材料
⑥ 零部件的环境形象如何?	生态设计战略:减少材料使用
⑦ 材料和零部件的运输需要多少能源?	① 减少质量

---

[1] 王寿兵,吴峰,刘晶茹. 产业生态学[M]. 北京:化学工业出版社,2006:122.

续表9.6

	② 减少体积（运输中）
生命周期阶段2：内部生产	
在企业内部的生产过程可能会产生什么问题？	生态设计策略：生产技术的优化
① 使用多少和什么种类的生产工艺？	① 生产技术替换
② 使用多少和什么种类的辅料？	② 更少的生产环节
③ 消耗多少能源？	③ 更少、更清洁的能源消耗
④ 产生多少废弃物？	④ 更少的生产废弃物
⑤ 多少产品不能满足需求的质量标准？	⑤ 更少、更清洁的生产消耗品
生命周期阶段3：分销	
产品送到顾客手中的分销过程会产生什么问题？	生态设计策略：减少材料使用
① 使用什么类型的运输包装、散装和零售包装？	① 减少质量
② 使用什么运输方式？	② 减少体积（运输中）
③ 运输的组织是否高效？	生态设计策略：分销系统的优化
	① 更少、更清洁的可再用包装
	② 能源节约的运输方式
	③ 能源高效的后勤服务
生命周期阶段4：使用	
产品使用、运转、服务和维修中会产生什么问题？	生态设计策略：降低使用过程的环境影响
① 使用多少和什么类型的能源？直接或间接的？	① 更低、更清洁的能源消耗
② 使用多少和什么类型的消耗品？	② 更少、更清洁的消耗品
③ 技术寿命是多长？	③ 无能源、无消耗品的浪费
④ 需要多少维护和修理	生态设计策略：寿命的优化
⑤ 需要多少和哪些辅助材料	① 可靠性和耐用性
⑥ 产品能否被外行拆卸？	② 易于维护和修理
⑦ 那些经常需要更换的部件是否可拆卸？	③ 模块化的产品结构
⑧ 产品的美学寿命是多长？	④ 经典设计
	⑤ 密切的产品—用户关系
生命周期阶段5：回收和处理	
产品回收和处置中会产生什么问题？	生态设计策略：终结系统的优化
① 产品目前是如何处理的？	① 产品再用
② 零部件或材料是否被再用？	② 再制造、再翻新
③ 何种零部件可被再用？	③ 物质循环利用
④ 零部件可以无损拆卸？	④ 安全焚烧
⑤ 什么材料是可回收利用的？	

续表 9.6

⑥ 材料是否可识别？	
⑦ 能否快速拆卸？	
⑧ 有不匹配的墨水、表面处理剂或胶水被使用吗？	
⑨ 所有危险的零部件都易于拆卸吗？	
⑩ 焚烧不可再用的零部件时会产生其他问题吗？	

(2) 分析生态设计的内、外部动力

生态设计的内部动力通常包括经理的责任意识、产品质量的需要、产品和企业形象的需要、成本的需要、创新的需要和员工的动力；生态设计的外部动力通常包括政府法律和法规、客户和消费者的需求、社会环境和竞争者的行为等。

(3) 生成改进方案

在分析产品环境状况时，有时会自发形成一些改进方案，可将这些方案按照生态设计策略进行分组。

(4) 研究改进方案的可行性

评价改进方案的环境性能、技术、组织和经济可行性、市场机会以及与生态设计内外部动力的一致性。

(5) 确定生态设计策略

总结并描述最有前途的生态设计策略，建立长期和短期方案，并在企业内、外部进行交流。

4) 产生并选择产品改进构想

(1) 产生产品构想

通过运用一些著名的创新技巧，如头脑风暴法、自由书写法等，可以产生许多新颖的想法。

(2) 组织生态设计工作会议

主要有三种类型的会议：提高生态设计意识、分析生态设计产品和建立策略、相关技术创新应用。

(3) 选择有前途的构想

按照技术和财务的可行性、所期望的环境价值等基准，选择最有价值的构想。当构想被进一步转化为切实可行的产品概念后，做出明确的选择。

5) 概念的详细设计

在第 5 步中，必须使开发产品的思想融入到产品概念中，并为选定的概念制定一个明确的设计，如准确确定产品的材料、尺寸、生产技术等。

(1) 实施生态设计策略

将生态设计策略转化到实践中，根据产品类型、市场需求和生产设备的可得性等因素，将抽象的生态设计策略转化为具体的设计方案。

(2) 研究概念的可行性

使用 MET 矩阵等工具评估新设计产品的环境价值；利用测试模型、标准、计算软件等工具评估产品改进方案的技术可行性；利用项目评价方法评估新产品的成本、收益及财务可行性。

(3) 选择最有前途的概念

收集所有方案各方面的信息,比较其环境价值、财务和技术可行性、市场可接受性等,做出最佳选择。

6) 交流和将产品推向市场

第6步是为生产和启动产品作好准备,包括促进内部的新设计、市场研究和开发提升计划以及生产准备工作。

(1) 企业内部推行

将新的战略方针正式告知相关员工。由项目组介绍新的设计方案,对相关员工进行培训,并形成企业内部的生态设计指南。

(2) 开发促销计划

通过宣传,给消费者提供清晰、可信的产品信息,让消费者了解产品的环境优势。应保证产品环境宣传的可信任性以及公司整体的可信度和可靠性。

(3) 生产准备

明确产品生产计划,定购模具和生产工具,准备完成,就可以生产第一批新产品了。

7) 确定后续工作

在基本完成生态设计工作之后进行评估,总结经验并指导后续工作。

(1) 评估产品结果

待产品投放市场一段时间后,确定产品的环境和经济价值;了解产品的其他功能是否被很好地满足;考虑短期策略和长期策略带来的效果;评价顾客对产品生态设计的感知程度;评价生命周期的各个阶段。

(2) 评估项目结果

通过评估程序和小组方法指导企业如何考虑一个未来的项目。同时改进缺点,以便将来更好地实施项目。

(3) 开发生态设计程序

根据生态设计项目评估结果,开发一个长期的和正式的生态设计程序,用于评估后续项目中企业再设计其他产品的可能性。

9.1.4 产品生态设计案例

1) 理光的回收再制造复印机[①]

理光公司从市场上回收旧机种,进行规定的再生处理,并在保证与新产品性能相同的前提下,采用再生零部件制造新产品,称为再制造(Remanufacturing,RM)。Spirio 5000 RM 是从市场上回收1993年出售的 RICOPY FT5000 经过再制造生产出的。该产品再生利用部分占整机质量的60%以上,零部件数约占45%,内壳使用的是本公司产品的回收再生塑料;但提高了复印速度,改进了操作界面。

---

① (日)山本良一著.王天民等译.战略环境经营:生态设计——范例100[M].北京:化学工业出版社,2004:213.

2) 丹麦 Novotex 的"绿色棉花"①

"绿色棉花"通过先进的技术生产高质量的长纤维和波纹纱线。织物通过设计,最小化的使用化学添加剂;通过使用复杂的净化和监测系统,在染色和最后处理过程中减少污染。Novotex 强调考虑棉花生产的各个阶段的环境影响:棉花完全通过手工摘检,避免机械加工中使用的有毒化学物质;在全封闭的高压喷射及染色,禁止使用有危险的化学物质,如氯、甲醛等;染色过程使用水溶性涂料,完全避免使用氯;漂白过程使用氧化氢;废水进行机械、化学和生物清洁。1994 年,Novotex 获得欧盟环境管理奖、欧洲工业更好环境奖;绿色棉花也获得联合国颁发的北美时尚和生态奖。

3) 菲律宾的单座计程车②

为了给菲律宾宿雾的诺基斯贸易公司(NTC)定做一种更加环境友好和经济效率更高的单座计程车(适用于专业运输一位乘客的摩托车),项目组首先进行 NTC 公司的内外部分析;然后,评议了城市公共运输系统;并考虑了摩托车的耐用性、燃料的经济性和危险性尾气的削减等因素,制定了生态设计方案。结果,这种单座计程车总成本降低了 50%、材料成本降低了 70%;质量减轻了 79%,材料减少了 75%,取消了电镀,提高了耐用性,减少了运输体积。且由于手提行李架和可调节乘客脚支座等设计,使得驾驶员和乘客更为方便。

4) 海尔的节能冰箱

从 1997 年起,海尔冰箱已开始全面生产节能 50%的"全无氟、零污染"的超级节能冰箱。2011 年,海尔的节能技术的研发让海尔节能冰箱日耗电降低到 0.19 度,这意味着与普通冰箱相比,海尔冰箱一年 365 天下来能节省 182.5 度电,节约的电量相当于少排放 181.9 千克二氧化碳③。

5) 资生堂的生态包装④

资生堂 1997 年制定了《资生堂全球生态标准》,其中规定包装容器全面废止氯乙烯类(2000 年度),并制定了新产品的生态评价制度,包括商品包装的生态设计。其 1997 年销售的香波和护发素主要由天然材料构成,提高了生物降解性;容器使用的塑料量也比过去减少了 40%,使用完折叠后就可以废弃。在此之后,该公司又积极采用再生铝、再生聚丙烯、再生比例高达 70%玻璃等再生材料,还开展了提高金属等可再生利用的易拆卸设计。

9.2 工业过程设计和运行

一个工业过程是指为实现一个特定的技术结果而开展的一系列操作,如利用金属和塑料生产电话机⑤。与产品设计一样,过程设计也十分复杂,而且极具挑战性。除了要实现传统设计所预定的目标外,生态设计还要求过程设计中尽量降低环境影响。

---

① 朱庆华,耿勇. 工业生态设计[M]. 北京:化学工业出版社,2004:212—213.
② Han Brezet. 生态设计实践动态[J]. UNEP 产业与环境,1998,20(1—2):23.
③ 侯隽. 海尔开创绿色家电时代[N]. 中国经济周刊,2011 年第 22 期, http://paper.people.com.cn/zgjjzk/html/2011-06/06/content_840896.htm?div=-1
④ (日)山本良一著. 王天民等译. 战略环境经营:生态设计——范例 100[M]. 北京:化学工业出版社,2004:258.
⑤ [美]格雷德尔(T. E. Gradel),艾伦比(B. R. Allenby)著. 施涵译. 产业生态学(第 2 版)[M]. 北京:清华大学出版社,2004:103.

9.2.1 面向环境的过程设计

大量的研究和实践表明,产品制造过程的工艺方案不同,资源和能源的消耗也不同,对环境的影响将更不同。因此,面向环境的过程设计应考虑尽量研究和采用资源和能源消耗少、废弃物的产生量和毒性小、对环境污染小的工艺方案和工艺路线。

1) 污染预防

大多数的环境污染在产品设计时就已经决定了。国外曾有过统计,通过适当的工艺设计,可以减少或避免90%的环境污染[1]。因此,在防止污染的步骤中,设计显得至关重要。污染预防的关键是避免或减少污染物的产生,而不是污染物产生后的处理和加工。

污染预防是通过检查工艺流程、设备、原材料消耗和管理等各个环节,找出环境问题及其原因,并通过污染预防措施加以解决。主要的污染预防措施有:

(1) 改进生产过程和技术

改进生产过程和技术是减少或消除废弃物产生、提高资源和能源效率的有效方法之一。这方面的内容主要有:

① 简化工艺流程。生产过程常常包括若干环节,环节越多,所使用的能源越多;且其中间步骤的代谢物常常作为废弃物排放,由此可能再造成污染。因此,减少生产环节、简化工艺流程是提高资源利用效率、减少污染排放的有力措施。假设一个生产过程由四个步骤组成,每一环节的转化效率是60%,那么总的转化效率是12%;如果缩减为三个步骤,那么转化效率将提升为21%[2]。

② 改革生产工艺和设备。开发采用无废或低废的生产和设备来替代落后的老工艺,消除或减少废弃物。如优选设备材料,以提高可靠性、耐用性;提高设备的密闭性,以减少泄露;采用节能的泵、风机、搅拌装置等。例如,采用流化床催化加氢法代替铁粉还原旧工艺生产苯胺,可消除铁泥渣的产生,废渣量由 2 500 kg/t 产品减少到 5 kg/t 产品;并降低了原料和动力消耗,每吨苯胺产品蒸汽消耗由35 t降为 1 t,电耗由 220 kW·h 降为 130 kW·h,苯胺收率达到 99%[3]。

③ 改进工艺参数。在确定好加工方式情况下,采用恰当的加工工艺参数,可有效地实现节能。比如对于直径相差较大的阶梯轴类零件,可以采用直径棒料作毛坯,也可以采用精锻毛坯,但两者在毛坯制备方面所消耗的能量却相差很大,因此应综合考虑、优化选择[4]。

(2) 强化内部管理

有关资料表明,目前的工业污染约有30%是由于生产过程中管理不善造成的[5]。因此,通过强化管理、规范操作、严格工艺纪律可以削减相当比例的污染。这方面的措施有[6]:

① 建立健全的管理体系和规章制度;

---

[1] 翁端.环境材料学[M].北京:清华大学出版社,2001:64.
[2] 张天柱,石磊,贾小平.清洁生产导论[M].北京:高等教育出版社,2006:203.
[3] 金适.清洁生产与循环经济[M].北京:气象出版社,2007:132.
[4] 周忆,汪永超,朱明君等.面向产品制造过程节能设计[J].机械与电子,2001(2):27.
[5] 金适.清洁生产与循环经济[M].北京:气象出版社,2007:134.
[6] 林朝平.绿色生产过程的特性分析[J].机械研究与应用,2002,15(2):72.

② 合理安排生产计划;
③ 严格执行工艺纪律;
④ 加强物料管理,消除物料的"跑"、"冒"、"滴"、"漏";
⑤ 保证设备完好率。

(3) 废弃物再循环

① 废弃物在企业内部的循环。即将生产过程的废弃物,在企业内部加以收集、处理并再利用,如废弃物、余热、废油的回收及再利用;将流失的原料、零件回收、返回到生产过程中再使用;将回收的废弃物分解处理成原料组分;建设闭路用水循环或一水多用系统等。

② 废弃物在企业外部的循环。企业最终输出的废弃物以及产品淘汰或报废后的废弃物应采用多种治理方法进行综合利用和治理,作为其他企业的原料加工成其他的产品,力求使排入环境中的废弃物对环境污染最小化。

2) 节约用水

水资源是所有工业生产所必需的原料,很多工业过程都大量消耗水资源,如金属开采和加工业以及化学合成业。虽然很多发达国家工业用水量已经开始下降;但是在中国,工业用水量及其所占比重却在较长时期内呈上升趋势(见图 9.1)。

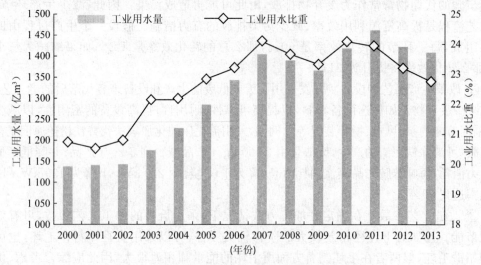

图 9.1 中国工业用水量变化趋势(2000~2013 年)
资料来源:《中国统计年鉴 2014》

工业生产的水源来自于天然水体,废水的最终去向也是天然水体。目前,我国的淡水资源短缺和天然水体污染的形势已经十分严峻,因此设计节水型工业过程非常重要。节约用水的途径主要有:

(1) 改进工艺和设备,降低用水量

通过不断改进工艺,如改水冷却器为空气冷却器、改水洗为干洗等,可以降低生产过程对水的需求。如在钢铁生产的高炉冲渣水工艺中,若采用旧常规水冲渣法,1 t 渣约需 10 m^3 水;而采用转鼓渣法粒化装置工艺,1 t 渣只需 1 m^3 水。目前国内许多大中型高炉煤气采用"湿法"净化需大量洗涤水,同时这些水又造成二次污染,若采用"干法"除尘,则无需使用这部分水,从而节约了水资源、杜绝了污染①。

(2) 循环再用,提高水的重复利用率

通过实施串级供水、按质用水、一水多用和循环用水等措施,可降低新水用量、减少废水排放量。如钢铁企业的冷却水可供煤气洗涤尘用水,再去供水冲渣用水和原料场的洒水等。宝钢根据工序对水质要求的不同,实行工业水、过滤水、软水和纯水四个供水系统,作为循环系统的补充水。以铁厂为例,高炉炉体间接冷却水循环系统、炉底喷淋冷却水循环系统、高炉煤气洗涤水循环系统等"排污"水,依次串接循环使用,前一系统排水作为后一系统补充水。高炉煤气洗涤循环系统"排污"水作为高炉冲渣水循环系统的补充水;水冲渣循环系统则密闭不"排污"。这种多系统串接排污循环使用,最终实现98%以上的用水循环率②。

9.2.2 工业过程的生命周期

工业过程的生命周期包括三个阶段:资源供应和过程实施;主体和辅助过程运行;翻新、再循环和处置(见图9.2)③。

1) 资源供应和过程实施

(1) 资源供应

任何生产过程的生命周期的第一阶段都是为整个生产过程提供原料。因此,首先要考虑的是原料的来源。很多时候原料都是从自然界直接开采;然而如果可能的话,应该尽量使用再生材料,这样可以避免材料开采时产生环境破坏。而且使用再生材料往往消耗更少的能源(见表9.7),排放更少的废弃物。例如,使用1 t废钢可以减少1.5 t铁矿石的用量;1 t再生铝和1 t精铝相比可以节省95%的能源(从矿石到生成1 t精炼铝要耗能8 $t_{标准煤}$,而1 t再生铝只需要0.4 $t_{标准煤}$)④。

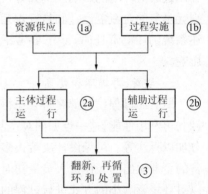

图9.2 生产过程的生命周期阶段

表9.7 初始和再利用矿产品的能源消耗(10亿 t)

矿产品	初始利用	再利用
玻璃	80～220	50～100
钢	24～25	9～15
铝	150～220	10～15

资料来源: M. Carley & P. Spapens, 1998, Sharing the World Sustainable Living and Global Equity in the 21st Century, Earthscan Publication. 转引自:张雷.矿产资源开发与国家工业化.北京:商务印书馆,2004. 44

其次还要考虑生产过程所用材料的制备方法。例如在金属部件的生产过程中,除考虑金属板材的来源外,金属板材的成型、清洗及部件包装都应该以对环境影响小的方式进行。

---

① 郑涛,刘坤.利用循环经济理念实现钢铁工业节水措施的研究[J].冶金管理,2007(9):13.
② 郑涛,刘坤.利用循环经济理念实现钢铁工业节水措施的研究[J].冶金管理,2007(9):14.
③ [美]格雷德尔(T. E. Gradel),艾伦比(B. R. Allenby)著;施涵译.产业生态学(第2版)[M].北京:清华大学出版社,2004:109.
④ 张雷.矿产资源开发与国家工业化[M].北京:商务印书馆,2004:44.

(2) 过程实施

与资源供应处于生命周期同一阶段的是过程实施。这一阶段要考虑的是为生产过程就绪而开展的活动所产生的环境影响,如过程设备的制造和安装以及管道、传送带、废液槽等其他支持设备的安装。

2) 主体和辅助过程运行

(1) 主体过程运行

过程设计应该最大限度地减少环境影响。理想的过程应该限制使用有毒有害材料,能源消耗最小化,避免或尽可能减少"三废"的产生,并保证产生的副产品能够在其他过程或其他企业中得以应用。应特别注意避免产生有毒、有害而且非常难以再循环或处置的废弃物。

(2) 辅助过程运行

几个生产过程常常会构成一种共生关系,其中每一个过程都影响和依赖于其他过程的存在。因此全面地过程评价不但要考虑主体过程对环境的影响,还应考虑主体过程前后的辅助过程对环境的影响。例如,一个焊接过程通常需要先进行金属清洗,传统工艺上会使用损耗臭氧的含氟氯烃;同时,钎焊后也需要清洗以除去有腐蚀性的焊剂[①]。因此,在考虑上述系统的环境责任时,除了要考虑主体过程外,还要考虑辅助过程是否对环境有不利的影响。

3) 翻新、再循环和处置

所有的过程设备都终将会变得陈旧老化,因此,过程设计必须考虑部件或材料的便于拆卸和再利用性能,这一点如同对产品设计的考虑。例如使用能够快速拆卸的硬件、对塑料成分加以标注等。可见设计决策很多时候是由那些制造过程设备的企业而不是由使用这些设备的企业做出的。设计人员最初对过程设计特征的选择,将在相当程度上影响到未来能否以对环境影响小的方式进行过程的再循环。

9.2.3 工业过程分析方法

过程分析始于数据收集,重点需要收集三个方面的信息:① 主体过程;② 过程设备;③ 辅助过程[②]。如果数据定量较为容易,则信息应尽可能量化;当然,定性数据也很有用处。数据收集完后,可以使用核查清单进行评估,以对过程进行改进。

1) 主体过程

(1) 能源消耗

几乎所有过程都要消耗能源,必须收集的信息是使用何种能源;使用多少能源;能否减少能源消耗;能否使用更清洁的能源;能否开展余热回收利用和热点联产等。

(2) 化学品使用

生产过程也常常使用化学品,必须考虑的是使用了何种化学品;它们对人类、其他生物或者生态系统是否有害;这些化学品是用天然材料生产的还是循环再利用的;如果是用天然

[①] [美]格雷德尔(T. E. Gradel),霍华德-格伦维尔(Howard-Grenville, J. A.)著.吴晓东,翁端译.绿色工厂:观点、方法与工具[M].北京:清华大学出版社,2006:49.

[②] [美]格雷德尔(T. E. Gradel),艾伦比(B. R. Allenby)著;施涵译.产业生态学(第2版)[M].北京:清华大学出版社,2004:110.

材料生产的,那么过程中是否产生某种废弃物以及是否能够再利用。

(3) 产出流分析

对产出流的分析首先需要考虑一个过程有没有副产品;有什么化学副产品;能否加以再利用。其次,使用能量时,应考虑过程是否采用了有效的绝缘保温措施来减少热量损失;以及余热是否能回收利用等。

(4) 过程顺序安排

首先必须要考虑生产过程是连续的还是批处理的;如果是批处理的,生产启动时是否尽量减少了能源和材料的消耗;该过程是否靠近其他相关过程以减少运输需求;如果过程产生大量的副产品,可否在本企业或附近其他企业的其他过程中使用?

(5) 表面涂层过程

大多数金属制品生产都需要一定的表面处理过程,这样既可以改善制品的外观,又可以防止腐蚀。表面涂层过程包括油漆、电镀和防腐处理等。电镀是一个电化学过程,要在一定合适的化学溶液中进行。电镀液往往是氰化物或其他具有侵蚀性的化学品,而且用过的镀液一般都含有高浓度的金属离子[1]。因此,如何合适处理和再利用镀液是一个极具挑战性的问题。

2) 过程设备

设备其实就是设备制造商的产品,因此对过程设备的分析如同对产品的分析。这种分析应该包括生产设备所使用的材料、设备装配的方式、设备模块化程度以及设备拆卸和材料识别的难易程度。

过程设备使用的材料大多数是钢材,表面通常还需要进行油漆。

设备安装之前,还应检查其包装、运输和安装所使用的技术和材料。目前有许多不同的材料用于包装,其中纸是目前最常见的,塑料和金属也被大量使用,而玻璃和木材的用量正在稳步下降。包装之后就要通过各种方式运输,不同运输方式的能耗不同,从而对环境的影响也存在差异。如果以铁路运输单位产品的能耗为基准,那么货车运输等同产品的能耗是前者的 6 倍,空运的单位能耗是前者的 40 倍[2]。当然,设备产品的价值和特性是影响运输方式选择的重要因素。因此,应综合考虑各种因素,选择合适的、能源消耗低的运输方式。

能源消耗是过程设备的重要特性,因此设备设计时应充分考虑节能问题,如所有的耗电元器件都应该设计成在不使用时自动关闭。

3) 辅助过程

辅助过程的相关信息收集,包括主体过程是否需要前后辅助过程以及这些过程是否使用有毒有害的化学品。如果辅助过程是按照主体过程要求确定的,那么需要考虑主体过程本身是否对环境友好。如果不是,那么能否改变。如果有多种辅助过程可供选择,那么设计人员是否选择了环境影响更小的过程。如果不是,那么有没有其他可替代的辅

---

[1] [美]格雷德尔(T. E. Gradel),霍华德-格伦维尔(Howard-Grenville, J. A.)著. 吴晓东,翁端译. 绿色工厂:观点、方法与工具[M]. 北京:清华大学出版社,2006:234.

[2] [美]格雷德尔(T. E. Gradel),霍华德-格伦维尔(Howard-Grenville, J. A.)著. 吴晓东,翁端译. 绿色工厂:观点、方法与工具[M]. 北京:清华大学出版社,2006:311.

助过程。

9.3 提高能源效率的工业过程设计

能源是人类赖以生存和发展的重要物质基础,是工业生产的必需原料。如今,随着能源消耗量的与日俱增,供需矛盾十分突出;并且有些能源,尤其是化石燃料,在生产过程中会排放大气污染物,对环境产生很大影响(见表9.8)。

表9.8 不同能源生产过程排放的大气污染物

过程	污染物种类						
	CO_2	CH_4	NO_x	SO_2	H_2S	HCl	颗粒物
化石燃料							
煤炭	∗	∗	∗	∗			∗
石油	∗	∗	∗	∗			
天然气	∗	∗	∗				
其他人工能源							
核能							
垃圾焚烧	∗					∗	∗
生物质燃烧	∗	∗	∗				∗
天然能源							
地热蒸汽				∗			
太阳能							
水能							
风能							

资料来源:[美]格雷德尔(T. E. Gradel),艾伦比(B. R. Allenby)著;施涵译.产业生态学(第2版).北京:清华大学出版社,2004.134

工业是能源消耗大户,如美国制造业能耗占总能耗的30%,并且很多制造行业的能源使用效率较低[①]。2006年,我国制造业能源消耗占总能耗的58%,其中,黑色金属冶炼及压延加工业、化学原料及化学品制造业、非金属矿物制品业以及电力、热力生产和供应业四大行业的能源消耗占到制造业能源消耗总量的70%以上。因此,在工业生产过程中,应尽量使用清洁能源和再生能源,采用合理的生产工艺提高能源效率,这也就相当于节约了资源,减少了环境污染。

9.3.1 能源使用分析

1) 全生命周期能源消耗分析

产品生命周期的每一个阶段都存在能源消耗,因此分析产品的全生命周期能源消耗状况,不仅应考虑原材料的选择、产品生产和使用过程,还要将产品维修和回收处理等过程也

---

① [美]格雷德尔(T. E. Gradel),艾伦比(B. R. Allenby)著.施涵译.产业生态学(第2版)[M].北京:清华大学出版社,2004:133.

考虑进去[①]。

(1) 原材料选择能耗

原材料的组成成分以及加工成形之后的规格尺寸等都将直接影响产品的结构、特性、制造加工、效能和可靠性、生产进度、工艺装备、成本、价格以及以后的维修、回收处理工作,影响制造系统的资源能源消耗。同时,不同的原材料在其开采、加工过程中所消耗的能源是不同的。因此,材料的选择在产品系统能源消耗特性分析中是一个非常重要的影响因素。例如,汽车的油耗和重量呈线性关系;如果自重降低,其他条件不变,油耗就会降低。因此,为减轻汽车重量,纵梁和横梁一般都采用低合金高强度钢板,这样可减轻自重、减少燃料消耗、节约能源。

(2) 产品加工能耗

制造系统中造成能量消耗以及能源利用率低的原因是多方面的,产品设计、工艺规划、制造过程、装配过程等都是要考虑的因素。其中产品设计是影响能源消耗的关键环节;而在产品设计方案已定的情况下,制造能源消耗又在很大程度上取决于工艺方案的设计及实施。影响工艺过程能量消耗的主要因素是产品零件设计的制造加工方法、工艺路线、工艺设备和工艺参数。

(3) 产品装配能耗

产品装配能耗与产品加工过程类似,主要由产品设计和装配系统所决定。产品设计中确定的产品几何形状、空间结构以及装配系统决定了装配过程的能耗。

(4) 产品使用能耗

产品设计时所确定的系统工作原理,决定了产品不同使用状态下的结构和功能;而产品使用过程中的结构、功能设计影响产品使用的能量消耗。因此对产品的使用功能进行改进,也是减少能源消耗的重要途径之一。

(5) 产品维修能耗

在产品的使用过程中,维护是一个重要环节。在某些情况下,如果能多次重复地使用产品,或方便地进行零部件的替换、维修,将延长产品使用过程。与新制造的产品相比,这将大大减少能源的消耗量。维修过程的能量消耗主要为更换零部件和维修操作行为的能量消耗。

(6) 产品回收再处理能耗

产品回收是一个复杂的过程,一般涉及到产品拆卸和材料回收两大主要过程。回收再处理过程不仅消耗能量,同时也对能量进行回收。根据产品的情况,可对产品或其零部件采取部件级回收、材料级回收、焚烧、填埋和抛弃等不同的处理方式。

(7) 产品传输能耗

在产品生命周期各阶段之间,产品都或多或少的需要空间上的转移,因此,会产生一定的产品传输能耗。产品传输能耗与运输方式、运输条件、运输距离、材料、产品的体积和质量等因素相关。

2) 能源审计

在工业生产中,监控整个生产设施的能耗较为容易,但是掌握其中某个单元或者某一些

[①] 戚赞徽. 面向能源节约的产品绿色设计理论与方法研究[D]. 合肥工业大学博士学位论文,2006:60—68.

单元的能耗却很难。能源审计可以帮助企业分析评价各个单元能源消耗的详细情况,为企业寻找节能方向,确定节能方案,提高能源利用效率。

企业能源审计的主要内容包括[①]:
(1) 能源管理状况,包括组织、人员与管理标准;
(2) 企业用能情况;
(3) 生产工艺与用能流程;
(4) 主要用能设备的运行效率;
(5) 能源计量、监测系统和统计台账;
(6) 单位产品能耗;
(7) 节能技术改造项目;
(8) 企业能源使用的经济分析和环境影响。

在能源审计中,企业的能源消耗状况分析是主要的审计内容。根据企业的规模和工艺流程,能源审计对能源利用流程的各个环节,如购入储存、加工转换、输送分配、最终使用等的能耗情况进行分析,找出节能方案。例如,铝罐生产的大部分能耗发生在从矿石中分离和提纯铝的阶段(见图9.3)[②]。虽然铝板和铝罐生产的能耗也较大,但还是远远小于前者。而不同生产阶段之间原材料运输的能耗非常小,只占总能耗的极小一部分。因此,应该减少从矿石中开采铝来生产铝制品,而尽量多使用再生铝。同样,其他金属再生利用的节能潜力也非常大。

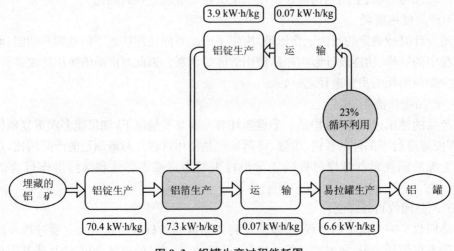

图 9.3 铝罐生产过程能耗图

9.3.2 节能技术与方法

1) 生产过程节能

(1) 优化产品设计

产品的结构和形状对其生产、使用和运输等过程中的能耗具有很大的影响,一般情

[①] 张天柱,石磊,贾小平. 清洁生产导论[M]. 北京:高等教育出版社,2006:120.
[②] [美]格雷德尔(T. E. Gradel),艾伦比(B. R. Allenby)著;施涵译. 产业生态学(第2版)[M]. 北京:清华大学出版社,2004:138.

况下,结构和形状越简单,生产、使用和运输等过程中消耗的能源就越少。因此,在保证产品基本性能的情况下,应尽可能降低其复杂程度。例如,手机功能过分组合、附加功能使用率过低,无疑是能源的一种浪费。不同的材料在加工过程中所需的能量相差很大,因此应考虑选择能耗小的原材料。此外,减少产品重量和体积会减少产品运输环节的能源消耗。

(2) 改进生产设备和工艺

产品在其生产过程中要消耗能量,其中大部分消耗是由于生产工艺不当、生产设备陈旧等原因造成的。例如,在机械加工的能量利用率中,普通机床直接用于切削加工的能量只占总能耗的 30% 左右,这意味着 70% 左右的能量是"无效的",被浪费掉了[1]。再如锻压,生产中常用的锻压方式可分为冷锻、温锻和热锻。其中冷锻和温锻的能源利用率和材料利用率都高于热锻,但冷锻工艺前后的一些处理工艺会造成其他一些环境危害,因此温锻是比冷锻和热锻更清洁的工艺。又如机器设备采用变频调速装置,可使产品在低功率下工作时节省电能,采用变频电机的一些示范项目已经取得 20%~50% 的节能效果。

2) 加强能源管理

管理不善也常常是能源利用效率不高的重要原因,因此加强能源管理是节能的重要方面之一。首先,应减少设备的"空载"运转。如设备不工作时应停机;缩短辅助时间以减少空载率;空载时采用更小的驱动力。其次,应优化调度能源利用。在一个生产车间中,通常有多种不同的加工设备,采用不同的设备生产同一种产品时,所消耗的能源必定不同,应通过调度来实现不同设备和不同产品之间的优化组合,减少能量的消耗。

3) 照明和空调节能

由于生产操作常常需要在严格的环境状况下进行,因而空调和照明能耗在工业能耗中占有很大比重,故改进空调和照明系统也可以节约大量能源。例如,通过安装挡风玻璃、密封窗户、合理种植树木等途径来提高建筑外维护结构的能源效率,可以节约大量能源。又如将陈旧的空调系统改造为采用计算机控制的先进设备可以减少 30%~90% 的能耗。

照明设备也有多种选择,传统的白炽灯或没有安装高反射度装置、电子镇流器和节能灯泡的荧光灯应加以改造。一般而言,节能照明设备在提高相等强度照明的前提下只相当于白炽灯的 1/10~1/5[2]。据媒体报道数据显示,使用新技术的 LED 光源代替传统的白炽灯和日光灯照明将节约全球照明能耗的 50%[3]。

4) 余热回收利用

对生产过程中产生的余热进行综合利用,不仅可以减少能源消耗和污染物排放,还可以产生经济效益,因此,是钢铁、电力、化学等工业企业节能的重要途径(见表 9.9)[4]。

---

[1] 周忆,汪永超,朱明君等.面向产品制造过程节能设计[J].机械与电子,2001(2):27.
[2] [美]格雷德尔(T. E. Gradel),霍华德-格伦维尔(Howard-Grenville, J. A.)著.吴晓东,翁端译.绿色工厂:观点、方法与工具[M].北京:清华大学出版社,2006:139.
[3] 赵宏梅,程彬.节能产品设计的发展趋势[J].煤矿机械,2007,28(4):12.
[4] 翁端.环境材料学[M].北京:清华大学出版社,2001:95.

表 9.9 主要工业部门余热回收利用情况

工业部门	可利用余热	用途举例
钢铁	高炉焦炉煤气	发电、供暖
	高炉余压余热	发电、供暖
电力	冷却水余热	养鱼、塑料大棚、供暖
化学	炭黑厂尾气	发电、供暖

但在工业企业的生产过程中,有相当数量的余热未能回收利用,导致能量损失。如中国钢铁企业的余热实现回收利用的仅为 25.8%;如能加以合理的回收利用,节能潜力巨大。又如用蓄热式转换器回收利用轧钢加热炉的高温热量,可降低能耗 15.4 kg/t[①]。

此外,余热还可用于其他目的。例如瑞士巴塞尔的一家大型化工企业 Hoffmann-La Roche 从冷却水中分离出大约 25%的废热为四幢楼的空调系统的进口空气预热(以前那些废热都是直接排入莱茵河),每年能节省 1 345 t 的油料,减少 4 200 t 二氧化碳和 3 t 氮氧化物排放[②]。

9.3.3 能源标准与法规

1) 欧盟的 EUP 指令

自 1997 年起,欧洲委员会就一直关注产品在其整个生命循环周期内对资源能量的消耗和对环境的影响问题。在 WEEE 和 RoHS 指令之后,2005 年 7 月 6 日,欧洲议会和理事会正式公布了关于制定能耗产品环保设计要求的指令 2005/32/EC(Eco-Design Energy-using Products,EuP 指令)。该指令强制规定电子产品应如何设计、制造以及使用结束后应该如何处理,囊括产品从设计、制造、使用、后期处理的整个产品周期,并且强调节约能源。

EuP 指令涵盖的产品层面极广,涉及所有在设计和制造后投放到市场的耗能产品,这些产品在制造和生产过程所产生的二氧化碳排放量约占全球总排放量的 40%。在指令架构生效后,欧盟执行委员会对暖气/电热水器设备、电子马达系统、住家/商业场所照明系统设备、家电、办公用电产品、个人电子产品、通风及空调系统提出实施方法。

EUP 指令旨在减少对环境的侵害,节约能源。该指令对销售产品至欧盟市场的供应商和欧盟本土制造商强制执行。由于电子市场的全球化,所以该指令实际上影响了全球所有大规模电子产品制造商和多数小型制造商。

2) 美国的能源之星

美国能源署在 1990 年推出了一项"能源之星"计划。它是由美国环境保护署推动的自发性污染预防方案与温室气体减量相关方案,包括能源之星计划、天然气能源之星、农业之星与垃圾掩埋场沼气、铝工业自愿伙伴及 Climate Wise 等。

其中能源之星计划内容涵盖 10 项方案,包括能源之星绿色照明、能源之星建筑物方案、能源之星小型企业方案、能源之星住屋方案、能源之星办公设备方案、能源之星变压器方案、

---

① 一员. 余热的回收利用是钢铁行业节能的主攻方向. http://www.mysteel.com/jspd/jnhb/jn/2008/02/01/083126,0,0,1719057.html. 2008/08/01.

② 陈春慧. 化工厂空调系统的余热回收利用. http://www.ces.cn/html/2005—7/2005781551221.shtml. 2008/08/01

能源之星住家取暖与冷却设备方案、能源之星紧急出口照明灯方案、能源之星住家照明设备方案、能源之星电视与录像机方案等。

以个人电脑为例,能源之星的目标是当电脑系统的各个部件不活动时自动进入低功耗状态,其耗电量低于60 W,其中主机和监视器各低于30W。凡是符合此项要求的电脑均在外壳贴上"ENERGY STAR"(能源之星)的标志,证明此电脑为绿色电脑。这一计划大大促进了电脑在节能方面的发展。

3) 中国的能效等级

2004年12月11日,国家发改委、国家质检总局和国家认监委联合公布了空调、冰箱能效标识样式及实施规则。从2005年3月1日起,按照国家通行办法,我国新的《能源效率标识管理办法》开始实施,这意味着从2005年3月1日起,空调、冰箱将成为首批实施能效标识的家电产品。所有在中国生产、销售、进口的家用空调和冰箱都要贴上带有"中国能效标识"字样的标识,没有标识的一律不准上市销售。

各类产品的能效等级均被分为五级,一级节能性能最高,达到国际先进水平,能耗最低。对于空调,只有达到一级和二级能效标准的产品才能称为"节能产品"。五级为最低能效标准级别,低于该级别的产品将不允许上市销售。彩电能效标准《彩色电视广播接收机能效限定值及节能评价值》(GB 12021.7—2005)于2006年3月1日起开始正式实施[①]。

复习思考题9

9.1 简述产品生态设计的概念及其特点和意义。
9.2 阐述工业生产过程节能的主要途径。

---

① 戚赞徽. 面向能源节约的产品绿色设计理论与方法研究[D]. 合肥工业大学博士学位论文,2006:9—10.

10 城市循环经济

城市是人类的主要聚居地,也是人类经济社会活动的重要载体。进入工业革命以来,城市的快速发展是在"大量生产、大量消费、大量废弃"的传统经济发展模式基础上得以实现的。这种发展方式造成的结果"无可否认的是,人类对自然…的破坏已经危及其自身的生存;始料未及的'建设性破坏'屡见不鲜;许多明天的城市正由今天的贫民所建造。"[①]"人类的生存危机存在于人类(现在)的生存方式之中"[②]。因此,城市发展循环经济,以资源的高效利用和循环利用为核心,以低消耗、低排放、高效率为基本特征,是对上述传统经济发展模式的根本变革,是城市实施可持续发展战略的重要途径和实现方式。本章主要论述城市循环经济系统的构成、运行模式和系统规划,与低碳经济、农业循环经济和工业循环经济共同构成了部门循环经济学原理的主要内容。

10.1 城市循环经济及其系统特征

城市系统是人口高度集中的聚居地、物质能量的集散地,也是一个复杂的社会经济巨系统,各行业各部门之间有复杂的物质、能量、价值、人口和信息的流动,与自然生态系统有着明显的差异。要深入研究城市系统循环经济运行的机理和模式,必须从系统论和生态学等角度对城市循环经济系统进行深入的分析,以了解城市系统的特征,并从整体上把握城市循环经济系统的功能特征和运行机制。

10.1.1 城市循环经济及系统

1) 城市循环经济及系统的概念

城市循环经济系统(Urban Circular Economy System,UCES)涉及"城市"、"循环经济"和"系统"三个概念,因此,城市循环经济系统也同时具有以上三个概念的特性。

(1) 从系统论的角度

城市循环经济系统是一个结构合理、功能稳定、能够达到动态平衡的社会、经济和自然的复合系统。它具备良好的生产、生活和净化功能,具备自组织、自调节、自抑制等功能,以保证城市的持续、稳定、健康发展。

(2) 从经济学的角度

城市循环经济系统既要保证经济的持续增长以满足居民的基本要求,更要保证经济增长的质量。城市循环经济系统要求具有与"3R"原则相适应的产业结构、能源结构以及空间布局,实现物质生产和社会生产的生态化,保证城市经济系统的高效运行和良性循环。

---

① 吴良镛.北京宪章[J].时代建筑,1999(3):88—91.
② 叶文虎,邓文碧.可持续发展的根本是塑建新的生存方式[J].中国人口·资源与环境,2001(4):1—4.

(3) 从哲学和社会学的角度

城市循环经济系统要求实现人与人、人与自然的和谐，强调人与自然是统一体的价值取向，倡导构建资源节约型和环境友好型社会下的生产体系和消费体系，从而促进人与自然的可持续发展。

所以，城市循环经济就是指实现城市区域资源利用效率高、污染排放最小化的城市经济活动及规律。而城市循环经济系统是实现城市循环经济发展目标的载体，是以实现人的宜居以及人与自然协调发展为根本目标，运行方式符合循环经济新型发展模式基本规律的开放系统。

由于城市实体本身存在着区域性、个体性以及阶段性等差异，城市循环经济系统的概念准确的说属于一个范畴，强调在一定社会的、经济的以及环境的等约束条件下，通过系统内外各个组成部分之间的合理匹配，在实现城市及城市—区域整体最优的基础上，实现城市的可持续发展。

2) 城市循环经济的特性

城市循环经济是一个自然—人工复合系统，具有受人工干预影响明显、层次结构多、功能复杂等特性，尤其是我国正处于快速城市化发展、城市经济转型加快和城市居民收入快速提升阶段，城市运行资源投入高、城市更新废弃物多，相应地对于城市环境的压力也大。其主要特征在于：

(1) 开放与复杂

城市是一个必须依赖外界才能实现平衡的开放系统，城市循环经济系统亦然。城市循环经济系统与外界存在着大量的物质与能量交换。这些大量的物质与能量本身就是十分庞大繁杂的巨系统，它们在城市循环经济系统中表现为信息流、物质流、能量流、价值流以及人口流，并不断地通过流向、流量的变化影响着外界。

(2) 高效与循环

循环经济的核心是资源的高效利用和循环利用。城市循环经济系统就是城市在发展过程中，依据"3R"原则，重复、高效地利用自然资源、各种中间产品、副产品以及使用后的产品，减少对自然环境的影响与破坏。通过将清洁生产、资源综合利用、绿色消费等融为一体，实现物尽其用、各施其能以及能量的多层次、分级利用。

(3) 结构与网络

城市循环经济系统的构成单元按照一定的联系产生结构。不同的结构功能不同；不同结构的多种联系形成网络。结构本身具有层次性（如具有自上而下的递阶控制的特征）、自组织性和稳定性，系统的稳定性与整体性相关联。

(4) 整体与一致

循环经济概念的提出就是要在人类社会发展的同时实现人与自然的和谐。城市循环经济系统的发展必须实现其内部及外界社会、经济、环境三者整体利益的一致性。整体性会因系统内部某一局部的变化而变化。

(5) 平等与公平

与传统经济发展模式相比，循环经济具有很强的平等性，表现在对自然的尊重，即将资源的开发利用与保护、环境的破坏与重建纳入到经济运行之中。公平性表现为考虑到代内的、代际的以及区际的利益。

10.1.2 城市循环经济系统功能分析

1) 系统功能构成

城市循环经济系统是一个具有独立特征、结构和机能的社会—经济—环境复合生态系统,能够充分利用各种自然资源和社会经济、技术条件等,形成循环经济合力,产生循环经济功能和社会—经济—环境综合效益。它以各种形态的技术为中介环节,不间断的进行着物质、能量和信息的交换。同时,价值流沿着交换链进行循环与转换,从而实现价值的增殖过程。简单的说,城市循环经济功能上包括物质循环、能量流动、信息传递、价值转移和人口流动五个方面(见表10.1)。

表 10.1 城市循环经济的基本功能

表现形式	基本功能	衡量标准
物质流	物质的循环	综合利用水平
能量流	能量定向的梯级流动	能源转换系数
价值流	价值的增殖	价值增殖率
信息流	信息的传递	信息的数量和质量
人口流	上述功能产生的根源	流动的数量和方向

(1) 物质流与物质循环

物质流是物质在时空上所发生的输入、转化、输出以及循环运动过程的总称。城市循环经济系统处于人和人工物质高度聚集的地区。每个城市每天都要从外界输入大量的粮食、水、原料、劳动资料等,同时又要向外界输出大量产品和"三废"物质等,所以城市是地球表层物质流在空间大量集中的地域,是各种物质输入、转化、输出和循环的热点地区。借助于这些密集、高效的物质流,城市不断地进行新陈代谢,保持活力和发展。

城市循环经济系统的物质流可分为自然物质流、经济物质流和废弃物质流三大类。自然物质流包括流经城市的地面水、大气环流、自然降水、地壳物质运动和野生生物运动(如鸟类、哺乳类、昆虫)等。经济物质流指沿着投入/产出链或生产消费链流通着的各种经济物流,它们是取之于自然界并经人类劳动加工过的物质,是使用价值在城市生态系统中的流通和流动,是城市物流中最主要的组成部分。废弃物质流指城市各种生产性废弃物和生活性废弃物的流动,如城市污水流入河流、城市废气排入大气环境、污染物沿生物食物链转移等等。

城市循环经济系统中,重点需要研究的是废弃物质流的问题,但也不排除对其他两个流的高度关注。对于自然物质流而言,要尽可能的为其提供一个更好的与自然界沟通联系的平台,确保自然物质流的顺畅无阻。例如,在城市中引入景观廊道,除了满足创造更好的城市生态环境的要求以外,还必须兼顾到各种生物物种正常迁徙的需求。经济物质流是城市经济发展的追求目标之一,人们引入循环经济理念,就是期望在满足如社会、生态等需求的同时,可以满足更多的经济物质的需求。

(2) 能量流与能量流动

能量流是指各种形态的能量在城市系统内部及其他系统之间的流动状况。城市循环经济系统的能量流动是能量在满足城市生产、消费等功能的过程中,在城市循环经济系统内外的传递、流通和耗散过程。城市循环经济系统中的能量流与物质流是紧密联系的,物质流是能量流的载体,而能量流推动着物质的运动。自然生态系统中的能量来源于可再生能源,而城市循环经济系统中的能量主要来自于不可更新的矿藏能源。

城市循环经济系统要维持其经济功能和生态功能,必须不断地从外部输入能量,如食物、煤、石油、天然气、水能等,并经过加工、储存、传输、使用、余能综合利用等环节,使能量在城市生态系统中流动。一般来说,城市的能量流是随着物质流的流动而逐渐转化和消耗的,它是城市居民赖以生活、城市经济赖以发展的基础。主要特点包括:在能量使用上,大量的能量是在非生物之间交换和流转的,反映在人力所制造的各种机械设备的运行过程之中;在传递方式上,通过农业、采掘、能源生产、运输等部门传递能量;在能量运行机制上,能量流动以人工为主;在能量生产和消费过程中,存在一部分能量以"三废"的形式排入环境,使城市遭受污染;能量的流动是在耗散状态下单程进行的,具有不可逆性,其传递金字塔规律与熵增原理一致。

为了实现人类的可持续发展,城市循环经济系统应尽可能使用可再生的能源。随着循环经济的不断深入,其需实现的一个重要内容即能源的脱碳,届时太阳能的流动和转化以及风能、水能、地热能和潮汐能等自然能量的流动将进入城市能量流之中,这将引起城市生态环境和经济发展的重大变化。

(3) 价值流与价值增殖

价值流是经济物质流无形的表现形式,它们通过各种人类社会生产、生活所需要的物质、文化以及精神服务表现出来,是各种服务使用价值的价值表现,也是人类社会发展所取得的各种财富的货币化表现形式。人类在生产过程中,通过有目的的劳动将自然流转换为经济流,价值即沿着生产链不断形成,同时实现了价值的转移和增殖。价值流又可以分为物质形态流和非物质形态流两种基本类型。物质形态流是实现物质循环的载体,非物质形态流是实现物质循环的保障,两者相互渗透、相互影响。

按照长链结构理论,各种资源的开采和利用之间存在着链状或网状的经济关系,通过构建长链结构,增加了循环转化的环节,有利于稳定系统,多级利用物质,提高系统的生产力;而物质的多级利用,也是价值增殖的过程。按照循环经济理论,经济的增长并不仅仅意味着生产出和消费了更多的产品,而是在同等产品消费的情况下可以得到更多的服务,即产生增殖效应。据估计,通过工艺革新可以提高效率1~2倍;通过产品创新可以提高效率4~6倍;通过服务功能的革新可以提高效率8~10倍;通过系统重组和体制革新可以提高效率10~20倍[①]。从这里可以看出,发展循环经济不仅能够推动经济的增长,而且是推动经济实现高效增长。

(4) 人口流与人口流动

人口流是城市循环经济系统功能中的重要动态表现,包括空间范围内的移动流(市区流动、城乡流动和城市间流动)和时间范围内的变动流(人口的自然增长和机械增长)。过度密集的人口流会给城市带来一系列的环境问题,如交通拥挤、环境污染等,这些均源于城市人口在城市住宅与工作、休闲等不同时空间位移所形成的必要的"流"。

[①] 王如松.循环经济的生态误区和整合途径[J].中国特色社会主义研究,2005(5):29—34.

虽然当前的技术水平和信息化水平已经得到了显著提高,但是各种新的通讯方式依然无法替代、也不可能替代人与人之间面对面的沟通和交流。随着交通工具运输速度及安全性的不断提升,人与外界联系的经济成本和时空成本的日益下降,人们各种出行目的的需求也日益容易得到满足。整体上,随着社会经济发展,人口流的变化趋势为：流量越来越大,流速逐步提高,流动频率不断增强,流动范围日益扩大。

面对这一现实,对城市人口的流动应进行相应的调整与疏导,以缓解由此造成的一系列相关的城市环境问题。积极发展城市快捷交通运输体系,大力推行城市公共交通系统,提倡"以步代车"、"以自行车替代小汽车"、"以小排量汽车替代大排量汽车"等理念与措施,在本质上均可以认为是循环经济中减量化原则运用的具体表现。

(5) 信息流与信息传递

控制论的创始人维纳指出"信息是联系,信息系统是外在世界的缩影","信息是人们在适应外部世界,并且使这种适应为外部世界所感受到的过程中,同外部世界进行交换的内容和名称"。信息的本质是系统各组分之间以及系统与外界之间的联系。

城市中的信息流是城市系统主体——人对系统各种"流"的状态的认识、加工、传递和控制过程。城市系统的任何运动都会产生一定的信息。如自然信息中的水文信息、气候信息、地质信息、生物信息、环境质量信息及物理信息、化学信息等;经济信息中的新产品信息、价格信息、市场信息、金融信息、劳动力和人才信息、国际贸易信息等。城市系统是信息高度集中的地域,信息流是城市循环经济系统中最具有本质特征的流。千百年来,城市经济系统消耗了大量的物质和能量,却留下了丰富的信息。正因为信息流具有非消耗性、非守恒性、累积效果性、强时效性等特点,人类信息技术的每一次突破都会推动人类社会,特别是城市系统更趋于有序。无组织的信息或失去控制的信息将城市带来对应的污染。

按照信息论的观点,信息流是任何系统维持正常的、有目的运动的基础条件。循环经济大力倡导发展的生产性服务业就是推进城市经济增长、对城市生态环境破坏很少或者基本没有破坏、有益的信息流。以城市物质流与能量流为载体的各种经济流也正是依靠大量信息流的推动才更加有序。准确的说,信息传递除了对城市循环经济系统的发展起着重要作用以外,还使系统具有自我调节和维护稳定的自组织功能。

城市循环经济系统的这五大功能之间相互联系、相互作用,推动着城市循环经济系统的不断运动与发展。

2) 系统链网类型

城市循环经济系统具有四种基本链网,共同组成了错综复杂的城市—区域。

(1) 生态产业链网

城市循环经济系统首先是以由各种生态产业链网构建形成、工农业共生、物质闭路循环为基本特征的循环经济产业体系。其中生态产业链是在具有产业关联度或潜在关联度的各类产业或企业之间建立起的多通道产业链接,它使得各产业之间存在着物质流、信息流和能量流的传递,形成互动关系。

典型的生态产业链存在于生态工业园区中(包括实体型和虚拟型生态工业园区)。园区内资源优势、产业优势和多类别产业架构形成核心的资源与核心的产业,成为生态工业产业链的主导链,并以此为基础链接其他类别的产业,实现城市循环经济系统中各种物质流的循环。

对于生态工业园区需要有一个正确的认识①。如果园中各企业生产的都是不可能进入大循环的产品,如油漆、炸药、燃料等,那么各企业之间在资源、能源方面形成互补就可以了,而不必严格强调产品在工业园区内一定都要得到循环。如果生态工业园区中有些企业生产的产品可以进入大循环,那么还应考虑在园区中要有对这些使用以后的产品进行回收、加工和处理的企业。这样园区中既有中小循环又有大循环,工业物质循环才更接近于闭路循环,这是工业园区生态产业链构建的一项基本原则。此外,不仅要对各企业的主产品做上述考虑,对于各种可以回收使用的消耗品和副产品也应做类似考虑。要考虑生态工业园区中的部分企业如何消纳社会上的垃圾、废弃物和污染物的问题。只有考虑到上述情况的工业园区才是朝着绿色社区的方向发展。

(2) 绿色消费链网

循环经济提倡绿色消费观和价值观,使公众自觉选择有利于环境的生活方式和消费方式,自觉购买环境友好产品。而公众绿色消费的推动力在于逐步形成的、市场价格作用与政府推动相结合的、以市场价格作用为主的机制。在循环经济发展初期,依靠政府的力量建立生态产业链是可能的。但是,在市场经济条件下,企业追求最大利润的本能会使之自觉遵循市场经济规律,加之政府调控能力的有限性,因此,绿色消费链网是保障城市循环经济系统存在的市场调控机制的基础和关键。

(3) 生态流通链网

生产与消费是依靠流通得以实现的。城市循环经济系统的流通或功能之间进行传递、交换的"通道"就是城市的基础设施,它包括水循环的利用与保护体系;清洁能源的生产、存储、输送以及使用体系;物质回收体系等在内的各项城市基础设施,如道路网、电力网、供水管网、排水管网、通讯网络、供热管网、燃气管网等等。当这些"通道"出现不畅、堵塞的情况时,各种城市环境问题及其衍生问题接踵而至。

城市的功能与性质也可以被认为是城市循环经济系统在城市内部与外界在物质流、能量流、信息流、人口流以及价值流存储、传递、交换、转化及代谢过程中在流量大小和流向变化上的反映。

(4) 绿色社区网

不同规模的城市,城市功能差异很大,但是各种类型的城市都可以分解为社区这一构成城市的基本单元。在社区里,五种流和三种链网均具备,可以集成为一个较为完整的城市循环经济系统。

10.1.3 城市循环经济运行机制

1) 城市循环经济运行的经济学分析

英国经济学家马尔萨斯最早提出了资源绝对稀缺论的观点,意识到生态环境的重要性。之后,庇古在关于福利经济学的分析中,提出了私人成本社会化的观点;也即政府以征税的形式将污染成本加到产品的价格中去,使得环境外部成本企业内部化,这就是所谓的庇古

---

①陆钟武.关于循环经济中物质循环问题的分析.张坤主编.循环经济理论与实践[C].北京:中国环境科学出版社,2003.

税。但是庇古税是一种"先污染,后治理"的方式;据测算,预防污染费用与事后治理费用的比例高达 1∶20[①]。

在同样的市场条件、同样的管理水平下,产量 P_0 相同时,投入自然资源的数量在循环经济模式下比在传统经济模式下少(见图 10.1),即 $Q_1 < Q_2$。减少的资源数量 $Q_2 - Q_1$ 包括两部分:一是由于资源利用率提高节约的资源投入数量;二是通过废弃物的再利用和再资源化减少的资源投入数量。当投入的自然资源数量 Q_0 相同时,循环经济模式下的产量比传统经济模式下高,即 $P_1 > P_2$。生产出来的产品数量的差异 $P_1 - P_2$ 也包括两部分:一是资源利用率提高,相当于增加了资源投入数量,带来了产量的增加;二是循

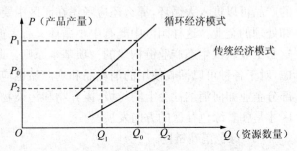

图 10.1 资源数量与产品产量的关系[③]

环利用的废弃物资源带来的产量的增加。产量增加了,使得实际相同的自然资源投入量在循环经济模式下带来了更大的经济效益。也就是说,循环经济理论下的经济增长避免了"先污染,后治理"方式的弊端,在资源减量化的同时可以获得更多的经济效益[②]。通过发展循环经济,人们可以做到在开发利用自然资源的同时改善生态环境,维持经济的持续与繁荣[③]。

2) 城市循环经济运行特征

城市循环经济系统的运行是城市适应外部环境变化及内部自我调整的过程,反映为社会、经济、自然三个系统各组分间以及与外界系统的相互作用,是发生在时间—空间上的不可逆的动态变化。这种动态变化是以人与自然和谐发展为基础的,是一种生态演替(新陈代谢)的过程,即是物质功能流交换、转化、流动的过程。当任何一种物质流阻塞或失控,都将导致城市循环经济系统功能不能正常发挥而失调。

在传统线性经济城市中,各种物质,尤其是物质流、能量流的运转依赖着大量的不可再生资源及外部系统的支持,运行的生态效率很低,是一种"数量型"运行模式。在循环型城市中,资源的可循环与再生利用成为了主体,减少了对外界的"掠夺"和对不可再生资源的依赖(这并不排斥循环经济型城市在平等、协调的基础上与外界进行必要的物质与能量的输入与输出),非物质服务的各种流动使得城市的生态效率很高,是"质量型"运行模式。即城市循环经济系统是一种从无序、不稳定的系统向有序、稳定的系统转化的过程,这种稳定、有序的状态是一种动态的平衡,是系统在可承受的时空范围(生态稳定阈值或门槛)内的波动(见图 10.2)[④]。

---

① 王守安.循环经济的经济学解释[J].当代经济研究,2005(4):35—39.
② 戴世明,吕锡武.循环经济的机理分析[J].南通职业大学学报,2004.18(1):9—11.
③ 戴世明,吕锡武.循环经济的机理分析[J].南通职业大学学报,2004.18(1):9—11.
④ 黄光宇,陈勇.生态城市理论与规划设计方法[M].北京:科学出版社,2002.

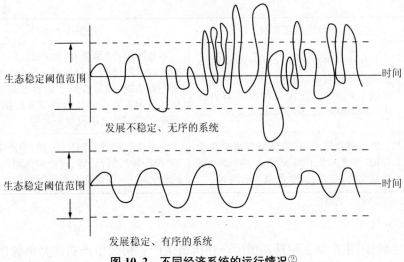

图 10.2　不同经济系统的运行情况②

10.2　城市循环经济要素的构成①

城市是一个动态的、复杂的社会—经济—生态复合系统,通常被认为是三大结构形态和四大功能效应的系统集合体②:从结构上看,城市是一种空间结构形态、一种生产结构形态、一种文化结构形态。从功能上看,城市在一个"自然—社会—经济"的复杂巨系统中,通过集聚效应、规模效应、组织效应和辐射效应,寻求将"人口、资源、环境、发展"四位一体地提升到现代文明。

10.2.1　城市循环经济系统的生产结构

按照循环经济理论,人们关注与强调的是物质的形成、循环流动和能量的梯次多级利用。从这个视角审视,城市循环经济系统的物质形成应归结为生产者、消费者和分解者(废弃物处理者)三个部分(见表10.2)。

表 10.2　经济生产系统与自然生态系统的组成成分对照

组成成分	自然生态系统	经济生产系统
生产者	利用太阳能或化学能将无机物转化成有机物,或将太阳能转化为化学能,在供自身生长发育需要的同时,为其他生物种群(包括人类)提供食物和能源,如绿色植物、单细胞藻类、化能自养微生物等	初级生产者:利用基本环境要素(空气、水、土壤岩石、矿物质等自然资源)生产初级产品,如采矿厂、冶炼厂、热电厂等 高级生产者:初级产品的深度加工和高级产品的生产,如化工、服装、食品、机械、电子等产品

---

①黄光宇,陈勇.生态城市理论与规划设计方法[M].北京:科学出版社,2002.
②中国市长协会,中国城市发展报告编委会.中国城市发展报告(2001—2002).北京:西苑出版社,2003.

续表 10.2

组成成分	自然生态系统	经济生产系统
消费者	利用生产者提供的有机物和能源,在供自身生长发育,同时也进行有机物的次级生产,并产生代谢物供分解者使用,如动物(草食、肉食等)、人类	不直接生产"物质化"的产品,但利用生产者提供的产品进行自我发展,同时产生生产力和服务等功能,相对自然生态系统而言消费者的存在更为重要。常见的消费者包括行政管理、商业、金融业、娱乐及服务业等
分解者	将动植物排泄物、残体分解成简单化合物(再生),以供生产者利用,如分解性微生物、细菌、真菌及微型动物等	将企业生产及人们生活过程中产生的副产品和"废弃物"进行处置、转化和再利用,如废弃物回收公司、一些对资源再利用的企业/机构等

资料来源:王瑞贤①,2005。有修改

1)生产者

在生态系统中,生产功能包括初级生产和次级生产。初级生产功能是由绿色植物来实现的,是生态系统中最基本的功能。生态系统的初级生产量决定了次级生产量,从初级生产者到次级生产者基本上是一个金字塔型的数量结构。而城市循环经济系统中的种群结构呈倒金字塔型。由于城市的绿地空间有限,决定了绿色植物的生产量较少;且绝大多数的城市绿地不用于生产目的。因此,城市循环经济系统几乎不具备初级生产功能。

城市的生产功能主要是次级生产功能,包括人口的再生产和社会商品的再生产。这些再生产活动所需要的物质与能量从来都不是来自于系统本身。所以,城市循环经济系统的物质与能量的外部依赖性极大,主要依靠外部生态系统的物质与能量输入来维持正常的新陈代谢,这就构成了城市与其他生态系统的依赖关系。图 10.3 显示了城市循环经济系统与其他生态系统之间的关系②。

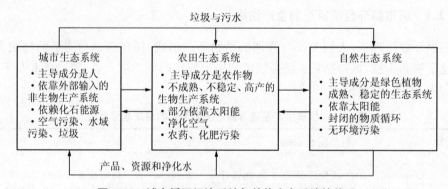

图 10.3 城市循环经济系统与其他生态系统的关系
资料来源:刘力②,2002,有修改

2)消费者

城市循环经济系统中通常存在两种营养结构:一是食物链;二是产业链(见图 10.4)。这两种营养结构都具有人工化特点,与自然生态系统的营养结构有很大的差异。城市循环经济系统的食物链缺少两个最基本的成分:生产者和分解者,不仅营养物质来自于系统外

---

①王瑞贤.我国长沙黄兴国家生态工业园区规划设计的研究[D].东北师范大学博士学位论文,2005.
②刘力.可持续发展与城市生态系统物质循环理论研究[D].东北师范大学博士学位论文,2002.

部,排泄物也需要输送到系统外部。事实上,城市循环经济系统中的产业链也不具备初级生产功能。作为生产者,产业链上的人仍然是次级生产者,生产活动的全部物质与能量均来自于系统外部。大多数产业活动有两种输出:产品与废弃物。但即使是产品形式的输出,消费后仍然以废弃物的形式被丢弃。目前,大量的城市垃圾与废弃物主要被输出到系统外部,依靠自然生态系统的分解者实现物质的再循环[1]。

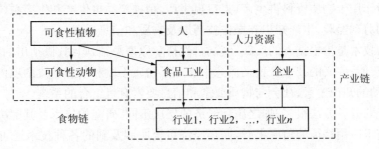

图 10.4 城市循环经济系统的生产关系[1]

3) 分解者

城市循环经济系统中的分解者主要是指城市中的静脉产业。

"静脉产业"是与"动脉产业"相对而言的,也称资源再生利用产业,是以保障环境安全为前提,以节约资源、保护环境为目的,运用先进的技术,将生产和消费过程中产生的废弃物转化为可重新利用的资源和产品,实现各类废弃物的再利用和资源化的产业。它包括废弃物转化为再生资源及将再生资源加工为产品两个过程[2]。所以,动脉产业是指传统意义上的生产产品的部门,只有动脉产业与静脉产业的有机结合,才能闭合产业系统的物质循环链条。

城市循环经济系统中,产业的设置要按照生态学的标准建立。除了传统产业以外,还可以从"静脉产业"以及可替代资源开发产业,即从分解者的视角进行。如核心大城市邻近的工业加工型或农业产业化型城镇可尝试发展与大城市弱项行业配套的或者是再利用、再循环的加工、生产型静脉产业。这样既利用了大城市技术人才密集、资金资本丰富等优势,又有利于提升这些城镇的生存生态位,推进其可持续发展[3]。

10.2.2 城市循环经济系统的文化结构

文化可分为物质文化、制度文化和精神文化。物质文化是人们改造自然界、以满足人类物质需要为主的那部分文化产物,它包括劳动文化、生产工具及工艺技术文化等等,体现了人们以何种方式实现人与自然之间的物质、能量和信息的转换,它是人的发展程度的最重要标尺,与生产力发展有着直接的关系。制度文化是人类处理个人与他人、个体与群体之间关系的文化产物,包括社会的经济制度、政治法律制度以及个人对社会事务的参与方式等等。精神文化是人类的文化心态及其在观念形态上的对象化,体现着人对世界、社会以及人身的

---

[1] 刘力. 可持续发展与城市生态系统物质循环理论研究[D]. 东北师范大学博士学位论文,2002.
[2] 国家环境保护总局. 静脉产业类生态工业园区标准(试行)(国家环境保护行业标准 HJ/T275—2006).
[3] 吴妤. 生态与循环型城镇建设的理论与实践研究[D]. 西北农林科技大学博士学位论文,2005.

基本观点,反映了人对外部世界认识和改造的广度和深度[①]。所以,简单说,城市循环经济系统的文化结构可以分成由技术支撑体系(物质文化的重要组成)、社会保障体系(制度文化的重要组成)、哲学和伦理学观念(精神文化的重要组成)构成。

1) 技术支撑体系

(1) 技术系统构成

技术是指作用于物质资料再生产、人口再生产、精神产品再生产和生态系统物质及能量再生产过程的劳动经验、生产知识和操作技巧以及物质和信息手段。

狭义上的技术是指根据人的实践经验、自然科学原理总结、归纳、概括出的各种工艺、操作方法、劳动技能;广义的技术在狭义概念中加入了物质手段和信息手段两项内容。概括的讲,技术指劳动的知识要素、社会与物质要素和信息要素有机组合的系统。

技术系统的分类方法很多,加之循环经济的层次不同,研究的技术及其解决的问题也不同。但是从技术应用特征的角度来看,循环经济系统所涉及到的各种技术还可以分为以下四种基本类型:

① 原理开拓型技术。是指从自然科学所发现的自然规律(科学原理)和经过技术科学探索得到的特殊规律(技术原理)出发创造的全新的技术实体(装置或工具)。

② 结构综合型技术,是指将几种科学原理所规定的现有技术重新组合,创造出结构形式全新的技术装置、手段和工艺。这种综合性技术是根据人的目的和生态系统的需要而人为进行的技术综合。

③ 局部改良型技术。是指在原有技术主体部分原理不变的情况下,对其缺陷、不足之处加以改进,使新的技术发明不断完善,更加适应人类需要。

④ 功能移植型技术。是指将现有的成熟技术移植到其他领域。

(2) 技术支撑体系

有学者认为[②],循环经济的技术支撑体系主要有三类:循环经济的重点技术、生态工业园的设计与支撑技术以及循环经济的相关理论研究(见表10.3)。

表10.3 循环经济的技术支撑体系

大 类	中 类	具 体 内 容
循环经济的重点技术	生态农业技术	耕地保护和土壤改良技术、农业生物新品种的培育和推广应用技术、节水农业技术、农业资源循环再生技术、省力化技术、资金替代型技术
	能源高效利用和节约技术	煤化工产品多联产及高附加值利用技术、洁净煤技术及其产业化、低物耗及能耗煤基液体燃料生产技术、节能技术与工程(包括电力、钢铁、有色金属、石油石化、化工、建材、煤炭、机械、公路运输、新增机动车、城市交通、铁路运输、航空运输、水上运输、农业渔业机械、建筑物、家用及办公电器、照明器具、燃煤工业锅炉(窑炉)工程、区域热电联产工程、余热余压利用工程、节约和替代石油工程、电机系统节能工程、绿色照明工程等)

[①] 阎献晨.文化研究中的几个热点问题[J].中共山西省委党校学报,1993(1):8—12.
[②] 周宏春,刘燕华.循环经济学(第2版)[M].北京:中国发展出版社,2008.

续表 10.3

大 类	中 类	具 体 内 容
循环经济的重点技术	绿色建筑和绿色制造技术	绿色建筑技术（发展太阳能建筑、政府机构节能、节能监测和技术服务体系）、绿色制造技术（低物耗的绿色制造技术、废弃物少的绿色制造技术、少污染的绿色制造技术、绿色化学技术）
	新能源和可再生能源利用技术	光伏发电技术、太阳能热利用技术、太阳能热发电技术
	提高效率和资源综合利用技术	废旧产品和废弃物资源化技术、废旧机电装备再制造技术、电子垃圾资源化的技术与设备、生态包装技术、垃圾发热供电技术、集约化养殖畜禽粪便的资源化利用技术
生态工业园的设计与支撑技术	生态工业园的支撑技术	信息技术；水、能源；回收、再循环、重复使用和替换技术；环境监测技术；运输
	从摇篮到摇篮的设计理念	
循环经济相关理论研究	循环经济的科学研究及技术	生态资产核算方法研究、生态补偿制度、循环经济型生态城镇的研究与示范
	威胁人体健康物质的防治技术	影响人体健康的环境基准、标准和预警体系；重点污染物对人体健康影响的机理与识别技术；阻断和降低污染物危害人体健康的技术途径
	全球变化的适应与减缓技术	

资料来源：周宏春等，2008。整理得到

冯之浚、郭强、张伟[①](2005)认为循环经济的支撑技术体系由五类构成：替代技术、减量技术、再利用技术、资源化技术、系统化技术。其中，替代技术是指通过开发和使用新资源、新材料、新产品、新工艺替代原来所用资源、材料、产品和工艺，以提高资源利用效率，减轻生产和消费过程对环境的压力的技术。减量技术是指用较少的物质和能源消耗来达到既定的生产目的，在源头节约资源和减少污染的技术。再利用技术指延长原料或产品的使用周期，通过多次反复使用来减少资源消耗的技术。资源化技术指将生产或消费过程产生的废弃物再次变成有用的资源或产品的技术。系统化技术指从系统工程的角度考虑，通过构建合理的产品组合、产业组合、技术组合，实现物质、能量、资金、技术优化使用的技术，如多产品联产和产业共生技术。

城市循环经济系统的支撑技术体系的组成如表 10.4 所示。

不难看出，受已有科学技术发展水平的制约，人们当前迫切需要解决的主要技术从易到难的排列顺序是功能移植型技术、局部改良型技术、结构综合型技术以及原理开拓型技术。这与循环经济"3R"原则的排列顺序相互对应。正如莱斯特·R. 布朗(2002)在其著作《生态经济：有利于地球的经济构想》中提及的那样："在经济的三大关键部门（能源、材料和食物）之中，在能源和材料部门中发生的变化将是最为深刻的。能源部门中要从石油、煤炭和天然气逐步转变到风能、太阳能电池和地热能上。至于材料，虽然其结构本身没有很大变化，但

---

① 冯之浚，郭强，张伟. 循环经济干部读本[M]. 北京：中共党史出版社，2005.

是再循环行业将要在很大程度上取代萃取行业。在食物部门,大的变化则是在消费理念和管理方式上"①。

表 10.4 城市循环经济系统支撑技术体系构成

基本类型	难易程度	主要内容	
		三类分法	五类分法
局部改良型技术	易	生态农业技术、绿色建筑和绿色制造技术、全球变化的适应与减缓技术	减量技术
功能移植型技术	较易	提高效率和资源综合利用技术、生态工业园的支撑技术	再利用技术
结构综合型技术	较难	能源高效利用和节约技术、循环经济的科学研究及技术、威胁人体健康物质的防治技术	系统化技术
原理开拓型技术	难	新能源和可再生能源利用技术、从摇篮到摇篮的设计理念	替代技术、资源化技术

2) 社会保障体系

社会保障系统是城市中人类及其自身活动所形成的非物质生产的组合,涉及人及其相互关系、意识形态和上层建筑等领域。此处仅从引导消费、城市规划、经济杠杆、立法执法以及城市管理等五个层面进行讨论。

(1) 引导消费

应引导人们进行绿色消费,促进城市循环经济系统的快速建设(见表 10.5)。据有关资料统计,77%的美国人表示企业的绿色形象会影响他们的购买欲,94%的意大利人表示在选购商品时会考虑绿色因素,欧洲市场上 40%的人更喜欢购买绿色商品,说明在国外人们对绿色消费已经开始接受并且普及化。鉴于中国是一个发展中大国,经济实力还严重制约着人们的行为自由,接受绿色消费观念并不意味着要付诸行动;且相应配套路径没有做到同步建设。

表 10.5 不同经济的分配与消费

要 素	农业经济	工业经济	循环经济
传输手段	道路	高速公路、电网、电讯网	信息高速公路
传输对象	人类自己	物质、能量、信息	信息、知识
分配决定要素	土地占有	财产占有	知识拥有
消费目标	温饱	高消费	人与自然和谐发展
消费方式	贫富悬殊	贫富悬殊日益加剧	层次消费
市场	不起重要作用	自由市场经济	世界大市场,国家宏观调控
市场占有	靠战争	靠产品的质量和数量	靠产品的高技术、高知识含量

资料来源:循环经济——全面建设小康社会的必由之路[M].北京:北京出版社.2003.

---

① [美]莱斯特·R.布朗.林自新等译.生态经济:有利于地球的经济构想[M].北京:东方出版社,2002.

(2) 城市规划

应加快城市循环经济系统建设的理论体系研究,对现行的城市规划从理论和实践两个方面进行变革[①]。遵循循环经济的"3R"原则,循环型城市的规划建设需要考虑的问题很多,例如在减量化原则上,怎样的工业园区结构可以减少进入生产和消费流程的物质量;如何改变城市,尤其是大都市中的往复式交通和居住结构模式可以削减大量的能源、减少废弃物的排放等等。日本采取的是"以点带面,逐步积累"法。1997年,日本通产省(现经济产业省)提出了"生态城市"的规划,以"零排放"为目标,在全国范围内积极推广循环型城市建设。到2001年6月止,日本建立了14个地区的循环型生态工业区,在政府的经济和政策支持下,以最快速度地将环保新技术转化为成熟技术,再移植到综合环保产业园区和再循环利用产业园区进行产业化生产。日本通过全国范围的生态工业园区的建设,逐步积累整个社会达到"零排放"的技术和经验,为最终实现循环型社会奠定了良好的基础[②]。另外,在具体规划方面,虽然同样是规划,但出发的侧重点可以有很大的差异,并且规划最终要回归到经济和政府立法与执法管理两个途径(见表10.6)。

表10.6 城市循环经济系统产业转型城市实例

比较内容		贵州省贵阳市	江苏省苏州市	安徽省铜陵市
模式特点		转变生产模式和消费模式	转变生产、消费和循环三个领域	转变资源型城市的发展模式与机制
战略措施	战略路径	发展循环经济产业	进行"二次创业"	构建循环型城市
	具体措施	① 三个核心系统(产业、基础设施、生态);② 七个循环经济产业体系(矿产、煤炭、铝业、中草药、生态农业、建筑与基础设施、旅游及服务员)	① 引进高新技术;② 调整产业结构;③ 在各行业内部和行业之间建立产品链与产业链等	① 实现企业循环;② 建设生态工业园区,实现产业循环;③ 培育五次产业结构体系,实现市域循环;④ 构建经济圈,实现区域循环;⑤ 建立支撑技术;⑥ 倡导绿色消费;⑦ 制定相应政策;⑧ 增强有效管理
优点		充分利用地方特色资源	发挥区域比较优势	以有色金属产业为特色
适用范围		欠发达地区的资源型城市	具有一定产业基础的城市	资源型城市

资料来源:(1) 董智勇[③],2005,整理得到;(2) 朱明峰[④],2005,整理得到。

(3) 经济杠杆

引入绿色GNP核算体系是循环经济系统实施经济杠杆措施的核心内容。要杜绝"公地悲剧"的发生,必须将生态环境资源的外部成本和培育生态环境资源的外部效应"内部化",在市场经济中实现式(10.1)所蕴涵的现实意义。

$$P_N > P_G = C_C + C_N - C_R \qquad (10.1)$$

式中,P_N 为非绿色消费的市场价格;P_G 为可替代的绿色消费的市场价格;C_C 为资本折旧;

[①] 吴未.循环经济与城市规划的变革.2004中国城市规划学会年会论文集[C].2004:501—505.
[②] 李海峰,李江华.日本在循环社会和生态城市建设上的实践[J].自然资源学报,2003.18(2):252—256.
[③] 董智勇.中国循环型城市发展探讨[D].内蒙古工业大学硕士学位论文,2005.
[④] 朱明峰.基于循环经济的资源型城市发展理论与应用研究[D].合肥工业大学博士学位论文,2005.

C_N 为环境资本损耗;C_R 为资源和废弃物综合利用与循环利用所节约的成本。式中可以看出,引入绿色 GNP 以后,无论是消费者还是生产者,受利益驱使都会朝着绿色消费、绿色生产——提供和满足绿色需求的城市循环经济系统的方向发展。

(4) 立法执法

近年来,我国在建设城市循环经济系统方面采取了很多行之有效的措施,如循环型城市规划的编制等;但是国家尚未出台发展循环经济的相关法律,目前仅有的《节能法》和《清洁生产促进法》也在实际操作中存在着一定的执行困难等问题。可以说,当前朝向城市循环经济系统发展的行为还缺乏适当的鼓励和约束机制,必须通过建立相关的法律法规,全面推进循环经济的发展:

① 在经济杠杆路径不健全的情况下,税收和财政等经济激励政策,包括产品价格的核算,需要发挥必不可少的补充作用;

② 适当的强制性手段可以加快推进城市循环经济系统的发展速度,减轻市场机制滞后现象的负效应,减少社会总成本。

(5) 城市管理

城市管理涉及的内容林林总总。以城市环境卫生的管理为例,可以根据城市布局规划,对城市区在功能上进行划分,例如工业区、物流区、商业区、旧城改造区和住宅区等等,结合不同区域的生活垃圾构成特点和最终处置方式,运用数学模型对各街道(镇)运往不同处置场所、不同类别的生活垃圾产量进行调运分配以及相应的运能(运输设施的配备情况)分配,使得城市垃圾的总运能需求达到最小,从而实现经济的最优①。

必须承认,在我国当前情况下,政府依然是推动循环经济发展的主导力量,强制性的税收和财政增、减、免是充分发挥市场经济手段推进循环型城市发展的关键环节,也是克服循环型城市发展瓶颈的关键(见图 10.5)。简单的说,就是市场途径和政府途径"两手都要抓,两手都要硬;两手要协调,相互做补充"②。

3) 生态伦理理念

(1) 生态哲学思想

从哲学上看,当人类将自己的想法强加于自然界时,他就干涉了自然选择的过程。现代工业文明在科技不断进步、经济不断增长的同时,也形成了人本绝对主体的价值观、发展观和世界观,这正是导致当代世界环境危机的本源。可持续发展观是在现代社会发展理论走向穷途末路的历史条件下逐步形成的,也是对诸多现代社会发展理论加以理论批判的结果。地

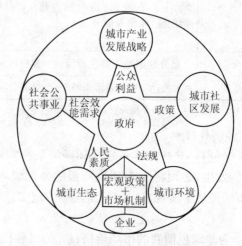

图 10.5 政府在城市循环经济系统发展中的作用①

---

① 尹建刚. 城市生活垃圾收运处置系统规划及其多维度环境管理研究[D]. 华东师范大学硕士学位论文,2005.
② 朱明峰. 基于循环经济的资源型城市发展理论与应用研究[D]. 合肥工业大学博士学位论文,2005.

球资源是有限的,地球消化污染的能力也是有限的,增长也必然有一个限度:

① 自然环境是人类可持续生存和发展的支持系统,自然之死就意味着人类之死。

② 维持自然生态系统平衡与稳定的机能本质上就是在维护人类可持续的生存和发展。人类改造自然、谋求生存的最基本前提就是保证自然生态系统的稳定平衡,维护自然的可持续发展。

发展循环经济就是对传统增长理论进行根本性改变,也即改变人类现有的生存方式[①②]。对应于哲学的"物质性",循环经济理论提出了"非物质性"的概念。非物质性体现在通过对人类生产、生活以及消费方式的重新规划,从脱离物质的更高层面提出生产者承担生产、维护、更新换代和回收产品的全过程,消费者选择产品种类、使用产品、按服务量付费,整个过程以产品为基础、以服务为中心的全新模式。

(2) 生态伦理理念

伦理(ethics)一词来自于希腊语 ethos,意思是"惯例"。在这个意义上,伦理是指一般的信念、态度或指导惯例行为的标准。任何社会都是有其伦理的。伦理学就是要人们通过反思自己的生活来反思自己该做什么,该怎么做,该成为什么样的人。

循环经济是一种人类社会经济新的发展模式,是对传统经济发展模式的一种根本性转变。循环经济理论下的伦理学就是希望能够系统的阐释人类与自然环境间的道德关系,告诉人类怎么样对待自然界的行为是正确的,人类社会怎样才能走上可持续发展的道路[③](刘建金,2002):

① 将道德权利的主体扩展到动物、生物及生态系统等非人类存在物。明确指出,人既是社会之子,也是自然之子;人既要承担对社会、对他人的义务,也应该承担对自然界的义务。

② 人不仅对社会具有依赖性,而且对包括人类社会在内的整个生态系统都具有全方位的依赖性。在对生态系统加入了价值观的基础上,还要加上时间观,即人不仅对生态系统现实的平衡和稳定负有道德责任,而且对其能否持续存在和进化负有道德义务。

③ 人类自从诞生以来就始终参与并影响着自然的进化,他有创造性的活动一直渗透到被他改造的自然之中,并反过来影响和制约着人的实践活动。人应该自觉地将人类自身置于生态系统这一整体中,以一种整体有机的思维方式看待世界,认识到一切生命的物体都是整个生态系统的一部分。

④ 改善人类与自然的关系,就必须彻底改变道德评价标准,融入生态伦理的思想。任何以牺牲公共福利为代价来维护自身利益的行为都是不道德的。能够超越评价主体自身利益,顾及其他物种利益的道德评价标准,正是用来协调人类与自然系统以及经济与生态系统之间关系的新的道德评价体系。

10.2.3 城市循环经济的空间结构

1) 传统城市空间结构及其演化

城市空间结构演化的本质是城市社会经济要素运动过程在地域空间上的反映。城市空间结构的增长始终受到两个力的制约与引导:无意识的自然生长发展及有意识的人为控

---

① 韩冬梅. 可持续发展:一场价值观的革命[D]. 吉林大学马克思主义哲学硕士学位论文,2005.
② 杨明堂. 从生存方式解读人与社会[D]. 中共中央党校马克思主义哲学硕士学位论文,2005.
③ 刘建金. 论生态伦理学的理论创新[D]. 中南大学伦理学硕士学位论文,2002.

制,两者相互交替作用。而人类对城市发展的干预几乎是伴随着城市一起产生的。这种干预活动具有积极的主动性和明确的目的性两大特征。它对城市空间结构产生的影响有三种可能：一是加速城市空间的发展；二是阻碍或延缓城市空间自组织的演化过程；三是修正城市空间自组织过程的方向[①]。人为控制完全取决于人们的目的、方式与能力，尤其是人们的价值观及主观价值取向。

(1) 城市内部空间结构构成

现代西方城市的空间结构由于受城市地价的调节而呈现出同心圈层的一般结构模式。

在中国,由于特定社会制度、经济发展水平和城市建设政策等的影响,城市空间结构呈现出以不同功能区为基础、有计划配置的基本特征,即由各种不同功能区——工业区、居住区、中心区、文教区、行政区、旅游区等相互组合而形成的城市总体空间结构。由于城市空间结构在某种意义上可以说是各物质要素在城市地域范围内的有序分布和组合,因此,在不同的社会、经济条件下,城市各要素有着不同的组合方式,从而形成了各具特色的城市要素结构特征.并且带来了不同的城市空间结构模式(见表10.7、图10.6)。[②]

表10.7 中国现代城市空间结构的基本模式与要素构成特征

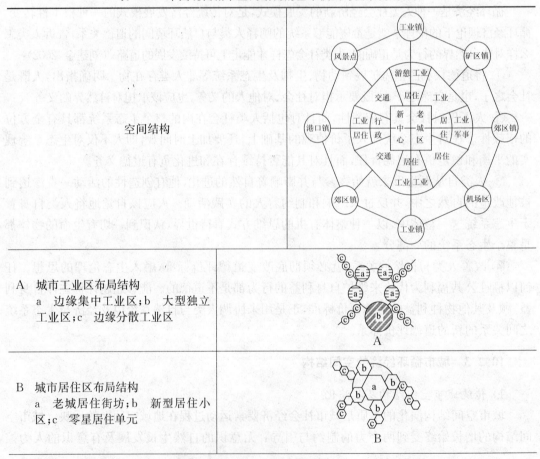

空间结构	
A 城市工业区布局结构 　　a 边缘集中工业区；b 大型独立工业区；c 边缘分散工业区	A
B 城市居住区布局结构 　　a 老城居住街坊；b 新型居住小区；c 零星居住单元	B

①顾朝林.集聚与扩散：城市空间结构新论[M].南京：东南大学出版社,2000.
②段进.城市空间发展论[M].南京：江苏科学技术出版社,1999.

续表 10.7

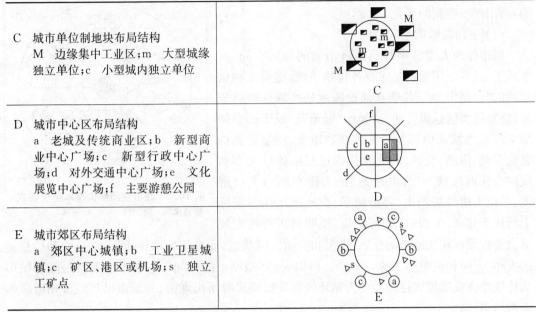

C 城市单位制地块布局结构 M 边缘集中工业区；m 大型城缘独立单位；c 小型城内独立单位	
D 城市中心区布局结构 a 老城及传统商业区；b 新型商业中心广场；c 新型行政中心广场；d 对外交通中心广场；e 文化展览中心广场；f 主要游憩公园	
E 城市郊区布局结构 a 郊区中心城镇；b 工业卫星城镇；c 矿区、港区或机场；s 独立工矿点	

资料来源：顾朝林，2000，有删减

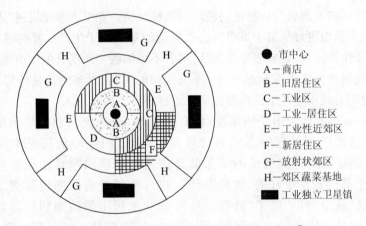

● 市中心
A—商店
B—旧居住区
C—工业区
D—工业-居住区
E—工业性近郊区
F—新居住区
G—放射状郊区
H—郊区蔬菜基地
■ 工业独立卫星镇

图 10.6 中国现代城市内部结构模式示意图[①]

(2) 城市空间形态的衍生模式

城市的特性、规模及所在区位等方面的差异，会使城市空间形态衍生出多种不同的类型(见图 10.7)。

2) 循环经济下城市空间结构发展趋势

传统城市空间结构的基本特征，正如黑川纪章[①](2001)所指出的"(机械时代)重视的是效率、合理主义二元论、生产率、普遍性、同质性、世界标准性和阶层性"，"机械原理的合理主义的二元论将城市的功能分离，硬性划分出商业区、住宅区、工业区、公园等。"当人们摈弃传统线性经济发展模式改用循环经济模式时，价值观、主观取向的变化以及由此引发的人们生

[①] 黑川纪章. 共生城市[J]. 建筑学报，2001(4)：7—12.

产、生活方式的改变,自然会对城市空间结构产生影响,而出现一些新的变化。

(1) 更加高效的空间结构

城市作为人类各项社会经济活动的物质空间,在本质上,其各项用地就是实现各种物质流、能量流和信息流的"存储用地";各项基础设施就是实现这些物质流、能量流和信息流传递、交换的"通道"。城市的空间形态就成为城市内部及与外界在物质流、能量流和信息流存储、传递、交换、转化及代谢过程中流量大小和流向变化的反映。"弹丸之地"的香港在城市人口密度、单位土地经济产出、环境质量、交通通达性等指标上均优于北京、上海、广州等城市,说明城市持续发展

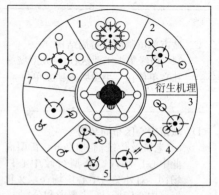

图 10.7 城市空间结构基本衍生模式
资料来源:顾朝林,2000,有删减。

活力的根源不在于城市的性质、规模和空间发展状态,而在于城市物质流、能量流和信息流的大小、方向和组织[①](吴未,2004)。所以,循环型城市的空间形态在本质上就是随着城市从传统经济发展模式逐步转变为循环经济发展模式时所出现的、与城市循环经济相适应的新型形态。

(2) 从整体出发的空间结构

城市循环经济的发展就是放弃单向流动的线性经济。亚里士多德说过"人们为了活着,聚集于城市;为了活得更好居留于城市",这里生活的基础源于生产。好的城市生产结构形态除了要服务于生产以外,还要服务于生活,两者不可偏废。而现有的城市规划并没有将物质流程作为研究城市生产结构形态的一个不可或缺的工具,更多还是停留在物质形态规划的范畴上,说明对城市生产结构形态的研究还存在着空白。

另外,J. Grinevald 认为由于固体废料、有害废料、液体废料和大气污染等的治理涉及从卫生部门到水资源管理等不同的行政部门,而部门关心的仅是本部门自身的特权。这种刚性制度上的分割造成的结果就是在处理环境问题时往往过分强调部门的主张[②]。在一个部门看是很好的"解决办法",很可能只是将问题转移到了另一个部门管理范围,于是"减少污染"成了"转移污染",如从水污染的治理到垃圾焚烧等都要产生二次污染。但是生物圈是一个整体,所有这些问题都是不可分割地联系在一起的,这种从部门利益角度出发到探索整体利益的思路转换也是城市空间结构新特征的一个重要内容。

(3) 产业回迁的空间结构

发展循环经济并不意味着完全禁止发展那些高物耗、高能耗、重污染型的产业。对于社会必需的高物耗、高能耗、重污染型产品,应当优先在环境容量大、技术水平高、环境法规严格、社会生态意识高的地区集中发展、系统整改。对在发达地区这些产业的严厉管制,可能会使它们向欠发达地区转移;但那里生态脆弱、环境管理不严、治理技术落后、社会生态意识低下,其环境成本、环境污染后果要比发达地区高得多。相对的,经济发达地区在发展循环

[①] 吴未.循环经济与城市规划的变革. 2004 中国城市规划学会年会论文集[C]. 2004:501—505.
[②] 李强,王桂侠.工业生态园的启示——对我国工业园区构成的反思[J].中国科技论坛,2003(6):67—70.

经济时更应该发展这些产业,并且从更大尺度上(例如长三角经济区相对于苏南地区,珠三角经济区相对于广州、深圳等城市)进行纵向、横向、区域、社会和技术的整合,从体制、机制和全过程整合上解决这些产业和常规技术的更新换代问题,而不要也不可能一窝蜂都去搞高新技术[①]。

(4) 产业相互交织的空间结构

理论上讲,以任何一类行业为核心都可以合纵连横,结链成网,发展循环经济。但单个的企业、单一功能的行业很难形成规模型循环经济。传统三大产业的界限在循环经济系统中将被彻底打破每个循环经济企业内部都将有从第一、第二到第三产业的全生命周期循环过程,企业内部研究与开发(R&D)、服务与培训(S&T)的从业人员将大大超过在生产第一线的从业人员。同时,第一产业必须将种植业、养殖业发展为加工业、物流业和服务业;第二产业必须向第一、第三产业的两头延伸;而第三产业也要不和第一、第二产业联姻。这样在循环经济中,第三产业可分为三类:以提供社会服务为目的的人类生态服务业;以研究、开发、咨询、教育与管理为目的的智力服务业;以物资还原、环境保育和生态建设为目的的自然生态服务业。衡量城市产业结构合理程度的指标也将不再是第三产业比例的高低,而是企业和行业内部及相互间生态耦合程度的高低(结构上的匹配程度、功能上的协调程度、过程上的衔接程度),经济规模效应的大小以及系统主导性和多样性、开放度与自主度、刚性与柔性的协调程度等。

新的需求、新的功能必然会对城市提出新的要求,城市空间结构也会随之进行相应的调整。如果没有很好的加以考虑,那么现在认为合理的城市规划在不久的将来就会阻碍城市进一步合理的发展。

10.3 城市循环经济发展的对策与建议

综观已有城市或地区的循环经济发展,未来的城市循环经济建设应着重研究以下四个方面:构建新型城市规划与管理体系、废弃物资源化、绿色服务业以及绿色能源战略。

10.3.1 构建新型城市规划与管理体系

循环经济提倡通过资源集约利用、循环利用,实现资源投入的减量化、利用的高效化以及污染排放的最小化,这为建设资源节约型、环境友好型的城市运行体系提供了科学支撑。"城市病"的产生既有产业结构方面的原因,也有城市规划布局不尽合理方面的原因。城市产业结构的转型需要一个较长时期的过程,城市规划布局则具有更强的可控性,因此,当前迫切需要通过完善城市规划与管理体系促进城市的可持续发展。具体建议如下:

一是完善城市圈及城镇体系规划,增强城市基础设施的共享性。当前在各地的城市建设过程中,仍然存在各自为政、贪大求全的现象,尤其是大型基础设施建设方面存在着不同程度上的重复建设问题,如都要建设机场、港口、垃圾发电厂、自来水供应等。应通

---

① 王如松. 循环经济的生态误区和整合途径[J]. 中国特色社会主义研究,2005(5):29—34.

过完善城市圈及城镇体系规划,合理布局重大基础设施建设项目,建立大型基础设施共建协调机制,减少各自进行城市基础设施建设所造成的物质及能源投入,提高基础设施运行效果。

二是增强城市用地布局的相融性,实现城市能源投入的减量化。目前各城市建设中都在积极推进新城建设以及中心商务区、大型社区的建设,虽然这在很大程度上提高了这些区域发展的集聚效应,但是也同时增加了城市运行的成本。例如,居民区与办公区的远距离布局,增加了城市的交通压力以及由此所带来的污染;而且过长的路途时间,也占用了人们休闲及娱乐的时间,一定程度上妨碍了城市第三产业的发展。因此,在城市建设规划中,有必要以精明增长为目标,合理进行城市用地布局,以控制城市建设的过度蔓延,强化城市环境敏感地带的保护,提高城市资源集约利用水平。

三是合理利用旧城建筑与设施,避免旧城改造中的推倒重来。当前旧城改造就意味着推倒重来,没有充分考虑到旧城建筑与设施的适用性以及对原居民的保护,造成了物质及能源资源的巨大浪费。随着旧城改造步伐的加快,这一问题也更加突出。国外一些国家及我国一些城市业已重视旧城改造中对于原有建筑与设施的重新利用。例如,将工厂厂房改造为艺术画室,从而增加城市的艺术氛围,同时还可以节约大量的物质与能源资源。因此,旧城改造并不意味着改造一切,也包括合理进行传统街区的保护,或者适度改变原有建筑或设施的用途,以适应新的城市环境的需要。

四是进一步完善城市规划与管理的相关法规及政策:① 实施城市规划的环境影响评价制度,不断增强城市规划与建设对于日益增长的资源环境压力的适应性;② 制定适合不同类型城市的建筑节能标准,推进城市节能建筑的建设与推广;③ 从建设最佳人居环境的城市体系出发,开展城市循环经济规划编制工作,并将其纳入城市规划体系,从而更为有效地推进城市可持续发展战略的实现。

10.3.2 废弃物资源化

废弃物,按照循环经济理论,就是放错了地方的资源,并且也是造成污染的来源。因此废弃物的资源化不仅能够改善生态环境,更是城市—区域持续发展的重要物质保障。

(1) 废弃物分类及其处理方式。按照循环经济理论,废弃物根据可再利用的程度不同主要可以分成可以完全再利用、可以部分再利用以及完全不可再利用三类。前两者是指在社会生产、流通和消费过程中产生的、不再具有原有使用价值、以各种形态存在的、并可以通过回收和加工获得新的使用价值的各种物料或物品,所以又称为再生资源。再生资源一般包括共生与伴生尾矿、工业废弃物、农业生产与加工废弃物、废旧物资以及生活垃圾等五大部分。对于完全不可再利用的废弃物目前最终的处理方式主要有卫生填埋、堆肥和焚烧发电等三种方式。其中,卫生填埋的成本最低,也是我国多数城市进行最终处理的主要方式。其缺点是占用大量的土地资源,而且被占用的土地无法二次利用。堆肥是一种将垃圾密封起来,利用微生物加速其分解的处理方式。堆肥产生的沼气可用作燃料,剩余的残渣可以制成有机肥料或土壤改良剂;缺点是受种类限制,要求废弃物中的有机物成分含量高,且处理速度慢、容积大。焚烧发电是将废弃物经过预热、干燥、粉碎后进行高温焚烧,以大幅度缩减垃圾体积,并利用其产生的热量进行发电的一种处理方式;焚烧产生的尾气经无害化处理后排入大气。焚烧处理可使生活垃圾减容90%以上,垃圾焚烧的无害化主要表现在其消毒彻底,高温燃烧可分解垃圾中的有害成分,尤其是对于可燃性致癌物、病毒性污染物、剧毒性有机物等几乎是唯一的处理方法;缺点是处理设备昂贵,焚烧温度较低时(≤8 500℃)会产生一种重要的大气污染物——二恶英[①]。

(2) 推进废弃物资源化战略。由于垃圾不当填埋污染土地及地下水的问题日益突出,而且垃圾焚烧时会产生大量的有害物质,所以,城市循环经济发展还要关注废弃物资源化。

① 构建废弃物的"避免、回收和清除"的排序发展战略,建立生产者责任制度和责任承担方式社会化制度。生产者承担产品生命周期内全部或部分环境成本,如产品废弃后的回收、处理和最终处置费用。对废弃产品,企业可自行回收、处理、再利用,也可以合同的方式,委托专业回收、加工处理的公司负责。"产品责任"迫使生产厂家从生产活动的第一天起就考虑产品使用后的回收问题,而不是将这一难题或包袱甩给社会。生产厂家为了降低回收成本,必须最大限度地减少垃圾的存在。这不仅能够使生产厂家提高资源的利用率,对于各级(城市)政府来说也节省了一大笔环保费用。

② 构建"回收、拆解利用和无害化处理处置"三大系统,配套与完善对应的服务体系。再生资源总体上具有赋存形式的分散性、理化特性的不确定性,获得渠道与数量的不稳定性与使用范围的狭窄性等特征。在回收系统方面,需要建立起点多面广、服务功能齐全的现代回收网络、废旧物资交易市场载体和发达的综合利用处理中心。在拆解利用系统方面,要建立相应的技术标准体系和监管体系,重点发展废橡胶、废塑料、废家电、废电脑等再生资源回收、分选和处理的实用技术。

③ 废弃物资源化需要得到法律和社会公德的同时支持。很多国家和地区都是通过制定一系列法律来推进废弃物的综合利用,对于不遵守政策与法规的企业和个人也都制定了强制性的制裁措施。在完善已有的法律框架基础上,应该进一步补充和完善相关专项法规,加大监督管理力度。同时,注重对广大居民进行循环利用物品意识的宣传和培养,摈弃已有的不正确的大量消耗资源的消费观念。这一方面有利于消费者养成良好的消费习惯,另一方面也有利于提高公众识别废弃物种类以及对其进行综合利用的能力。

10.3.3 绿色服务业

服务业是为人们生产、生活和社会发展提供服务,以满足更多需要的产业,是城市经济活动中涉及门类最广的一个部类,通常分为三类:第一类是为生产和生活服务的部门;第二类是为提高科学文化水平和居民素质服务的部门;第三类是为管理国家和社会服务的部门。其中第一、第三类属于传统意义的服务部门;第二类主要是与知识经济直接相关的新型服务业,是未来知识经济时代的主导部门。由于服务业本身特有的流通和服务特性,在其发展循环经济时,既要在服务的过程中遵循"3R"原则,又要能够有效连结和促进第一、第二产业和循环社会的发展。所以,服务业具有自身的"内循环"和带动整个经济、社会的"外循环"两个组成部分(见图10.8、图10.9)[②]。

---

① 王华. 二恶英零排放化城市生活垃圾焚烧技术[M]. 北京:冶金工业出版社,2001:18—20.
② 汪友结,张建新,黄贤金等. 区域循环型服务业发展规划初探——以江苏省为例[J]. 安徽师范大学学报(自然科学版),2004.27(3):331—334.

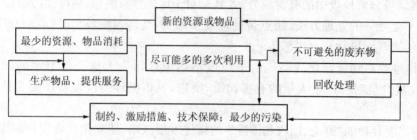

图 10.8 服务业"内循环"关系示意①

资料来源：汪友结，2004

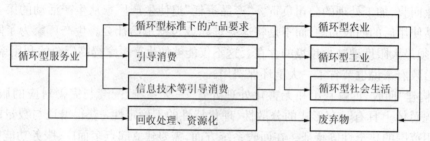

图 10.9 服务业"外循环"关系示意①

服务业发展循环经济可以从服务主体、服务对象以及服务途径三个方面进行考虑：

① 在服务主体方面，要将物质化的服务转化为非物质化的服务。

② 在服务对象上，既要充分考虑到代内平等、代际公平的原则；也要在以人为本理念的基础上不断拓展，兼顾到人与自然的和谐。

③ 在服务途径上，应借鉴工业新陈代谢理论，本着"3R"原则，在降低物质消耗的同时提高服务质量和水平。总体上，就是减少服务主体、服务对象和服务途径直接或间接对环境的影响，并通过创造有效途径让服务对象积极参与，实现从以物质化为主的服务转向以非物质化为主的服务①。

目前，服务业循环经济发展亟待解决的技术难点主要包括①：

① 服务业种类繁多，需要对服务业各分支行业发展循环经济进行相应模式的研究。

② 制定同时为企业和政府部门能够接受的服务业循环经济发展的行业标准。

③ 协调不同地区服务业差价优势的互动影响。服务业各分支行业存在着共同的特点，但更多是特有的属性和运行机制；且不同区域在经济结构和实力方面存在差异，服务的规模和服务的对象有一定的差距，要兼顾到行业性、区域性的共性与个性问题。

④ 链接服务业各分支行业群落，尤其是饮食业、物流业、金融保险业、旅游业等强势分支行业群落之间的关系。结合区域现有条件，设定服务业循环经济的指导方针、总体定位和具体实施的途径。

⑤ 受科技水平的不断提高、居民消费结构的明显变化等因素的影响，新型服务业不断兴起，应完善和规范各类服务业的循环经济发展，构建具有可操作性的规划实施方案。

10.3.4 绿色能源战略

能源是指提供可用能量的资源。其种类十分繁杂，与其他资源交叉，并不是一个独立的系统。

(1) 能源的分类

① 从利用方式看。一类是一次能源,是指自然界天然存在的、未经过加工和转化的能源,如太阳能、生物质能、地热能、潮汐能、风能、水能、煤炭、石油、天然气、油页岩、油砂等。另一类是二次能源,是指一次能源经过加工、转化形成的另一种形式的能源产品,如电能、煤气和蒸汽等。

② 按再生性分类。一类是可再生能源,是指在消耗后可从自然界较易得到补充的能源,如水能、生物质能、风能、地热能、潮汐能等。这类能源的利用往往不产生或很少产生污染物,被称为清洁能源。随着高科技的发展,可再生能源将在未来能源结构中占越来越大的份额。另一类是不可再生能源,是指人类开发利用后在现阶段不能再生的能源物质。如现在使用的煤炭、石油、天然气是经历了漫长的地质年代储存下来的能量,人们开采利用以后难以恢复。

③ 按利用的历史状况分类。一类是常规能源,是指已经得到大规模利用、技术较成熟的能源,如煤炭、石油、天然气、油页岩、油砂、生物质能、水能、煤气、焦炭、汽油、煤油、柴油、液化石油气、甲醇、酒精、甲烷、电力、蒸汽、热水等。另一类是新能源,一般是指通过新技术和新材料开发利用的能源,如太阳能、海洋能、风能、地热能、潮汐能、电能、氢能、核能等。新能源有广阔的开发前景和巨大的潜力,将在人类能源中发挥日益重要的作用。

在人们使用的主要资源中,几乎都含有能源,如土地资源中有地热能,森林和草原资源中有生物能,水资源中有水能,海洋资源中有潮汐能,气候资源中有太阳能和风能。但是人们使用的最主要的能源依然为矿物资源,主要是煤炭、石油和天然气等。

(2) 发展绿色能源战略

能源是战略性的经济资源,是传统工业经济的支柱资源。对传统工业经济而言,有了能源就能发展经济,缺了能源经济就受制约。传统的能源中煤炭、石油和天然气都是储藏地域及数量均有限的能源,而且不可以再生、无法循环使用。我国能源利用的主要目标是:抓紧建立能源可持续利用体系,保障社会经济的持续发展[①]。当前的工作重点是:

① 调整产业结构、产品结构。走新型工业化道路,采用高新技术和先进适用技术改造传统产业和传统工艺,解决结构性污染,淘汰技术落后、浪费资源、污染严重、治理无望的生产工艺、设备和企业,严格限制高耗能、浪费资源的产业。

② 大力抓紧节能工作。制定各行业产品的单位产值能耗定额,实施超额耗能累进加价的收费制度,进行动态管理;征收能源税,限制高耗能、低附加值产业的扩大和产品生产;充分利用国内、国外两个市场进行能源供需的宏观调控。

③ 提高能源的生产、开发效率和利用效率。改进资源开发利用方式,依靠技术进步提高煤炭、石油等资源的回采率,减少对资源的破坏和浪费,实现资源的保护性开发。鼓励能源企业通过技术改造和技术创新实现资源开采的生态化,加强共生、伴生矿产资源的综合开发和利用。积极推进矿产资源深加工技术的研发,提高产品附加值,实现矿业的优化与升级。开发并完善符合矿产资源特点的采、选工艺,提高回采率和综合回收率,推进尾矿、秆石、粉煤灰的综合利用。

---

① 吴季松. 循环经济——全面建设小康社会的必由之路[M]. 北京:北京出版社,2003.

④ 大力开发可再生能源,提高循环能源在能源组分上所占的比重。通过技术改造和生产工艺更新,逐步改变目前燃烧煤炭、石油等不可再生能源的产业结构和生产技术,将以煤炭为主要能源来源的结构转变为以油、以电、以煤为主要能源来源的多元化能源结构,实现能源生产和能源利用的清洁化。加大资金投入,尽可能地利用可再生利用的太阳能、风能、水能、生物能和潮汐能等。大力开发受控热核聚变等富有能源技术。

复习思考题 10

10.1 阐述城市循环经济系统的内涵及其特征。

10.2 试述城市循环经济系统的空间结构及城市循环经济实现的空间规划路径。

11 循环经济模式

循环经济作为一种新的经济发展模式,强调自然资源的低投入、高利用和废弃物的低排放甚至零排放,它有效地解决了可持续发展的两大障碍——环境污染和资源短缺。自20世纪90年代以来,发达国家就将发展循环经济作为实施可持续发展战略的重要途径和实现方式。当前,在国际组织的积极推动和发达国家的示范作用下,循环经济理念和发展模式已经被越来越多的国家和地区所接受,并付诸本国和当地实践。中国发展循环经济的实践和理论探索从整体上看是相对滞后的,这与我国环境恶化与资源短缺的状况极不相称。但近几年来,全社会对发展循环经济形成了统一认识,特别是有关发展循环经济的决策已经体现在党和政府的相关文件、法规和政策中。本章属于循环经济的综合评价和应用部分,从国内外的实践经验出发,在总结循环经济层次的基础上,对不同行业及不同途径的循环经济的发展模式进行总结,并对国内外循环经济模式进行对比分析,以指导我国的循环经济发展实践。

11.1 循环经济的层次

结合国外发展循环经济的成功经验和我国发展循环经济的实际情况,循环经济的发展表现在微、小、中、大四个尺度,即家庭层面、企业层面、园区层面和社会层面。这些层次是由小到大依次递进的,前者是后者的基础,后者是前者的平台[①②]。

11.1.1 家庭层面的微循环

1) 微循环的内涵

家庭层面属于微循环的范畴,是指在居民家庭生产、消费等各类活动中实现资源低投入、污染低排放的经济活动或规律。虽然在城市居民家庭通过太阳能、废弃物利用、家具或其他消费品回收及修复利用、"跳蚤"市场、社区交换市场、社区雨水收集等方式也可以实现微循环,但由于农村家庭的经济单元特征更为显著,因此,农村区域微循环发展的潜力相对更大。该类型家庭循环经济以构建家庭内部种植——养殖——家庭生活循环链为主,目的是以资源化和减量化方式利用产生的固体废弃物、生活污水,从而减少种、养殖业投入,增加产出,提高资源、能源利用率,减少废弃物,提高经济效益,改善家庭环境卫生状况[③④]。

2) 微循环的典型案例

农民在长期摸索中总结出来的各种生态农业是中国农村循环经济的主要形式,如"基

---

① 张扬. 循环经济概论[M]. 长沙:湖南人民出版社,2005:236—237.
② 徐业滨,秦慧杰. 新型工业化道路与循环经济[M]. 哈尔滨:黑龙江人民出版社,2005:251—252.
③ 房忠华,叶मिन,李孔浩等. "鸭稻共育"技术示范总结[J]. 中国农技推广,2005,(11):29—30.
④ 章家恩. 近10多年来我国鸭稻共作生态农业技术的研究进展与展望[J]. 中国生态农业学报,2013,21(1):70—79.

塘"复合系统模式[1]、"鸭稻共生"系统模式[2]、北方地区以沼气为纽带的"四位一体"系统、南方的"猪—沼—果—猪"系统模式[3]、"猪—沼—果(谷、菜)—鱼"循环模式[4]、中部地区的生态果园的沼气系统[5]以及农业与农产品加工业的循环生产[6]。下面以"基塘"复合系统模式和"猪—沼—果—猪"系统模式为例阐述家庭层面的循环经济的运行。

种养结合、水陆交互作用显著的"基塘"复合系统具备多种循环经济功能,是水网地区重要的农业模式和生态景观,是昔日珠江三角洲农业的一大特色,曾被联合国粮农组织肯定并向全世界推广。珠江三角洲主要有精养家鱼—草、鸽—家鱼—草、鸭—家鱼、猪—家鱼—草、猪—家鱼—特种鱼—作物、异地鸡—饲料鱼—特种鱼等典型"基塘"复合系统模式[7](见图11.1)。基塘与畜禽联系最大的好处是可充分利用有机废弃物,提高物质能量的利用率,促进"基塘"系统物质循环,直接降低作物种植和水产养殖的成本。如基面养鸡产生或异地购进的鸡粪,其中混有部分被鸡泼洒和未消化的饲料(由于鸡的消化道短,鸡粪中未消化饲料占鸡摄食量的35%,营养成分高),加上其中大量消化道新陈代谢产物及微生物,均可直接

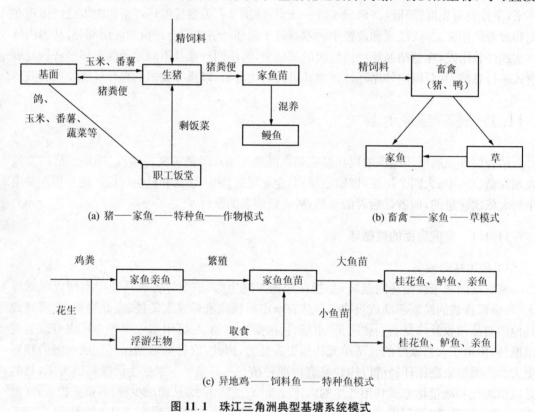

图11.1 珠江三角洲典型基塘系统模式

---

[1] 丁疆华,温琰茂.基塘系统可持续发展现状、问题及对策研究[J].重庆环境科学,2001,23(5):12—14.
[2] 章家恩,陆敬雄,黄兆祥等.鸭稻共作生态系统的实践与理论问题探讨[J].生态科学,2005,24(1):70—79.
[3] 张高振.洛川"猪—沼—果"循环农业模式分析[J].中国畜牧业,2013(1):64—66.
[4] 顾东祥,杨四军,杨海."猪—沼—果(谷、菜)—鱼"循环模式应用研究[J].大麦与谷类科学,2015(3):64—65.
[5] 张全国,杨世关,徐广印等.中部地区生态果园的沼气系统[J].太阳能学报,2003,24(1):85—89.
[6] 解振华.领导干部循环经济知识读本[M].北京:中国环境科学出版社,2005:101—103.
[7] 赵玉环,黎华寿,聂呈荣.珠江三角洲基塘系统几种典型模式的生态经济分析[J].华南农业大学学报,2001,22(4):1—4.

被鱼类利用,或间接培养水生浮游生物后被鱼类利用。鱼塘养鸭为鸭子提供了一个清洁的环境条件,从而减少了寄生虫和疾病。鸭群活动于水面上下,成为鱼池中的"生物增氧机",鸭粪直接排入水体,"施肥"比较均匀,促进了鱼塘生态系统的营养循环。而基面养猪、猪粪养鱼、塘水清洁猪舍,既减少了养猪对环境的污染,又节省了养鱼的精饲料,减少了养鱼成本。

江西赣南农民于20世纪80年代实施的"猪—沼—果—猪"模式(见图11.2)是按照生态学和经济学原理,运用系统工程方法,以沼气为纽带,将养猪、种果、沼气三个不同的子系统组合成一个物质循环利用的复合生态农业系统。整个系统模式包括林业工程建设、畜牧工程建设、沼气工程建设、水利配套工程建设及其综合管理①。

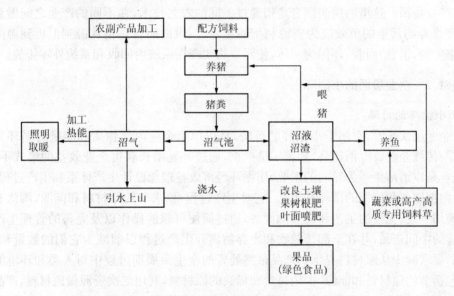

图11.2 "猪—沼—果—猪"一体化生态农业模式

3) 微循环的特征

分析农村家庭循环经济的运作模式,可总结出其有以下特点:

(1) 家庭基塘复合系统是一种生态合理且现实的模式,既符合生态学原理又适应社会化分工,符合农业现代化的需要,因而具有广阔的发展前景。可通过系统的拓展,实行基面与塘面承包者之间的种养结合、分工协作、互利互惠,推动物质能量的多级利用和良性循环。

(2) 沼气系统的建设与多层次的综合利用可以有效地将种植业、养殖业、加工业联系起来,实现物质、能量的良性循环②。沼气系统的联结作用使得农业生态系统具有多元性、合理性、适宜性、持续性和高效性等特点,是农村循环经济的重要模式之一。沼气的使用优化了农户的能源结构,减少了对传统生物质能的低效利用,从而有利于生态和自身健康。使得农户节省了收集传统生物质能资源的时间,沼肥减少了化肥和农药的投入,沼气的使用也为农户的经营活动创造了良好条件和就业机会,增加了农民收入③。实践证明,作物秸秆直接

---

① 郑海金,左长清等."猪、沼、果"水土保持治理模式效益分析水土保持应用技术[J].2008,(1):46—48.
② 李幼霞.沼气系统在持续农业发展中的作用与地位[J].环境导报,1994,(6):29—31.
③ 阎竣,陈玉萍.西部户用沼气系统的社会经济效益评价[J].农业经济导刊,2006,(8):116—120.

燃烧的热能转换率只有10%,而沼气池的热能转换率可达60%以上。对肥料的产生,沼气池也显示出很高的效率:不但氮、磷损失少,而且由于速效氮、磷的比例高,农作物容易吸收,使沼肥中的氮、磷利用率比普通堆肥提高20%左右。

(3) 将农村能源建设、农业生态建设和农村环境卫生建设紧紧结合在一起。过去这三项工作分属农业和卫生等部门分管,彼此缺少沟通和配合。大量使用化肥,不仅使土地肥力下降,而且使人畜粪便及大量作物秸秆堆积于自然界中,中断了物质循环,成为重要的污染源。在推广"猪—沼—果—猪"模式后,人畜粪便和农作物秸秆得到了及时和有效的处理,从而达到有机废弃物资源化,大大减少了对环境的污染。

(4) 与传统农业相比,"猪—沼—果—猪"这一生态农业模式具有横向耦合和纵向闭合的生态产业特征。这里的横向耦合是指通过不同的农艺技术,在不同的产业之间做到资源共享,变废弃物污染的负效应为资源利用的正效益;纵向闭合是指从源到汇再到源的全过程,它集生产、消费、回收、环保为一体,使污染物实现在系统内回收和系统外零排放。

11.1.2 企业层面的小循环

1) 小循环的内涵

从企业层次来看,它属于小循环的范畴,是以单个企业内部物质和能量的循环为主体的。它与传统企业资源消耗高,环境污染严重,通过外延增长获得企业效益的模式不同,循环型企业是以清洁生产为导向的工业,用循环经济效益理念设计生产体系和生产过程,促进本企业内部原料和能源的循环利用[1]。它对生产过程,要求节约原材料和能源,淘汰有毒原材料,应用少废、无废的工艺和高效的设备,通过简便可靠的操作以及完善的管理生产出无毒、无害的中间产品,并在全部排放物和废弃物离开生产过程以前减少它们的数量和毒性;对产品,要求减少从原材料提炼到产品最终处置的全生命周期过程中对人类和环境的负面影响,包括节约原材料和能源,少用昂贵和稀缺的原材料,利用二次资源做原材料,产品在使用过程中和使用后不含危害人体健康和生态健康的因素,易于回收、复用和再生,易于处理、降解等;对服务,要求将环境因素纳入设计和所提供的服务中。

循环经济系统是在减量化、再使用、再循环"3R"基础上实现对产品和服务的前端、过程和末端资源消费的控制和优化[2]。因此,发展循环型企业是通过在企业内部交换物流和能流,建立生态产业链,实现企业内部资源利用最大化、环境污染最小化的集约性经营和内涵性增长,从而获得企业效益。在众多循环型企业中,国内以鞍钢集团公司和山东鲁北集团较为典型和突出,国外最为典型的是美国杜邦化学公司。

2) 小循环的典型案例

鞍钢集团公司的资源再利用及节能减排是国内企业发展循环经济的典型案例。鞍钢集团公司是一个具有90多年历史的老企业。经过"八五"技术改造,到2000年底,鞍钢淘汰了平炉和模铸,实现了全转炉炼钢和全连铸,板管比达到了75%以上,63%以上的产品质量达到国际先进水平。经过"十五"前三年技术改造,2003年底,鞍钢钢和铁产量分别达到1018万t及1025万t,已形成年产铁1000万t、钢1000万t、钢材1000万t的综合生产能力。

---

[1] 占明珍. 杨春梅循环经济下制造企业如何提高竞争力[J]. 经营与管理,2007,(12):22—23.
[2] 李永清. 李芬循环经济对企业行为影响的经济分析[J]. 工业技术经济,2006,25(9):125—126.

2003年1月,鞍钢一炼钢厂继宝钢和武钢之后,实现转炉负能炼钢[①]。

作为一个老企业,相对来讲,工艺比较落后,设备比较陈旧,在生产中存在着资源和能源的浪费问题。在生产的同时,也在向环境中排放二氧化硫、烟尘和废水等污染物,给环境带来了污染。近年来,鞍钢高度重视发展循环经济和搞好节能减排工作,公司围绕"发展循环经济和加强节能减排是贯彻落实科学发展观、构建和谐社会的重大举措,是建设资源节约型、环境友好型社会的必然选择,是推进经济结构调整,转变增长方式的必由之路,是维护中华民族长远利益的必然要求"达成共识。在此基础上,通过采取有效措施加大发展循环经济与资源利用和加强节能、节水工作的力度,取得了较好的效果。

鞍钢开展循环经济工作主要在以下几个方面:废弃物减量化、资源循环利用、工业废水"零"排放、技术改造淘汰落后工艺和装备[②③]:

(1) 废弃物减量化。改造选矿工艺,进行提铁降硅攻关,提高入炉矿品位。目前,高炉入炉矿品位比2000年提高了2.5%,入炉矿品位每提高1%,渣量将减少30~40 kg/t铁,高炉重力除尘灰将减少50%。对钢渣进行选铁处理,将含铁物料返回原料生产系统,利用粉煤灰、石灰筛下料生产水泥熟料。

(2) 资源循环利用。为了直接利用废弃的低热值高炉与焦炉煤气,鞍钢投产应用了目前世界最大、国内应用最早的燃气—蒸汽联合循环发电机组,高、焦炉煤气基本实现了零排放。为了充分处理鞍钢的粉煤灰和含铁尘泥,建成一个粉煤灰砖厂和两条瓦斯泥全回收系统。

(3) 工业废水"零"排放。为了提高污水处理能力,其补充了厂内净环水管网,处理后的水可循环使用。

(4) 技术改造淘汰落后工艺和装备。为了提高高炉的除尘效果,鞍钢在新4#高炉采用干法除尘新工艺净化高炉煤气的方案。干法除尘达到了节约用水、有效提高煤气净化指标的效果,同时可提高发电量25%~30%。通过采用回收煤气替代重油作为燃料,不仅减少了重油消耗,同时提高了煤气回收和利用的效率,减少了对大气的污染。

本着循环经济的基本原则,鞍钢在继续实施老企业技术改造、淘汰落后工艺和装备的同时,正在探讨钢渣尾粉和选矿尾矿利用途径和方式;探讨各种热的回收利用途径和方式;探讨将废旧塑料用于炼铁、炼钢等等。实践证明,作为一个老企业,只有不断对落后工艺实施全面改造,"以新代旧",推行清洁生产,才能走上可持续发展道路。

3) 小循环的特征

通过对典型的循环型企业的分析和探讨,可以总结出企业层次循环经济发展的特点:

(1) 科学技术是支撑。先进的生态循环技术和设备是发展循环经济的基础条件。因此,应加大对资源节约和循环利用关键技术的攻关力度,突出抓好资源节约和替代技术、能量梯级利用技术、延长产业链和相关产业链接技术、"零排放"技术、有毒有害原材料替代技术、废弃物的综合利用回收处理技术、绿色制造技术及产业化,加强对具有共性特点的技术

[①] 解振华. 领导干部循环经济知识读本[M]. 北京:中国环境科学出版社,2005:270—274.
[②] 惠兴伟,王丽慧,阎强. 鞍钢循环经济与节能减排现状及改进建议[J]. 矿业工程,2008,6(1):50—51.
[③] 曹辉,王焱,孙树臣等. 鞍山钢铁工业循环经济发展模式选择[J]. 冶金能源,2006,25(5):3—6.

攻关,解决工业循环经济发展的技术瓶颈[1]。

(2) 循环型企业所属公司或下属企业之间的共生机制一般属于复合共生[2]。在这种共生关系中,共生个体的聚与散完全取决于集团总公司的总体战略意图,或者是出于集团公司优化资源、整合业务的需要,或者是迫于环保压力,参与的共生个体一般无自主权。集团总公司控制所有下属企业个体的内部行政管理、生产活动、市场销售等,其中包括每一个下属企业的领导任命,生产规模、计划、利税目标甚至废弃物利用量等。通过在集团内部各下属企业中交换利用产品、副产品和废弃物,使产业链向纵深方向发展,资源得到最大化利用,从而实现整个集团公司经济效益和环境效益的最大化。

(3) 循环型企业具有先进的管理理念、环保理念和技术创新观念[3]。创建资源节约型企业,不仅仅是单纯的经济、技术和法律问题,同时也是一种文化观念和价值取向问题[4]。因此,创建资源节约型企业,不仅涉及物质和技术层面,还要充分认识到企业文化对促进资源节约型企业创建将起着重要的导向、规范、激励、凝聚的作用[5]。

(4) 循环型企业的资源利用和经济增长方式有别于传统企业。传统企业资源消耗高,环境污染严重,通过外延增长获得企业效益。循环型企业通过在企业内部交换物流和能流,建立生态产业链,使得企业内部资源利用最大化,环境污染最小化,通过集约性经营和内涵增长获得企业效益。

11.1.3 园区层面的中循环

1) 中循环的内涵

从园区经济层面来看,其循环经济法则的应用和发展是典型的中循环模式,其与单个企业清洁生产互为补充,从而在更大层面上推进了循环经济的发展。

生态工业园(Eco-Industrial Park, EIP)是继经济技术开发区、高新技术产业园区之后的第三代工业园区,是以工业生态学及循环经济理论为指导,使生产发展、资源利用和环境保护形成良性循环的工业园区建设模式,是一个能最大限度地发挥人的积极性和创造力的高效、稳定、协调和可持续发展的人工复合生态系统[6]。原国家环保总局对其的定义为:生态工业园区是依据循环经济理念、工业生态学原理和清洁生产要求而设计建立的一种新型工业园区。它通过物流或能流传递等方式把不同工厂或企业连接起来,形成共享资源和互换副产品的产业共生组合,建立"生产者—消费者—分解者"的物质循环方式,使一家工厂的废物或副产品成为另一家工厂的原料或能源,寻求物质闭路循环、能量多级利用和废物产生最小化[7]。生态工业园是依据循环经济理论和产业生态学原理而设计的一种新型工业组织形态,其目标是尽量减少废物。发展生态工业园是发展循环经济的重要途径[8],这对于当前

---

[1] 丽丽.工业企业发展循环经济的模式与实践[J].内蒙古科技与经济,2008,(2):88—90.
[2] 单胜道.循环经济学[M].北京:研究出版社,2005:160—162.
[3] 余忠,李秀珠.基于循环经济理念的资源节约型企业的创建思路.福建农林大学学报(哲学社会科学版),2007,10(3):38—41.
[4] 黄朴,王进东.循环经济发展战略下我国企业面临的问题及对策[J].经济纵横,2005,(5):55—57.
[5] 齐伟超.论企业发展循环经济的内在动力[J].商业时代,2006,(12):35—36.
[6] 万君康,梅小安.生态工业园区的内涵、模式与建设思路[J].武汉理工大学学报(信息与管理工程版),2004,26(1):92—94.
[7] HJ/T 409—2007,生态工业园区建设规划编制指南[S].
[8] 钟琴道,姚扬,乔琦,白卫南,& 方琳.(2014).中国生态工业园区建设历程及区域特点.环境工程技术学报,4(5),429—435.

所面临的日益严重的环境治理压力以及产业的可持续发展有着重要的指导与实践意义①。

生态工业园区以地域为单元,因此需要有较大的规模,表现在园区主产业具有较大技术规模和园区内众多企业形成较大规模的产业群两个方面。如对于能源、基础原材料工业园区,产业主导设备应达到较大的技术规模,而不应是小规模设备的堆积。因为小规模设备难以实现清洁生产,不符合循环经济园区的基本要求。另外,工业园区只有达到一定的规模,才有建立生产线对园区产生的工业废物集中进行综合利用的经济价值,使之形成多条物料循环产业链条,实现各类资源和工业废物在园区内的充分循环利用,最终达到零排放的目标②。园区内的企业应实现清洁生产,采用先进的清洁生产技术和污染治理技术,对高耗能、高污染产业进行技术改造,淘汰落后的工艺和设备,大幅度提高生产的清洁化程度③。同时努力使产品在使用和报废处理过程中对环境无害或损害最低化。企业清洁生产技术改造的过程,同时也应是实现物料循环利用的改造过程。企业可通过能源的梯级利用、工业废物的资源化利用降低污染物排放量,改变以前在末端治理环节大量投资的方式,从而使整个工业园区内各企业形成物料、能源等资源的循环利用网络。

2) 中循环的特征

根据相关研究,生态园区层面的中循环主要特点如下④⑤:

(1) 生态工业园可以因势利导采用不同的企业共生模式。根据共生单元之间的所有权关系,共生机制类型可划分为复合共生、自主共生;按共生单元之间的利益关系,可划分为互利共生和偏利共生⑥。

(2) 生态工业园区具有横向耦合性,纵向闭合性、区域整合性、柔性结构等特点;

(3) 生态工业园区通过现代化管理手段、政策手段以及新技术的采用,保证园区的稳定和可持续发展。

生态工业园建立的目的是寻求能源与原材料使用的最小化,废物排放最小化,以建立可持续的经济、生态和社会关系。一个生态工业园最基本的属性是各企业之间的关联性和与自然环境间的相互作用关系⑦。其与传统产业园区相比具有如下特征⑧:

(1) 园区内有各种副产物和废物的交换、能量和物质的梯级利用、基础设施的共享以及完善的信息交换系统,目标是使一个区域总体的优质资源增值。

(2) 园区不单纯是环境技术公司或绿色产品公司的集合,而以形成工业生态系统、构建产业链为原则进行园区企业成员的选择。

(3) 园区企业相互合作,以供求关系形成网络,而不是单一的副产品或废物交换模式或交换网络。

(4) 与当地社区、区域发展形成良性互动关系,扭转传统工业园区与区域环境自然、社

---

① 邓伟根,王贵明. 产业生态学导论[M]. 北京:中国社会科学出版社,2006:71—77.
② 敬莉. 基于循环经济理念的生态工业园区改造途径分析[J]. 新疆财经,2008,(2):55—59.
③ 谢家平. 基于循环经济的工业园区生态化研究[J]. 中国工业经济,2005,(4):15—22.
④ 冯之浚. 循环经济导论[M]. 北京:人民出版社,2004:217—227.
⑤ 冯薇. 产业集聚与生态工业园的建设[J]. 中国人口·资源与环境,2006,16(3):51—55.
⑥ 蔡小军,李双杰,刘启浩. 生态工业园共生产业链的形成机理及其稳定性研究[J]. 软科学,2006,20(3):12—14.
⑦ 王寿兵,吴峰,刘晶茹等. 产业生态学[M]. 北京:化学工业出版社,2006:185—187.
⑧ 李同升,韦亚权,周华. 生态工业园及其规划设计探讨[J]. 经济地理,2005,25(5):647—650.

(5) 利用环境工程技术、市场经济机制和工业生态学原理，为企业高效生产提供适当的发展环境。通过环境无害技术，合理、循环地利用环境资源，减少环境不良影响，实现环境与经济的共赢。

(6) 不受地域的限制，也没有明确的地域界线，只要存在工业生态关系，这个企业无论在什么地方都可成为生态工业系统中的一个环节[1]。但 2000 年以来我国生态工业园的发展规模呈现出较为明显的区域差异性[2]。

归结而言，生态工业园最本质的特征在于企业间的相互作用以及企业与自然环境的相互作用，对其主要的描述是系统合作、相互作用、效率、资源和环境，这些是传统工业园难以同时具有的特征。

生态产业园的根本目的是通过对资源的"管理"，达到环境与经济的双赢。同时，园区的发展与当地区域的发展相结合，可以取得良好的社会效益。生态产业园研究的主要对象是企业群落，还涉及该区域内的农业、服务业、居民及基础设施等相关自然和人文资源，所考虑的是如何将企业与周围环境一体化，使整个区域的信息、物质、能量、基础设施等资源得到充分利用[3]。

3) 生态工业园(EIP)概述

生态工业园是园区层面中循环的形式。运用循环经济理念改造现有工业园区和各种经济开发区，是我国生态工业园区或循环经济园区建设的重要方向。因此，生态工业园是循环经济发展实践中最重要的一种发展模式，对于我国生态工业体系的建立和发展具有十分重要的意义。目前，生态工业园在国内外取得了不少成功案例。

国内外生态工业园类型多样、各具特色，没有统一的模式，我们可以从四个角度对其进行分类：

(1) 根据原始基础可分为两种：① 现有改造型。是对现存的工业企业，通过适当的技术改造，在区域内成员间建立起废弃物和能量的转换关系。② 全新规划型。是在良好规划和设计的基础上按照生态学理念全新建设的园区[4]。

(2) 根据结构可分为三种：① 企业主导型。以某一企业、几个企业或企业集团为核心，吸引生态链上相关企业入园建设的生态工业园，各内部企业根据生态工业学和循环经济原理建成的生态工业园。如丹麦卡伦堡生态工业园及我国鲁北石化企业集团建设的生态工业园。② 产业关联型。即将产业关联度较高的相关产业以生态的观念联合在一起，充分发挥互补效应。如广西贵港生态工业园就是以加强农业与工业之间的产业关联，促进可持续工农业发展为主的农业生态工业园。③ 改造重构型。在原有的工业园、高新技术园的基础上进行改造，重新构架，创造生态企业集聚的升级生态工业园。美国的 Chattanooga 生态工业园就属于这一类型[5]。

(3) 根据区域位置可分为两种：① 实体型。园区内各成员在地理位置上聚集于同一区

---

[1] 邓伟根,王贵明.产业生态学导论[M].北京：中国社会科学出版社,2006：71—77.
[2] 钟琴道,姚扬,乔琦,白卫南,& 方琳. (2014). 中国生态工业园区建设历程及区域特点. 环境工程技术学报, 4(5), 429—435.
[3] 王震,刘晶茹,王如松.生态产业园理论与规划设计原则探讨[J].生态学杂志,2004,23(3)：152—156.
[4] 王寿兵,吴峰,刘晶茹等.产业生态学[M].北京：化学工业出版社,2006：185—187.
[5] 张春艳,韩宝平,赵钰.生态工业园的研究进展与发展状况[J].能源与环境,2007,(4)：23—26.

域,可以通过管理设施进行成员间的物质、能量交换。② 虚拟型。不严格要求其成员在同一区域,由园区内外企业共同构成一个更大范围的工业共生系统①。

(4) 根据具体操作层面可分为两种:① 具有行业特点的生态工业园;② 具有区域特点的国家生态工业示范园区②。

(5) 根据园区的产业和行业结构特点可分为三种:① 行业类生态工业园区,以某一类工业行业的一个或几个企业为核心,通过物质和能量的集成,在更多同类企业或相关行业企业间建立共生关系而形成的生态工业园区③。② 综合类生态工业园区,是由不同工业行业的企业组成的工业园区,主要指在高新技术产业开发区、经济技术开发区等工业园区基础上改造而成的生态工业园区④。③ 静脉产业类生态工业园区⑤,以保障环境安全为前提,以节约资源、保护环境为目的,运用先进的技术,将生产和消费过程中产生的废物转化为可重新利用的资源和产品,实现各类废物的再利用和资源化的产业,包括废物转化为再生资源及将再生资源加工为产品两个过程,是以从事静脉产业生产企业为主体建设的生态工业园区⑥。

4) 生态工业园的发展历程

19世纪末,随着工业化的发展,世界上许多发达国家为了减少基础设施投资,做到资源和基础设施共享,降低生产的固定成本,便于管理,增加就业、刺激地区经济发展,进一步促进工业化的进程,先后在各地建立许多产业比较单一、集聚了众多工业企业的工业园。工业园虽然在促进经济发展方面发挥了突出的作用,但也带来了一系列的环境问题,比如环境污染和资源的过度消耗等。这对工业园区的发展提出了严峻的挑战,要求工业园区必须与资源节约和环境保护相结合,走可持续发展的道路。

20世纪60年代,丹麦的卡伦堡(Kalundborg)工业园为了降低成本和达到环保法规要求,找到了一种创新性的废弃物利用途径,当时称为"工业共生",这就是生态工业园的雏形⑦。之后,在美国、加拿大、荷兰、奥地利及一些发展中国家也开始出现了类似的园区⑧。1997年美国各地规划或建设中的生态工业园达15个,2003年已经超过60个。目前,日本的生态工业园建设项目已超过30个。在世界其他地方,如南美洲、澳大利亚、南非和纳比米亚等也纷纷开展了生态工业园建设项目。生态工业园已经成各国在产业领域实现资源循环和高效利用的重要方式之一⑨。

我国生态工业园起步于20世纪末,以广西贵港为代表;目前,以天津泰达、苏州高新区、新疆石河子等为代表的工业园的建设极大地推动了我国生态工业园的探索实践。在我国,最具权威性的工业园就是国家生态工业示范园。国家环境保护总局从1999年开始启动生态工业示范园建设试点工作,并在"十五"期间确立了一批国家级的生态工业示范园。截至2004年

---

① 王寿兵,吴峰,刘晶茹等.产业生态学[M].北京:化学工业出版社,2006:185—187.
② 邱德胜,钟书华.生态工业园区理论研究述评[J].科研管理研究,2005(2):175—178.
③ HJ/T 273—2006,行业类生态工业园区标准[S].
④ HJ/T 274—2009,综合类生态工业园区标准[S].
⑤ HJ/T 409—2007,生态工业园区建设规划编制指南[S].
⑥ HJ/T 275—2006,静脉产业类生态工业园区标准[S].
⑦ 张春艳,韩宝平,赵钰.生态工业园的研究进展与发展状况[J].能源与环境,2007(4):23—26.
⑧ 马荣,周宏春.生态工业园的实践与经验[J].经济研究参考,2006(46):21—24.
⑨ 尹建华,王兆华.生态工业园:我们在产业层面发展循环经济的战略选择[J].工业技术经济,2006,25(1):9—11.

底,国家生态工业示范园主要有贵港国家生态工业(制糖)建设示范园、包头国家生态工业(铝业)建设示范园、南海国家生态工业建设示范园暨华南环保科技产业园等十几个国家生态工业示范园。2006年,原国家环保总局首次发布生态工业园标准,从当年9月1日起我国生态工业园依照相关标准进行建设、管理和验收[1];并发布了行业类生态工业园区、综合类生态工业园区、静脉产业类生态工业园区评价试行标准[2]。又于2007年12月20日发布国家标准《生态工业园区建设规划编制指南(HJ/T 409—2007)》,并于2008年4月1日正式实施,该标准对国家生态工业示范园区建设规划的总体原则、方法、内容和要求等进行了规定。

5) 生态工业园区的典型案例

近年来,国内外建立了大量的生态工业园区,涉及到不同的国家和行业,并取得了一定的经验和经济效益。这里仅以著名的丹麦卡伦堡工业园、广西贵港国家生态工业(制糖)示范园区、苏州高新区生态工业为例进行介绍。

(1) 丹麦卡伦堡工业园

卡伦堡工业园位于丹麦哥本哈根市西部大约100 km处,人口约2万。20世纪70年代,卡伦堡几家重要企业通过资源的循环利用和废料的合作管理,建立了企业间的相互协作关系——"工业共生体",包括发电厂、炼油厂、生物技术厂、塑料板厂、硫酸厂、水泥厂、室内种植园等(见图11.4)[3]。其中,以发电厂、炼油厂、制药厂和石膏制板厂为核心企业[4]。

一家企业的废弃物或副产品作为另一家企业的原料,通过企业间工业共生和代谢的生态群落关系,实现能源的多级利用和副产品(废弃物)的利用,建立了"纸浆—造纸"、"肥料—水泥"和"炼钢—肥料—水泥"等工业

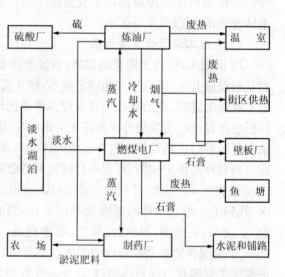

图11.4 卡伦堡生态工业园框图

联合体。发电厂以炼油厂的废气为燃料,其他公司与炼油厂共享冷却水;发电厂煤炭燃料的副产品可用于生产水泥和铺路材料;发电厂的余热可为养鱼场和城里的居民住宅提供热能。该园区以闭环方式进行生产的构想要求各个参与厂家的输入和产品相匹配,形成一个连续的生产流,每个厂家的废物至少是另一个合作伙伴的有效燃料或原料[5]。通过这种"从副产品到原料"的交换和"废热利用",不仅减少了废弃物产生量和处理费用,还节约了资源和能源,降低了成本,产生了经济效益,形成经济发展与资源和环境的良性循环。20年期间卡伦堡共投资16个废料交换工程,投资额约6 000万美元;而由此产生的效益估计为1 000万美元/年,投资平

---

[1] 张春艳,韩宝平,赵钰.生态工业园的研究进展与发展状况[J].能源与环境,2007(4):23—26.
[2] HJ/T 409—2007,生态工业园区建设规划编制指南[S].
[3] 王震,刘晶茹,王如松.生态产业园理论与规划设计原则探讨[J].生态学杂志,2004,23(3):152—156.
[4] 董阳,壮歌德.丹麦卡伦堡生态工业园的启示[J].世界环境,2015(5):38—39.
[5] 戴永务,刘燕娜,郑晶等.生态工业园区建设的国内外比较研究[J].福建农林大学学报(哲学社会科学版),2006,9(2):48—50.

均回收期为5年。

卡伦堡共生系统的形成是一个自发的过程,是在商业基础上逐步形成的,所有企业都从中受益。其主要特点有[①]:① 合适的成员组成。企业既不相同又直接互补,这为能源、生产原料和副产品在产业链中的流动提供了前提。② 相互距离较近,为利用管道输送能源和材料提供了条件。③ 企业间开放交流,相互信任。企业之间进行较多的交流并保持了相互信任,非常方便企业成员间能源和产品的合作管理和联合决策。

卡伦堡工业共生体的成功建立说明人为地创造这种副产品的交换网络是可行的。经过几十年的发展,目前卡伦堡工业园已成为世界生态工业园区的典范,并为21世纪新的工业园区发展模式奠定了基础。

(2) 广西贵港国家生态工业(制糖)示范园区

贵港市位于广西壮族自治区东南部,是华南最大的内河港口新兴城市,是我国重要的甘蔗生产基地,制糖工业有力地促进了当地经济地发展。1999年,我国开始启动生态工业园示范区建设试点工作,在原国家环保总局支持下,贵港市开始建设以甘蔗制糖企业为核心的生态工业示范园区。它以贵糖(集团)股份有限公司为核心,创建了一系列子公司或分公司来循环利用这些废物,从而减少污染和从中获益[②]。贵糖集团下属企业

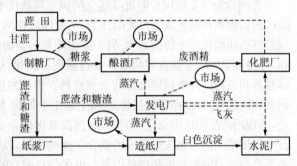

图 11.5 广西贵糖生态工业图

包括制糖厂、酿酒厂、纸浆厂、造纸厂、碳酸钙厂、水泥厂、发电厂及蔗田等,这样就形成了以蔗田、制糖、酒精、造纸、热电联产及环境综合处理6个系统为框架建设的生态工业园区。各系统之间通过中间产品和废弃物的相互交换和相互衔接,形成一个比较完整和闭合的生态工业网络(见图11.5),使园区内资源得到最佳配置,废弃物得到有效利用,环境污染减少到最低水平[③]。

其主要生态链有三条:蔗田—甘蔗—制糖—废糖蜜—制酒精—酒精废液—制复合肥—蔗田;甘蔗—制糖—蔗渣造纸;制糖(有机糖)—低聚果糖生态链。具体分工如下:蔗田负责向园区提供高品质的甘蔗,保障园区制造系统有充足的原料供应;制糖系统生产出各种糖产品;酒精系统通过开发能源酒精、酵母精工艺,利用甘蔗制糖副产品废糖蜜生产出能源酒精和酵母精等产品;造纸系统利用甘蔗制糖的副产品蔗渣生产出高质量的生活用纸及文化用纸等产品;热电联产系统用甘蔗制糖的副产品蔗髓替代部分燃煤,实现热电联产,供应生产所必需的电力和蒸汽,保障园区整个生产系统的动力供应;环境综合处理系统为园区内制造系统提供环境服务,包括废气、废水的处理;生产水泥及复合肥等副产品。6个系统通过废弃物和能源的交换,既节约了废物处理及能源成本,又减少了对空气、地下水及土地的污染。

以制糖为主业,大力发展相关产业,既减少了环境污染、实现了资源的再利用,又使贵糖集团提高了经济效益。为了使该工业共生体更为完善,真正成为能源、水和材料闭环流动的

---

① 王寿兵,吴峰,刘晶茹等. 产业生态学[M]. 北京:化学工业出版社,2006:187—225.
② 王发明. 循环经济系统的结构和风险研究——以贵港生态工业园为例[J]. 财贸研究,2007(5):14—18.
③ 王寿兵,吴峰,刘晶茹等. 产业生态学[M]. 北京:化学工业出版社,2006:187—225.

系统,贵糖集团自2000年以后又逐步引入了以下产业:以干甘蔗叶作为饲料的新肉牛和奶牛养殖场、鲜奶处理场、牛制品生产场以及使用牛制品副产品的生化厂;利用乳牛场的肥料发展蘑菇种植厂;同时利用蘑菇基地的剩余物作为甘蔗场的天然肥料,弥补了生态产业链条上的缺口,真正实现了资源的充分利用和环境污染的最小化①。

另外,通过区域内的全面整合以及区域外的物流交换,做到最大限度地利用废物作为资源,使废物资源有效利用最大化,减少结构性污染和区域性污染,提高环境绩效;通过清污分流和清水回用做到水资源利用效率最大化;通过蔗髓热电联产做到能源生产和利用地最优化;通过高糖高产现代化甘蔗园地建设保障生态工业园系统的安全性,从而确保生态工业园区的持续、稳定、健康发展②。经过数年的实践,生态工业园所取得的最大收效是综合利用效益不断提高③。

(3) 苏州高新区生态工业园④

苏州高新区是经国务院批准建立的国家高新技术产业开发区。经济的持续高速发展已经对园区的资源和环境造成了巨大的压力,主要体现在两方面:一方面水资源供应紧张,已逐渐对区域经济高速增长产生负面影响;另一方面随着污染物排放总量的快速持续增长,环境容量渐趋饱和,环境容量制约企业发展的苗头日益显现。因此,从经济优先转变为环境优先,创建生态工业园是苏州高新区环境持续改善的必然选择。根据发展循环经济和生态工业的基本要求,结合苏州高新区的特点,以循环经济原理和生态工业原理为指导,引进精细化工补链和产业链延伸企业,实现副产品园区内部化。同时,加强高新区内企业和区外企业的中间产品和副产品交换,实行大区域范围内生态工业系统的耦合。根据苏州高新区的区位优势,重点发展生化药品、生物制品等高附加值的生物医药产品以及与电子信息配套的精细化工产品(见图11.6)。

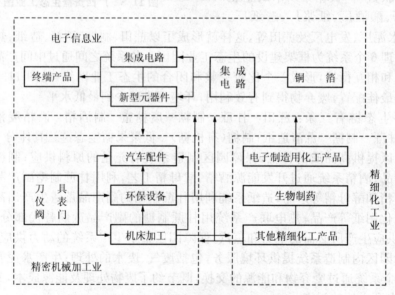

图11.6 苏州高新区主要行业产品链

---

① 王发明.循环经济系统的结构和风险研究——以贵港生态工业园为例[J].财贸研究,2007(5):14—18.
② 朱庆华.绿色供应链管理[M].北京:化学工业出版社,2004:273.
③ 邓伟根,王贵明.产业生态学导论[M].北京:中国社会科学出版社,2006:168—188.
④ 解振华.领导干部循环经济知识读本[M].北京:中国环境科学出版社,2005:280—285.

11.1.4 社会层面的大循环

1) 大循环的内涵

社会层面属于大循环的范畴。这种循环是宏观的,主要是以政策导向和法律约束为手段建立起来的,需要较大的资金投入和技术支持,并需要较多的社会部门参与。在这个层面上,通过废弃物的再生利用,实现消费过程中和消费后物质与能量的循环。循环型城市和循环型区域是社会层面的循环经济的具体体现;是循环型企业和生态工业园向更大区域扩展的产物;是通过调整城市或区域产业结构,转变城市和区域生产、消费和管理模式,在一个城市和区域范围和一、二、三次产业各个领域构建各种产业生态链,将城市和区域的生产、消费、废弃物处理和管理统一组织为生态网络系统。它以污染预防为出发点,以物质循环流动为特征,以社会、经济、环境可持续发展为最终目标,最大限度地高效利用资源和能源,减少污染物排放。它是我国生态区域理论和实践的进一步深化,是循环经济理论应用到城市和区域的具体体现[1]。

循环型社会有四大要素:产业体系、城市基础设施、人文生态和社会消费[2]。第一,循环型社会必须构建以工业共生和物质循环为特征的循环经济产业体系;第二,循环型社会必须建设包括水循环利用保护体系、清洁能源体系、清洁公共交通运营体系等在内的基础设施;第三,循环型社会必须致力于规划绿色化、景观绿色化和建筑绿色化的人文生态建设;第四,循环型社会必须努力倡导和实施绿色销售、绿色消费。循环经济就是立足于循环型企业、生态工业园区、循环型城市和循环型区域,通过立法、教育、文化建设以及宏观调控,在全社会范围内树立天人和谐观念,实现可持续发展[3]。

2) 大循环的内容

(1) 循环型社会的建设包括生产、消费和循环三个领域,涉及国民经济的三个产业

在生产领域,大力发展生态工业和生态农业。建立和完善行业内部及行业间的产业链,实施清洁生产及资源、废弃物的减量化;加大农业的产业调整力度,充分发挥地方资源优势。在消费领域,努力倡导和实施可持续消费。根据城市和区域实际情况,发展特色产业如生态旅游,推行绿色采购,建造生态住宅,创建生态社区,在公众、政府和企业等各个层面推行绿色消费[4]。在循环领域,在企业、社区实施清洁生产,提高生态效率,实现在资源循环利用和废弃物产生最小化的基础上城市的物质循环。

(2) 建立健全利益驱动机制、环境与发展综合决策机制和公众参与机制

政府要在宏观上建立以循环经济为导向的经济政策,引导生产力要素向有利于循环经济的方向集聚;在消费政策上引导社会消费倾向;要利用多渠道筹措资金,特别是充分利用民间资本,逐步建立完善的由投融资机制、补偿机制和激励机制等组成的利益驱动下的循环经济发展机制。要进一步落实环境与发展综合决策机制,研究推行绿色 GDP 等社会经济全面发展的指标体系,特别是研究落实地方政府对当地环境质量负责机制、领导干部环境保护

---

[1] 肖华茂.区域循环经济发展模式及其评价体系研究综述[J].生态经济,2007,(04)52—55.
[2] 张卫莉,苏振锋,翟淑君.科学发展观、和谐社会、节约型社会和循环经济的逻辑关系[J].学术论坛,2005,(12):64—66,147.
[3] 林维柏.区域循环经济发展模式探讨[J].管理观察,2009,(06):23—25.
[4] 史小红.构建循环型社会消费体系研究[J].中州学刊,2007,(5):58—60.

政绩考评机制。要完善目标责任制,确保环保目标责任到位、措施到位、投入到位。要切实健全考核与奖惩制度,并严格执行责任追究制度。公众作为循环型社会的主体,政府要加大宣传教育力度,提高公众的环保意识和科学消费意识,并不断拓宽公众参与环保的渠道,协调处理好环境保护与公众利益的关系,为循环经济发展谋求更强大的动力支持①。

(3) 实现三个效益相协调

循环型社会的建设以循环经济理论为指导,发展生态工业,建立绿色消费体系,充分利用资源和废弃物,合理布局产业,采用可持续的发展模式,实现了经济效益、环境效益和社会效益的协调统一②。

(4) 政府在循环社会建设中要采取有力措施,加强宏观调控

循环型社会是个庞大的体系,远比单个城市、园区或企业的循环经济的建设要复杂。而且,循环型社会的构建具有基础性、前瞻性和战略性特点,城市、园区、企业层面和消费者并不一定能够充分理解循环型社会建设的各项行动③。因而,国家和政府要采取法律的、行政的、市场的、经济的多种手段和措施,促进循环型社会的建设和发展。另外,循环型社会的建设虽以循环经济理论为指导,但同时也要因地制宜,充分发挥地方优势,合理利用资源,寻求稳步发展。

11.2 循环经济模式

循环经济的发展模式就是在实践中运用循环经济理论和原则组织经济活动,将传统经济发展模式改造成"低资源能源投入、高经济产出、低污染物排放"的新模式。循环经济发展模式由循环经济内涵、现有经济活动组织方式和相关实践经验所决定。由于产业发展是经济活动的主要组织方式,清洁生产、废弃物再利用、循环经济立法等是发展循环经济的主要途径,因此,循环经济发展模式可以从产业发展和不同途径(如企业、园区、社会层面等)来构建。这里着重从产业角度加以阐述。

现阶段,我国循环经济的发展模式或战略重点可以总结为两个重点领域和四个重点产业体系:两个重点领域是生产和消费领域;四个重点产业体系是生态工业体系、生态农业体系、绿色服务业体系及静脉产业。生态工业体系、生态农业体系和绿色服务业体系建设是国民经济的重要组成部分,是生产领域循环经济的主体和重要标志。静脉产业体系包括三个部分:废弃物再利用、资源化产业和无害化处置产业,它既是消费领域的重点之一,又是连接生产与消费领域的纽带,是循环型社会的基本标志。两个重点领域和四个重点产业体系循环经济发展模式是互相渗透、互相支撑的,需要有机地融合,它们并不能独立分散地构成各自的循环系统。

11.2.1 生态工业体系

由循环经济的原则、内涵,许多专家学者提出了以建立生态工业园区的方式(即网状循环经济)来发展循环经济。生态工业园区是一种新型的、先进的经济形态,是集经济、技术、

---

① 王增倍,胡镭. 发展循环经济是构建节约型社会的有效途径[J]. 环境科学与技术,2006,29(7):58—59,108.
② 习近平. 大力发展循环经济,建设资源节约型、环境友好型社会[J]. 管理世界,2005,(7):1—4.
③ 许崴. 循环经济与节约型社会[J]. 中央财经大学学报,2006,(12):58—62.

和社会于一体的系统工程。生态工业园区不是一个地理上的概念。而是多个产业或企业之间相互关联的概念,其不受地域的限制,也没有明确的地理界限,只要存在企业间的生态关系,存在企业间生产过程的循环联系,无论这个企业在什么地方都可以成为工业系统中的一个环节[①]。具体措施就是将一些在生产上具有密切联系的产业、企业聚集在一起,通过企业之间的废弃物交换、清洁生产等手段,将一个企业的副产品或废品作为另一个企业的投入物或原材料,实现物质的闭路循环和能量的多级利用,形成相互依存,以达到能量利用最大化和废弃物排放最小化[②]。通过园区内企业之间形成的物质、能量、信息的共生关联,提高物质、能量、信息的利用程度,在节约资源、获取经济效益的同时,做到对环境的保护。网状循环产业运行机制如图11.7所示。

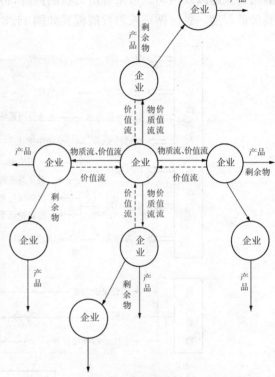

图11.7 生态工业(网状循环产业)运行机制

11.2.2 生态农业体系

主要有基塘复合系统模式、"鸭稻共生"系统模式、以沼气为纽带的循环生产模式、农工复合循环生产模式等类型,相关内容在农业循环经济章节业已介绍。

11.2.3 生态服务业体系

由于服务业的内容广泛和丰富,对服务业中的循环经济发展,本节将以循环旅游业为例进行探讨。

(1) 循环旅游业的基本思想

循环旅游是一种新兴的、可持续性的旅游发展模式,是循环经济发展思想在旅游中的具体实现,是一种促进"人与自然、人与人、人自身身心和谐"的旅游活动。不仅给旅游者带来高品位的精神享受,促进当地经济发展和人民生活水平;同时在保护环境的前提下使旅游目的地资源环境贡献消耗比达到最优[③][④]。它遵循清洁生产"减量化、再利用、再循环"的"3R"原则,运用生态规律,在旅游活动中实现"资源 → 产品 → 再生资源"的反馈式流程,以达到"合理开采、高效利用,最低污染"的目的。它考虑到旅游目的地的资源和环境容量,实现旅游业经济发展生态化与绿色化,以保护旅游环境为目的,并最大限度地在增加旅游者享受到

[①] 郑迎飞,赵旭. 我国企业的环保战略选择——绿色供应链管理[J]. 环境保护,2002,(6):42—47.
[②] 王晓光. 基于循环经济导向的生态工业系统实现路径选择[J]. 生产力研究,2006,(5):167—168.
[③] 明庆忠,舒小林. 旅游循环经济的发展理念与运行体系研究[J]. 人文地理,2007,22(3):78—81.
[④] 李庆雷,李秋艳,明庆忠. 中国旅游循环经济研究动态分析[J]. 云南师范大学学报:哲学社会科学版,2008,40(1):36—42.

的旅游乐趣以及给当地带来经济效益的同时,将旅游开发对当地造成的各种消极影响减小到最低程度。景区循环旅游发展模式如图 11.8 所示。

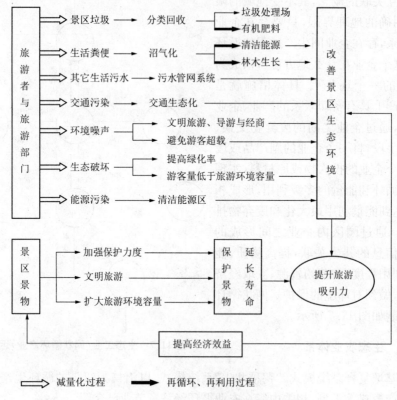

图 11.8　景区循环型旅游发展模式图

(2) 循环旅游业的清洁生产

旅游业清洁生产的概念是清洁生产概念在旅游业中的延伸,它主要是指从旅游资源的开发利用、旅游产品与设施的设计,到整个旅游过程,都要减少和尽可能地消除旅游开发商、旅游者、旅游企业和当地居民对环境造成的直接与间接的负面影响,实现旅游清洁化、绿色化和可持续发展。旅游业清洁生产模式是清洁生产在旅游业中的实际运用,它主要涉及清洁旅游企业和清洁旅游产品两大部分,如图 11.9 所示[1]。

而旅游景区作为一个独立的旅游经营管理单位从事经营和管理活动,是旅游目的地核心的旅游产品,是旅游业清洁生产的主要研究对象和重点部分。旅游景区的清洁生产包括景区旅游资源利用、资源与能源管理、环境污染控制和治理、环保投入、废弃物资源化等几个方面,其模式如图 11.10 所示。

(3) 循环旅游的开发思路

循环旅游资源开发与传统的旅游资源开发相比,最大的差异就在于"资源保护和循环利用"上。循环旅游资源开发以实现可持续发展为目标,其内涵有三个要点[2]:第一是限制性

---

[1] 黄震方. 旅游业推行清洁生产与可持续旅游发展[J]. 中国人口·资源与环境,2002,12(4):110—113.
[2] 杨桂华,钟林生,明庆忠. 生态旅游(第 2 版)[M]. 北京:高等教育出版社,2010.

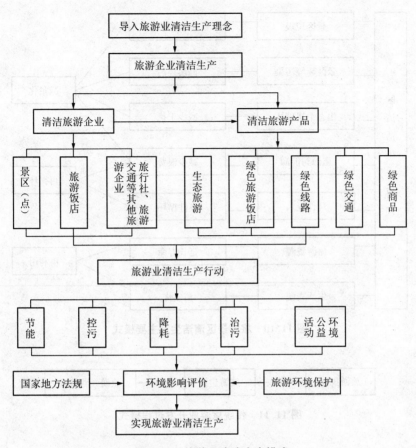

图 11.9 旅游业清洁生产模式

条件,即开发的限制性前提是保护旅游资源及其环境,开发必须限制在资源环境的承载范围内。第二是最大效益,即开发的近期目标是经济、社会、生态环境三大效益的综合效益达到最大。第三是可持续效益,即开发的远期目标是获得持续的最大效益。

传统旅游资源开发与管理相分离,这种分离使得开发和管理中强调的保护问题难以协调。同时传统旅游业中,旅游规划、建设及经营管理也是分离的,整个开发过程是一种直线型模式(见图 11.11)[①]。

循环旅游开发由规划、建设、管理、监测四个环节组成,整个开发过程克服了直线型开发的弊端,呈现循环反馈开发模式(见图 11.12)。

从图 11-12 可以看出,循环旅游开发比传统旅游开发多了"环境监测"环节,这个环节是沟通规划、设计和管理的桥梁,它不断地向前三个环节反馈信息。旅游区在经过规划、设计并投入运行一段时间后,必将对环境带来一定的影响,这些问题通过环境监测反映出来并及时反馈,通过优化设计使旅游区更完善;同时通过环境监测也会暴露管理上的一些问题,这些信息反馈给管理者能促使管理制度的进一步完善。通过信息的循环流动来调整和优化规划设计和管理方案,体现了循环经济的理念,同时从根本上实现了资源保护和可持续发展的目标。

---

① 陶卓民,芮晔.旅游景区清洁生产与可持续发展研究[J].中国人口·资源与环境,2002,12(3):117—120.

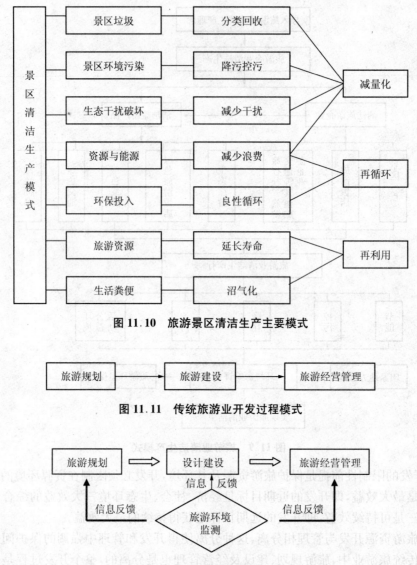

图 11.10　旅游景区清洁生产主要模式

图 11.11　传统旅游业开发过程模式

图 11.12　循环旅游开发过程模式

11.2.4　静脉产业体系

静脉产业体系包括三个部分：废弃物再利用、资源化产业和无害化处置产业。静脉产业将整体预防的环境战略持续应用于生产、产品和服务过程中，以增加生态效率和减少人类及环境的风险；强调废弃物的有效处理，实现剩余物质的最小化；而且，在上述过程中伴随着价值增加。静脉产业的运行机制如图 11.13 所示。

图 11.13　静脉产业循

(1) 绿色包装

绿色包装是环保的必然要求,它能做到资源的循环使用和重复利用,节约资源的同时减少污染。而要立刻全面推广绿色包装是不够现实的(绿色包装由于其成本原因主要还是只能用于出口),要随着技术的进步才能相应发展。政府所能做的就是加大技术方面的投入和加强宣传绿色消费意识。

(2) 以收费制度引导垃圾、污水处理的产业化发展

通过政府相关政策的制订和调节,吸引民间资本投入到环保领域。世界银行曾经根据潜在市场竞争力、设施所提供的消费服务的特点、收益潜力、公平性和环境外部性等指标,定量分析了城市污水和垃圾处理等相关环节的市场化能力指数(指数在 1~3 之间,越大表示市场化能力越强。指数 3 表示市场化能力最强,完全可以交由私人来解决;指数 1 则相反,表示不能市场化)。结果表明,垃圾收集的市场化能力最强,指数为 2.8;污水分散处理次之,指数为 2.4;污水集中处理和垃圾卫生处理指数为 1.8~2.0[1]。

由此可见,只要建立适宜的政策环境,特别是良好的污水和垃圾收费体系,通过制度创新充分发挥经济杠杆的作用、激活治污市场,通过设置适当合理的收费标准,使得进行污水和垃圾处理的企业的收入大于处理成本,使它们可以获得相应的回报,那么污水和垃圾处理是可以走市场化之路的。同时,可以采用多种市场化手段,通过产权的改革,将污水处理厂、垃圾处理场作价卖给企业。然而在推进市场化运作的同时,应采取价格听证会的办法来确定合理的收费标准,防止过度增加居民的负担。

就城市污水处理而言,实行"谁污染、谁付费;谁治理、谁获益"的原则,通过税费的征收,使个人成本与社会成本相一致。这一方面抑制了个人在生产中的外在性行为,减少了环境的污染;另一方面,由于费用的征收,使得进行污水、废弃物及垃圾处理的企业有利可图,可以将民间资本吸引到环保产业中。

政府还应注重加强环保方面技术科研的投入,应积极开展与高校和科研部门的合作。在污染处理中技术进步有着非常重要的意义,一个例子就是江苏菊花味精集团通过技术创新和生产流程的改进,在循环利用资源的同时获得了良好的经济利益[2]。

(3) 发展绿色深加工产业

随着人们生活方式、生活观念的转变,发展绿色食品深加工是很有经济效益和环保效益的:一方面,随着现在都市生活节奏的加快,人们可能会将大多时间放在工作上;另一方面,妇女已经不再像传统那样只扮演一个家庭主妇的角色,她们开始走出厨房。因此,绿色深加工就大有可为:将刚从田里生产出来的蔬菜、水产以及肉类等食品进行深加工,使它们不需要进行再进一步处理就可用于食用、烹饪。这一方面满足了现代家庭日常生活的需要,服务了大众;另一方面,提供服务的行业在市场上出售了满足市场需要的劳动,也自然可得到应有的报酬。

绿色深加工产业同时还具有巨大的环保功能:一方面由于这是一种集中性的、大规模

---

[1] 周雁凌,王学鹏,桑志鹏. 环保怎么用好政企合作模式?[N]. 中国环境报,2014-09-16,http://www.cenews.com.cn/qy/qygc/201409/t20140916_780958.html

[2] "捞"出来的经济效益　江苏菊花味精集团做强污水处理后续产业,2005-01-25,http://www.cenews.com.cn/historynews/200804/t20080417_318378.html

的加工，使得加工中留下的废弃物便于回收处理和循环利用，减少垃圾收集处理的成本，显然比各家各户分散处理要好(分散处理会发生更高的处理成本，这个成本作为公益性的得由政府来负担；而且处理稍不及时，垃圾存放的稍长就会造成环境的污染)，还有利于空气的净化和环境的清洁；另一方面，由于这些垃圾是由各个企业自行处理，处理成本基本上是由各个加工企业自己负担，政府因此减少一笔开支，同时培育了一个有经济效益的新型产业，达到了环保的目的[1][2]。

综上所述，发展绿色深加工产业其实是一种社会分工的深化，而分工正是一种生产力，绿色深加工产业因此也会是一个具有较高盈利性的环保型产业，其效用可谓是"一箭四雕"：一是满足了当代快节奏生活的人们的日常需要，服务了广大的人民群众；二是形成了一个新兴的盈利性产业，提供了新的就业岗位；三是有利于环境的保护和资源的回收利用，有利于循环经济发展的推进，节约了整个社会的垃圾处理成本；四是减轻了政府部门的包袱，同时形成了新的财源[3]。

11.3 不同类型功能区循环经济战略模式

我国政府提出，按照资源环境承载能力、现有开发强度和未来发展潜力三个因素，将国土划分为优化开发区域、重点开发区域、限制开发区域和禁止开发区域四类主体功能区，实行分类管理的区域政策。主体功能区的规划原则表明，任何一种区域，既承担着社会经济发展的功能，又承担着资源合理开发、生态保护的功能。由于每个发展阶段，其基础和目标取向不一，要解决的核心问题不同，每种区域的定位和功能会有所差异[4]。目前循环经济的实践成果主要集中在重点企业、园区和部分城市上，包括示范企业的清洁生产和废弃物回收利用[5][6][7]，工农生态产业园区的建立[8][9][10]及贵阳、浙江等省市的经验[11][12]。如何在国家这个更高层次、更大范围的区域层面内组织和实施循环经济有待进一步探讨。把握全国主体功能区划编制的契机，构建循环型的生产与消费体系，将区域社会经济活动控制在区域资源环境承载能力之内，从根本上协调区域资源环境与社会经济发展的关系，是完善区域循环经济政策和模式的有效途径之一。根据已有的经验成果，遵循科学的规划理念及未来的发展趋向，本节总结与归纳出以下四大类七种基于主体功能区的循环经济模式。

---

[1] 王红，汤洁，王筠.玉米深加工产业的循环经济模式研究[J].地理科学，2007，27(5)：661—665.
[2] 牟子平，吴文良，雷红梅.浏阳农业结构类型及可持续发展的技术对策[J].自然资源学报，2005，20(4)：628—635.
[3] 赵新勇.黑龙江省山特绿色食品产业集群研究[J].绿色中国：理论版，2005，(05M)：60—61.
[4] 樊杰.我国主体功能区划的科学基础[J].地理学报，2007，62(4)：339—350.
[5] 汪琴.北京市清洁生产的历史回顾、现状及前景展望[J].北京化工大学学报，2008，63(3)：53—58.
[6] 刘俊海.中石化集团推行清洁生产的现状分析[J].科技创新导报，2008(30)：121.
[7] 张玲玲，陈兆利.浅谈我国中小企业清洁生产[J].消费导刊，2008(3)：70—71.
[8] 黄贤金，朱德明.江苏省循环经济发展模式研究[J].污染防治技术，2003，16(3)：1—4.
[9] 张建杰.工农协同型循环经济模式实证研究[J].商业时代，2007(18)：106—107.
[10] 于成学，武春友，王文璋.基于循环经济的中国鲁北生态工业模式选择[J].中国软科学，2007(6)：135—140.
[11] 肖华茂.面向区域的循环经济发展模式设计[J].统计与决策，2007(7)：119—121.
[12] 任勇，陈燕平，周国梅，冯东方.我国循环经济的发展模式[J].中国人口·资源与环境，2005，15(5)：137—172.

11.3.1 优化开发区域的循环经济模式——内源自生型

优化开发地区是经济和人口高度密集、开发强度较大、环境资源承载能力开始减弱的地区,急需优化升级产业结构和转变经济增长方式,目前主要集中在我国东部沿海地带。该区循环经济的技术路线、资金支持以及政策保障日趋成熟,逐渐连片整合,形成初具规模的区域循环经济体系。其中,长三角地区所代表的协同优化型和珠三角地区所代表的调整创新型成为该区域循环经济模式的两大主要类型。

1) 协同优化型——长三角地区

包括上海、江苏和浙江在内的长江三角洲地区是我国经济最发达的区域之一,2008年,实现地区生产总值53 956亿元,约占全国比重的17.9%[1]。三省(市)均较早的开展了循环经济的实践,并制定了整体层面的循环经济规划。循环经济的试验示范无论在数量、规模和质量上都有显著性进展,循环经济的发展与地区的产业升级和经济转型基本同步。

(1) "大、中、小"各层面循环初步建立

有研究表明,长三角已经形成了循环经济的"3+1"模式,即在小循环、中循环、大循环以及静脉产业四个层面全面推进循环经济[2]。

企业层面的"小循环"。实施清洁生产,实现污染物产生量最小化甚至"零排放"。目前,江苏传统的冶金、纺织、化工等支柱行业中,有800多家企业实施了清洁生产,取得直接经济效益超过10亿元[3]。如沙钢集团将钢铁生产视为一个资源、能源再造、再分配以进一步提高利用价值的过程,将节能、环保和资源综合利用有机地结合起来,取得了良好的经济效益和社会效益[4]。95%以上的工业"三废"实现循环利用,其中,98%的废气得到综合利用,95%的废水重复利用。如上海宝钢自建厂以来,十分重视生态环境保护,不仅采用国际先进生产设施和环保装备,而且不断改进工艺技术、改善环境管理、持续提升环境绩效。宝钢一期、二期、三期工程的环保设施投入为43.4亿元,占总投资的5%,还成为我国冶金行业的首个国家环境友好企业[5]。

企业间或产业间的"中循环"。发展生态产业园区,加强企业间的代谢或产业间的共生。上海市化工区率先提出了产品项目一体化、公用辅助一体化、物流运输一体化、环境保护一体化、管理服务一体化的"五个一体化"的开发理念;通过管道、铁路等运输方式,与上海石化、高化、吴淞化工基地实现物料连接;与奉贤区及周边地区建立战略合作,将生产配套、生活配套、物流仓储等共生产业全部设在化工区外,达到协调发展;同时率先建立了产品的共生组合关系,形成以石脑为原料,从生产乙烯、丙烯、丁二烯、苯类等,到生产双酚A继而生产聚碳酸酯等4~5级梯次的乙烯产品链[6]。

区域层面的"大循环"。贯穿循环经济理念,建立和完善全社会的资源循环利用体系。

---

[1] 郭奔胜,徐寿松.长三角16城市2008年GDP突破5万亿大关但增速回落[N].中央政府门户网,2009—02—25.
[2] 陈其珏.长三角"3+1"循环经济发展模式成型[N].上海证券报,2008—01—23.
[3] 闫敏.江苏发展循环经济之路[R].经济视角,2007(4):31.
[4] 宋卫彤.江苏循环经济试点单位情况调研与思考[R].江苏统计分析资料,2005—12—31.
[5] 陈如俊.上海推进循环经济动态介绍[J].上海建设科技,2005(3):39—40.
[6] 上海化学工业区管理委员会.上海化学工业区循环经济试点工作回顾与展望[J].中国经贸导刊,2008(11):27—28.

长三角的"两省一市"先后以不同形式提出建设循环型社会的最终目标：上海市提出建设"资源节约型城市"；江苏省提出"绿色江苏"的口号；浙江省正努力建设"生态省"。

静脉产业主要是指废弃物和废旧资源的处理、处置和再生产业。浙江省的块状经济正是由再生资源利用产业成长起来的。原料由走街串巷收购转变为从国内企业收购废料和从国外进口废料的多元化回收过程；产品由普通日用品向配件、整机生产和高技术产品生产转变，产品质量由起先的劣质向贴牌、品牌和名牌提升；企业规模由小作坊、小工厂向现代化大企业和国际化大集团演变。循环经济既解决了原料来源，又形成价格竞争优势，使众多的民营小企业在短期内完成了原始积累，壮大了企业规模，推动了浙江相关制造业和加工业的形成和发展[1]。

(2) 三次产业协同打造区域生态链

生态工业、生态农业和绿色服务业协同联动，共同打造区域性生态产业链、加快生产和消费模式的转变，是长三角地区发展循环经济的主要任务。

2003年，江苏结合生态省建设，制定了循环型工业、循环型农业、循环型服务业和循环型社会的专项规划[2]。循环型工业是循环经济的主体，通过产业生态结构重组，进行绿色产品研发及企业清洁生产等；循环型农业将农业清洁生产和农业废弃物的综合利用融为一体，实现农业经济活动的生态化转向；循环型服务业以创建绿色饭店、绿色餐饮业等活动，有效链接其他产业和社会经济活动；循环型社会则是循环经济理念在社会生活中的体现，建立绿色消费与生活模式，形成资源节约型的社会。

2005年，浙江省政府明确了发展循环经济的九大重点领域、九个一批示范工程及相应的责任部门，共选择了125个项目，总投资372亿元[3]。按照循环经济要求进行生态化改造和建设的11个第一批省级试点工业园区，已初步形成了资源梯级使用的循环链。如温州市实现日生活垃圾焚烧发电处理，成为在国内率先实现生活垃圾全部减量化、无害化、资源化处理的城市。又如围绕猪场废弃物生态化处理与资源化利用，杭州蓝天生态农业园摸索创建了"猪、蚓、鳖、草/稻/梨/茶、羊"多元结合的新型农业循环经济模式。

突破行政界限整合资源与推进区域合作、在更大的地域空间范围内建立起物质和能量间的闭路循环体系，已经成为解决区域环境问题、增强长三角城市群综合竞争力的内在要求。

2) 调整创新型——珠三角

由广东省九市构成的珠江三角洲地区是我国改革开放的先行区和经济外向度最高的地区，2008年，实现地区生产总值29 745.58亿元，约占全国比重的9.7%[4]。为建设节约型社会，珠三角在清洁生产和环境保护上都走在了全国前列，循环经济的发展成为地区的产业升级和经济转型的主要目标。

(1) 产业升级带动区域结构转型

近年来，由于环境、土地、资源、能源和人才等条件的约束，加之国际金融危机的影响，珠

---

[1] 杜欢政. 循环经济：区域特色经济发展的法宝[J]. 浙江经济, 2005(21)：26—28.
[2] 任勇, 陈燕平, 周国梅, 冯东方. 我国循环经济的发展模式[J]. 中国人口·资源与环境, 2005, 15(5)：137—172.
[3] 晓月. 浙江大力发展循环经济[J]. 经济视角, 2006(11)：28—30.
[4] 广东省统计局. 2008年珠三角人均发展水平迈上新台阶[N]. 广东人民政府网, 2009—02—09.

三角地区有的产业集群发展已呈相对下滑态势。原有的劳动密集型、资源密集型、低附加值粗放型企业纷纷被淘汰或向外转移,产业结构、经济结构正处于阶段性调整、提升的转折时期。

如何将珠三角生态环境与经济发展联结为一个互为因果的有机整体,走出一条科技含量高、经济效益好、资源消耗低、环境污染少、人力资源得到充分发挥的新型工业化道路,"绿色供应链"提供了一条良好的思路。珠三角的外向型经济和电子制造业是传统优势也是地区特色,目前仍然处于规范化管理和绿色运营的初级阶段,神州数码管理系统有限公司(DCMS 公司)从我国制造业存在的实际问题出发,发掘绿色供应链的崭新内涵,将提高企业经济效益与环境保护、资源利用和生态平衡有机地统一起来,实现了产业良性循环和共同发展[1]。在政府、企业的多重推动下,"绿色供应链"在珠三角地区已经崭露头角,神州数码的绿色供应链理念和 ERP 产品正在被越来越多的企业所接受,标志着"珠三角模式"正逐步突破资源与环保困境,开拓出新的空间。

而针对珠三角产业集群内企业间的联系以横向联系为主,纵向联系尚未建立的情况,珠三角通过引入静脉型企业,推行"补链"战略[2]。逐步完善产品代谢、废品代谢和产业配套的补链体系,将工业链发展成为生态工业链。适度发展一些大企业,以便将分工引向深入,充分发挥大企业在产业集群中的示范作用,带动中小企业全面实施清洁生产。南海国家生态工业示范园区正是这样的综合性环保科技园区。

(2) 制度创新保障区域持续发展

继续发挥"试验田"和示范区的作用,在重要领域和关键环节先行先试,率先建立完善的循环经济体制,既是国家提出的要求,也是珠三角各地市的共识。

第一,着力技术创新。"十一五"期间,广东省政府大力增加政策、资金等方面的支持,从 2006 年起,每年安排 2 000 万元作为发展循环经济的工作经费,积极引导循环经济关键技术的研发。专项经费使用范围包括:能效评价指标体系、节能技术服务体系建设、发展循环经济和资源综合利用的应用技术研究与推广、能源利用监测(察)能力建设等[3]。同时,对包括电镀行业、石油和化工行业、陶瓷行业、皮革行业、纺织印染行业、造纸行业、水泥行业、有色金属行业以及电子电器行业等九大产业开展重点技术攻关,取得显著成效。

第二,加强政策保障。早在 2001 年,广东省政府、经贸委、科技厅、环保局等部门就出台了《关于印发〈广东省清洁生产联合行动实施意见〉的通知》,积极推行循环经济工作,评选出清洁生产企业近百家,审核治理污染严重的企业 133 家,努力为循环经济营造良好的发展环境。2006 年,深圳市政府也出台了《深圳经济特区循环经济促进条例》,会同各部门研究制定了项目管理、财政支持、环保、采购、技术创新、建设实施等全方位的循环经济发展政策。

加强市场和法制建设,大力调整产业结构,提升开放型经济水平,是促进珠三角区域循环经济体系发展的必由之路。

从上述两例可以看出,内源推动、自下而上是优化开发区循环经济模式的特征。鼓励和

---

[1] 黄永健,唐华."绿色供应链"助力"珠三角产业模式"升级[N]. 国际商报,2006—10—09.
[2] 朱晖,邝国良,齐昌玮. 基于循环经济理念发展珠三角产业集群[J]. 生态经济,2007(9):91—93.
[3] 广东省科技厅社会发展与基础研究处. "关键技术"绘就循环经济新画卷——广东省循环经济关键技术发展综述[J]. 广东科技,2008,178(1):56—59.

发挥地方政府及各类企业的积极性,在经济、社会实力雄厚的背景下,不断优化产业结构,协同错位发展,率先实现全面转型,成为该区域循环经济的未来导向。

11.3.2 重点开发区域的循环经济模式——内外共进型

重点开发区域是资源环境承载能力较强,发展潜力较大,经济和人口集聚条件较好的区域,其急需完善基础设施、发展产业集群、加强承载能力,目前主要集中在东北、中原、长江中游等区域。该区域的循环经济已广泛开展实践,正在由点向面推进,由单一层面向综合层面的区域循环经济体系发展。其中,东北老工业基地代表的资源重组型和成渝经济区代表的重点突破型成为该区循环经济模式的两大主要类型。

1) 资源重组型——东北老工业基地

以辽宁、吉林、黑龙江三省为主体的东北地区自然资源丰富,生态环境建设基础良好,是我国重要的能源与原材料基地。然而长期的粗放开采和过度的资源依赖导致该区域的不少城市资源枯竭、生态退化。凭借科技、人才优势,走循环经济道路是破解难题的有效途径。

(1) 引导资源合理开发,改善环境质量

东北地区的各级政府和企业力图将单向的资源消耗过程变成环状过程,以减少末端的废弃物排放、降低消耗、提高资源的利用率[1]:

辽宁省600家重点污染企业已经完成清洁生产审核,创建了20个工业废水"零排放"企业。2000年到2005年间,全省年均节能量超过4%,主要工业产品单位能耗及物质消耗下降幅度达到近6%,年均节水量达2.5亿m^3,工业用水重复率由69%提高到88%。

黑龙江省肇东华润酒精有限公司对污水进行治理,污水回收提纯后再利用,使企业年节水600万t,节煤10万多t,新增利润近900万元。

吉林通化钢铁公司按照"低开采、高利用、低排放"的循环经济理念,对生产排放出的废渣进行提炼、磁选、加工、利用,选出含铁料,再将其返回到生产流程中循环利用,仅此一项即可年创效益1 400万元。

另外,一些资源型城市用煤炭伴生的大量煤矸石制造砖、水泥甚至发电,用煤发电产生的粉灰制造墙板和水泥。中水回用、垃圾分类再利用等也在一些城市和企业逐步推广开来,废弃物变成了资源、垃圾堆变成了矿山。

(2) 发展资源替代产业,实现绿色振兴

为扭转当前的严峻环境局面,东北地区开始实行绿色能源战略,注重传统企业、传统产业及行业的生态化改造,淘汰资源与能源消耗高、环境污染严重的设备、工艺和产业,积极发展资源消耗少、经济效益好的替代产业[2]。国家发改委自2009年起设立"东北地区资源型城市吸纳就业、资源综合利用和发展接续代产业专项",当年专项资金额度1亿元。由于该地区拥有较多大型工业企业且行业间的耦合效应较强,有利于促成产业共生和各企业之间在物资、能源方面形成闭路的循环经济。

东北地区先后推出阜新市、大庆市、伊春市、辽源市、白山市、盘锦市等六个经济转型试

---

[1] 齐海山,孙英威,任鹏飞.循环经济推动东北老工业基地"绿色振兴"[N].人民网,2005—07—18.
[2] 马永欢,周立华.我国循环经济的梯度推进战略与区域发展模式[J].中国软科学,2008(2):82—88.

点城市,现已取得初步成效①。阜新市以农产品深加工为接续替代产业,建立了生猪、乳制品等14条农业产业化链条,在发展循环经济、大力开发新能源、建设新型煤炭基地、煤化工基地和发展特色产业等方面也取得了重大进展,初步形成了多元化的产业发展新格局,结束了经济低速徘徊的局面,人均生产总值已达万元以上。白山市着力构建高端化、高质化、高新化的产业结构,加快推动传统资源型产业向接续替代产业转型、"两高一资"产业向循环经济产业转型,培育壮大冶金、人参、健康和现代医药、木制品精深加工、矿泉水、硅藻土等8个特色产业,推动产业集聚和要素集中,提高经济运行质量和效益②。

重塑东北经济区新功能、引导资源型城市的多元化转向,对于东北地区的循环经济发展不仅势在必行,而且势在可行。

2) 重点突破型——武汉城市圈

以湖北武汉市为核心的武汉城市圈地处长江中游,是我国中部崛起的重要节点。自2007年底,被国家定为资源节约型和环境友好型社会建设综合配套改革试验区以来,武汉城市圈迎来了历史上的重大腾飞机遇,2008年,实现地区生产总值6 970亿元,占全省经济总量的61.5%③。发展循环经济成为该区进行改革实验和突破的重点任务。

(1) 因地制宜构建特色经济

2008年底,《武汉城市圈资源节约型和环境友好型社会建设综合配套改革试验总体方案》获得国务院批准。《总体方案》指出,支持各地按照资源禀赋和产业特色建设循环经济产业园区、生态工业园区、循环农业示范区,扩大循环经济试点,探索循环经济发展模式。

湖北省武汉市青山地区是城市圈重要的重化工业区域,拥有武钢、武石化等一批国有大型企业。2008年12月,市政府将"青山、阳逻规划构建区域循环经济发展试验区"列入《武汉市"两型社会"综合配套改革试验三年行动计划》,计划将阳逻经济开发区升格为国家级开发区,以其为核心,以青山、武汉化工新城、葛店开发区为辐射区,建立循环经济为特色的高新技术开发区。未来5年,青山区将陆续启动70个循环经济项目,总投资约200亿元。重点项目共4大类30项,其中,固体废弃物处理及综合利用项目10项,节能减排项目10项,污水处理及循环利用项目6项,公用工程一体化项目4项④。

传统农业占主导地位的武汉市汉南区,近年来以生猪、蔬菜、名特水产、鲜食玉米等四大产业为主攻方向,形成了板块基地产业链⑤。重点建设以养猪小区为主的30万头板块、以螃蟹为主的5万亩名特水产养殖板块、以辣椒为主的3万亩绿色蔬菜板块及以鲜食玉米为主的10万亩鲜嫩农产品板块⑤。并总结了三条"汉南经验":一是将传统农业转变为"资源—产品—废弃物—再生资源"循环流动的现代农业;二是以种植业为起点,以养殖业为中间环节,形成"种—养—种"模式;三是通过推广秸秆综合利用、畜禽粪便综合利用等"五大技术",给循环农业发展提供技术支撑⑤。

(2) 大胆尝试规划政策先行

发展循环经济是建设"两型社会"的根本途径,武汉城市圈加强制度创新,积极探索符合

---

① 高慧斌,周福刚. 东北发展新格局:三纵五横[N]. 辽宁日报,2007—08—23.
② 曹泓,叶剑波. 白山市注重"接续替代",壮大循环经济[N]. 吉林日报,2009—03—23.
③ 徐金波. 武汉城市圈综合改革配套试验区建设起步良好[N]. 中国新闻网,2009—03—12.
④ 刘春燕,姚德春. 武汉城市圈"两型社会"综改开启32块试验田[N]. 长江商报,2008—10—07.
⑤ 龙滢. 推行板块建设探路循环经济,"汉南经验"将向城市圈推广[N]. 楚天都市报,2009—03—22.

"两型社会"要求的增长方式和生活模式。

根据《"两型社会"建设总体方案》和《三年行动计划》,近三年,武汉将初步建立有利于资源节约和环境友好的体制机制,开展创新环保监管机制、实施城市节电工程、发展绿色建筑、探索垃圾分类、推进国家级物流基地建设、试点城乡一体化、推进全民创业等32个专项大试验。

湖北省在青山、阳逻、鄂州建设跨区域循环经济示范区,打破行政区划界限,推进六大循环产业链建设,即钢铁及深加工、煤焦化工、炼油乙烯、电力、建材、绿色物流等,突出以钢铁、石化为中心的重化工集聚区和长江深水良港临港物流循环经济两大特色。后者将整合阳逻港、武钢工业港、白浒山外贸港、鄂州港、黄冈港等港口及深水岸线资源,提高岸线资源利用率,以节能环保[①]。未来三地的污水处理厂、热电联供厂、天然气管网等基础设施将共建共享,形成集约使用的供水、供电、供热、供气为一体的公用工程。同时,将向国家申请循环经济产业投资基金等,为大循环经济示范区提供政策和资金保障。还将通过到京、沪等地招商引资,引入社会资本;并按照"产业互补"的原则,吸引一些重大项目落户。

武汉城市圈将在生态环境保护与建设方面实施节能减排、循环经济、生态农业、生态林业、生态水利、清洁能源、生态恢复与环境整治、生态家园、生态安全保障能力等九大重点工程,共计495个项目,静态总投资约1810.8亿元,至2020年基本建成[②]。

开展大区域层面的循环经济试点,尝试全面建设"两型社会"的经验和路径,从而真正带动中部崛起,武汉城市圈责无旁贷。

从上述两例可以看出,内外引导、上下共进是重点开发区循环经济模式的特征。在国家给予资金、技术、政策等的支持和鼓舞下,地方政府应密切配合、积极行动,抓住改革契机,重新发挥资源、能源、行业等优势,改造产业结构,确立新型的循环经济模式,彰显未来产业和人口主要承载地的功能。

11.3.3 限制开发区域的循环经济模式——外源推动型

限制开发区是资源承载能力较弱,不适宜大规模、高强度工业化和城镇化开发,关系到生态安全的区域,应坚持保护优先、适度开发,有序发展资源环境可承载的特色产业,其目前主要集中在青海、新疆、西藏等西部地区。该区域的循环经济正在点上试行,以逐步建立适合这些敏感地区的循环经济模式。其中,柴达木地区的助推跨越型和西藏农牧区的原始提升型成为该区域循环经济模式的两大主要类型。

1) 助推跨越型——柴达木地区

素有"聚宝盆"之称的柴达木盆地是青海省资源开发的重点地区和新兴工业基地,2005年10月,被国家六部委列为第一批循环经济试点产业园区。柴达木盆地是独立的内陆水系系统,生态比较脆弱。依托盐湖、天然气等青海的特有资源,探索一条"资源—生产—再生资源"发展新路,以较小的成本换取较大的综合效益,成为该地区发展循环经济的共识。

(1) 政府强力推动,构筑社会大循环

柴达木循环经济试验区的建立和发展,为青海省实施资源转换战略创造了重要平台,从

---

① 聂春林. 武汉城市圈两型方案启动[N]. 21世纪经济, 2008—10—07.
② 余桃晶, 王杰芳. 武汉城市圈建设两型社会环保奠基[N]. 中国环境报, 2008—10—08.

中央到省、州、市、县高度重视,从组织、政策再到总体规划给予了极大的支持和关注。

作为"十一五"国家重点支持发展的循环经济试验园区,2007年6月,"西部大开发特色优势产业基地"在柴达木循环经济试验区挂牌成立。青海省政府成立了以马建堂副省长为组长,省发改委、省财政厅等15个单位为成员的领导小组,并在产业、信贷、税收、土地、招商、人才等政策上对试验区给予特殊照顾,为柴达木循环经济试验区的快速发展提供保障。

同时,青海省与中国国际工程咨询公司就海西州编制《柴达木地区循环经济总体发展规划》等一揽子规划,建立了长期战略合作关系[1]。该规划将体现全社会"大循环经济"的概念,不但对工业发展进行指导,对于农牧业生产、城市建设、居民生活等社会各个领域也将按循环经济理念进行布局。未来5年,柴达木循环经济试验区的工业项目投资将超过1 300亿元人民币。在"十一五"后3年和"十二五"初,一批具有全国性影响乃至国际性影响的重点项目,将在柴达木盆地崛起。

(2) 以保护促发展,独辟蹊径显成效

青海省已明确生态立省的战略。柴达木地区所有项目的,环保设施都必须同步设计、同步建设、达标排放;并对该区生态中最薄弱的水和沙两个环节进行重点保护、防风固沙、调控水价,将柴达木建设成西部特色产业园区和生态保护园区[2]。

点状开发代替遍地开花。柴达木地区在保护的前提下,重点建设格尔木市、德令哈市、大柴旦市、乌兰市四个园区,其他地方以保护为主。初步形成以支柱或优势产业为支撑、以大型骨干企业为引领的能源、盐湖、有色金属、煤炭等产业集群。建立以电力、石油、天然气和煤炭开采为主的能源工业,以盐湖开发为主的盐化工业,以有色金属和黑色金属矿采掘为主的冶金采选业,以焦化和煤化为主的煤化工业,以石棉、水泥生产为主的建材工业,以农副产品和中藏药为主的加工工业等六大工业体系。

与其他循环经济园区从资源废弃物利用开始不同,柴达木试验区是直接从资源的综合利用开始的。柴达木地区资源类型全、品位高、品种组合好、产业关联度高、相互间的融合性较强,通过企业间的物质集成、能量集成和信息集成,很容易形成产业间的代谢和共生耦合关系[3]。试验区着重引进资源深加工项目,以便使资源最大限度地做到"吃干榨尽"、物尽其用。其中,电力、石油天然气化工、盐湖化工、煤化工、有色金属、建筑材料等产业已横向链接起来,如形成了"油气—盐化工"产业链、"煤—焦—盐化工"产业链、"有色金属—天然气—盐化工"产业链和"铁矿—焦炭—钢铁"产业链等。目前,入驻柴达木循环经济试验区的许多大、中型企业已经能够对企业废弃物进行有效处理及加工再利用,在未造成生态环境大破坏的基础上取得了较好的效益。

突破资金、核心技术瓶颈,完善区域基础设施,引导和帮助企业做大做强,注重选商选资及生态补偿金制度促进柴达木地区实现了跨越性发展。

2) 原始提升型——西藏农牧区

西藏是以农牧业为主导产业的地区,"江河源"和"生态源"的特殊地位使其生态功能远大于生产功能。因此,建立农牧循环经济体系,不仅是由无污染的自然条件决定的,也是当

---

[1] 袁宏明. 柴达木西部循环经济"路线图"[J]. 中国投资,2007(11):94—101.
[2] 阿罗. "青海省要重点发展循环经济"—访青海省副省长马建堂[J]. 新财经,2008(8):70—71.
[3] 孙发平,詹红岩. 柴达木循环经济试验区发展现状及启示[J]. 青海科技,2007(2):6—8.

地实现可持续发展、获得经济效益的必由之路。

(1) 举全国之力破解区域建设难题

全国农业系统一贯对西藏等藏区积极扶持,促进当地的现代农业建设[①]。仅2006年、2007年,农业部共安排资金27.42亿元,其中农业基本建设投资22.36亿元,农业财政资金5.06亿元;还帮助编制完成了《西藏农牧业"十一五"发展规划》、《西藏农牧业特色产业发展规划》以及种养业良种工程等20多项规划。为保护好青藏高原草场,又将西藏增列为退牧还草项目实施区域,将其生态脆弱县全部纳入退牧还草工程,2006年、2007年共安排中央投资20.7亿元。

从2004开始,西藏立足自身优势,正式启动了农牧业特色产业开发。根据市场需求,开发出了牦牛肉、青稞、牦牛酸奶、山羊绒、藏猪肉、藏鸡肉等特色产品。截至2007年,已经有8.3万户、43万名农牧民参与了特色产业项目,约占西藏总人口的1/7。"十一五"期间,西藏将在农业重点发展地区改良黄牛20万头,实现产值20亿元;建成粮油果蔬生产基地60万亩;建成规模达100万头(只)牛羊、藏猪藏鸡的养殖基地;扶持特色种养、农畜产品加工、销售流通企业30家以上[②]。

(2) 用科技进步建立生态农业体系

现代农牧业的循环经济体系是以科技进步支撑的。有研究指出,到2007年,西藏科技对农牧业经济增长的贡献率达36%,农牧民已成为科技发展的巨大受益者[③]。

西藏的特色农业基地初具规模[④]。先后建成优质青稞生产基地、优质油菜生产基地、绵羊短期育肥基地、牦牛育肥基地、天麻良种扩繁及种植基地、黑山羊生产示范基地、藏药材种植基地等12个种类的143个基地,有效地带动了农牧业区域化发展、农畜产品商品化生产和农牧业产业规模化经营。同时,还建成了现代农牧业示范园区、农作物原种繁育场、杂粮作物良种繁育基地以及拉萨市城关区科技产业综合示范基地、日喀则江孜生态农牧业科技园等,加快了西藏农牧业由传统型向现代型转变的步伐[④]。

近年来,西藏积极开展农村户用沼气在不同地区、不同气候、不同原料环境条件下的试验、示范和技术推广,探索出适合冬季寒冷地区的"温室+沼气池"能源生态农业发展模式[⑤]。它以温室大棚为纽带,将沼气池、畜禽舍、厕所、温室大棚组合在一起,构成能源生态综合利用体系,达到在同一块土地上实现产气、积肥同步;种植、养殖并举,有效缓解了农民生活用能的缺乏,促进了当地养殖业和种植业的循环发展。目前,该模式已经由小范围的试点示范发展到集中联片、整村推进建设,从单一的生活型扩展到生活生产型,与调整农牧业产业结构、发展高效生态农牧业及绿色无公害农产品生产紧密结合起来,切实提高了沼气综合效益。

加强农牧业科技创新,延伸农牧产业链,关注民生,妥善处理保护与开发的关系,是西藏循环经济的前提与目标。

从上述两例可以看出,外源推动、自上而下是限制开发区循环经济模式的特征。应在以

---

① 龙新.让藏区农牧民更好更多地分享发展成果——全国农业系统援藏工作纪实[N].中国农业部网,2008—04—22.
② 拉巴次仁,冯雷.西藏自治区整合1亿多元资金扶持农牧业特色产业[N].中国政府网,2006—12—18.
③ 陈菲,吴晶.西藏农牧民成为科技发展巨大受益者[N].新华网 2008—09—25.
④ 马胜杰.以科技进步促进西藏现代农牧业发展[N].西藏日报,2009—01—12.
⑤ 胡星,刘元旭.西藏探索出"温室+沼气"生态农业发展模式[N].新华网,2007—06—18.

国家为首的各级政府大力支持与援助下,以保护和恢复生态功能为核心,建立特色产业的循环经济体系,逐步改善当地人民的生活水平,推动区域现代化进程。

11.3.4 禁止开发区域的循环经济模式——外源强制型

禁止开发区域是指依法设立的各类自然保护区域。要依据法律法规和相关的规划实行强制性保护,控制人为因素对自然生态的干扰,严禁不符合主体功能定位的开发活动,这些区域可以尝试发展生态旅游型的循环经济模式。下面以三江源自然保护区为例进行说明:

青海省三江源自然保护区位于青藏高原腹地,为长江、黄河和澜沧江的源头汇水区,对于保护江河源头的生态系统,保护青藏高原原始地貌和世界"第三极"自然景观有着极其重要的意义。该区域凭借珍贵而丰富的旅游资源,正在开展生态旅游的试点。

(1) 编制高水准规划

由中国科学院地理科学与资源研究所和青海省旅游局共同编制的《青海省三江源地区生态旅游发展规划》,自 2007 年 12 月启动以来,先后组织了三次大规模实地考察活动,获取了大量一手资料,完成了大量访谈、调查问卷,于 2008 年底通过评审。

《规划》确定三江源地区的总体定位是"融自然生态与人文生态为一体的具有示范意义的江河源型国际级生态旅游目的地"[①]。青海将投资 18.4 亿元在三江源地区建设 35 个生态旅游重点项目,规划 6 个重点景区,包括可可西里、年保玉则、阿尼玛卿雪山、勒巴沟、达那寺峡谷和黄河源景区。《规划》强调旅游资源、生态环境、民族文化的保护,强调游客体验和环境教育,强调社区居民和生态移民的参与,强调生态、经济和社会三大效益的最优化。

对于三江源地区生态旅游产品策划,《规划》明确定位"以高端产品为主",力图让游客的整个旅程成为体验生态文明和保护生态的过程。有以"三江之源"水源地生态与环境体验、"康巴、安多"藏文化原生态体验、以黄河源生态体验、长江源生态体验、澜沧江源生态体验、雪山冰川攀登探险、青南自驾游等为主打的系列产品,涵盖了游、住、行、食、购、娱六方面的内容。

(2) 建立新考核机制

2005 年,青海省确定三江源地区的发展思路以保护生态为主,并决定对地处三江源核心区的果洛、玉树两州不再考核 GDP,取而代之是对其生态保护建设及社会事业发展方面的具体指标进行考核[②],即实行"一增一减":"减"指经济发展考核类别少了 GDP 和招商引资两项指标;"增"指社会发展考核类别中,环境保护一项的进行了核除了主要污染物排放总量控制外,增加对三江源生态保护和建设工程项目完成情况的考核。

现在,对干部来讲,保护好生态就是政绩,他们不再提工业化口号,着力发展不破坏生态的生态旅游、民族工艺品制作、土特产加工等特色产业、绿色产业。同时,封山育林、沙漠化土地防治、生态移民、小城镇建设等生态保护项目的顺利实施,有效缓解了三江源地区生态恶化的趋势。2006 年至 2007 年监测数据显示,三江源出境水量有所增加,从 412.7 亿 m³ 增加到 492.76 亿 m³。草地生产力也有所恢复,沙障方格的设置有效控制了沙粒的移动,逢

[①] 钱荣.青海加快三江源地区生态旅游开发步伐[N].新华网,2009—03—20.
[②] 刘鑫焱.只要生态好就算有政绩,三江源不再考核 GDP[N].中国环境报,2007—10—25.

大风天气治沙区不再黄沙弥漫,对公路的危害明显减轻[①]。

建立健全生态文明建设的体制机制,坚持"保护第一、发展并重"的思想,是开创三江源地区循环经济发展的新思路。

从上述例子可以看出,外源强制、政府主导是禁止开发区循环经济模式的特征。应在国家实施强制保护的前提下,转变政绩观和发展观,以生态旅游这一循环经济的重要形式作为自然保护区等特殊区域的突破口,实现保护与发展的双赢。

复习思考题 11

11.1 分析四个层次循环经济的内涵及特点。

11.2 分析比较不同类型功能区循环经济的发展模式。

[①] 李有军. 三江源:该如何呵护你[N]. 人民日报海外版,2009—03—28.

12 循环经济评价

前文对循环经济的理论、方法以及部门循环经济运行的模式和机理进行了探讨。循环经济的运行涉及到从原材料的采掘、运输、加工到产品生产和废弃物处理等不同的环节,而且不同行业、不同层面循环经济的模式也不尽相同,其运行效果也有所差别。因此,对循环经济的运行效果进行评价可以对循环经济实践进行检验,从整体上了解经济系统的运行效果,把握循环经济运行中的存在的问题,并根据存在的问题对循环经济运行的部分环节进行适当的调整,以更符合循环经济发展的需要。本章总结了循环经济综合评价的理论和方法,并根据循环经济发展评价指标选择的原则,选择了产业及社会发展、资源减量化、循环利用、污染减排、资源与环境安全五类指标建立了循环经济评价指标体系。

12.1 循环经济评价概述

12.1.1 循环经济评价的涵义

传统经济通常又被称为"线型经济",以"资源—产品—污染物"为顺序的资源单向流动为基本特征;而循环经济则是以"资源—产品—再生资源"闭环形式的资源循环使用为基本特征,因此,循环经济被认为是有别于传统经济的一种经济模式。因此要对循环经济加以评价应包含两个相互联系的过程:① 识别经济活动的类型,即判别被评价对象是属于循环经济还是线型经济,② 若评价对象为循环经济,则确定评价对象的发展程度。

循环经济区别于线型经济的基本特征是资源的循环使用,因此,要判定评价对象是否属于循环经济,关键在于判别评价对象的资源利用过程中资源流动形态,可以使用循环使用资源占使用资源总量的比重作为判断指标,这一比例可能有三种情况:① 该值为0;② 值为1;③ 介于两者之间。显然,当循环使用资源占使用资源总量的比重为0时,可以非常明确的判定为线型经济;当循环使用资源占使用资源总量的比重为1时,也可以明确的判定为循环经济。然而,循环使用资源占使用资源总量的比重为0和为1的两种状态都是极端的,在现实中更多的是循环使用资源占使用资源总量的比重界于0和1之间。这时,武断的判定其为线型经济和循环经济都是不合适的。基于这种考虑,目前通常将循环经济评价认为是循环经济发展评价,即确定评价对象的发展程度,通常不将循环经济评价划分成识别和评级两个过程。因此,循环经济评价又称循环经济发展评价,就是按照一定评价标准和评价方法,对一定范围内的循环经济发展情况加以调查分析,并在此基础上做出科学、客观和定量的评定。评价的目的在于揭示特定范围内循环经济发展程度,阐明影响循环经济发展的原因以及可能采取的措施,以促进循环经济发展。

12.1.2 循环经济评价分类

按照评价对象的层次以及规模,可以将循环经济评价划分成不同的类型,主要包括区域层次循环经济评价、产业层次循环经济评价和企业层次循环经济评价。区域层次循环经济评价就是按照一定评价标准和评价方法,对一定区域范围内的循环经济发展情况加以调查分析,并在此基础上做出科学、客观和定量的评定;产业层次循环经济评价就是按照一定评价标准和评价方法,对一定地域范围内的某一产业的循环经济发展情况加以调查分析并做出科学、客观和定量的评定;企业层次循环经济评价则是指按照一定评价标准和评价方法对某一企业资源循环利用效果加以调查分析并做出科学、客观和定量的评定。除区域层次、产业层次和企业层次之外,通常还有园区层次和项目层次的循环经济评价。园区层次循环经济评价是以园区为评价单元,对于园区内的资源循环利用情况加以评价;而项目层次循环经济评价是以具体项目为评价单元,对这一具体项目的资源循环利用情况加以评价。

根据区域类型,区域层次循环经济评价可以行政辖区为评价单元,也可以其他区域为评价单元,例如对城市循环经济的评价可以城区为评价单元。根据产业类型,产业层次循环经济评价可划分成农业循环经济评价、工业循环经济评价和服务业循环经济评价等,当然也可进一步划分产业层次。

12.1.3 循环经济评价方法

要对一定区域、产业以及企业的循环经济情况加以判断,需要采用一定方法。已有的研究尝试采用不少不同的方法对循环经济进行评价。从目前的研究和实践工作来看,主要有多指标体系评价法、物质代谢分析、价值链分析以及仿真模型等[1]。

(1) 多因素综合评价法。综合考虑多种因素,选择能够反映循环经济发展情况的指标,建立循环经济评价指标体系,并通过一定的方法将各因素或者指标的作用加以综合,以此来判断循环经济发展状况。由于多因素综合评价法需要采用指标体系,因此也被称为指标体系法。目前采用多因素综合评价法进行循环经济评价的研究较为多见,实践工作中也多采用多因素综合评价法。不过,不同研究在采用多因素综合评价法时也非完全雷同,其差别主要体现在两个方面:一是,评价指标的选择方面。有的从生态效率角度,选择有的从资源效率角度,选择有的从环境保护等方面选择,还有的将生态、资源、环境与经济发展结合起来构建指标体系[2];二是,在评价指标权重确定方面,不同研究采用了不同的方法,通常层次分析和德尔菲法使用较多。

(2) 潜力分析法。循环经济发展不仅表现为历史过程,更表现为未来的经济运行状态,尤其是未来的经济运行状态对于日益加剧的资源环境压力的适应性。因此,分析循环经济发展的资源减量投入、资源循环利用和污染减排潜力,也是评价循环经济的重要方法[3]。

---

[1] 黄贤金.循环经济:产业模式与政策体系[M].南京:南京大学出版社,2004:35—180.
[2] 黄贤金.区域循环经济发展评价[M].北京:社会科学文献出版社,2006:32.
[3] 黄贤金.论循环经济与南通发展道路[J].能源研究与利用,2005(4):3—7.

(3) 物质代谢分析。循环经济是以资源循环利用为基础的,很多场合,资源的循环利用表现为物质的循环使用,因此,分析物质代谢效率也是评价循环经济一个重要手段。从而为分析探讨提高物质代谢的资源利用方式提供基础[①]。目前欧盟业已从物质投入、排放、消费、平衡以及效率等方面构建了物质流指标体系[②]。

(4) 价值链分析。循环经济机制创新的过程,也是企业以及社会创造价值的过程。如果将资源投入减少、资源循环利用以及污染减排纳入社会价值体系或企业价值体系[③],可使得社会或企业能够真正建立循环经济型生产方式。因此,有研究将价值链分析方法引入循环经济评价。

(5) 仿真模型。循环经济是一个系统,因此可以从系统的角度来看待循环经济评价问题,即应用仿真的手段模仿循环经济系统的运行,通过建立循环经济仿真系统来评价循环经济。可以根据不同的评价单元,建立不同的循环经济仿真模型,包括区域循环经济仿真模型、农业循环经济仿真模型、工业循环经济仿真模型以及服务业循环经济仿真模型等。当然,企业层次和社会层次也可以建立循环经济仿真模型[④]。

(6) 能值分析。资源流动可以物质形态来衡量,也可以能量形态来衡量。用物质形态描述时,通过分析物质流进而分析一定区域或者一定单元的物质代谢效率可以评价循环经济。同样的,从能值的角度来分析物质的流动与转换也是合适,因此,有不少研究将能值分析方法引入循环经济评价。

在这几种评价方法中,目前在研究和实践工作中使用最为广泛的是多因素综合评价法,因此,以下几节主要以多因素综合评价法为基础,阐明循环发展评价的目标、思路以及指标体系等。

12.2 循环经济综合评价

12.2.1 循环经济综合评价的目标

当人们关心循环经济的发展程度时,需要有指标告诉人们经济的循环发展程度是提高了还是下降了。但是,反映循环经济的指标有很多,不同指标的表现可能有很大差别;不同指标的值反映了循环经济不同侧面的情况,每个指标是循环经济的一个重要方面,但不代表全部。因此,如何综合把握循环经济情况比从单个指标分析循环经济更为困难,要设计一个指数来满足综合把握循环经济的需要,即它能提供经过数据综合而获得的高度凝聚的信息。由此,循环经济评价的主要目标就是要凭借一定的方法,通过一系列的计算,将体现经济循环程度的各个方面反映出来;并且通过一定的综合手段,得到一个综合性的指数,即循环经济发展指数,这个综合指数符合以下要求[⑤]:

---

① 黄贤金. 区域循环经济发展评价[M]. 北京:社会科学文献出版社,2006:32.
② Eurostat. Material flow accounts-flows in raw material equivalents [EB/OL]. 2015-11-13, http://ec.europa.eu/eurostat/web/main
③ 黄贤金. 循环经济:产业模式与政策体系[M]. 南京:南京大学出版社,2004:66—94.
④ 黄贤金. 区域循环经济发展评价[M]. 北京:社会科学文献出版社,2006:33.
⑤ 黄贤金. 区域循环经济发展评价[M]. 北京:社会科学文献出版社,2006:33—34.

(1) 可比性。循环经济发展指数的可比性要满足三个方面的要求：一是时间上的可比性，即采用不同时间的数据计算得到的结果应该可以直接比较；二是空间上的可比性，即不同地方的计算结果应当可以直接比较；三是在"时间—空间—指数"三维坐标系统内，指数的内涵具有一致性。也就是说，在以时间、空间和循环为坐标轴的体系内，两个不同指数能够进行了加法、减法和除法的运算，并且其运算结果有具体意义。

(2) 稳定性。在进行综合计算时，不同指标值之间的计算应相互独立，即某一样本某一指标值的变动不会影响到其他样本对这一指标值的计算，不会影响其他样本最终循环经济发展指数值，只会对本样本的计算结果产生影响。

(3) 敏感性。循环经济发展指数对指标值的变动应当有灵敏的反应。如果某一样本某一指标值的大幅度变动也不会引起循环经济发展指数的变化，那么这一指数就不能精确反应经济循环程度，即敏感性要求循环经济发展指数能够适应指标的动态变化。

(4) 综合性。循环经济发展指数必须是综合反映经济循环程度各个方面的因素，而不是单一方面的体现。应通过循环经济发展指数，可以对某一地方某一时间循环经济的情况得到一个总体的综合判断。

(5) 具有实际运用价值。理论研究要反应实际需要，为解决实际问题服务，因此，在设计循环经济发展评价体系时，必须考虑循环经济发展评价的成果在政府工作以及其他领域应用的要求。

如除需获得一个高度综合的评价指数外，还需获得更多的信息、提高评价与分析的精确性与可靠性，对某些方面加以描述性的评价，则在采用多因素综合评价法进行循环经济综合评价时还有必要采用描述性评价的方法辅助评价。

12.2.2 循环经济综合评价的总体思路[①]

循环经济体现在人类活动的各个方面，对循环经济发展的评价可以从人类的活动与结果两个方面来考虑，因此，建立一个 APRP 分析框架（见图 12.1）：活动（Action）—压力（Pressures）—反应（Response）—绩效（Performance）。人类的活动包括生产活动和消费活动，需要从"社会—经济"系统外获得能量和物质，完成系统的物质与能量代谢后又要向系统外输出代谢产生的废弃物质与能量。

正如"宇宙飞船"经济所揭示的那样，地球的资源存量是有限的，人类向自然环境索取资源必然导致资源压力越来越大；人类社会的高速代谢排放，使得环境承受的废弃物质与能量越来越多，而环境对废弃物质与能量是有限度，越接近这一限度，系统崩溃的可能性就越大。因此，人类通过对环境排放废弃物和向环境索取资源这"一增一减"系列活动改变了人类与自然的关系，同时，对人类"社会—经济"系统造成压力。面对压力，持续存在与活动的欲望使得人类只有通过制度政策的调适以及资源利用技术革新来减缓资源耗竭的速度以及防止越过环境容量。人们在"社会—经济"系统内的反应必然带来一定的效果，例如，能源效率的提高等等。正是基于这样一个思路，应从行动和效果两个方面入手，从输入端、过程和输出端来评价循环经济发展；现在的活动可能在以后产生某种效果，现在观测到效果可能是以前行动的结果；有的效果反映过程，有的反映最终结果，将这两方面综合起来就可以有效的

---

① 黄贤金.区域循环经济发展评价[M].北京：社会科学文献出版社，2006：35—36.

反映循环经济发展状况。

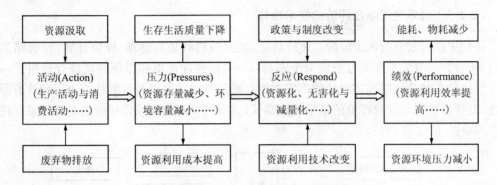

图 12.1　活动—压力—反应—绩效模型

在考虑如何分解评价对象之后,需要考虑的是用什么方法来获得循环经济发展指数。从评价目标可以看出,循环经济发展评价是一个多指标综合评价的过程,其结果是一个多指标综合评价指数。因此,在整个评价过程中,关键的工作就是确定科学的评价指标体系,选择合适的评价综合方法,实现指标的转换。

在评价综合方法方面,主要有简单综合和加权综合两种。从这两种方式的综合过程来看,加权综合中,权的确定有着至关重要的影响;而在简单综合方式中,指标转换则显得尤为重要。下面同时采用这两种方式,并比较得到的结果。

(1)加权综合法。首先将所有评价因素集合分解成不同的层次,再将每一个层次划分成若干个子集:

$$U^i = \{U_1^i, U_2^i, U_3^i, \cdots, U_j^i\}, i=1,\cdots,n; j=1,\cdots,m$$

其中 U^i 为第 i 层次的集合,U_j^i 为第 i 层次的元素,那么最末层的集合可以表示为 $U_j^n = (u_{j1}^n, u_{j2}^n, \cdots, u_{js}^n)$。

层次划分应当满足以下条件:在第 i 层次满足 $U_k^i \cap U_h^i = \phi, h \neq k$,在层次之间满足 $U_k^i \cap U_h^j = \phi, i \neq j$,在集合之间满足 $\sum_{i=1}^{n}\sum_{j=1}^{m} s = N$,$N$ 为最末层次所有元素个数之和。

若每个层次的权重集合为 $w_j^i = (w_1^i, w_2^i, w_3^i, \cdots, w_j^i)(i=1,\cdots,n; j=1,\cdots,m)$,并且满足 $\sum_j^m w_j^j = 1, \sum_i^m \sum w_j^{i-1} w_j^i = 1$,那么,最末一层的权重可以表示为:$w_s^n = (w_1^n, w_2^n, \cdots, w_s^n)$。

对最末一层评价因素的指标值进行转换:$u_{js}^n \rightarrow a_{js}^n$,那么,某一个评价单元 t 的最终得分即为 $V_t = \sum_i^n (\sum_{j=1}^m w_j^j \sum_{r=1}^s w_r^n * a_{jr}^n)$。

(2)简单综合法。简单综合法尽管也对指标体系划分层次,但在进行综合时用等权作处理,即进行简单的加权平均计算,或者将最末一层的指标值进行转换后通过某种计算得到某一个评价单元的综合评价指数。

当然,由于综合指数都是一个高度抽象和概括的数值,这一数值滤去了许多生动和具体的细节,因此,在评估综合指数的同时,也考虑使用一般描述统计的方法对某些细节进行补充,以便更好的反映区域循环经济发展水平。这样,通过综合指数和一般描述评价的结合,可全面而无遗漏的反映出区域循环经济发展状况。

12.2.3 循环经济综合评价的技术路线[①]

评价工作可划分为四个阶段：评价目标确定、资料收集与整理、评价计算、评价结果分析，评价计算部分的工作又可分成两个部分：一般描述性评价和循环经济综合评价。一般描述性评价主要是运用描述统计的手段对循环经济发展状况以及发展趋势进行统计方面的描述，其评价结果与综合评价的结果相互验证，并得到循环经济综合评价的初步印象。评价工作根据图12.2进行：

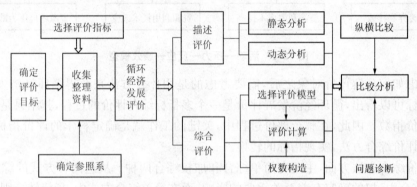

图12.2 循环经济发展评价的技术路线

12.3 循环经济评价指标

构建循环经济评价指标体系对于科学评价及积极推进循环经济发展具有重要意义。可在建立循环经济评价指标体系基础上，形成评估信息系统，对循环经济的发展状况进行评估，为管理决策提供依据；可利用循环经济评价指标体系定量评价循环经济发展的总体水平；可利用循环经济评价指标体系以及评价结果引导当地政府贯彻循环经济的思想，引导和督促其完成当地的发展规划和循环经济建设的基本目标；可利用循环经济评价指标监测和评价循环经济规划的执行程度并分析导致执行偏差的原因，以便及时采取措施保证规划目标的实现。

12.3.1 评价指标选择的原则

评价指标的选择主要考虑以下要求[②]：

(1)"3R"原则。因为循环经济的核心就是要反应"3R"准则的应用情况以及该原则的运用效果。所以，在选择循环经济发展评价指标时，应充分考虑"3R"准则的重要性，突出能够体现"3R"准则的指标在整个指标体系中的地位和作用。在选择评价指标时，应从这样一个角度来考虑减量化、再使用、再循环这三个准则：减量化——资源使用减量以及废弃排放减量；再使用、再循环——考虑资源使用效率、生产废弃物的循环使用等情况，并从产业

[①] 黄贤金.区域循环经济发展评价[M].北京：社会科学文献出版社,2006：37—38.
[②] 黄贤金.区域循环经济发展评价[M].北京：社会科学文献出版社,2006：37—38.

结构的层次加以考察。

(2) 水平指标与速度指标相结合原则。评价指标体系既要有反应发展水平的指标,又要有反应动态变化的指标,通过水平与速度指标的组合,实现评价既反应结果也反应人类经济活动在时间纬度上所做出的努力,达到静态评价与动态评价相结合。也就是说,在指标体系中既要有反应状态的指标,也要有反应趋势变化的指标,这样,既可以反应在循环经济方面取得的效果,也可以体现在循环经济方面所付出的努力。

(3) 相关性原则。指标应概念清楚而且与所要达到的评价目标有较高的相关性,保证指标计量的内容对于评价目标和评价对象而言是重要的和有意义的,因此,指标要反映社会经济的循环压力、循环状况以及社会的循环响应情形。与循环经济有关系的社会经济指标有很多,有些指标通过多次运算后能够与循环经济发生关联,而有些指标本身就能从一个侧面直接反映循环经济的循环程度。在选取循环经济发展评价指标时,尽可能的紧扣循环经济的基本特征和循环经济的基本准则,选取与循环经济发展评价目标关联最强的指标。

(4) 系统性指标和部门性指标相结合。在指标体系中,既要有反映整体经济循环情况的指标,又要对某些重点部门的循环经济发展情况加以表达,以便突出影响整体循环经济的因素和变量,使得指标体系既能够代表全面情况,又突出关键因素的作用,使循环经济发展评价指标体系紧扣"循环"主题,反映循环经济核心思想的要求。

(5) 普遍性与差异性相结合原则。影响因素要普遍存在,并且对不同的时间和空间的影响程度是不同的。即选取的指标在大多数年份和区域中对循环经济发展的表示都有重要意义,而且在指标值上有变化,即不能所有的指标值基本相同。在时间和空间变化时都没有变化的指标不宜选入循环经济发展评价指标体系中。

(6) 数据可得性原则。因为循环经济发展评价对象就是经济运行的循环程度,循环经济发展指数的最终确定需要通过评价指标的具体落实,因此,必须保证能够获得不同时间阶段的评价指标值,最好能够通过现有的统计活动获得。此外,通过统计渠道获得的数据应能够保证其分析成果的运用与推广。

12.3.2 指标体系的构建与权重确定[①]

根据循环经济发展评价指标选择的原则,选择产业及社会发展、资源减量化、循环利用、污染减排、资源与环境安全五类指标,各类指标下分别选择若干个操作指标,具体见表12.1。

评价指标权重的确定方法有很多,较常用的方法有delphi法、层次分析法、成对因素比较法以及统计分析方法等:

(1) Delphi法。Delphi法又称为专家咨询法,这种方法广泛应用于各种评价中,但需考虑权重确定的是否合理、参与打分的专家的知识背景及对该问题的了解程度。为保证各位评分专家意见的一致性,可能需要多次反馈和重复打分。

(2) 层次分析法。层次分析法就是将循环经济发展评价作为一个系统来考虑,并根据评价对象和评价目标将系统划分为不同的层次的指标。通过层次内和层次间指标的关系,用一定的数学方法确定各个指标对于总体目标的重要性程度,即指标的权重值。

---

① 黄贤金.区域循环经济发展评价[M].北京:社会科学文献出版社,2006:41—43.

（3）成对因素比较法。成对因素比较法就是对所选取的评价指标进行相对重要性的判断，根据一定的原则对指标之间的相对重要性进行赋值，并利用这些重要性的赋值情况，借助一定的数学方法，计算得到各个指标的权重值。

（4）统计分析方法。与前面几种方法不同的是，统计分析方法属于客观赋权方法的一种。它直接根据评价对象指标的原始信息，通过数学或统计方法处理后获得权重值，主要有主成分分析法、因子分析法、相关法、回归法等。

表 12.1　循环经济发展评价指标体系

类指标	操作指标	指标定义与计算方式
产业及社会发展	高能耗行业产值比重	高能耗行业产值/工业总产值
	高水耗行业产值比重	高水耗行业产值/工业总产值
	高废水排放行业产值比重	高废水排放行业产值/工业总产值
	高废气排放行业产值比重	高废气排放行业产值/工业总产值
	高固废排放行业产值比重	高固废排放行业产值/工业总产值
	万人环保信访率	环保信访人次/总人口
	环保投资率	环保投资/GDP
	服务业产值比重	服务业 GDP/GDP
	高新技术产业增加值比重	高新技术产业增加值/GDP
资源减量化	单位 GDP 用水量	工业用水量/GDP
	单位 GDP 能耗	能耗/GDP
	非农产值占地率	建设用地/非农产业产值
	化肥施用强度	化肥施用折纯量/农作物播种面积
	农药使用强度	农药施用量/耕地面积
循环利用	"三废"综合利用贡献率	"三废"综合利用产品产值/GDP
	能源终端利用率	能源终端消费量/能源消费总量
	工业重复用水率	重复用水量/用水量
	城市污水再用比率	城市污水再用量/污水排放量
	工业固废综合利用率	工业固废综合利用量/工业固废产生量
污染减排	单位 GDP 废水排放量	废水排放量/GDP
	单位 GDP 废气排放量	工业废气排放量/GDP
	单位 GDP 固废排放量	（工业固废＋生活垃圾）/GDP
	环境污染损失比重	环境污染损失/GDP
	单位 GDP 的 COD 排放量	COD 排放量/GDP
	单位 GDP 的 SO_2 排放量	SO_2 排放量/GDP
资源与环境安全	煤炭自给率	煤炭生产量/煤炭消费量
	石油价格指数	以 1985 年为 100
	酸雨频率	酸雨频率
	人均耕地面积	耕地面积/总人口
	生态赤字	人均生态需求与人均生态供给的差额

需要说明的是，在研究和实践工作中，存在不同的循环经济评价指标体系，如国家发展改革委会同国家环保总局、国家统计局等有关部门编制了《循环经济评价指标体系》。该评价指标体系是按照循环经济的基本特征，充分利用现有的数据信息基础，主要从宏观层面和工业园区分别编制的宏观层面循环经济评价指标体系，用于对全社会和各地发展循环经济状况进行总体的定量判断，为制定和实施循环经济发展规划提供依据。工业园区评价指标主要用于定量评价和描述园区内循环经济发展状况，为工业园区发展循环经济提供指导[1]。指标体系具体见表12.2和表12.3。

表12.2 循环经济评价指标体系（宏观）

指标类型	指标
一、资源产出指标	主要矿产资源产出率
	能源产出率
二、资源消耗指标	单位国内生产总值能耗
	单位工业增加值能耗
	重点行业主要产品单位综合能耗
	单位国内生产总值取水量
	单位工业增加值用水量
	重点行业单位产品水耗
	农业灌溉水有效利用系数
三、资源综合利用指标	工业固体废弃物综合利用率
	工业用水重复利用率
	城市污水再生利用率
	城市生活垃圾无害化处理率
	废钢铁回收利用率
	废有色金属回收利用率
	废纸回收利用率
	废塑料回收利用率
	废橡胶回收利用率
四、废弃物排放指标	工业固体废弃物处置量
	工业废水排放量
	二氧化硫排放量
	COD排放量

资料来源：《关于印发循环经济评价指标体系的通知》[2]

---

[1] 国家发展改革委，国家环保总局，国家统计局. 关于印发循环经济评价指标体系的通知（发改环资[2007]1815号）[EB/OL]. http://hzs.ndrc.gov.cn/newfzxhjj/zcfg/t20070814_235955.htm.

[2] 国家发展改革委，国家环保总局，国家统计局. 关于印发循环经济评价指标体系的通知（发改环资[2007]1815号）[EB/OL]. http://hzs.ndrc.gov.cn/newfzxhjj/zcfg/t20070814_235955.htm.

表12.3 循环经济评价指标体系(工业园区)

指标类型	指标
一、资源产出指标	主要矿产资源产出率
	能源产出率
	土地产出率
	水资源产出率
二、资源消耗指标	单位生产总值能耗
	单位生产总值取水量
	重点产品单位能耗
	重点产品单位水耗
三、资源综合利用指标	工业固体废弃物综合利用率
	工业用水重复利用率
四、废弃物排放指标	工业固体废弃物处置量
	工业废水排放量
	二氧化硫排放量
	COD排放量

资料来源:《关于印发循环经济评价指标体系的通知》[1]。

12.4 循环经济评价指标值处理

12.4.1 指标值的无量纲化方法[2]

在对指标进行标准化(无量纲化)的工作中需要考虑两个基本问题:一是标准化的指标值参照体系的选择,二是标准化的数学处理方法。标准化的指标值参照体系的确定或者选择有三种形式:

(1) 建立一个独立的指标参照体系。将循环经济发展评价指标的指标值和这个参照体系进行对比得到标准化系数,然后利用这一个无量纲的系数进行指标综合。由于独立的指标参照体系不受评价对象指标值变化、评价对象案例增减等的影响,因此,有利于评价指数的稳定性,并提高综合指数的可比性。但是,这一方法也有其局限性:确定独立参照体系中各个指标值的工作量很大,并且有的指标没有办法确定一个固定的参照值。

(2) 在被评价对象内部选择指标值进而形成一个参照体系。这种方法选择参照指标体系的做法就是寻找评价对象各个指标值中的最大值和最小值,或根据实际需要寻找一个适中的指标值,利用这些最大值和最小值对各个指标值进行标准化。这一参照体系的一个明显优点就是寻找参照体系指标值的过程相对简单,工作量相对较小。但是,其缺点也是很明显的:评价对象的个案改变的时候,参照体系中的指标值可能改变,这就导致最终综合指数会因为评价对象某一指标中某一指标值的改变而改变,使综合评价指数的稳定性受到威胁。

---

[1] 国家发展改革委,国家环保总局,国家统计局. 关于印发循环经济评价指标体系的通知(发改环资[2007]1815号) [EB/OL]. http://hzs.ndrc.gov.cn/newfzxhjj/zcfg/t20070814_235955.htm.

[2] 黄贤金. 区域循环经济发展评价[M]. 北京:社会科学文献出版社,2006:44—47.

(3) 运用一定的数学方法,将参照体系的选择隐含在标准化的数学处理方法中。这一方法试图用数据处理的数学方法突破建立指标参照体系的困境,将建立指标参照体系的困难转移到数据处理的数学方法的设计上。因此,这一方法的优点是很明显的,即可以避免前面两种指标参照体系建立方法的局限;但是,这样处理的结果是加大了指标标准化的计算工作量。当然,计算机的合理使用能在很大程度上减少这一方法带来的不利影响。

从评价的角度来看,通常可以将指标划分成三种:指标值越大(高)越好型、指标值越小(低)越好型、指标值适中型。在这三种指标中,指标值越大越好型又被称为正向型指标,指标值越小越好型。又被称为逆向型指标。指标值的无量纲化方法有很多,通常对应不同的参照体系建立方法有不同的指标无量纲化方法,常用的有以下几种:

① 全距(极差)标准化法。全距标准化法就是找出指标的最大值和最小值,求得极差,用这一极差作分母,其计算方式是:

$$a'_{ij} = \frac{a_{ij} - a_{min}}{a_{max} - a_{min}}$$

式中,a'_{ij} 为标准化后某指标的值,a_{ij} 为标准化前某指标的值,a_{min} 为标准化前某指标的最小指标值,a_{max} 为标准化前某指标的最大指标值。

② 极值/适中值标准化法。同全距标准化法一样,极值标准化法也需要找出指标的最大值和最小值。然与全距标准化法不同的是,极值标准化法直接用最大值和最小值做分母/分子,其计算方式根据指标类型的不同而不同。

对于正向型指标:$a'_{ij} = \frac{a_{ij}}{a_{max}}$。式中,$a'_{ij}$ 为标准化后某一指标的值,a_{ij} 标准化前某一指标的值,a_{max} 为标准化前某一指标的最大指标值;

对于逆向型指标:$a'_{ij} = \frac{a_{min}}{a_{ij}}$。式中,$a'_{ij}$ 为标准化后某一指标的值,a_{ij} 标准化前某一指标的值,a_{min} 为标准化前某一指标的最小指标值;

对于适中型指标,则需要一个适中的数值:

当 $a_{ij} < a_{mid}$ 时,$a'_{ij} = \frac{a_{mid}}{a_{ij}}$。式中 a'_{ij} 为标准化后某一指标的值,a_{mid} 为某指标的适中值,a'_{ij} 标准化前某一指标的值,

当 $a'_{ij} \geqslant a_{mid}$ 时,$a'_{ij} = \frac{a_{ij}}{a_{mid}}$。式中 a'_{ij} 为标准化后某一指标的值,a'_{ij} 为标准化后某一指标的值,a_{mid} 为某指标的适中值。

③ 幂指数转化法。幂指数转化法就是采用幂指数的形式将指标值转换成界于[0,1]之间的标准化值。计算方法如下:

对于正向型指标:$a'_{ij} = 1 - \frac{1}{e^{k*a_{ij}}}$。式中 a'_{ij} 为标准化后某一指标的值,a'_{ij} 为标准化前某一指标的值,k 为转换系数;

对于逆向型指标:$a'_{ij} = \frac{1}{e^{k*a_{ij}}}$。式中,$a'_{ij}$ 为标准化后某一指标的值,a'_{ij} 标准化前某一指标的值,k 为转换系数;

对于适中型指标:$a'_{ij} = \frac{1}{e^{k*(a_{ij}-a_{mid})^2}}$。式中,$a'_{ij}$ 为标准化后某一指标的值,a'_{ij} 标准化前某

一指标的值，k 为转换系数，a_{mid} 为某指标的适中值。

从幂指数转化法的计算公式中可以看出，转换系数的确定是一个重要的环节，需要保证标准化后的指标值落在[0，1]区间内。

（4）参照体系百分比标准化法。参照体系百分比标准化，在计算方法上可以采用（2）中的方法，只需要将其中相应的对照数值换成参照体系中的数值即可以。

12.4.2 确定评价指标参照值

为评价计算的方便，需要确定一个指标值的参照体系。通常，确定指标值参照有两种方法：一是确定一个独立于评价对象评价指标值的参照体系；二是，运用评价对象的指标值来确定一个动态的评价指标值参照体系。

指标值参照体系的建立主要要考虑以下几个方面：

（1）指标值不会有运算障碍。例如，如果是逆向型指标的话，参照系中指标不能出现值为 0 的情况；

（2）便于比较。因为循环经济发展评价不仅是静态的评价，而且要反映循环经济在不同时间阶段的差异以及在一定区域内不同小区域的差异，所以，要综合考虑时间和空间的要求。

（3）若为了监测和评价循环经济规划的实施情况，可以采用循环经济规划确定的指标目标值作为评价指标的参照值。

复习思考题 12

12.1 循环经济评价的内涵及主要类型是什么？
12.2 阐述循环经济评价的思路。

13 循环经济规划

作为一种新的经济运行方式,循环经济只有通过具体的实践才能发挥其效益。而要将循环经济的理论和模式进行具体的科学的实践运用,需要借助循环经济规划来完成。循环经济规划是发展循环经济的战略性、指导性和综合性的规划,是发展循环经济的总体设计与安排,是编制和实施循环经济规划的依据。本章在前述循环经济理论、方法和模式的基础上,探讨循环经济规划的理论和实现方式,最后进行循环经济规划的案例分析和对比。

13.1 循环经济规划的内涵及理论基础

我国从2009年开始实施的《循环经济促进法》积极了推进循环经济规划,2011年国家发改委发布了《循环经济发展规划编制指南》[1]。循环经济规划是一门由多学科参与的应用性学科,是科学发展指导下可持续发展、系统科学、规划学、生态学、经济学等理论与方法在循环经济发展时空规律方面的集中体现。因此,根据循环经济规划的内涵及国内外实践,探讨循环经济规划内涵,并结合相关研究[2][3][4][5][6][7][8][9][10][11],本节提出了如图13.1所示的循环经济规划理论指导框架。

13.1.1 循环经济规划的理论框架

循环经济规划理论体系第一层为核心概念层,包括循环、经济、规划、循环经济、经济规

---

[1] 国家发改委. 循环经济发展规划编制指南. http://hzs.ndrc.gov.cn/newfzxhjj/zcfg/201101/W020110128334486614779.pdf

[2] 吴季松. 新循环经济学[M]. 北京:清华大学出版社,2005:1.

[3] 蔡晓明. 生态系统学[M]. 北京:科学出版社,2002:1.

[4] Peddle M T. Planned Industrial and Commercial Developments in the United States: A Review of the History, Literature, and Empirical Evidence Regarding Industrial Parks and Research Parks [J]. Economic Development Quarterly. 1993,7(1):107—124.

[5] Cohen-Rosenthal Ed. A Walk on the Human Side of Industrial Ecology[J]. American Behavioral Scientist. 1998, 44(2):245—264. (October),88—93.

[6] Chertow, Marian R. Industrial Symbiosis: Literature and Taxonomy[J]. Annu. Rev. Energy Environment. 2000, (25):313—317.

[7] 循环经济激发中国产业结构调整. 中国再生金属网[Z]. 2004—9—21. http://www.resource.com.cn/NewsFB/xhjj/2004921120132.htm.

[8] 王晓光. 论基于循环经济理念的产业结构调整. 区域协调发展论—2004年中国区域经济学术研讨会论文[M]. 北京:经济科学出版社,2005:1.

[9] 刘鸿亮. 编制生态工业园区与循环经济发展规划的思考—以南海生态工业园为例明. 循环经济理论与实践[M]. 北京中国环境科学出版社,2003:1.

[10] 郭怀成. 环境规划学[M]. 北京:北京高等教育出版,2001.

[11] 黄贤金. 循环经济:产业模式与政策体系[M]. 南京:江苏人民出版社,2004.

划等基本理念及内涵;第二层为基础理论层,包括科学发展观与可持续发展理论、系统科学理论、生态学理论、规划理论、经济学理论以及设施布局理论等内容,其中科学发展观、可持续发展理论及系统科学理论对其他理论具有指导性、统领性作用;第三层为规划实现层,包括规划思路、规划内容以及规划中应用的定性及定量的分析方法等。以下围绕所建立循环经济规划理论体系中的重点内容进行阐述。

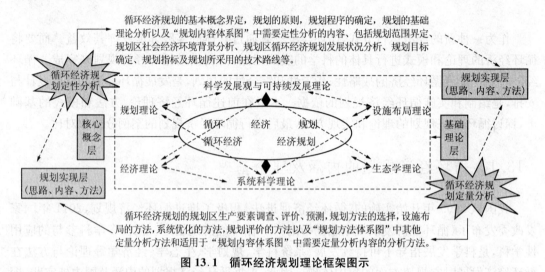

图 13.1　循环经济规划理论框架图示

13.1.2　循环经济规划的内涵及定位

1) 循环经济规划的内涵

所谓循环经济规划(Recycling Economic Planning)是以减量化、再利用、再循环"3R"原则为核心,依据国民经济及社会发展规划、主体功能区规划、城镇体系规划、工业园区规划等重要规划,结合可以预期的经济社会发展及技术前景,合理安排循环经济发展的时空布局。

循环经济是一个涉及多个环节、众多主体和活动类型的系统综合体,这就决定了循环经济规划涉及多方面内容。从循环经济规划内容体系上看,一般需要包括指导思想、发展目标、发展水平、战略重点、空间布局、主要模式、主要任务和保障措施等。

循环经济发展目标着重在于以科学发展观为指导思想,以减量化、再利用、再循环"3R"原则为核心,坚持政府引导、企业实施、公众参与、市场运作、杠杆调控相结合,以工业为重点,以服务业为引导,全面形成多层次、多产业、多行业的循环经济体系。

循环经济战略重点和主要任务要充分考虑资源条件、产业布局、市场需求以及经济和环境成本,根据区域特点和发展形势在生产、流通和消费领域有侧重地选择重点行业和企业开展节能、节水、节材、节地和综合利用等活动。

循环经济空间布局需要考虑循环经济示范的点、线、面布局,从而在多层次上引导循环经济发展。

循环经济主要模式要侧重于总结、提炼符合区域经济社会发展实践及未来要求的已有模式,同时注重借鉴或推广国内外已有循环经济模式。

循环经济规划的主要任务是实现经济社会发展及各行各业对资源节约、资源综合利用、污染减排的基本要求,以国民经济和社会发展规划、区域战略规划、城镇体系等规划为基础,开展资源减量、再利用和再循环的综合规划,同时针对重点或突出问题开展重要专项规划、重点区域规划和重大问题研究工作。

　　循环经济保障措施要加强分类指导,明确建立循环经济评价指标体系;完善相关政策法规,建立有效的激励和约束机制;探索在市场经济条件下推动循环经济发展,建设资源节约型、环境友好型社会的思路和对策措施。

　　循环经济规划是为了从根本上协调人类社会、经济、资源和环境之间的关系,以"减量化、再利用、再循环"为原则,以自然—社会—经济—资源环境复合系统为规划对象,以可持续发展思想为指导,以人与自然和谐共生为价值取向,应用社会学、经济学、生态学、资源科学、环境科学、系统科学等现代科学技术与手段,在不同层次上对人类自身的经济活动、资源、能源的分配和使用、消费行为模式以及生态环境建设等活动所做的时间、空间和程度上的合理安排。

　　2) 循环经济规划的定位

　　规划是人类为了达到一定的目的,结合社会、经济、环境发展状况,对于自身活动、行为所做的合理的时间、空间和程度上的安排[①]。目前,我国已经有了较为完整的规划体系。在目前的规划体系中,按行政层级包括国家、省、市县三级规划;按对象和功能包括国民经济和社会发展总体规划、专项规划和区域规划三种。其中,总体规划是以国家或地区国民经济与社会发展为对象编制的规划,是总体性、纲领性的规划,在各类规划中处于龙头地位,是编制专项规划、区域规划以及制定各项经济政策和年度计划的依据;专项规划是以国民经济和社会发展的特定领域为对象编制的规划,是总体规划在特定领域的延伸和细化,是指导该领域发展及决定该领域重大工程和安排政府投资的依据;区域规划是以跨行政区的经济区为对象编制的规划,是国家总体发展规划或省级总体规划在特定经济区的细化和落实。区域规划是战略性、空间性和有约束力的规划,不是纯粹的指导性和预测性规划。循环经济规划是一定区域发展循环经济的总体设计与安排,因此,要以总体规划和区域规划为前提,并与产业发展规划、基础设施规划、环境保护规划等专项规划相互协调。

13.1.3　循环经济规划的理论基础

1) 可持续发展理论

(1) 可持续发展的定义

　　可持续发展即指"即满足当代人的需要,又不损害后代人满足需要的能力的发展"。1992年在巴西里约热内卢召开的联合国环境与发展大会通过了《里约环境与发展宣言》和《全球21世纪议程》,第一次将可持续发展由理论和概念推向行动。可持续发展以公平性、共同性、持续性为原则,谋求人类发展中的可持续经济、可持续生态、可持续社会三方面的协调统一,在内涵上超越了单纯的环境保护,将环境问题与发展问题有机的结合起来,成为一个关于社会经济发展的全面性战略。

(2) 循环经济规划是对可持续发展理论的践行

　　首先,循环经济规划体现了可持续发展的思维模式和活动方式。循环经济规划将发展经济看作是一个社会—经济—自然复合生态系统的进化过程,将投入的各种物质、能量和信

[①] 崔铁宁.循环型社会及其规划理论和方法[M].北京:中国科学出版社,2005:1.

息在这个复合生态系统中闭合循环利用,使系统良性循环、健康发展,使经济增长具有可持续性,也促进生态的可持续发展和社会的可持续发展。

其次,循环经济规划原则与可持续发展思想一脉相承。循环经济规划的"3R"原则就是将可持续发展战略思想落实到具体的操作层面上,因此,循环经济规划与可持续发展有着天然的血缘关系。规划求发展、生态出效益,循环经济规划中物质循环的"3R"原则就是摒弃传统的经济模式,为了人类社会世代的延续和发展,节约有限的资源,探索可再生资源。

再次,循环经济规划的实施促使产生了新一轮的"绿色产业革命"。循环经济规划的实施使经济的运行从对立型、征服型、污染型、掠夺型、破坏型、直线型向和睦型、协调型、恢复型、建设型、闭合型演变,从而实现由经济的一维繁荣向社会、经济、生态、健康、物质文明、精神文明和生态文明的多维立体繁荣的转变。

2) 系统科学理论

(1) 系统科学概述

科学的一体化与简约化的发展趋势推动了系统科学的产生与发展,例如系统论、控制论、信息论等学科,它们与其他学科有很大不同,不是以客观世界的某种物质结构与运动形式为研究对象,而是以各种物质结构及运动形式中的某一个共同方面为研究对象,从而使多种研究对象一体化。具体而言,系统科学主要是研究系统的一般模式、结构和规律,识别系统中新信息及新信息的传递,研究各类系统中及系统中各类要素间的调节和控制规律的科学。

循环经济规划的内容涉及社会、经济、资源和环境等诸多要素,因此发展循环经济、开展循环经济规划是一项复杂的、巨大的系统工程,要以系统科学的理论为指导。

(2) 系统科学在循环经济规划中的作用和应用

系统科学的惯性原理、层次原理和动态平衡原理可以应用于循环经济规划的指导。

首先,循环经济规划体系不是一个封闭的体系,而是开放的体系,规划对象及规划系统的发展是有加速度的发展,而各规划对象之间的互补作用,往往可以放大系统的整体功能。因此,循环经济规划应注重规划内经济系统与其他系统之间的联系,加强系统各组成部分之间的互补,运用系统的惯性原理,使其产生促进系统内部协同发展的外力,从而加快系统整体的发展速度。

其次,任何系统都是有层次的,不同的层次有不同的运动规律。因此,循环经济规划应界定规划层次,大致可分为宏观、中观、微观三个主要层次。与此同时,在同一个层次上也要考虑不同子层次的特殊性,不区分层次就制定循环经济规划策略肯定是不符合实际情况的。

再次,循环经济规划的目标是要实现人口—资源—环境—社会经济的动态平衡发展。因此像所有非平衡态复杂巨系统的平衡一样,循环经济规划目标所要实现的人口—资源—环境—社会经济的平衡是函数的平衡,而不是算数的平衡;是动态的平衡,而不是静态的平衡;是长周期的平衡,而不是短时段的平衡[①]。

3) 生态学理论

(1) 生态学概述

生态学作为循环经济规划的实践基础,主要用于指导循环经济规划的生态系统理论部

---

① 庞丽霞. 城镇循环经济规划研究—以深圳市宝安区西乡街道为例[D]. 吉林大学硕士学位论文, 2006.

分,其中最为重要的是食物链和食物网的相关理论。

1935年英国的坦斯莱首次正式使用"生态系统"一词。生态系统是包括生产者、消费者、分解者及生态环境,通过食物链、食物网构成的有机—无机复合系统。该系统有明确的边界,通过系统内外的物质、能量、信息交换使得系统内部资源循环达到动态平衡,从而使生态系统得以发展。生态系统的基本规律表现在,如果外部干扰不超过系统本身的承受力,系统的结构和功能状态可能发生一定的变化,但是通过生态系统的自我调节能力,可以使之恢复到原有的稳定状态,这就是"生态系统的自净能力"。

(2) 生态学在循环经济规划中的作用和应用

产业生态学是人类在经济、文化和技术不断发展的前提下,有目的、合理的去探索和维护可持续发展的方法。产业生态学要求不是孤立地而是协调地看待产业系统与周围环境的关系。这是一种试图对整个物质循环过程——从天然材料、加工材料、零部件、产品、废旧产品到产品最终处置——加以优化的系统方法。然这里所指的产业生态学不同于工业生态学,它不仅仅研究工业生态化的问题,还包括农业、服务业等其他产业的生态化研究。

生态产业是指仿照自然界生态过程物质循环方式来规划生产系统的一种产业模式。在循环经济规划系统中经济生产的各产业过程不是孤立的,而是通过物质流、能量流和信息流互相关联的,一个生产过程的废弃物可以作为另一个过程的原料加以利用。生态工业追求的是系统内各生产过程从原料、中间产物、废弃物到产品的物质循环,以达到资源、能源、投资的最大作用。可见,产业生态学原理有助于循环经济规划的具体实施。

4) 规划学理论

(1) 规划学概述

规划学研究的是各种生产要素现在和未来在特定区域的配置或部署问题。它以现实的各类生产要素组合为基础,根据发展条件和环境的变化,安排未来时期的要素如何组合、如何配置,是描绘区域未来经济建设的蓝图,是区域发展战略策划、产业发展与布局方案设计及其实施对策的总和。根据规划层次和规划要素的不同,可以分为总体规划、专项规划、区域规划;城市规划、乡镇规划;土地利用规划、资源利用规划、环境保护规划、生态规划、产业发展规划、经济发展规划、基础设施规划等等。

(2) 规划学在循环经济规划中的作用和应用

循环经济规划应以总体规划和区域规划为前提,也要以它们为目的;同时,做好与各专项规划的衔接与反馈工作。其具体表现在以下几个方面:

首先,从规划的要求看,强调规划的整合性。这既包括内容的整合,如循环经济规划应结合本区域长远规划和城市发展规划等;也包括方法的整合,如将循环经济规划与景观规划相融合,以极大的推动循环经济规划的发展。

其次,从规划内容上看,一是更强调在生态建设的基础上,实现社会、经济、环境三大内容的整合,增强区域整体的持续发展能力,以发展为前提,因此,经济体系规划成为规划的重点内容;二是规划内容更加趋向实际和可操作。

再次,从规划范围上看,越来越趋向于区域性,而不仅仅局限于城市和工业园。比如国内进行的生态示范区循环经济建设规划等均属于区域规划。

5) 经济学理论

首先,循环经济的规划策略主要以经济策略为主,其运作首先要以市场运作为基础,也就是通过市场机制来最终实现稀缺资源的有效配置。例如,通过研究实行资源补偿机制、绿色GDP等手段,促进循环经济规划的健康、稳定运行。因此,循环经济规划虽然是政府主导,但同时也要遵循市场规律,以市场为主体。

其次,研究区域经济学与产业经济学、研究区域内产业的关联方式,计算、分析区域内产业的关联度,对循环经济规划中生态产业链的构建具有重要的现实意义。

再次,发展循环经济与区域产业结构的调整是互为因果、相互影响、彼此联系的关系。在循环经济基础上谈论的产业结构调整重点是控制高耗能产业盲目发展。因此,发展循环经济、开展循环经济规划是中国调整产业结构、扩大就业的一种有效手段。

循环经济的核心是资源和能源少投入,而社会产品产量不减甚至增加;循环经济规划的开展要求摒弃粗放型经营方式,建立生态工业园,在企业中推行清洁生产的同时提高能源和原材料的使用效率,这些正好符合中国产业结构调整原则。

13.2 循环经济规划体系

由于循环经济是一个人工—自然复合系统,各个层面发挥作用的方式和结果不尽相同,所以,规划调节需要发挥社会机制作用,即进行人为的调控。一般而言,循环经济规划体系分为四个层次:规划原则层次、规划技术标准层次、规划内容层次以及规划审查层次。其中,规划原则层次即规划的基本依据,是规划过程中具体规划行为准则、规划方案组织原则、规划审查根据等的总和,又可以划分为内在规律性原则和程序性原则两类。前者是根据经济社会发展演变的基本规律,经过科学归纳总结出的普遍性行为准则;后者是法定必须遵循的程序性依据。规划技术标准层次即规划的技术规范,是规划编制过程中必须遵循的技术规定、标准和技术要求。规划审查体系层次即规划编制、管理过程中的评价体系,包括作用、组织、内容、程序等方面的内容。

13.2.1 循环经济规划基本原则

(1) 系统分析原则

人类活动依赖于区域的支持,区域的发展取决于人类社会的推动。规划是区域发展与建设的指引,因此,需要依据系统分析原则,全面揭示人与自然的关系,尤其是所面临的资源环境问题,从而合理配置各类资源,改变高投入、高消耗、高排放、难循环、低效率的经济增长方式,降低经济社会发展中的负外部性,保证经济社会可持续发展。

(2) 生态优先原则

循环经济要求人口、资源、环境和经济的协调发展,从过去强调功能分区到协调性的均衡布局;从追求经济增长目标到经济目标与生态目标协调;从同一行业的企业簇群发展到生态型的簇群发展,从而为环境、生态、人文、历史留够足够的空间。通过资源配置与设施调整,协调发展现状与持续发展间的矛盾,有效提高各种资源间的集约与综合效益,实现资源共享与区域综合建设。

(3) 坚持"3R"原则

循环经济要求将城市置于自然系统中,以"3R"为准则,减少资源消费量,提高资源利用效率,强调网络发展模式,平衡经济增长、社会发展和环境保护三者的关系。当然不同层次的区域或区域的不同发展阶段,循环经济规划的内容和重点也不尽相同。

13.2.2 规划技术标准

规划的技术标准体系可分为强制性标准和指导性标准两个体系,每个体系又可以划分为国家性标准、行业性标准和地方性标准三个层级。在循环经济规划标准方面,目前已有2006年发布的行业类生态工业园区标准(试行)HJ/T 273-2006、综合类生态工业园区标准(试行)HJ/T 274-2006和静脉产业类生态工业园区标准(试行)HJ/T 275-2006等标准,国家环保总局于2007年发布的《生态工业园区建设规划编制指南(HJ/T 409-2007)》[①]、国家发改委于2011年发布的《循环经济发展规划编制指南》[②]。目前还有多项标准在制定或者征求意见。

13.2.3 规划审查

我国循环经济规划的理论和技术还处于起步阶段,具体的规划内容、技术、操作方法也因城市特性的不同而有很大的差异。但是国家高度重视循环经济建设,因此,迫切要求循环经济规划的审查具备规范化、系统化和可操作化等特性。明确、科学、规范的规划决策程序有助于建立合理可行的规划审查系统。一般来说,需要建立的循环经济规划审查包括管理审查、技术审查、社会审查(公众审查)和立法审查等四个方面。

(1) 管理审查,主要是从规划管理的角度,通过制订的循环经济规划编制办法,对各层次的规划编制和实施进行合法性、合理性审查。

(2) 技术审查,由规划技术委员会或者相关领域的规划专家评审委员会,依据循环经济规划编制办法以及行业技术标准等规范,鉴定规划的技术合理性。

(3) 社会审查(公众审查),社会团体、大众媒体、非政府组织、个人等方面有组织的或是个体通过适当渠道对规划内容发表看法及合理化建议。这是社会民意反映和民权表达的一个重要环节。

(4) 立法审查,是立法机关根据国家宪法及其相应的法规进行规划立法的过程,主要是对规划的程序、原则的合法性进行审查,是进一步确立循环经济规划相应法律地位的一个重要环节。

13.2.4 循环经济规划的内容体系

根据上述循环经济规划理论体系及规划思路,得出循环经济规划研究的内容体系及其逻辑关系,具体如图13.2所示。

图13.2中,中轴为循环经济规划研究内容的逻辑主线,箭头所指为每一环节需重点研究的内容。另需说明的是,可以在规划后直接进行评价,也可以在实施措施设计出来后再进行评价。在实施一段时间后,根据小循环或大循环进行系统评价,均视具体的实施情况而

---

① 国家环境保护总局. 关于发布国家环境保护行业标准《生态工业园区建设规划编制指南》的公告. 2007-12-27, http://www.zhb.gov.cn/gkml/zj/gg/200910/t20091021_171774.htm

② 国家发改委. 循环经济发展规划编制指南. http://hzs.ndrc.gov.cn/newfzxhjj/zcfg/201101/W020110128334486614779.pdf

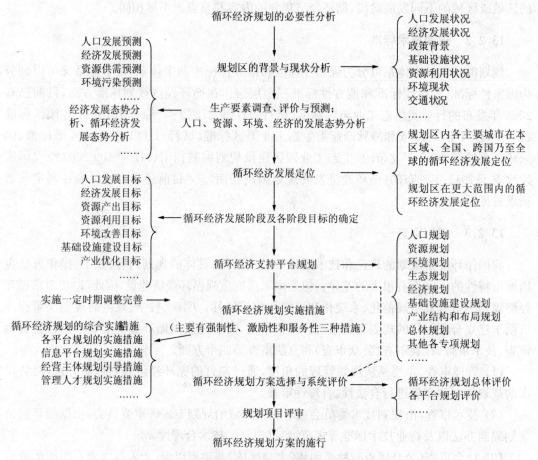

图 13.2 循环经济规划内容体系及逻辑框架

定,目前并没有统一的界定。

此外,在研究方法上,循环经济规划中生态要素调查、评价及预测的方法主要包括专家预测法、时间序列法、回归分析法、趋势外推法、灰色系统法等;经济分析评价的方法主要包括成本分析法、效益分析法等;循环经济规划总体评价的方法主要为指标体系评价法。

13.3 循环经济规划相关分析方法

13.3.1 IPAT 方程

在环境领域,有关环境冲击(Impact)、人口(Population)、财富(Affluence)和技术(Technology)的相互关系有 IPAT 方程,即环境冲击、人口、财富和技术的关系为 $I=P \times A \times T$[①]。通常,用 GDP 来表达财富,则可单位 GDP 的环境冲击视为技术,因此,IPAT 方程可变形如下:

---

① Chertow Marian R. The IPAT Equation and Its Variants [J]. Journal of Industrial Ecology,2000,4(4):13—29.

$$I = P \times \frac{GDP}{P} \times \frac{I}{GDP}$$

其中

$$A = \frac{GDP}{P}, T = \frac{I}{GDP}$$

对 IPAT 方程两边取对数并进行微分计算，即有：

$$\frac{\partial I}{I} = \frac{\partial P}{P} + \frac{\partial A}{A} + \frac{\partial T}{T}$$

令 i、p、a 和 t 分别表示 I、P、A 和 T 的变化率，则有：

$$i = p + a + t$$

利用上述公式，可以确定循环经济规划中各控制要素的控制目标。

需要注意的是，利用微分暗含着连续的假定；因此，这对于离散的情况是不合适的。令 I、P、A 和 T 的基期和目标期的值分别为 I_0、P_0、A_0 和 T_0 以及 I_t、P_t、A_t 和 T_t，则有：

$$I_0 = P_0 A_0 T_0, I_t = P_t A_t T_t$$

因为 $I_t = I_0(1+i)^t, P_t = P_0(1+p)^t, A_t = A_0(1+a)^t, T_t = T_0(1+t)^t$，因此有：

$$I_t = I_0(1+i)^t = P_0 A_0 T_0 [(1+p)(1+a)(1+t)]^t$$

可以根据上式和确定的 I 的控制目标来确定 P、A 和 T 的变化控制目标。事实上，IPAT 方程有很多变体，可以将资源循环利用的因素考虑在内，在此基础上确定资源循环利用率的控制目标。

13.3.2 脱钩分析

目前被更多引用的是 OECD 的脱钩概念。OECD 认为，"脱钩"（Decoupling）就是打破环境危害（Environmental Bads）和经济财富（Economic Goods）之间的联系[1]；或者说是打破环境压力与经济绩效之间的联系[2][3]。目前脱钩分析应用较多的方法主要有以下几种：

1) 变化量综合分析法

变化量综合分析法主要是根据环境压力（Environmental Stress, ES）、经济增长以及单位 GDP 环境压力等变量变化的值的综合信息来判定脱钩类型及脱钩程度[4]。对于脱钩类型或脱钩程度的判定方法见表 13.1。根据表 13.1，不仅可以判断在经济过程中发生了何种脱钩类型，还可以判断在经济增长过程是否发生了复钩现象以及在经济衰退过程是否发生了脱钩和复钩。对于脱钩程度的评价判断而言，该方法简单明了；对于脱钩和复钩的判断与对脱钩和复钩的定义一致。但是，该测度体系没有将两种脱钩或复钩类型之间的临界状态加以考虑。另外，虽然该评价体系能方便地判断脱钩状态，但从规划或者计划控制的角度来看，还不能直接用于相关控制指标的计算，还需要在此基础上增加有关内容。

---

[1] OECD. Environmental Indicators-Development, Measurement and Use[R]. Paris: OECD, 2003: 13.

[2] Lu IJ, Lin SJ, Lewis C. Decomposition and decoupling effects of carbon dioxide emission from highway transportation in Taiwan, Germany, Japan and South Korea[J]. Energy Policy, 2007, 35(6): 3226—3235.

[3] Enevoldsen M K, Ryelund A V, Andersen MS. Decoupling of industrial energy consumption and CO_2-emissions in energy-intensive industries in Scandinavia[J]. ENERGY ECONOMICS, 2007, 29(4): 665—692.

[4] Vehmas Jarmo, Kaivo-oja Jari, Luukkanen Jyrki. Global trends of linking environmental stress and economic growth[R]. Turku, 2003: 9.

表 13.1　环境压力与经济增长脱钩程度判定[1]

脱钩程度	ΔGDP	ΔES	$\Delta(ES/GDP)$
强复钩(Strong re-linking)	<0	>0	>0
弱复钩(Weak re-linking)	<0	<0	>0
扩张性复钩(Expansive re-linking)	>0	>0	>0
强脱钩(Strong de-linking)	>0	<0	<0
弱脱钩(Weak de-linking)	>0	>0	<0
衰退性脱钩(Recessive de-linking)	<0	<0	<0

2) 脱钩指数法

在脱钩分析中,脱钩指数法具有广泛的影响力,OECD 的报告《Indicators to measure decoupling of environmental pressures from economic growth》详细阐述了脱钩指数的分析方法:首先,计算脱钩率,然后计算脱钩指数[2]。脱钩率计算公式如下:

$$\text{Ratio} = \frac{(EP/DF)_t}{(EP/DF)_0}$$

式中,Ratio 为脱钩率;EP 为环境压力;DF 为驱动因素;t 为报告期。

脱钩指数　　　　　　Decoupling factors＝1－Ratio

根据脱钩率和脱钩指数的计算公式可以知道,脱钩指数的取值范围为$(-\infty,1]$。当脱钩指数的值$\in(-\infty,0]$时,便可以认为处于非脱钩状态;而脱钩指数$\in(0,1]$时,则认为在分析期内发生了脱钩[3]。

OECD 在资源环境领域的脱钩分析的测度方法与其在农业政策领域的脱钩分析的测度公式在形式上是一样的,但含义有差别。因此,可以认为 OECD 在资源环境领域的脱钩分析的测度公式是源于其农业政策领域的脱钩分析的测度公式。

脱钩指数从脱钩指数的取值范围可以得到。尽管 OECD 在其报告中区分了绝对脱钩和相对脱钩,但是根据其定义的脱钩指数只能分辨出脱钩与非脱钩,无法分辨出绝对脱钩和相对脱钩;而对于绝对脱钩和相对脱钩的区分在管理控制领域却有重要意义,这是 OECD 脱钩指数法的缺陷。另外,在经济衰退时期,也有可能出现脱钩指数在(0,1)之间的情况,这与经济增长过程中的同样结果是无法区分的,即其不像变化量综合分析法一样可以将衰退性脱钩区分出来。尽管如此,OECD 脱钩指数法仍然得到广泛认可并被广泛采用,例如温室气体排放与 GDP 脱钩分析[4]、土壤退化与人类活动的脱钩分析[5]和粮食生产与水资源的

---

[1] Vehmas Jarmo, Kaivo-oja Jari, Luukkanen Jyrki. Global trends of linking environmental stress and economic growth[R]. Turku, 2003:9.

[2] OECD. Indicators to Measure Decoupling of Environmental Pressures for Economic Growth[R]. Paris,2002:19—20.

[3] OECD. Indicators to Measure Decoupling of Environmental Pressures for Economic Growth[R]. Paris,2002:20.

[4] Lu IJ, Lin SJ, Lewis C. Decomposition and decoupling effects of carbon dioxide emission from highway transportation in Taiwan, Germany, Japan and South Korea[J]. Energy Policy, 2007,35(6):3226—3235.

[5] Wei Jie, Zhou Jie, Tian Jun-liang, He Xiubin, Tang Ke-li. Decoupling soil erosion and human activities on the Chinese Loess Plateau in the 20th century[J]. CATENA, 2006,68(1):10—15.

脱钩分析等[1]。

3）弹性分析法

弹性分析法主要是利用弹性来测度脱钩程度，这是在一项有关交通与GDP脱钩的分析中提出来的一种脱钩测度方法[2][3]。其有关弹性的定义如下：

交通的GDP弹性＝交通量变化的百分比/GDP变化的百分比＝%ΔVOL/%ΔGDP

二氧化碳排放量的交通弹性＝二氧化碳排放量变化的百分比/交通量变化的百分比

$$=\%\Delta CO_2/\Delta VOL$$

两式相乘可以得到：

二氧化碳排放量的GDP弹性＝二氧化碳排放量变化的百分比/GDP变化的百分比

$$=\%\Delta CO_2/\%\Delta GDP$$

利用弹性、ΔGDP和ΔVOL三个变量来确定交通与GDP脱钩的程度，其判断准则见图13.3[4]。

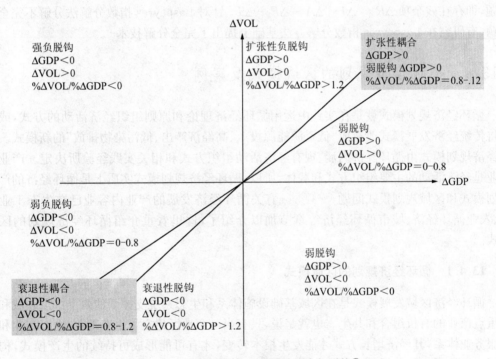

图13.3　经济增长与交通量的耦合与脱钩[3]

---

[1] 于法稳.中国粮食生产与灌溉用水脱钩关系分析[J].中国农村经济,2008(10)：34—44.

[2] Tapio P. Towards a theory of decoupling degrees of decoupling in the EU and the case of road traffic in Finland between 1970 and 2001[J]. Transport Policy, 2005, 12(2)：137—151.

[3] Tapio Petri. Decoupling has begun in Finland: Economic growth, traffic volume growth and the CO₂ policy of EU15 and Finland 1970—2001[R]. Helsinki, Finland: Turku School of Economics and Business Administration, 2003: 6.

[4] Tapio P. Towards a theory of decoupling degrees of decoupling in the EU and the case of road traffic in Finland between 1970 and 2001[J]. Transport Policy, 2005, 12(2)：137—151.

13.3.3 分解技术

前面有关 IPAT 方程的说明中,通过微分可知 I 的变化可以由不同因素引起,即有 $i=p+a+t$。事实上,这就是将 i 分解成 p、a 和 t。在连续可微的情况这不会有问题;但是,在离散情况,采用 $i=p+a+t$ 则会导致分解不完全。

用 ΔI、ΔP、ΔA 和 ΔT 分别表示 I 的变化量、P、A 和 T 引起的 I 的变化量,则在 IPAT 方程基础上进行分解:

$$\Delta I = I_t - I_0$$
$$\Delta P = P_t A_0 T_0 - P_0 A_0 T_0$$
$$\Delta A = P_0 A_t T_0 - P_0 A_0 T_0$$
$$\Delta A = P_0 A_0 T_t - P_0 A_0 T_t$$

这就是 Laspeyres 指数分解方法(Laspeyres index method)[①]。这同样有分解不完全的问题,即存在残余项 $\Delta R = \Delta I - \Delta A - \Delta P - \Delta T$。针对 Laspeyres 指数分解法分解不完全的问题,有研究在 Laspeyres 指数分解方法基础上提出了完全分解技术[②]。

13.4 循环经济规划的区域模式及案例

循环经济规划模式就是在实践中运用循环经济理论和原则组织经济活动的方式,或者说将传统经济发展模式改造成"低资源能源投入、高经济产出、低污染物排放"的新模式。循环经济规划模式由循环经济内涵、现有经济活动组织方式和相关实践经验所决定。产业和企业是经济活动的主要组织方式和载体,所以,循环经济规划模式实质上是循环经济的产业规划模式和区域规划模式问题[③④⑤⑥⑦]。有关循环经济发展的产业内容业已在生态工业设计、农业循环经济、城市循环经济等章节加以介绍了,这里着重介绍循环经济规划的区域模式。

13.4.1 循环经济规划的区域模式

循环经济区域发展模式是在区域基础设施体系和生态系统支撑下的两个重点领域和四个重点产业的有机组合和共生。也就是说,只有当一个地区建立了生态工业、生态农业和绿色服务业体系,其经济增长方式才能发生根本转变,才有可能形成可持续的生产模式,构成不同产业体系之间的循环和共生。同时,只有建立了发达的废弃物再利用、资源化和无害化处置产业体系,整个区域的"资源—产品—再生资源"循环才能够转动起来,形成可持续的消

---

① Ang BW, Zhang FQ. A survey of index decomposition analysis in energy and environmental studies[J]. 2000, 25(120): 1149—1176.

② SUN J W. Changes in energy consumption and energy intensity: A complete decomposition model[J]. Energy Economics, 1998, 20(1): 85—100.

③ 邓海军. 构建我国循环经济发展模式的研究[J]. 四川师范大学学报(社会科学版), 2005, 32(5): 40—44.

④ 文家凤. 我国发展循环经济的战略模式研究[J]. 广西轻工业, 2007(5): 104—105.

⑤ 任勇, 陈燕平, 周国梅等. 我国循环经济的发展模式[J], 中国人口、资源与环境, 2005, 15(5): 137—142.

⑥ 任勇, 周国梅等. 江苏省循环经济发展模式及若干问题思考[R]. 国家环保总局调研报告, 2004.

⑦ 张凯著. 循环经济理论与实践[M]. 北京: 中国环境科学出版社, 2004.

费模式,并与可持续生产模式对接,构成区域"大循环"。

循环经济发展的区域模式的另一层含义是,循环经济与区域可持续发展实践(如生态城市)结合的方式。生态城市是一个生产发展、生活富裕、生态环境良好的区域,是一个有丰富和特定内涵的空间概念,它标志着在一定发展阶段下,一个区域全面实现了可持续发展目标。从这个意义看,循环经济是生态城市的一个重要组成部分,但不是全部。因为循环经济的作用主体是区域系统中的经济系统,由生产体系和消费体系组成;区域系统或生态城市还包括社会系统、生态环境系统、基础设施系统等。仅有"资源能源消耗低、经济效益高、环境负荷小"的循环经济系统并不能实现可持续发展的全部目标或生态城市目标,还需要有完善和高效的基础设施体系、优美的生态景观、高素质的人口、公平的社会体系等来支撑。同样,仅有良好优美的生态环境和公平的社会体系(如古代城市)的城市也不是生态城市,还要有发达的经济、高水平的生活质量和完善的社会公共服务体系,特别是要实现经济与环境的协调发展。而要实现这种协调发展就必须走循环经济的发展道路,否则"高消耗、低效益、高排放"的经济系统会制约着城市的生态环境系统、基础设施体系和社会系统的健康发展,生态城市的目标就无法实现。所以,发展循环经济是生态城市建设的核心内容。有了循环经济理念和循环经济体系,城市将以最节约和高效的方式运行,或者说以最节约和高效的方式建成生态城市。

因此,循环经济发展的区域模式包括自然生态系统、城市功能系统、社会系统、消费系统、产业系统等五个系统,重点在于改造和重构区域产业和消费系统,使区域的经济活动主体向生态化方向转型。自然生态系统是区域生存和发展的基本物质基础;城市功能系统(城市基础设施建设)是维持城市区域正常运转的重要支撑系统,可以将循环经济的理念和方法渗透到城市功能系统的方方面面,所以城市基础设施系统也是循环经济可以大有作为的领域,是区域循环经济模式的组成部分之一;社会系统是城市服务的对象,又是城市管理和发展的机体;循环经济发展的最终目标是以人为本,为社会系统服务。经济系统、生态环境系统和基础设施系统是循环经济发展的作用范

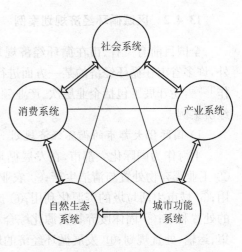

图 13.4 循环经济规划的区域模式体系

围。区域循环经济发展以解决经济增长与资源环境的矛盾为主线,是"经济与环境"的二维概念(见图 13.4)。

循环经济发展的区域战略转型模式,是指将发展循环经济作为区域社会经济与资源环境关系发展的助推器而引发的区域社会经济发展战略类型的转变。

根据目前我国循环经济试点实践情况,从地区经济发展阶段、技术经济条件、资源环境形势和近期发展目标看,我国循环经济发展出现了三种区域战略转型模式。

一是经济发达地区循环经济规划的战略转型模式。从发展阶段看,循环经济发展与这些地区产业升级和经济转型是同步和合拍的。这些地区技术经济基础和制度条件都较好,即使没有循环经济理念,产业升级和效率提高也会朝着循环经济某些方面的要求靠拢;有了

循环经济的理念,这种升级和提高会更快和更全面、系统。所以,可以称这一类地区的循环经济发展是自发的战略转型模式。对于这一类地区,只要国家的立法和政策到位,体制安排到位,循环经济基本上依靠地方的资源就可以较顺利的发展。

二是资源型区域的战略转型模式。例如,辽宁省循环经济实践就是在振兴东北老工业基地的背景下,在具有一定的技术、经济基础上的资源型地区的战略转型模式。东北老工业基地振兴战略为辽宁省发展循环经济带来了重大的发展机遇,循环经济发展也成为辽宁省振兴老工业基地的重要战略举措。辽宁发展循环经济不仅有自身发展过程中的特殊需要,而且对整个东北振兴老工业基地,乃至西部资源型地区的可持续发展有重要的示范意义。对于这一类型,国家需要给予外部资金、技术和政策支持,并要融入国家对东北老工业基地振兴的一系列倾斜政策之中,不宜搞两套扶持政策。

三是循环经济规划的跨越式战略转型模式。如贵州省贵阳市的试点示范是西部地区发展循环经济的尝试,是一种典型的跨越式战略转型,即在产业升级和经济转型之前选择了先进的发展战略和道路。其面临的技术、经济困难自然要比东部大的多,点上和局部推进相对容易,全面推进则将面临诸多挑战。国家应给予这一地区较强的外部支持,在将资金、技术和特殊政策支持融入西部大开发优惠政策中的同时,还需要给予一些专门针对当地循环经济发展需要的特殊扶持。

13.4.2 区域循环经济规划案例

全国目前有关省、市在循环经济规划方面开展了实践探索,并取得了实质性进展。此外,许多省市在循环经济的某一方面进行了试验示范,或正在积极准备全面推进循环经济工作[1][2][3],还开展了包括企业层次、产业领域的循环经济规划。这里主要介绍区域层次的循环经济案例。

1) 国际化大都市的循环经济规划——以上海市为例[4]

上海作为国际化大都市,在发展循环经济方面主要考虑了:① 循环经济的国际动向;② 工业废弃物处置与清洁生产;③ 农业废弃物资源化与生态农业;④ 建筑废弃物的处置利用;⑤ 城市生活垃圾的资源化利用;⑥ 废旧汽车的回收利用;⑦ 包装物减量及包装废弃物的处置利用;⑧ 固体废弃物资源化综合利用;⑨ 废纸回收利用;⑩ 市郊县(区)生活垃圾收集、运输、处置规划;⑪ 发展循环经济的地方法规及政策等11个方面。

为了实现污染总量,特别是各类固体废弃物的零增长甚至负增长,规划建构一个包括生产和消费在内的整体配套的经济产业体系,重点关注以下10个工作领域:① 城市建筑垃圾的减量化和资源化利用;② 工业固体废弃物的减量化和资源化利用;③ 城市分质供水问题和实施污水回用(中水工程);④ 农业污染物的减量化和资源化利用;⑤ 能源消费的减量化和综合利用;⑥ 商业销售绿色产品和实行环境标志问题;⑦ 包装废弃物的减量化和资源化利用;⑧ 居民大件耐用消费品的更新换代和回收利用;⑨ 促进企业在原料系统中使用再循

---

[1] 石磊,张天柱. 循环经济规划在立法研究中的问题[J]. 环境与可持续发展,2007(3):1—3.
[2] 深圳市发展和改革局. 深圳市循环经济"十一五"发展规划,2006. http://210.32.205.64/index/index/showdoc.asp? blockcode=DQBGSZGH&filename=200705301229.
[3] 任勇,陈燕平,周国梅等. 我国循环经济的发展模式[J]. 中国人口,资源与环境,2005,15(5):137—142.
[4] 李良园. 上海发展循环经济研究[M]. 上海:上海交通大学出版社,2000.

环产生的物料;⑩城市生活垃圾的分类收集和资源化处理等。

为了保障上海城市循环经济系统的顺利建设,提出10个方面的行动举措:①研究新世纪初期与经济增长相伴随的资源消耗和废弃物排放趋势,制定系统的上海循环经济发展战略和实施计划。②由城市综合部门牵头,建立综合决策和协商机制,从决策体制和管理模式上给循环经济发展提供保障和支撑。③加强与循环经济有关的立法和执法,将污染者付费的原则贯穿从生产、使用到回收利用的产品生命全周期,制定有利于废旧物质回收利用和资源化的地方性法规。④将发展循环经济同经济增长模式的根本性转变和产业结构的战略性调整结合起来,大力发展生态工业和生态农业。⑤在生活领域提倡再利用、资源化原则和避免废弃物产生原则,将消费过程纳入循环系统。⑥抑制生产和流通过程中的过度包装现象,将减少和回收利用各种包装废弃物作为发展循环经济的突破口。⑦通过减税等经济手段支持和扶植废旧物质回收利用和废弃物资源化产业,使各类生活废弃物尽可能转入新的经济流程。⑧组织力量对发达国家发展循环经济的做法进行系统研究,为上海的经济运行向循环经济转化提供第一时间的经验和启示。⑨加强环境无害化技术的研究开发和产业化进程,特别是开发各种清洁生产技术和废弃物资源化技术,为发展循环经济提供坚实的技术支撑。⑩通过学校教育、在职培训和大众媒体宣传循环经济的知识和理念,使发展循环经济成为上海公众的共识,为上海经济转轨提供良好的社会氛围。

2) 全面设计的循环经济规划——以江苏省为例

结合生态省建设,江苏省立足当地经济社会发展和资源环境状况,制定了发展循环型工业、循环型农业、循环型服务业和循环型社会的专项规划,在此基础上,形成了《江苏省循环经济发展规划》(2005年实施),并在全省范围内积极开展了循环经济试点,取得了较好进展。

(1) 循环型工业规划

循环型工业是江苏省发展循环经济的主体。循环型工业规划主要体现在产业生态结构重组,即依据生态系统中生产者、消费者、分解者的共生结构及其食物营养链网关联原理,按照工业系统的物质能量流要素,对产品及其生产过程进行重新组织和构建,形成生态工业系统。循环型工业的实践重点是推进绿色产品研发,全面展开企业清洁生产,加速产业结构生态化调整,建设生态工业园区、区域循环型工业综合示范区和循环型工业基础设施。

(2) 循环型农业规划

循环型农业规划的指导思想是遵循生态系统和经济系统的基本规律,把农业清洁生产和农业废弃物的综合利用融为一体。核心是运用食物链原理,优化农业产品以生产到消费的整个产业链的结构,以环境友好的方式利用自然资源和环境容量,实现农业经济活动的生态化转向。具体方法是把农业关联产业的经济活动组织成为"资源—产品—再生资源"的闭环式流程,使物质和能源在这个不断进行的循环中得到最合理的利用,将农业产业链活动对自然环境的有害影响减小到最低程度。

(3) 循环型服务业规划

进行循环型服务业规划的做法是,将减量化、再使用、再循环的原则落实到服务产业内各行业部门,开展创建绿色饭店、绿色餐饮业等活动。由于服务产业本身特有的"流通和服务"特性,循环型服务业规划具有链接其他产业和社会经济活动的作用,能有效地促进循环型第一、第二产业和循环型社会的共生发展。

(4) 循环型社会规划

循环型社会规划是循环经济理念在社会生活中的体现,要求将绿色消费与生活模式融入到社会生活中,逐步形成循环型生活方式和消费方式。在日常生活中尽可能使用可循环利用产品或绿色产品,减少消费过程中废弃物的产生;建立垃圾分类处理与利用体系,实现城市垃圾的资源化和无害化;尽可能回收、再利用废旧物资,形成资源节约型的社会。

在循环经济总体规划指导下,江苏省确定了108家循环经济试点单位,涉及农业、工业、服务业等不同产业,企业、园区、社会消费领域以及村庄、乡镇、县(市)、市等不同层面。围绕"3R"原则,积极推动资源在企业内部、不同企业、不同产业之间的循环,取得了明显的经济、环境和社会效益。而且凭借较雄厚的技术经济优势和对循环经济较深刻的认识,江苏省特别是苏南循环经济实践呈现出方法先进、内容丰富、模式多样的特点。

3) 空间引导型的循环经济规划——以山东省为例

以《山东省生态环境建设与保护规划纲要》为依托,山东省将循环经济试验示范融入生态省建设之中,初步建立了"点、线、面"循环经济规划形式。

所谓"点",就是在企业层面建立点上的小循环。具体做法是推行清洁生产、ISO14000环境管理体系认证,按照清洁生产的要求,采用生态设计和现代技术,将单位产品的各项消耗和污染物排放量限定在标准许可范围之内,实现企业内部的资源综合利用和循环利用。

所谓"线",是按行业建立线上的中循环。即运用循环经济原理,根据行业间的关联特点,通过物质、能量和信息集成,拉长和扩大生态工业产业链,形成一个或多个行业组成的生态园区,园区内各主体形成互补互动、共生共利的有机产业链网。建立"线"上的循环经济,分行业制定和实行引导性标准,优化产业和产品结构是重要的政策措施。

在社会区域层面建立"面"上的大循环。即以循环经济理念为指导,以开展系列创建活动为载体,以建设循环型社会为目标,在社会各行业、产业间建立生态产业体系,倡导生态文明,打造环境友好型产业群,逐步建成循环型社会。

4) 重工业城市的循环经济规划——以河北省唐山市为例[①]

唐山市循环经济系统建设主要内容有六个方面:① 建立循环经济系统运行的组织和管理体系。循环经济系统有效运行的关键是组织协调好各部门、行业、企业内部和它们之间的关系及流通环节。组织是保证循环经济运行的重要条件。② 建成一批循环经济型重点项目。结合唐山工业基础和产业发展方向,在煤炭、钢铁冶金、陶瓷、水泥等支柱产业和电子信息、新材料、生物工程等新兴产业中重点推出一批循环经济型示范企业与单位;以曹妃甸生态工业园区为起点,推进生态工业园区示范工程建设。③ 建设循环经济信息平台。主要包括循环经济型企业系统、生态园区系统、中水回用系统、工业固体废弃物系统、生活垃圾系统、管理系统、配送与回收系统等。④ 建设生态农业区,发展都市农业、生态农业。⑤ 建设资源循环型社会。⑥ 建立政策法规支持体系,为循环经济发

[①] 史宝娟. 城市循环经济系统构建及评价方法研究[D]. 天津大学博士学位论文,2006.

展提供保证(见图13.5)。

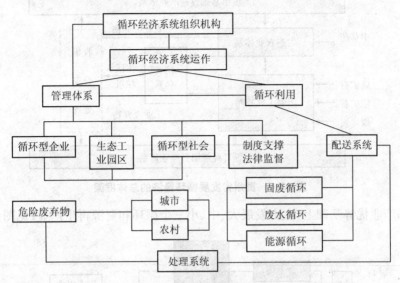

图 13.5 河北省唐山市发展循环经济规划体系

5) 资源依赖型的循环经济规划

(1) 以生态系统脆弱、经济总量相对弱小为基本特征——以贵州省贵阳市为例①

贵阳市2004年发布了《贵阳市循环经济型生态城市建设规划》。该《规划》是经过贵阳市人大批准,具有地方法规性质的中长期发展规划。《规划》坚持生产与消费环节并重,充分考虑城市总体活动对生态环境的整体影响。其总体思路是以效益为中心,以项目为载体,以改革为突破,以科技为动力,将循环经济产业体系构建和生态城市建设整合起来,为贵阳市全面小康社会的实现提供跨越式的规划发展。

贵阳市循环经济系统规划构建了"一个目标、两个关键环节、三大核心系统、八大循环体系"的规划框架。① 一个目标,即在保持经济持续快速增长的同时,保持生态环境美好。② 两个关键环节,一是生产环节模式的转变;二是消费环节模式的转变。③ 三大核心系统,一是循环经济产业体系的构架;二是城市基础设施的建设;三是生态保障体系的建设。④ 八大循环体系,分别是磷化工产业循环体系、铝产业循环体系、中草药产业循环体系、煤化工产业循环体系、生态农业循环体系、建筑与城市基础设施循环体系、旅游和循环经济服务体系以及循环型消费体系(见图13.6)。

(2) 以煤炭资源开采为主、老工业基地产业转型为基本特征——以抚顺市为例②

抚顺市循环经济系统规划以"三三三三"原则为指导,以提高"两能两效"为主要思路,提出了抚顺市循环经济系统发展的"3+1"模式。① "三三三三"原则,即"三学"(经济学、生态学和环境学)统筹考虑、"三经"(循环经济、知识经济和市场经济)并举、"三流"(物流、能量流和信息流)并重、"3R"(原则)协同。② "两能两效",即以获取资源的能力、驾驭资源的能力、运用资源的效率、运用资源的效果4个维度为指导思想。③ "3+1"模式,在充分发挥现有

---

① 孙国强. 循环经济的新范式:循环经济生态城市的理论与实践[M]. 北京:清华大学出版社,2005.
② 袁俊斌. 资源型城市发展循环经济模式研究[D]. 东北大学博士学位论文,2006.

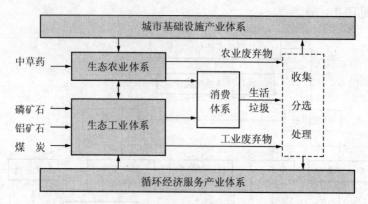

图 13.6　贵州省发展循环经济的总体框架

资源优势和产业优势基础上,大力发展大、中、小三个循环和资源再生产业(见图 13.7)。

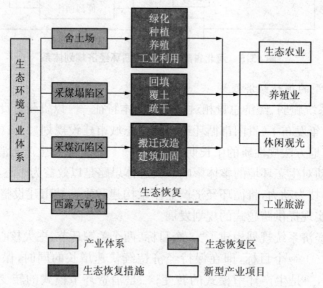

图 13.7　辽宁省抚顺市循环经济产业规划体系示意

尽管各地循环经济规划实践模式的称谓多样,但基本覆盖了生产和消费两大领域,具有许多共同的特点,可归纳为四种规划模式:一是发展循环经济的企业规划模式,如山东的"点"、辽宁的"小循环"等。二是循环经济的产业规划模式,涉及工业、农业、服务业、废弃物再生利用产业。从企业在经济活动组织中的性质看,企业模式可以归并到产业模式当中;三是区域规划模式,即将循环经济与生态省、生态市建设结合的方式,或者说循环经济规划与区域可持续发展规划的关系和定位问题的解决方案;四是以循环经济为基础的区域社会经济发展战略转型规划模式。

综上所述,现今需要根据我国循环经济的具体实践情况和循环经济的内涵,克服实践过程中的局限性,在各地经验的基础上总结提炼出能统一指导全国循环经济发展的规划模式和战略重点,为国家选择优先领域,制定相关法律法规和政策体系提供平台。

复习思考题 13

13.1 阐述循环经济规划的内涵及主要理论基础。
13.2 依据有关案例或其他循环经济规划,分析不同循环经济规划的异同。

14 生态文明与循环经济伦理

"建设生态文明，基本形成节约能源、资源和保护生态环境的产业结构、增长方式、消费模式"[1]是我国经济社会全面、协调、可持续发展的重要目标。生态文明是构建资源节约型社会和环境友好型社会的必然要求，发展循环经济是推动生态文明建设的必然选择。循环经济伦理是发展经济过程中用来处理人与人、人与社会以及人与自然之间关系的一系列行为规范的总称，是人类对待资源、环境、生态问题应遵循的道德准则，是人类生态文明意识的突出体现。循环经济体系不仅仅包括经济层面，生态文明和循环经济伦理也是其必不可少的部分，是社会层面对循环经济运行过程提出的要求。本章在介绍生态文明和循环经济伦理基本内涵和特征的基础上，对生态文明的评价方法和循环经济伦理的评价和规范进行了分析和探讨。

14.1 生态文明概述

作为全面建设小康社会奋斗目标的新要求之一，生态文明是中国特色社会主义理论体系的重大创新，体现了以人为本的核心思想和全面、协调、可持续发展的基本要求。生态文明的建设目标与循环经济的主旨是协调一致的，可以说，循环经济与生态文明相辅相成、不可分割。

14.1.1 生态文明的兴起

环境污染和生态灾难频发是全人类20世纪与21世纪面临的最大政治问题之一。在这样的情况下，迫切需要重新审视与定位人与自然的关系，生态文明应运而生，其英文表达为"ecological civilization"，这一看似由矛盾修饰法组合成的词组蕴含了"有利于可持续发展的"、"系统性的、整体性的"含义，逐渐被各界广泛接受[2]。

从世界范围看，生态文明的形成最早源于自然权利的提出。自然权利是人类对经济社会发展方式的反思，它的产生可以追溯到1215年英国《大宪章》中提出的"天赋权利"[3]。1867年，约翰·缪尔提出这样的道德判断："我们这个自私、自负的物种的同情心是多么的狭隘！我们对于其他创造物的权利是多么的盲目无知！"从而将"权利"与"自然"联系起来加以论述。20世纪以来，西方文明在掠夺大自然的过程中，将自然仅视为具有严格功利价值的原材料，造成了环境危机。当时，马尔库塞首次使用"大自然的解放"一词，并主张将大自

---

[1] 胡锦涛.高举中国特色社会主义伟大旗帜为夺取全面建设小康社会新胜利而奋斗——在中国共产党第十七次全国代表大会上的报告[R].人民日报,2007—10—15.
[2] [美]小约翰·柯布.文明与生态文明[J].李义天译.马克思主义与现实,2007(6)：18—22.
[3] 纳什著,杨通进译.大自然的权利：环境伦理学史[M].青岛：青岛出版社,1999：209.

然纳入道德关怀的范围。随后,西方国家爆发了一场全新的社会运动——生态运动,并迅速引起了国际关注。1972年,罗马俱乐部发表的研究报告《增长的极限》中,提出"均衡发展"的概念,诞生了可持续发展观的雏形。与此同时,联合国在斯德哥尔摩召开人类环境会议,并发表《人类环境宣言》。1987年,联合国环境与发展委员会发布研究报告《我们共同的未来》,确立了可持续发展的指导思想,成为人类建构生态文明的纲领性文件。1992年,在巴西里约热内卢召开的联合国环境与发展大会则提出了全球性的可持续发展战略。《里约宣言》使可持续发展思想在全球范围内得到了最广泛和最高级别的承诺。2002年,在南非约翰内斯堡召开的世界可持续发展首脑会议上,通过了可持续发展战略的《实施计划》,特别强调可持续发展的制度建设,标志着全球拉开了生态文明制度化的序幕。

从我国的实践来看,改革开放以来,我国经济持续快速增长,令全球瞩目;然而,这种增长是以生态环境恶化为沉重代价换来的。我国的生态环保事业起步于20世纪70年代末。1979年,第一部《中华人民共和国环境保护法》制定并实施,确立了环境保护在国家治理中的基础性地位。1994年,在《里约会议》精神的鼓舞下,我国颁布了《中国21世纪日程》,它是世界上第一个国家级的"21世纪行动计划"。2003年,中共十六届三中全会提出"全面、协调、可持续"的科学发展观,随后又提出"构建和谐社会"、"建设资源节约型社会和环境友好型社会"的战略主张。2007年,中共十七大报告首次提出"要建设生态文明,基本形成节约能源、资源和保护生态环境的产业结构、增长方式、消费模式。"我国于2009年开始实施《循环经济促进法》[①],进一步从经济发展方式和体制上为生态文明战略提供保障。

14.1.2 生态文明的科学内涵

"生态文明"的提出标志着我国经济社会发展进入全新时期,是生态伦理理论在我国治国方略中的具体体现。生态文明既是动态概念,也是时代概念。对生态文明内涵的科学理解,决定着对其本质、意义乃至建设路径的正确认识。

我国对生态文明的关注发端于20世纪90年代,经过近20年的探讨与争鸣,从生态伦理学、生态政治学、生态经济学、生态文学、生态美学等等角度形成了不同的观点和表述。对生态文明的内涵研究已经从简单的经验释义向体系化、规范化演进,从人与自然的生态学层面向人与人、人与社会的社会学、经济学、政治学等多层面扩展。

有的学者认为,从狭义的角度来看,生态文明是指一切自然存在物(既包括大气、水、土地、矿藏、森林、草原、野生生物等,也包括作为高等动物的自然人)具有的协调平衡状况;而广义的理解是指一切自然存在物和以社会人主宰的人类经济社会(也即生态—社会—经济复合系统)的协调状态[②],这一内涵反映了生态文明的目标。从生态学角度来看,文明是某一地域文化对环境的社会适应的全过程,也可以理解为文化的地理、时间和空间的三维过程[③]。据此,可以将生态文明理解为是生态伦理理念在人类行动中的具体体现,或者人类社会开展各种决策或行动的生态伦理规则。结合我国生态文明实践来看,生态文明就是人类

[①] 2015年4月中共中央和国务院发布了《关于加快推进生态文明建设的意见》,2015年9月印发《生态文明体制改革总体方案》。
[②] 吴人坚,朱德明. 图解现代生态学入门. 上海:上海科学普及出版社,2005:344.
[③] 周鸿. 文明的生态学透视. 合肥:安徽科学技术出版社,1997.

通过法律、经济、行政、技术等手段以及自然本位的风俗习惯，以生态伦理理论和方法指导人类各项活动，实现人(社会)与自然协调、和谐、可持续发展的意识及行为特征。其中人与自然关系的协调、和谐是核心；经济社会发展方式转变，构建资源节约型、生态友好型、环境友好型社会，实现经济社会又好又快发展是实现人与自然和谐的路径。

生态文明是以生态文化为基础，而文化体系包括了自然文化、民族文化和科学文化三个层次，因此，生态文化是自然文化、民族文化和科学文化在人类生态认知、生态行为等方面的集中体现。从人类的生态文化构成要素来看，生态文化包括了形态要素、间形态要素和非形态要素，形态要素包括了产品、设施、设备、工具、景观等要素；间形态要素包括了表意、行为、艺术、技术等要素，非形态要素包括了思维、情感、制度、科学等要素[①]。

生态文明具有以下时代特性：第一，全球性。地球是人类唯一的生存家园。世界各国的自然生态系统是相互联系、相互影响、不可分割的共同体。任何一个国家都不可能单独解决人类所面临的环境问题，联手对抗是唯一出路。第二，战略性。生态文明的理念必须上升到国家战略的高度，在广大民众中普及科学的生态伦理观，建立起循环经济为主体的生态产业体系和法治行政健全的生态制度体系。只有举全国之力推进，才能尽快步入生态文明的时代。第三，阶段性。随着生产力的提高和科学技术的进步，不同时间、不同国家构建生态文明的重点不同，不能盲目照搬，而要立足实际，客观分析。我国地域广阔，地区经济社会水平差别显著，生态文明建设与发展进程也应有差异。

我国对生态文明的现有研究多侧重于理论角度，对术语、概念等进行解析和比较，但是对不同地区、不同产业建设生态文明的具体方法尚不明确，理论对实践的指导还远远不够。也就是说，重点回答了"是什么，做什么"的问题，而对于"怎么做"还没有系统的回答，而现实要求对生态文明的研究不能停留在理念、理论层面。因此，应优先增加循环经济与生态文明的相互促进研究，加强衡量生态文明程度的定量化研究，从宏观进一步落实到中观和微观的层面，让理念进一步转化为行动力和生产力。

14.1.3 生态文明的基本特征

生态文明具有以下三大特征：

1) 生态文明是协调人与自然关系的伦理基础

"生态文明"就是在日趋严重的生态环境问题面前，人类认真反思和重新定位人与自然的关系，为摆脱生存和发展困境做出的理性选择与科学回答。生态文明视人为自然界的一部分，坚持人与自然相统一的原则，要求人类的发展以保护和尊重自然为前提，只有人与自然和谐共进，才能保证经济社会的可持续发展。

"整体好转，局部恶化"已成为描述生态环境的惯用术语，但这个"局部"仍存在大问题。水体污染严重、土地面积持续减少和农村污染加剧等种种情况亟待解决，必须改变"先污染，后治理"、"边污染，边治理"的老路，致力于贯彻生态文明指导下的长远大计。生态文明是科学发展观的内在要求，也是人类社会文明体系的重要部分，更是构建和谐社会不可或缺的环节。

[①] 吴人坚,朱德明.图解现代生态学入门.上海：上海科学普及出版社,2005：340—343.

2）生态文明是人类文明的重要组成部分

人（社会）与自然的关系是贯穿于人类社会发展始终的基本关系，但在不同的文明时期各有特点。以倡导人与自然和谐相处为主线的生态文明形态始终贯穿于原始文明、农业文明、工业文明的各个阶段，但体现方式存在很大差异，其不仅不同阶段的生态伦理观密切相关，还取决于当时的生产力与科学技术水平。如原始社会及传统农业时期是基于低生产力水平的自然膜拜，而现代社会更加强调尊重自然，并通过人与自然互动实现人与自然和谐发展。

中国传统文化中固有的生态和谐观为生态文明提供了坚实的哲学基础与思想源泉。从"天人合一"、"道法自然"到历朝历代的生态保护法律，说明生态伦理思想本来就是中国传统文化的主要内涵之一。中国生态学会理事长王如松提出，我国现代生态文明必须在吸取传统农业文明的自力更生和工业文明的开拓竞生的基础上建设高效、和谐的共生社会[①]。

3）生态文明必将成为社会文明的独立部分

从目前看，生态文明还不成熟，处于孕育和发展阶段。由于生态文明建设的长期性和艰巨性，当前乃至今后的很长一段时期内，我国会出现生态文明的部分因素，其交织于物质文明、精神文明、政治文明之中。随着生产力的高度发展和整个社会的全面进步，生态文明的各种要素必将不断积累和完善，最终走向独立。

生态文明与物质文明、精神文明、政治文明密不可分、相辅相成，然生态文明又因具有不同上述三种文明的"生态化"独特性质而有着独立的发展路径。如物质文明强调改造自然，而生态文明则强调保护自然。生态文明对其在物质、精神和政治领域的成果都贴上了"生态"的标签，如生态产业、生态伦理、生态经济、绿色政治等等。

14.1.4 生态文明的伦理观

循环经济是生态文明建设的重要组成部分，贯穿于生产、分配、交换、消费整个经济过程。它强调在发展经济时实现能源与资源的再回收、再利用，节约资源和能源，清洁生产，放弃以前的高污染、高消费的方式[②]。发展循环经济是生态文明在经济上的具体体现，也是实现生态文明的方式[③]。

生态文明需要人类社会重新审视经济发展和人类生存环境的关系，将经济活动、生态智慧和伦理关怀融为一体，形成一种集经济、生态和伦理于一体的新的生态伦理观。生态文明要求人类社会经济系统内部及其在与自然生态系统进行物质交换、能量流动和信息传输过程中，遵循人与自然协调发展的道德规范，其实质是一种伦理意识形态，在各个方面都能得到体现。

1）生态经济伦理观

将生态伦理观纳入现代世界观体系中，即世界上的万事万物都与其周围的事物及存在的环境有着内在联系。这种生态世界观反对将人孤立地从他赖以生存并最终给他带来幸福

[①] 鄂平玲. 奏响中国建设生态文明的新乐章——专访中国生态学会理事长、中科院研究员王如松[J]. 环境保护，2007（11）：37—39.

[②] 蔡永海. 循环经济及其生态伦理底蕴[J]. 自然辩证法研究，2006，22（5）：10—13.

[③] 黄国亮，陈治亚. 生态文明建设与循环经济发展[J]. 宏观经济管理，2008（3）：52—53.

的环境中抽离出来,反对以牺牲环境为代价满足人的占有、实现所谓人的福利的行为。

循环经济打破了传统的发展模式——将经济体孤立地从整个产业体系中抽离出来,消耗大量的自然资源并将大量的废弃物排放到环境中,以实现经济增长的短视行为。生态经济伦理观认为,人类的经济行为与自然生态体系存在一种内在联系。经济行为正当与否的标准既不是纯粹的"道德标准",也不是纯粹的"经济自身标准",而应当是一个生态标准。即企业必须按照生态合理性的价值标准确立自身再生产、管理、交换等各个方面的经济伦理观念,使企业成为保护生态环境的主体。

2) 科学发展观

生态文明倡导新的经济增长方式和行为准则,引领生态文明视野下科学发展观的形成,建立一种在物质不断循环利用、资源环境损失最小化基础上的经济发展模式,力图从根本上消解长期以来环境与发展之间的尖锐冲突。

生态文明的生产观充分考虑自然生态系统的承载能力,尽可能地节约自然资源,不断提高自然资源的利用效率,循环利用资源,创造良性的社会财富;尽可能地利用可循环再生的资源替代不可再生资源,以知识投入替代物质投入,达到经济、社会与生态的和谐统一。因此,建设生态文明、发展循环经济有可能从根本上解决传统经济面临的两大问题:资源稀缺性问题和环境污染问题。当有限资源得到无限循环利用时,就能成为无限多的资源,从而保证资源的持续供给;同时,实行清洁生产,追求低排放甚至零排放,将源头治理、过程治理和终端治理相结合就能将环境污染降到最低。

3) 绿色消费伦理观

生态文明注重资源合理配置,提倡物质的适度消费、层次消费,引领生态文明视野下绿色消费观的形成。使人口总量得到有效控制,人均需求不再无限扩张,并通过资源循环利用克服资源稀缺性,从而为子孙后代留下充足的发展条件和空间。绿色消费既要减少消费环节的污染废弃物排放,追求消费品的节约及循环利用;又要使消费者增加对绿色消费品的消费偏好,诱导消费品生产者在生产环节实现清洁生产和循环经济。

生态文明的伦理观要求将生态伦理或生态观念渗透于人们的现实生活世界,在生态视野下转换片面的"生活质量"观念,并倡导一种新的生活方式、一种新的文明形态,将人与自然的和谐、个人与社会的和谐及系统构成元素与系统整体的和谐放在首位。经济行为合理性标准的转换,离不开消费者"生活质量"观念的转换。

14.2 循环经济伦理概述

14.2.1 循环经济伦理的内涵

循环经济伦理是人类在发展经济过程中用来处理人与人、人与社会以及人与自然之间关系的一系列行为规范的总称,是人类对待资源、环境、生态问题应遵循的道德准则,是人类生态文明意识的突出体现。显然,生态文明为循环经济伦理的存在提供了理论基础。

循环经济伦理有狭义和广义之分。狭义上,循环经济伦理是指人类需要遵循的自然规律,其根据资源存量、环境容量和生态阈值的内在要求规范人类开发利用自然的行为规则。广义上,循环经济伦理是人与自然和谐相处以及有利于维系这一和谐关系的人类社会内部之间关系的行为规则;是为了保障人类平等、持续地享有自然资源和生态环境,从伦理学的角度制定的,用来调整人与自然之间开发、利用和保护关系及由此引起的人与人之间关系的一系列行为规范的总称。其内涵着重体现如下:

(1) 循环经济伦理承认资源有限、环境容量和生态阈值

循环经济伦理研究的前提是承认资源的有限、环境容量和生态阈值的限制,从而要求人类在发展经济时要遵循资源节约、集约利用,减少对环境排放污染物,维护生态系统平衡的道德准则,形成资源节约集约型、生态环境友好型经济增长模式。

(2) 循环经济伦理研究的是人与自然之间的关系及由此引起的人类社会内部之间的关系

人类开发、利用和对待自然资源、自然环境、自然生态的道德行为准则是循环经济伦理研究的核心,其前提是人类社会内部之间和谐。具体涵盖两个方面的内容:一方面是当代人与后代人之间的和谐;另一方面是同代人之间的和谐。前者要求当代人有责任和义务保护资源、生态和环境,并保证后代继承到的资源、生态和环境在相对数量上至少不比当代人继承到的少,在质量上至少不比当代人继承到的差;后者要求同代人享用自然的权利和保护自然的义务要求等,如发达国家要为自己在工业化进程中对自然的过度开发、环境的过度污染、生态环境的过度破坏支付更多的补偿,用于保护自然生态系统。目前,一些发达国家施行的掠夺异国能源资源、转嫁污染等策略已严重违背了循环经济伦理的宗旨。

(3) 循环经济伦理的归宿是谋求人与自然的和谐以及人类社会经济的发展

循环经济伦理要求人类社会的一切经济活动以及与自然系统之间的物质交换、能量流动和信息传输都要遵循能源资源减量投入、再利用、循环利用及污染减排、生态平衡的道德准则,经济发展、资源节约集约和生态环境建设同步进行,从而改变人类依靠无限制的资源投入、环境的过度污染和生态破坏实现经济增长的发展模式。循环经济伦理通过协调人类社会经济系统内部及其与自然生态系统之间的关系,最终实现人与自然的和谐及人类社会经济的健康、持续、协调发展。

(4) 循环经济伦理是生态文明的突出体现

循环经济体现了生态文明和谐观、持续协调观和伦理观,循环经济伦理是生态文明的突出体现。生态文明的人与自然和谐、人类社会系统内部和谐,人类社会经济的持续、健康、协调发展必须通过发展循环经济来实现。由于并不是每一个经济实体都能自觉地发展循环经济,这就需要循环经济伦理从内在道德的角度加以约束。

14.2.2 循环经济伦理的特征

根据循环经济伦理的定义和内涵,其特征主要有内在性、层次性、综合性、非功利性、和谐性。

1) 内在性

为了协调人类社会经济发展与自然生态环境之间的关系,人类采取了一系列行政、经济、法律和技术手段约束自身的行为,但是,这些措施仅是从外在的角度对人类行为加以管制。为了降低经济发展成本,作为经济主体的"经济人"会想方设法规避这些外在的约束手段,不惜牺牲资源、环境和生态。而循环经济伦理要求人类主动、自觉地遵守国家法律、法规、政策,采用环保的技术工艺流程,减少对能源资源的开发利用,减少污染物排放,实现自

然生态系统的平衡及人类与自然的和谐发展。

显然,循环经济伦理具有改造和提升人的内心世界的能力,是生态文明的内在基础。通过伦理观念的内化,有时不需外界强加干预,就能使人类主动地、自愿地约束自己的经济发展行为,促进人类社会内部及其与自然之间的和谐。因为循环经济伦理具有很强的内在性特征,这一特征能使人意识到哪些经济发展行为是道德的,可为之;哪些不符合伦理规范,不可为之,从而培育出能够促进人与自然和谐的伦理文化,并在全社会形成一种公德。

2) 层次性

循环经济伦理具有层次性上的差异。从纵向看,循环经济伦理包括三个层面:一是宏观层次上的社会(国家)和区域(省、市、县)层面的循环经济伦理;二是中观层次上的园区和社区层面的循环经济伦理;三是微观层次上的企业、家庭、个人层面循环经济伦理。从横向看,循环经济伦理包括农业、工业和服务业层面。首先,要求以工业为主体的第二产业节能减排、再利用和循环利用;其次,要求第一产业不用或少用化肥、有毒农药,实行绿色生产,农业的代谢物内部消化;最后,要求第三产业实行适度消费和绿色消费,实现废弃物综合回收利用,同时,要求三次产业间实现代谢物最大限度的循环。

3) 综合性

循环经济伦理不仅涵盖环境伦理、生态伦理、资源伦理,而且囊括更加广泛的资源、环境、生态及其组成的空间自然生态系统之间关系的伦理(自然伦理),因此,具有明显的综合特征。环境伦理的出发点是解决环境污染问题,生态伦理的着眼点是维护生态系统的平衡,资源伦理的重心是缓解资源紧缺问题,而循环经济伦理的核心是节约集约利用资源,减少对环境排放污染物,维护生态系统平衡,并注重"人类社会经济系统—自然生态系统—空间"之间的和谐。

4) 非功利性

循环经济伦理的归宿是实现人与自然的和谐及人类社会经济的持续、健康、协调发展,其中人与自然的和谐是人类社会经济的持续、健康、协调发展的基础,体现为循环经济伦理一方面考虑后代人的利益,即人类社会的持续;另一方面考虑同代人之间利益的协调。即循环经济伦理是为了维护后代及同代中弱势群体的利益,非主体自身的利益。而从循环经济伦理的研究内容看,循环经济伦理是用来调整人类社会内部及人与自然之间的关系。这些都体现出循环经济伦理具有明显的非功利性特征。

5) 和谐性

循环经济伦理要求人类在协调发展社会经济的同时,不能忘记生态环境保护,必须做到人类社会经济发展与自然生态环境保护同步进行,从而实现人类社会和谐发展、人类与自然之间和谐共生;要求人类将自身看作是自然生态系统中的普通一员,同时认识到人类与自然系统中是平等互利的关系,并且相互依存、相互影响、相互制约着。任何不伦理的经济发展模式及不利于人类社会和谐的经济行为,如依靠对自然掠夺性及跨地域强制性开发的粗放强暴经济增长方式、依靠污染转嫁实现本国或地区环境保护目标的经济贸易形式等必将遭到自然的报复。

14.2.3 循环经济伦理的功能

为了维护自然生态系统的平衡,人类已经采取行政、经济、法律和技术等手段控制资源开发、环境污染,但是,资源、环境、生态问题依然危机四伏,其根本原因是人类根深蒂固的观念没有彻底更新。循环经济伦理从人类自身角度出发,通过"资源—产品—再生资源"的经济发展模式,将合理的自然资源开发、利用和保护行为作为人的自我实现的一种表现,从而实现资源在代内、代际之间公平、公正和高效配置,环境污染、治理、保护的权利和义务在代内和代际之间对等。因此,循环经济伦理具有导向功能、调节功能、激励功能和保障功能。

1) 导向功能

循环经济伦理的导向功能主要表现在其以正确的伦理价值观引导人类的行为趋向。循环经济伦理价值观建立在人类社会内部及其与自然生态系统和谐的基础上,它要求经济发展主体从整体利益和长远利益出发,选择循环经济发展模式所提倡的清洁生产方式、绿色消费模式,引导人类追求人与自然的和谐共处及人类社会经济的健康、持续、协调发展。

2) 调节功能

循环经济伦理的调节功能表现在调整人类社会内部能源、资源开发利用的权利和生态环境治理与保护的义务。目前,在代际之间存在当代人借用子孙后代的地球资源,污染破坏后代的生存环境现象;在当代人之间存在强势群体霸占、掠夺弱势群体资源,并转嫁污染废弃物及尽可能少的履行或者不履行生态环境保护义务的现象,造成资源开发的权利和环境治理、保护的义务在代内、代际之间不对等。循环经济伦理通过调节代内和代际之间能源、资源开发利用的权利和生态环境治理与保护的义务,实现人类社会内部及其与自然生态系统的和谐。

3) 激励功能

循环经济伦理的激励功能主要表现为经济主体在选择循环经济伦理价值观实现"自我"价值并得到社会肯定时,更加积极主动地尊重自然、保护生态环境。通过循环经济伦理的内化,人类会对自身的生产、消费和决策行为等进行调整,以实现自身的价值,达到内在激励的目的;在外部社会舆论的约束下,人类也会选择合乎循环经济发展要求的行为模式,在受到社会的称赞和尊重时满足自我实现,达到外部激励的目的。

4) 保障功能

循环经济伦理的保障功能体现在与外在的行政、经济、法律、技术手段综合起来,共同推动人类社会经济持续、健康、协调发展,为建设资源节约集约型、生态环境友好型和谐社会提供思想保障。

14.3 生态文明评价体系

生态文明建设既不是单纯的生态环境建设,也不是孤立的城市生态文明建设,而是在"全面、协调、可持续发展"观念指导下,兼顾城乡地区,切实转变经济增长方式,实现资源高效利用与环境良性循环,在全社会确立生态理念,获得物质成果和精神成果的双丰收。建立对生态文明建设绩效评估体系,不仅有助于对已有成绩和问题进行总结与梳理,而且有助于为未来建设目标和领域拟定提供科学依据。

14.3.1 生态文明评价体系构建思路

在科学发展观的指引下,既要借鉴吸收现有相关评价指标体系的精华,又要结合实际,创造性地设计生态文明建设评价指标体系,其以人与自然和谐发展为核心,以建设资源节约型、环境友好型社会两大主线为支撑。

1) 以科学发展观为指导

中央已明确提出建立资源节约型、环境友好型社会的奋斗目标,"建设生态文明"是中共十七大提出的新要求,也是"全面、协调、可持续"的科学发展观的具体体现。生态文明建设就是围绕人与自然和谐发展的目标,基本形成节约能源、资源和保护生态环境的产业结构、增长方式和消费模式。

2) 以基本国情为依据

进入新世纪,国家就生态省建设、绿色国家建设、可持续发展、循环经济发展、节约型社会建设等重大事项做出了全面部署和不懈努力,取得了重要的阶段性成效。但是,全国经济发展方式还未根本转变,人口密度大、环境容量小、能源、资源相对不足等问题仍然存在,环境治理和资源节约仍面临巨大挑战。

3) 以先进经验为参照

通过认真对比、分析现有的研究成果,包括国内外可持续发展指标体系;国家生态省、市、县标准;国家环保城市标准,厦门市、贵州市、张家港市生态文明指标体系;河南、黑龙江、福建生态省标体系等;成熟或新鲜的经验,在生态伦理、可持续发展等理论基础上,引入体现又好又快发展的指标;即使是已有指标,也赋予生态友好的内涵。

14.3.2 生态文明评价体系设计原则

要坚持创新、可行、通用的方针,设计的过程中应遵循以下原则:

1) 全面性和针对性原则

生态文明建设的是复合型的新型系统,由增长方式、产业结构、消费模式、生态治理等多个互相关联的子系统构成。按照系统论的方法,各子系统科学组合才能实现整个系统的最优化。即指标体系既要能体现生态文明建设的全貌,又要能针对性地反映本区域的特点。

2) 科学性和实用性原则

简便、有效的指标体系才具有推广和实践价值。指标体系中的各要素的数据来源要准确,处理方法要科学,体系结构要合理,还要注重指标的可得性、可比性和可操作性。可比较是建立定量化指标的目的,包括纵向比较(自身进步)和横向比较(整体中的位置)。

3) 导向性和独立性原则

生态文明建设既是目标又是过程。各指标要充分考虑动态变化和相对稳定性,根据现状和可能的未来趋势进行预测与管理,真正起到导向作用。而且,各指标间既要保持相互独立,又要彼此关联、避免重复计算,以构成有机整体。

14.3.3 生态文明评价体系的构建

根据生态文明的内涵、特征及指标本身的性质,基于循环经济对产业结构、增长方式、消费模式构建的要求,参照现有研究成果,包括国内外可持续发展指标体系;国家生态省、市、县标准;各地循环经济评价指标体系等成熟或新鲜的经验,确立生态文明评价体系的构建原则和框架,并对全国2000~2007年生态文明建设绩效进行评价。

在生态文明建设的综合性指标体系中,不同层次代表不同的意义。这里拟定的指标体系共3层12个指标。其中,目标层代表生态文明建设的总体效果;系统层将生态文明建设这一复合系统划分为增长方式子系统、产业结构子系统、消费模式子系统和生态治理子系统四大部分;指标层从本质上表述状态的变化情况,分别有单位GDP能耗、单位GDP水耗、单位GDP建设用地占用、农业增加值增长率、服务业增加值占GDP比重、高新技术产业产值占工业总产值比重、最终消费占GDP比重、城乡居民人均支配收入比、城乡居民人均消费支出比、COD排放强度、SO_2排放强度、城镇建成区绿化率共12个指标(见图14.1)。

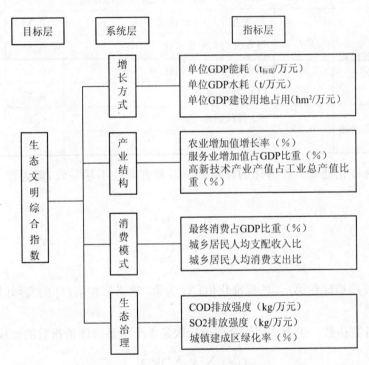

图14.1 生态文明评价体系框架图

1) 数据来源

指标体系的数据主要来源《中国能源年鉴》、《中国统计年鉴》、《中国科技年鉴》等权威机构公布的统计资料。其中,单位GDP能耗、单位GDP水耗、单位GDP建设用地占用、城乡居民人均支配收入比、城乡居民人均消费支出比、COD排放强度和SO_2排放强度7项为逆指标。凡涉及产值的指标均采用可比价。

需要指出的是,目标值的设定是根据2020年的理想状态,参照国家制定的相关规划标准以及先进的国际经验,并根据近年来该指标的变化趋势和幅度修正得出的。

2) 计算方法

指标体系采用指数化的综合评价方法,通过合成一个单一的、体现生态文明建设水平的综合指数,客观评价全国生态文明建设进程。由于各个指标分别反映生态文明的不同方面,指标体系没有区别权重,采用等权重的方法表示各个指标的重要性(见表14.1)。

表14.1 生态文明指标体系权重分布及目标值

目标层	系统层	权重	指标层	权重	2020年目标值
生态文明综合指数	增长方式	0.25	单位GDP能耗	0.33	≤0.650
			单位GDP水耗	0.33	≤140
			单位GDP建设用地占用	0.33	≤0.004
	产业结构	0.25	农业增加值增长率	0.33	≥6
			服务业增加值占GDP比重	0.33	≥50
			高新技术产业产值占工业总产值比重	0.33	≥40
	消费模式	0.25	最终消费占GDP比重	0.33	≥60
			城乡人均支配收入比	0.33	≤2
			城乡人均消费支出比	0.33	≤2
	生态治理	0.25	COD排放强度	0.33	≤1.2
			SO_2排放强度	0.33	≤1.8
			城镇建成区绿化率	0.33	≥45

第一步,标准化处理。各指标的计量单位以及方向性不尽一致,需要首先进行标准化处理。

对于正向指标

$$P_{it} = \frac{X_{it}}{X_{io}}$$

对于逆向指标

$$P_{it} = \frac{X_{io}}{X_{it}}$$

式中,P_{it}为第i项指标在第t年的标准化值;X_{it}为第i项指标在第t年的实际值;X_{io}为第i项指标的目标值。

第二步,计算指数。生态文明综合评价指数是4个子系统评价指数的加权平均数。

$$D = \sum_{i=1}^{n} Y_i \sum_{i=1}^{n} W_{ij} P_{ij}$$

式中,D为生态文明综合指数;Y_i为第i子系统的权重;W_{ij}为子系统第j指标的权重,P_{ij}为第i子系统第j项指标的评价值。D数值分别越接近1,表示生态文明的水平越高。

3) 评价结果

从总体上看(见表14.2),2000~2007年间,全国的生态文明建设水平不断提高,生态文明综合指数呈上升趋势。尤其是"十一五"时期,全国的生态文明综合指数增长提速。

表 14.2　2000～2007 年间全国生态文明综合指数比较

年　份	增长方式	产业结构	消费模式	生态治理	总　分
2000	0.289	0.401	0.798	0.274	0.441
2001	0.302	0.664	0.780	0.277	0.505
2002	0.332	0.737	0.741	0.295	0.526
2003	0.351	0.558	0.715	0.311	0.484
2004	0.371	1.480	0.706	0.323	0.720
2005	0.399	0.755	0.711	0.326	0.548
2006	0.434	0.788	0.703	0.363	0.572
2007	0.480	1.094	0.694	0.383	0.663
变化	0.192	0.694	−0.104	0.108	0.222

需要说明的是，2004 年凸点的出现主要有两方面的原因：第一，统计数据的变更。2004 年，国家统计局开展了第一次全国经济普查，查实了 GDP 总量和结构状况，变更了核算制度和方法；第二，政策利好推动。2004 年，中央出台了"一号文件"及相关政策，尤其是一系列对于粮食主产区的补贴和扶持，极大的提高了当年的农业生产率和农业效益；在数据中表现为农业增加值的高增长率（远远高出目标值），从而导致产业结构层面指数及综合指数的突变。

根据各年份生态文明综合指数的波动（用本年度综合指数减上年度综合指数表示），全国生态文明建设基本呈现"一峰两谷"的"W"型，波动性较大，显示生态文明建设的持久推动力尚未形成，建设成效的起伏较大（见图 14.2）。

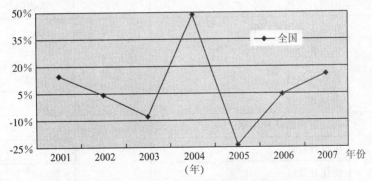

图 14.2　2000～2007 年全国生态文明综合指数波动比较

从分类指标看，2000～2007 年间有以下变化趋势：

增长方式方面：全国经济实现较快增长，增长幅度为 0.2，表明经济增长方式的格局正在加速转变；产业结构方面：全国变化幅度较大，增长近 0.7。具体来看，产业结构的三项指标中，农业增加值增长率和服务业比重两项增长较快；消费模式方面：全国一直处于递减态势，表明刺激消费，富民优先，尤其是保障农民增收的力度需要加大；生态治理方面：全国持续增长，表明加强生态治理，改善水环境、大气环境，注重绿化的成效逐渐显现（见图 14-3）。

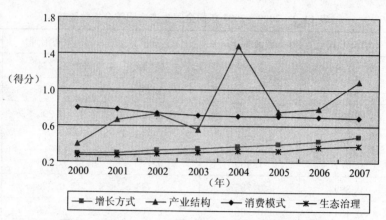

图 14.3 2000~2007 年全国生态文明各类指标比较

14.3.4 生态文明建设指标体系

2013年5月,环境保护部下发了"关于印发《国家生态文明建设试点示范区指标(试行)》的通知",明确了国家生态文明建设试点示范区指标(见表 14.3)。指标体系主要包括生态经济、生态环境、生态人居、生态制度和生态文化等5大方面。

表 14.3 国家生态文明建设试点示范区指标(试行)[①]

系统		指标	单位	指标值	指标属性
生态经济	1	资源产出增加率	%		参考性指标
		重点开发区		≥15	
		优化开发区		≥18	
		限制开发区		≥20	
	2	单位工业用地产值	亿元/平方公里		约束性指标
		重点开发区		≥65	
		优化开发区		≥55	
		限制开发区		≥45	
	3	再生资源循环利用率	%		约束性指标
		重点开发区		≥50	
		优化开发区		≥65	
		限制开发区		≥80	
	4	碳排放强度	千克/万元		约束性指标
		重点开发区		≤600	
		优化开发区		≤450	
		限制开发区		≤300	

---

① 环境保护部. 关于印发《国家生态文明建设试点示范区指标(试行)》的通知 2013 年 5 月 23 日, http://www.mep.gov.cn/gkml/hbb/bwj/201306/t20130603_253114.htm

续表 14.3

系统		指标	单位	指标值	指标属性
	5	单位 GDP 能耗	吨标煤/万元	≤0.55	约束性指标
		重点开发区		≤0.45	
		优化开发区		≤0.35	
		限制开发区			
	6	单位工业增加值新鲜水耗	立方米/万元	≤12	参考性指标
		农业灌溉水有效利用系数	——	≥0.6	
	7	节能环保产业增加值占 GDP 比重	%	≥6	参考性指标
	8	主要农产品中有机、绿色食品种植面积的比重	%	≥60	约束性指标
生态环境	9	主要污染物排放强度*	吨/平方公里		约束性指标
		化学需氧量 COD		≤4.5	
		二氧化硫 SO_2		≤3.5	
		氨氮 NH_3-N		≤0.5	
		氮氧化物		≤4.0	
	10	受保护地占国土面积比例	%		约束性指标
		山区、丘陵区		≥25	
		平原地区		≥20	
	11	林草覆盖率	%		约束性指标
		山区		≥80	
		丘陵区		≥50	
		平原地区		≥20	
	12	污染土壤修复率	%	≥80	约束性指标
	13	农业面源污染防治率	%	≥98	约束性指标
	14	生态恢复治理率	%		约束性指标
		重点开发区		≥54	
		优化开发区		≥72	
		限制开发区		≥90	
		禁止开发区		100	
生态人居	15	新建绿色建筑比例	%	≥75	参考性指标
	16	农村环境综合整治率	%		约束性指标
		重点开发区		≥60	
		优化开发区		≥80	
		限制开发区		≥95	
		禁止开发区		100	

续表 14.3

系统		指标	单位	指标值	指标属性
	17	生态用地比例	%		约束性指标
		重点开发区		≥45	
		优化开发区		≥55	
		限制开发区		≥65	
		禁止开发区		≥95	
	18	公众对环境质量的满意度	%	≥85	约束性指标
	19	生态环保投资占财政收入比例	%	≥15	约束性指标
生态制度	20	生态文明建设工作占党政实绩考核的比例	%	≥22	参考性指标
	21	政府采购节能环保产品和环境标志产品所占比例	%	100	参考性指标
	22	环境影响评价率及环保竣工验收通过率	%	100	约束性指标
	23	环境信息公开率	%	100	约束性指标
	24	党政干部参加生态文明培训比例	%	100	参考性指标
	25	生态文明知识普及率	%	≥95	参考性指标
生态文化	26	生态环境教育课时比例	%	≥10	参考性指标
	27	规模以上企业开展环保公益活动支出占公益活动总支出的比例	%	≥7.5	参考性指标
	28	公众节能、节水、公共交通出行的比例	%		参考性指标
		节能电器普及率		≥95	
		节水器具普及率		≥95	
		公共交通出行比例		≥70	
	29	特色指标	自定	参考性指标	

14.4 循环经济伦理评价与规范

循环经济伦理的提出是为了肯定循环经济行为,并推动和促进整个社会生态文明的发展。但从循环经济的角度看是伦理的各种行为,其程度有别,如何区分并加以发扬呢?这就需要用循环经济伦理评价来实现。本节根据循环经济伦理的内涵和特征,提出了循环经济伦理评价的内涵、指标体系框架、评价标准、评价思路,并提出实践中具体可依的循环经济伦理规范。

14.4.1 循环经济伦理评价

1) 循环经济伦理评价的内涵

根据循环经济伦理的内涵和特征,循环经济伦理评价可以表述为:依据循环经济的"3R"原则、节约型和生态环境友好型社会建设的标准,将人类对循环经济伦理的认知和人类的生产行为、消费行为、分解行为、决策行为及其综合行为划分成不同的级别。其中,分解行为主要指废弃物处理;决策行为体现在产业结构、国家政策、法规、战略、规划、计划等方面。显然,循环经济伦理评价注重行为过程评价,而不同于循环经济评价注重行为结果评价。循环经济伦理评价具体涵盖纵向和横向两大方面。

纵向包括宏观层次上的社会(国家)、区域层面循环经济伦理评价,中观层次上的园区、社区层面循环经济伦理评价以及微观层次上的企业、家庭和个人层面循环经济伦理评价。横向包括农业、工业和服务业循环经济伦理评价。

(1) 纵向层面循环经济伦理评价

① 社会(国家)层面

社会(国家)层面循环经济伦理评价是指对国家主体对循环经济伦理的认知及在建设循环型社会过程中的对内及对外决策行为做出等级评定的过程。具体体现在生态环境在国家政治议程中的地位,国家在法律保障、经济核算体系、产业政策、消费政策、技术政策、教育政策等方面是否支持发展循环经济及支持的程度,是否在对内、对外资源开发、能源开采、环境治理保护的战略、政策、法律、规划、技术、市场、产业经济结构等方面促进人类社会内部及其与自然之间的和谐。比如,若一个国家的发展战略是重经济发展、轻环境保护,则从发展循环经济的角度是非伦理的;若体现出保护环境和发展经济并重的思想,则是伦理的。再比如,一些发达国家的发展战略集中在利用自己的强势霸权掠夺发展中国家及第三世界的能源资源,环境保护战略集中在将污染转嫁到其他国家或者其他星球(如向太空倾倒垃圾)来保护本国的生态环境,则是非伦理的;若一个社会能从全球和国家发展战略综合的层面解决环境问题,将环境保护上升到全球和国家意志的战略高度,融入经济社会发展全局,从源头上减少环境问题,则就是伦理的。

另外,在发展政策上,拟定有利于资源节约集约、生态环境友好的价格、财政、税收、金融、土地等方面的经济政策体系,使资源环境保护政策与经济发展政策有机融合。在发展布局规划上,遵循自然规律,开展全国生态功能区划分,根据不同地区的资源环境承载能力,按照优化开发、重点开发、限制开发和禁止开发的要求确定不同区域的经济发展模式。通过优化工业布局,调整产业结构,引导各区合理选择发展方向,形成各具特色的发展格局。能够做到这些,国家的决策行为就是伦理的。在发展手段方面,一个国家若能实行最严格的环境保护制度,如建设完善的法律制度;制定严格的环境标准;培养专业的执法队伍;采取行之有效的执法手段;建立健全的、与现阶段经济社会发展特点和环境保护管理决策相一致的环境法规、政策、标准和技术体系(凡是污染严重的落后工艺、技术、装备、生产能力和产品一律淘汰);凡是不符合环保要求的建设项目一律不允许新建;凡是超标或超总量控制指标排污的工业企业一律停产治理;凡是未完成主要污染物排放总量控制任务的地区一律实行"区域限批";凡是破坏环境的违法犯罪行为一律严惩;任何对环境造成危害的个人和单位都要补偿环境损失,则是服从循环经济伦理道德准则的。

② 区域层面

区域层次循环经济伦理评价是指对社会内部不同区域在转变经济增长方式、发展循环经济过程中的决策行为是否能够遵循国家及上级行政区的战略、政策、规划及遵循的程度等进行的等级评判，包括全国、省、市、县不同经济区和经济带范围内的循环经济伦理评价，如长三角、珠三角、京津唐、东部沿海经济区、中部和西部经济区等的循环经济伦理评价。具体体现在区域政府是否在法律保障、经济核算体系、产业政策、消费政策、技术政策、教育政策等方面支持发展循环经济及支持的程度。

③ 园区层面

园区层次循环经济伦理评价体现在园区主体对循环经济伦理的认知及园区的生产行为表现。具体表现为园区是否按照循环经济理念对产业进行规划、建设和改造，形成符合循环经济发展要求的清洁型、节约型生态工业园，即是否通过对工业园区内的物流与能源的科学设计，模拟自然生态系统，形成企业间共生网络，实现资源梯级利用。不同的企业是否按照生态产业链聚集在一起，通过园区内企业之间的物质交换、能量传输、信息的共生关联，将一个企业的副产品或废弃物作为另一个企业的投入物或原材料，以减少废弃物产生量和处理的费用，形成循环经济的价值链，实现物质的闭路循环和能量的多级利用，形成企业间的相互依存共生的格局，以达到能量利用最大化和废弃物排放最小化甚至是"零排放"。如日本的川崎生态城是在川崎临海地区建设的一个工业区，这一工业区建设的目标是实现企业之间的资源和废弃物综合利用，实现零排放的目标，使其对环境的影响降至最小，使工业活动与环境相协调，成为可持续的园区。具体目标是：所有的工业企业要在其整个活动中减少对环境的影响，包括产品的生产和废弃物的弃置；有效地实行废弃物的循环利用。这种循环利用不仅在企业内部实现，也将通过企业之间的合作实现。

园区层次循环经济伦理还体现在园区内的所有企业对国家和区域循环经济发展政策、法规、技术标准的执行情况。如工业园区内所有的企业是否按照发展循环经济的要求，采用先进的技术再利用或循环利用本企业或者其他企业排放的废弃物（废气、废热、废水、废渣）以及所采用的技术标准等级。

④ 社区层面

社区层次循环经济伦理评价主要涵盖社区对循环经济伦理的认知及具体的行为表现。体现在社区内的建筑等公共设施是否按照国家的环保和节能节源建筑标准设计；社区利用可再生能源资源的情况（如对雨水、太阳能的利用）；社区家庭对节能节源设备的使用及循环利用情况；社区居民对循环经济伦理的认知程度以及居民日常的节水、节电、节约资源行为；社区废弃物分类回收利用等方面。

⑤ 企业层面

企业是循环经济发展的主体，没有企业的积极行动，发展循环经济只能停留在口头上，而不能产生实际的效果。企业层次循环经济伦理评价主要体现在企业对循环经济伦理的认知及具体的生产行为表现，如是否遵循循环经济的"3R"原则，推行减量投入、少排放甚至零排放、能源资源再利用及循环利用，还体现在企业是否遵循国家和地区的资源开发利用、环境保护、污染治理、循环经济政策、法规和技术标准以及遵循的程度。

⑥ 家庭层面

家庭层面循环经济伦理评价主要体现在家庭对循环经济伦理的认知及行为表现。如家庭的环保意识,如对垃圾进行分类,以节约企业和社会的废弃物回收利用成本,有利于再利用和循环利用;家庭的节能节源消费行为,如选用节能设备、资源的再利用循环利用或等,以减少能源资源使用,减少废弃物排放。

⑦ 个人层面

个人层面循环经济伦理评价主要体现在个人对循环经济伦理的认知和外在的消费行为表现。如自觉遵守有关发展循环经济的法规,主动购买使用符合循环经济要求的产品,养成环境友好型消费方式,注意节约用水,节约能源以及注重个人行为对于家庭其他成员、同事的影响与传导。在工作单位能够做到节约能耗、水耗及办公用品的消耗等。

(2) 横向产业层面循环经济伦理评价

① 农业层面

农业层面循环经济伦理评价体现在农业部门对循环经济伦理的认知和行为表现。具体表现为传统农业向现代生态农业的转变,如提倡绿色生产、减少化肥农药施用或不用、积极推广生物农药、农业代谢产物再利用或循环利用、建设农业生态链。

② 工业层面

工业层面循环经济伦理评价主要体现在工业部门对循环经济伦理的认知及行为表现,如是否按照循环经济的要求积极推广清洁生产、绿色生产。具体体现在工业部门技术标准的高低、工业部门之间按生态价值链的要求关联和依存的程度、工业部门按循环经济技术标准进行生产的企业占总企业的比重、工业部门生产的产品是绿色产品的比重等。

③ 服务业

服务业层面循环经济伦理评价体现在服务业对循环经济伦理的认知及行为表现。如提倡适度消费,减少对自然资源的消耗和对环境污染物的排放;提倡绿色消费,追求环境友好的生活方式;提倡购买耐用并可循环使用的物品;提倡"绿色采购";建设"绿色学校"、"绿色宾馆"、"绿色商场"、"绿色旅游"和"绿色社区";大力推进消费、流通领域废弃物的回收利用与综合处理等。

2) 循环经济伦理评价的指标体系框架

以循环经济伦理评价的内涵为宗旨,确定指标选取的原则,并建立基于不同层次的指标体系框架。

(1) 指标选取原则

① 综合性

循环经济伦理评价指标体系必须是综合反应循环经济伦理发展程度各个方面因素,而不是单一方面的体现。通过循环经济论理评价指数,可以对某一层次循环经济伦理发展程度得到一个总体的综合判断。指标既要囊括人类在经济发展过程中主体表现出的一切行为,如资源开发行为、生产行为、消费行为、决策行为(政策、立法、规划、战略等),又要兼顾纵向有序的个人、家庭、企业、社区、园区、社会层面和横向的农业、工业、服务业层面。

② 可比性

一是要求各个层面的指标体系计算出的循环经济伦理评价指数在不同经济主体之间可以直接比较,即空间可比性。如社会层次循环经济伦理评价指标体系要在全球不同的国度具有可比性。二是时间上的可比性,即同一层次不同地域的经济主体采用不同时间的数据计算得到的结果应该可以直接做纵向的比较。如国家层次的循环经济伦理评价要在不同的时间段可以对比,从而反映一个国家或社会的循环经济伦理发展进程。

③ 主导性

选取的指标应能够反映某一层次循环经济伦理发展的总体进程,若指标的选取与否对循环经济伦理评价综合指数的影响不显著,则这一指标是非主导的因子,需要舍弃;反之,则是主要影响因子。主导性原则还可以通过专家系统与数理统计分析方法的综合来实现,如德尔菲法、层次分析法、主成分分析法、因素成对比较法等。

④ 应用性

理论研究要反应实际需要、为解决实际问题服务,即评价成果要有应用价值。因此,在设计循环经济伦理评价指标体系时,必须考虑循环经济伦理评价成果的社会舆论影响,满足比较和考核这两个基本要求。比如,在对某一政府部门进行考核时可以将循环经济伦理评价综合指数作为一个标准,从而促进循环经济发展。

(2) 指标体系框架

由于循环经济伦理涉及的范围极其广泛,在此仅从宏观的角度给出指标体系的框架。具体评价时,指标的选取可以进一步细化。

① 社会或国家层面

国家层面循环经济伦理评价指标选取主要从国家总体的宏观发展战略及部门发展政策、规划、计划、法规,以及市场等方面入手。如国家发展战略因素,一是看对外发展战略,是否体现全球范围内所有国家对等的资源开发享有权、与权利对等的环境治理与自然资源保护义务。具体表现在有无对其他国家的资源侵略主张、污染等废弃物转嫁行为等。二是看对内发展战略,如在资源开发利用、生态环境保护方面是否体现循环经济发展的思想程度。本书仅具体到因素层,提出国家层面循环经济伦理评价的指标体系框架(见表14.4)。

表14.4 社会(国家)层面循环经济伦理评价指标体系框架

准则层 1	准则层 2	因 素 层
国家战略	对外发展战略	资源开发、生态环境保护
	对内发展战略	资源开发、生态环境保护
	战略地位	资源、生态、环境问题在经济发展中的重要程度或地位
国家政策	对外政策	资源开发、生态环境保护
	对内(部门)政策	土地、矿产、森林、水资源、环保等部门政策
	经济政策	价格、财政、税收、金融
发展目标	节能减排目标等	单位国内生产总值能源消耗、主要污染物排放总量两个主要约束性指标与规划目标的差距
规划	部门规划	国土、环保、经济、能源、科技、水利、农业等部门规划
法规	循环经济相关法规	资源开发利用保护法规、环境保护法规等
技术	技术标准等级	与国外先进技术标准的比较
市场	资源价格	土地资源价格、水资源价格
文化	体现生态文明	电视节目、广播节目等

② 区域层面

区域层次循环经济伦理评价指标体系趋同于国家层次,只是将战略、政策、规划、法规、技术、市场、文化等因素限制在区域层面。如战略因素是指本区域的国民经济规划、经济发展战略规划、土地利用战略规划等;规划因素指区域范围内的国民经济各部门的规划;技术因素反映区域内的技术标准等级以及与国内先进技术的比较。区域层面循环经济伦理评价指标体系框架详见表14.5。

表 14.5 区域层面循环经济伦理评价指标体系框架

准则层1	准则层2	因 素 层
区域战略	战略规划	经济发展战略规划、土地利用战略规划等
区域政策	对外政策	资源开发、生态环境保护
	对内(部门)政策	土地、矿产、森林、水资源、环保等部门政策
	经济政策	价格、财政、税收、金融
发展目标	节能减排目标	单位国内生产总值能源消耗、主要污染物排放总量两个主要约束性指标与规划目标的差距
规划	部门规划	环保、经济、能源、科技、水利、农业等部门规划
法规	循环经济相关法规	资源开发利用保护法规、环境保护法规等
技术	技术标准等级	与国内先进技术标准的比较
市场	资源价格	地价、水资源价格、林木价格、石油价格、煤炭价格、天然气价格、替代能源价格等
文化	体现生态文明	电视节目、广播节目等

③ 园区层面

园区层面循环经济伦理评价指标体系主要从园区整体的节能减排行为入手选取,重点突出园区内企业之间共生关联的程度。园区内企业的关联程度或相互依赖程度越高,则整体的能源资源利用率就越高,排放的废弃物就越少;相反,能源资源的利用率就越低,排放的废弃物就越多。如在生态工业园内,按照工业生态学的原理,建立企业与企业之间废弃物的输入、输出关系;园区内物流和能源的设计模拟自然生态系统的闭路循环模式,形成企业间共生网络,一个企业的废弃物成为另一个企业的原材料;企业间能源资源梯级利用,则园区能耗水平低,终端废弃物低排放或零排放。具体指标涵盖:园区物流、能流是否按照自然生态系统运行的原理设计、园区内企业之间的共生关联程度(具体可按照某一企业停产之后受到影响和牵连的企业的数目来衡量。如果某一企业停产,园区的所有企业都要受到影响而停产,则园区内企业之间的共生关联程度就很高)、园区内节能减排目标的实现情况、园区内节能减排的技术标准等级及其与国内先进技术的差距、园区终端废弃产品的排放(见表14.6)。

表 14.6　园区层面循环经济伦理评价指标体系框架

准则层 1	准则层 2
园区设计模式	园区物流能流是否按照自然生态系统运行的模式设计
企业共生度	园区内企业之间的共生关联程度
节能减排目标	单位国内生产总值能源消耗、主要污染物排放总量两个主要约束性指标与规划目标的差距
技术标准等级	园区内节能减排的技术标准等级及其与国内外先进技术的差距
终端废弃产品的排放	园区终端产品回收利用情况,如零排放或低排放

④ 企业层面

园区层面循环经济伦理评价指标体系反映企业整体的行为,则企业层面的循环经济伦理评价指标体系反映企业的个体行为,主要从企业对国家或区域循环经济发展标准的执行情况入手选取。具体包括企业在生产过程中的污染处理行为、国家标准的执行行为、节能减排目标的实现情况、采用的技术标准等级、废弃产品的消纳行为等。企业特别要自觉地回收利用生产中的可再生资源和再利用其他厂家的废弃物,并治理有可能产生的环境污染(见表 14.7)。

表 14.7　企业层面循环经济伦理评价指标体系框架

准则层 1	准则层 2
污染转嫁行为	是否向开敞水域排放未经处理的污水、是否向开敞空间倾倒未经处理的有毒的废弃物
标准执行情况	经济标准、生态标准、环境标准等,如污水处理标准
节能减排目标	单位国内生产总值能源消耗、主要污染物排放总量两个主要约束性指标与规划目标的差距
技术标准等级	节能减排的技术标准等级及其与国内外先进技术的差距
废弃产品的消纳	企业产品可回收利用情况,如包装袋是纸质还是塑料、废弃塑料回收后是否可以加工制成新的产品等

⑤ 社区层面

社区层面循环经济伦理评价指标体系主要从社区建筑和公共设施、社区家庭和社区居民、社区垃圾分类回收方面选取。如社区内的建筑等公共设施是否按照国家的环保和节能节源建筑标准设计;社区利用可再生能源资源的情况(如对雨水、太阳能的利用);社区家庭对节能、节源设备的使用及循环利用情况;社区居民对循环经济伦理的认知程度以及居民日常的节水、节电、节约资源行为;社区废弃物分类回收利用等(见表 14.8)。

表 14.8 社区层面循环经济伦理评价指标体系框架

准则层 1	准则层 2	因 素 层
社区建筑	节能、节源设计标准等级	节地、节水、节能、节材标准等级
社区公共设施	对再生能源的收集利用	雨水、太阳能的收集利用情况
社区家庭	节能、节源设备使用	电器设备节电标准、用水设备节水等级、地板节材等
	节约能源、资源	节约用水、用电、用材情况
	资源的再利用和循环利用	水再利用和循环利用、家庭用品再利用和耐用程度
	绿色采购、绿色消费	购买环保绿色产品
	生活垃圾分类整理参与情况	生活垃圾是否自觉分类整理
社区居民	循环经济伦理认知	认知程度
	社区居民节能减排行为的影响	对社区内外居民的影响度
社区垃圾分类回收	可再次或循环利用	所占比重越高越好
	不可再次或循环利用	所占比重越低越好

⑥ 家庭层面

家庭层面循环经济伦理评价指标体系框架主要从家庭节能减排行为和环保意识方面选取。包括选用节能设备;资源的再利用及循环利用;对垃圾进行分类,以便于回收再利用,节约企业和社会的废弃物回收利用成本(见表 14.9)。

表 14.9 家庭层面循环经济伦理评价指标体系框架

准则层 1	准则层 2	因 素 层
节能行为	家庭节电行为和意识	随手关灯、使用节能灯具、夏天空调温度调至 26 ℃以上、尽量不开空调、使用节能型电器或不太在意节电
	家庭节水行为和意识	一水多用如洗衣水冲厕所等,使用节水型水龙头,使用节水型洗衣机、便具、淋浴器具,采取其他节水行为或不太在意节水
	家庭节材行为和意识	是否消费实木产品和对消费可能带来环境问题的认识
	节约生活用品	节约用纸、油盐和粮食、洗衣粉和洗涤剂等
减排行为	是否选购耐用生活用品	减少或不用一次性产品,选购可再利用循环利用产品
	是否选用绿色环保产品	选用无磷洗衣粉、洗涤剂、环保油漆,选用纸质包装食品等
	是否选购绿色食品	选购绿色蔬菜等
环保意识	垃圾分类回收	
	对其他家庭的影响	

⑦ 个人层面

个人层面循环经济伦理评价指标体系框架主要从个人是否自觉遵守有关发展循环经济的法规,主动购买使用符合循环经济要求的产品,有环境友好型消费方式,注意节约用水、节约能源以及注重个人行为对于家庭其他成员、同事的影响与传导方面选取(见

表14.10）。

表14.10　个人层面循环经济伦理评价指标体系框架

准则层1	准则层2	因素层
节能行为	节水	节约用水、一水多用等
	节电	随手关灯、电脑、电视、空调等
	节约办公用品	节约办公用笔、纸墨和使用公车等
	节约生活用品	节约用纸、节约洗衣粉和洗涤剂等
减排行为	是否选购耐用生活用品	减少或不用一次性产品，选购可再利用产品
	是否选用绿色环保产品	选用无磷洗衣粉、洗涤剂，选用纸质包装袋
环保意识	环保法规遵守	
	垃圾分类丢弃	
	环保行为的影响度	

⑧ 农业层面

农业层面循环经济伦理评价指标体系框架主要从农业生产方式，农业代谢产物再利用或循环利用情况、农业生态链建设、农业节约和环保技术、农民和农业企业的环保观念等方面选取（见表14.11）。

表14.11　农业层面循环经济伦理评价指标体系框架

准则层1	准则层2	因素层
农业生产方式	节约	节地、节水、节肥、节药、节种、节能
	绿色	绿色产品、有机产品
	集约	集约利用土地资源、集约生态养殖
农业代谢产物	再利用	畜禽粪便的资源化和秸秆的综合利用
	循环利用	养殖业代谢物用于种植业，种植业代谢物用于养殖业等
农业生态链	农业内部	种植业、养殖业、加工业一体化的农业生态链
	农业与工业、服务业	三次产业一体化的生态价值链
技术	节约集约型技术	节约型的耕作、播种、施肥、施药、灌溉与旱作农业，集约生态养殖，秸秆综合利用等
	环保型技术	减少农业面源污染、减少农业废弃物生成、注重水土保持和生态建设等
环保观念	农民、农业企业的资源节约和环境保护观念	是否节约和环保
	遵守法规	对政府循环经济法规、政策的支持程度

⑨ 工业层面

工业层面循环经济伦理评价指标体系框架主要从工业部门的生产方式、工业代谢产物的再利用或循环利用、工业生态链、工业部门技术标准的等级、工业部门环保意识等方面选取（见表14.12）。

表 14.12　工业层面循环经济伦理评价指标体系框架

准则层 1	准则层 2	因　素　层
工业生产方式	节约生产	节约能源资源行为
	清洁生产	减少终端废弃物排放，产品体积小型化和产品重量轻型化，产品包装追求简单朴实
	绿色生产	是否是绿色产品及其总体的比重等
工业代谢产物利用	再利用	工业代谢产物低排放或可回收利用、产品和包装能够以初始的形式被多次使用
	循环利用	工业废弃物零排放、生产出来的产品在完成其使用功能后能重新变成可以利用的资源而不是无用的垃圾
工业生态链	工业部门之间关联和依存的程度	工业内部闭路循环
	工业部门与其他产业之间关联和依存的程度	工业与农业、服务业之间闭路循环
工业技术	节能技术	工业部门节能技术与部门先进技术之间的差距
	减排技术	工业部门减排技术与先进技术之间的差距
工业部门环保意识	工人和工业企业遵守循环经济法规、政策的情况	

⑩ 服务业层面

服务业包括金融、保险、信息、物流、物管、房地产、文化 餐饮、旅游、卫生、体育和社会福利，教育、文艺及广播电影电视、科学研究和综合技术服务以及国家机关、政党机关和社会团体等行业。基于服务创造价值，服务业层面循环经济伦理评价指标体系框架主要从服务、服务业代谢物回收利用、服务业生态链、政府引导等方面构建（见表 14.13）。

表 14.13　服务业层面循环经济伦理评价指标体系框架

准则层 1	准则层 2	因　素　层
服务	绿色服务	服务产品与设施的设计与开发以及整个服务周期过程中考虑和减少服务主体、服务对象和服务途径的直接与间接环境影响
	对象参与	公众参与绿色服务的程度
代谢物	再利用	消费、流通领域废弃物的回收利用与综合处理
	循环利用	消费、流通领域废弃物的闭路循环
生态链	产业内部	服务业内部对代谢产物的消纳能力
	产业之间	服务业与工业、农业之间的共生关联程度
政府引导	循环经济法规体系	服务业方面的循环经济法规体系完善的情况
	政府绿色采购制度	鼓励使用再生产品和环境友好型产品的措施
	绿色消费	社会绿色消费体系的构建

3) 循环经济伦理评价的思路

由于选取的指标以定性为主,为此需要引入虚拟变量将定性指标定量化;或者选用德尔菲法对因子进行打分量化,量化宗旨是循环经济的"3R"原则以及循环经济伦理评价的标准。然后通过加权求和综合出一个循环经济伦理评价指数来度量循环经济伦理的程度。

$$CEDI = \sum_{j=1}^{n} a_{ij} * w_j$$

式中,CEDI 为循环经济伦理评价综合指数。

4) 循环经济伦理评价的标准

循环经济伦理评价的标准包括宏观标准和微观标准。宏观标准是指对循环经济伦理评价综合指数等级进行评判的依据;微观标准是指对具体的循环经济伦理指标进行等级划分的依据。比如对战略指标量化时,具体分值可能是 80 分、90 分或者 60 分,循环经济伦理评价的标准就是对这一指标进行打分的依据。需要注意的是,经济发展程度不同的地区,其循环经济伦理评价的标准具有一定的差异。但无论是从宏观还是从微观角度,循环经济伦理评价的核心标准都是循环经济的"3R"原则和实现生态环境友好(人与自然和谐)。根据这一核心标准以及人类对环保、发展循环经济认识的意识形态和行为体现,提出循环经济伦理评价具有可操作性的具体标准(见表 14.14)。

表 14.14　循环经济伦理评价标准及发展阶段

评价对象	循环经济伦理评价标准	循环经济伦理发展阶段
循环经济伦理评价指标、循环经济伦理评价综合指数	没有环保意识、循环经济发展意识	非循环经济伦理的
	具有环保意识、循环经济发展意识	循环经济伦理萌芽阶段
	生产、消费、决策行为刚刚开始注重发展循环经济	循环经济伦理初级阶段
	生产、消费、决策中做得很好	循环经济伦理中级阶段
	在现有经济技术水平下已做到最好	循环经济伦理高级阶段

14.4.2　循环经济伦理规范

根据《中华人民共和国循环经济促进法》,循环经济是指生产、流通和消费等过程中进行的减量化、再利用、资源化活动的总称。此外,循环经济还要包括决策层面的和谐化,即政府服务主体的决策行为要以实现人类社会经济系统内部及其与自然生态系统之间的和谐为宗旨,如通过制定法规、技术标准、政策等促进循环经济建设。因此,循环经济伦理规范是指在生产领域、消费领域、流通领域、决策领域对人类行为所提出的道德要求,具体包括减量化、再利用、资源化、和谐化四个方面的内容。

1) 减量化

减量化涵盖节能节源和减排,具体指在生产、流通和消费等过程中减少能源资源消耗和废弃物产生。资源和环境是自然赠与人类社会的遗产,生活在地球村上的每一个人都拥有平等的资源、环境享有权。由于自然提供给人类可利用的资源和环境容量是有限的,对资源的浪费、对环境的污染意味着对子孙后代等弱势群体资源享有权的剥夺。因此,人类必须节约集约利用能源资源,减少或者不向环境排放废弃物。

在工业生产领域体现在节约集约利用能源资源、减少废弃物排放。在节约、集约利用能源资源时,不能为了减少某一种能源资源的投入,而增加了其他能源资源的支出,必须以总能耗最低为目标。在农业生产领域推进土地集约利用,鼓励和支持农业生产者采用节水、节肥、节药的先进种植、养殖和灌溉技术,推动农业机械节能,优先发展生态农业。在缺水地区,应当调整种植结构,优先发展节水型农业,推进雨水集蓄利用,建设和管护节水灌溉设施,提高用水效率,减少水的蒸发和漏失。

在消费领域的体现是节约消费、适度消费、绿色消费。具体指节约或集约利用水、土地、木材、矿产等资源和电能、煤炭、石油、天然气等能源,尽量减少对非再生能源资源以及非环保原料的利用。如实木地板的使用会加速森林的枯竭和气候的变暖,水泥的使用也会加速气候的变暖。同时,反对奢侈和铺张浪费,推行适度消费;提倡绿色消费,购买绿色无污染、环保节能产品。

在服务领域体现在服务产品与设施的设计与开发以及整个服务周期过程中,是否考虑和减少服务主体、服务对象和服务途径的直接与间接环境影响。如房地产业在建筑设计、建设、施工过程中按照国家有关规定和标准,对其设计、建设、施工的建筑物及构筑物采用节能、节水、节地、节材的技术工艺和小型、轻型、再生产品,充分利用太阳能、地热能、风能等可再生能源;在餐饮、娱乐、宾馆等服务性企业,应当采用节能、节水、节材和有利于保护环境的产品,减少使用或者不使用浪费资源、污染环境的产品。在市政服务业不用自来水作为城市道路清扫、城市绿化和景观用水使用。

2) 再利用和资源化

指将废弃物直接作为产品或者经修复、翻新、再制造后继续作为产品使用,或者将废弃物的全部或者部分作为其他产品的部件予以使用。

在工业生产领域指:产业园区进行废弃物交换利用、能量梯级利用、土地集约利用、水的分类利用和循环使用,共同使用基础设施和其他有关设施;企业对生产过程中产生的粉煤灰、煤矸石、尾矿、废石、废料、废气等工业废弃物进行综合利用,采用先进技术、工艺和设备,对生产过程中产生的废水进行再生利用;企业应当采用先进或者适用的回收技术、工艺和设备,对生产过程中产生的余热、余压等进行综合利用。

在农业生产领域农业采用先进或者适用技术,对农作物秸秆、畜禽粪便、农产品加工副产品、废农用薄膜等进行综合利用,开发利用沼气等生物质能源。

在消费领域政府提倡绿色采购、绿色消费;消费者购买耐用品、环保产品、可再生利用产品;服务业提供绿色服务等。

3) 和谐化

和谐化循环经济伦理规范在决策领域体现在政府层面尊重自然,推行适度开发、保护生态环境政策,将经济发展和生态环境保护放在同等重要的地位。在决策领域,政府是主体,这一规范要求政府制定的经济发展和资源开发战略、规划、计划等要以经济发展和生态环境保护并重,政府的立法、经济核算体系、产业政策、市场、技术等要支持循环经济发展,有助于节能减排。

和谐化首先体现在人类社会内部和谐。人类社会内部和谐指当代人之间及其与后代之间在资源开发、生态环境保护、社会经济发展过程中的权利和义务对等或基本对等。只有人类社会内部的和谐,才能实现人与自然的和谐共处。和谐化要求政府在处理国际问题、民族问题、区域问题时要从人类社会的整体利益、长远利益出发;在调解经济发展过程中的人与人之间矛盾时,要求个人或企业在追求当前适当、合法的经济利益的同时,不能损害利益相关者、处于循环经济产业链条的同一行业或不同行业的利益、社会整体利益、他人及后代人的环境利益。

和谐化最终体现在"人与自然的和谐"。人与自然的和谐,要求政府在调节人类社会内部矛盾,制定发展战略、规划、计划、政策等决策行为中将自身当作自然界中的一个普通成员看待,在开发利用和保护过程中遵循自然规律,保持自然界中物种资源完整性和多样性,维持自然资源生态系统自身正常自我调节和更新功能,维护自然生态系统平衡,实现人与自然的协同发展。这一规范要求人类要认识到自然界的整体性和系统性,以及人类与自然的联系,并根据自然的规律和要求来重新调整人类自身的行为,以求达到与整体和系统的重新和谐。

复习思考题 14

14.1 理解并阐述生态文明、循环经济伦理。

14.2 循环经济伦理的特征与功能。

15 循环经济政策

作为一种新型的经济运行方式,循环经济将以其全新的理念对传统经济系统的各个方面都带来了根本性的变革。考虑到经济运行的实际效益,仅依靠经济系统的自身难以实现向循环经济的转型,经济运行系统的成功转型离不开政策的支持。从循环经济的提出至今,国内外各种循环经济政策都为促进循环经济实施提供了重要的制度保障。我国在循环经济的发展实践中,各项法律法规与政策也不断完善,但由于循环经济尚处于起步阶段,仍需要大量需要制度化、规范化的方面。因此,本章从循环经济政策原理和政策工具的分析出发,对国内外主要的循环经济法律法规和政策进行了总结,以期进一步完善循环经济的法律体系,并为我国循环经济的发展提供借鉴。

15.1 循环经济政策原理

15.1.1 循环经济政策内涵及意义

政策是为达到一定目的而制定的行动计划或准则。所谓循环经济政策,就是国家、政党、社会团体、企业等为了实现循环经济发展目标的行动过程或准则。之所以需要形成循环经济政策,其理论意义在于实现减量化、再利用和再循环的目标。

一是资源投入减量化、再利用的客观要求。对于资源分类,大多将资源划分成可再生资源和不可再生资源,也有少数研究注意到资源的循环使用并将资源可否循环使用作为划分资源类型的标准之一,如朱迪·丽丝将资源分为储存性资源和流动性资源,或者不可更新和可更新资源,将储存性资源进一步划分为使用后就消耗掉的资源、理论上可恢复的资源、可循环利用的资源[①],汤姆·泰坦伯格则根据自然资源的可再生、可储备、可耗竭、可补充以及可回收等五个特征,将资源划分为:可再生和可耗竭资源、可耗竭且不可回收的资源、可回收的资源、可补充但可耗竭、可储备可再生的资源等[②]。尽管有研究注意到部分资源的可回收性以及可循环使用性,并将这些特性应用到资源分类中,但是,在有关资源环境经济分析以及资源环境管理的讨论中,相对于其他资源利用问题,对于资源回收以及循环利用问题的讨论相对要少得多。

对于耗竭资源稀缺性度量通常和储量的概念联系在一起,认为资源稀缺可以用资源耗尽年数来表示:

$$Y = \frac{S}{r}$$

[①] 朱迪·丽丝.自然资源:分配、经济学与政策.北京:商务印书馆,2005:25—28.
[②] [美]汤姆·蒂坦伯格.环境与自然资源经济学(第8版).北京:中国人民大学出版社,2011:2—3.

式中：Y 为资源耗尽年数，S 为资源储量，r 为资源开采速度或者利用速度（单位为：吨/年或立方米/年）。在资源耗尽年数的公式中，S 和 r 都具有不确定性。资源开采速度或者利用速度在事实上不可能是一个常数，有可能是一个递增的函数，也有可能是一个递减的函数。对于 S，有几个不同的概念[①]：① 资源基础——地球系统中物质或者财富的总量；② 探明储量——指已查明并已知在当前的需求、价格和技术条件下具有经济开采价值的矿产资源藏量；③ 条件储量——已查明但是在当前价格水平下以现在可的采掘技术和生产技术是不经济的藏；④ 远景资源——是个未知的藏量，但是可望在将来在目前仅作了部分勘察和开发的地区发现的藏量等。对于不可循环耗竭资源采用资源耗尽年数的概念来表达资源稀缺是合适的，但是，对于可循环利用耗竭资源来说，这不是一个合适的指标。要衡量可循环利用资源的稀缺性，必须考虑循环利用的情况，对资源耗尽年数的计算所作改进即可以：

$$Y' = \frac{S+R}{r}$$

式中：Y' 为可循环利用资源耗尽年数，S 为资源储量，r 为资源开采速度或者利用速度（单位为：t/年或 m^3/年）；R 为资源循环利用速度（单位为：t/年或 m^3/年）。当然，这只是一个简化的公式，若要考虑资源循环利用速度的影响因素，可循环利用资源稀缺性度量问题要更为复杂。

二是"复钩"问题的出现加剧了"脱钩"的难度。西方国家 20 世纪七八十年代出现了物质消耗与经济增长"脱钩"状况，这提高了人们通过技术进步提高资源效率的认知。1993 年史提芬·布雷克等通过进一步分析，提出了将资源的生产率提高十倍的"十倍数"革命，才可能维持人类生存环境的现状[②]；1995 年"罗马俱乐部"科学家提出了"四倍数"全球资源革命目标，指出借鉴技术进步，在将资源使用量减少一半的同时将社会福利增长一倍。但是，进入了 20 世纪 90 年代中后期缺重新迎来了能源消费的新一轮高峰，而且这次能源消费较之 20 世纪 70 年代末期所经历的巨量能源消费更加猛烈。1988～1997 年期间，随着欧盟 GDP 总量增长了 36%，其物质总需求量也增长了将近 30%；法国 1978 年人均能源消费为 141 PJ，1986 年降为 112 PJ，到 2000 年又重新上升至 172 PJ[③]，从这一趋势来看，我国要实现"脱钩"有待科学技术的快速进步，新兴产业的迅速发展；此外，即便实现了脱钩，还有可能"复钩"，因此，物质消耗与经济发展将呈现"上升式多峰"状况[④]。这也要求我国必须形成更加积极的循环经济政策，持续推进物质消耗与经济发展的"脱钩"。

三是应对环境影响冲击的能力建设包括政策制度创新有待进一步加强。依据环境冲击模型，有专家以 2000 年为基期分析[⑤]，我国到 2020 年人口规模在 14～15 亿，是基期年的 1.1～1.2 倍；人均 GDP 达到基期年的 4 倍，若① 资源生产率和污染排放水平保持不断，则经济社会发展对资源的需求和环境的影响将是现在的 4～5 倍；② 如果资源生产率提高到

[①] 朱迪·丽丝. 自然资源：分配、经济学与政策. 北京：商务印书馆，2005：28—41.

[②] Stefan Bringezu and Helmut Schutz. Total Material Requirement of EU-tech55[R]v. European Environment Agency, 2001.

[③] 段宁，邓华："上升式多峰论"与循环经济. 见冯之浚. 中国循环经济高端论坛. 北京：人民出版社，2005：166—168.

[④] 段宁，邓华："上升式多峰论"与循环经济. 见冯之浚. 中国循环经济高端论坛，北京：人民出版社，2005：176—178.

[⑤] 钱易. 发展循环经济是全面实现小康社会的必由之路. 见冯之浚. 中国循环经济高端论坛，北京：人民出版社，2005：91—101.

基期年的 4~5 倍,单位 GDP 的环境影响降低到基期年的 1/4~1/5,则 2020 年就可以保持基期年的环境质量;③ 如果资源生产率提高到基期年的 8~10 倍,单位 GDP 的环境影响降到基期年的 1/8~1/10,则 2020 年经济社会发展的环境压力将降低 1/2,环境质量将有明显改善。由此可见,如何通过循环经济政策创新,并发展循环经济政策的引导性作用,推进资源利用效率提高和污染减排,是实现我国经济社会与生态环境协调发展的重要路径。

从上述分析可以看出,如果提高资源循环利用速度,增加资源循环利用的程度,将缓解可耗竭资源的耗尽速度,以及减少污染排放,从而实现人类社会可持续发展。

15.1.2 循环经济政策分析的主要方向

就政策而言,大体上可以将政策分为基于市场的政策和基于行政管制的政策。基于市场的政策主要采用经济手段来引导和刺激政策对象使得其按照有利于政策目标行事。

综观国外有关循环经济政策的研究,主要可以划分成两个不同的研究方向,即基于微观主体经济行为的政策研究和基于区域或者国家层次从宏观角度进行循环经济政策的研究两个方面:

(1) 基于微观主体经济行为的政策研究,例如运用问卷调查的方法收集有关信息,分析影响居民塑料制品回收行为的因素[1],采用 TPB 理论与方法(Theory of Planned Behaviour)分析居民对于回收的态度的基础上确定了影响回收的主要因素并据此提出了相应的政策建议[2];

(2) 基于区域或者国家层次从宏观角度进行循环经济政策的研究,例如估计垃圾收费对垃圾排放和回收利用的冲击[3],分析政府立法和管制对废弃物回收的影响,并提出了通过立法强制回收并辅之以教育、基金支持等政策建议[4]。

15.1.3 循环经济政策分析框架

从国外有关循环经济政策的研究来看,当前已有研究在研究思路上大多采用了"政策评价——政策改进设计"或者"政策预评价——政策设计"的分析框架,在政策工具的设计大致可以分为三类:一是,强调综合运用基于市场的政策工具和政府管制的政策工具;二是,认为应当以政府管制为主,辅之以基于市场的政策工具;三是,强调基于市场的政策工具的主导作用。

从实践的角度来看,发达国家采用的循环经济有关的政策模式具有明显的阶段性,在 20 世纪 70 年代主要采用"命令—控制"方式,20 世纪 80 年代,逐步发生变革,20 世纪 80 年代主要政策模式从"命令—控制"方式过渡到市场手段,进入 20 世纪 90 年代后,由于认识到

---

[1] McDonald S, Ball R. Public participation in plastics recycling schemes [J]. *Resources, Conservation and Recycling*, 1998, 2(3—4): 123—141.

[2] Tonglet M, Phillips P S, Read A D. Using the Theory of Planned Behaviour to investigate the determinants of recycling behaviour: a case study from Brixworth, UK[J]. Resources, Conservation and Recycling 2004,41(3): 191—214.

[3] Kinnaman T C. Garbage and Recycling with Endogenous Local Policy[J]. *Journal of Urban Economics*, 2000, 48, (3): 419—442.

[4] Tilman C, Sandhu R. A model recycling program for Alabama[J]. *Resources, Conservation and Recycling*, 1998, 24(3—4): 183—190.

前两种模式各自的优缺点以及两者之间的互补性,逐步采用了混合政策模式,即将"命令—控制"方式和市场手段综合起来形成混合政策工具[1]。

近年来,由于循环经济理念在中国的传播以及循环经济实践的展开,国内对于循环经济政策的研究也逐步得到关注。有研究建立了"对象—主体—政策"模型,并基于该模型提出了行管制性政策、市场性政策和参与性政策等政策设想[2],生命周期评估理论也被应用到循环经济政策分析,在生命周期评估理论的基础上建立了循环经济政策的有关模型,分别就输入端控制、过程中控制和输出端控制进行了政策分析[3]。国内已有的研究大多采用了"政策执行主体—政策作用对象—政策工具"的分析思路,并且通过对资源流动过程阶段的划分(输入端、过程中和输出端)或者结合循环经济"3R"原则来设计政策。

从发展循环经济的主体来看,主要可以分为三类:一是政府,二是企业,三是公众。因此,政策的目标群体就是企业、公众和各级政府。在市场经济中,政府通常不直接从事市场经济活动,因此,政府的角色主要是制度供给、有效监管和提供有关公共产品,因此,设计和出台的政策应当促使各级政府担当提供制度、积极监管和提供有关公共产品的角色。对于企业而言,成本收益的考虑是企业经济活动的根本考虑,因此,政策的立足点应当是通过政策实施改变企业的成本收益,从而促使企业从事循环经济活动。就公众而言,公众主要是处于资源消费者的角色,要使得公众的资源消费符合循环经济原则的话,成本效用的改变是关键,因此,针对公众的政策应当注重改变资源消费的成本对比,并通过宣传教育改变公众的资源环境意识和资源环境观念。从我国对循环经济的定义来看,循环经济不是简单的废弃物回收再利用问题,而是包括了"减量化、再循环和再利用"目标在内的复杂系统,是一项系统工程。在这项系统工程中,需要各级政府及其部门以及社会微观经济主体的广泛参与,因此,在政策设计时,必须重视政策的层次性。从政策主体角度来看,大致可以分为立法层次、组织层次和操作层次。因此,在政策设计时,应当从不同层次综合考虑政策主体、政策目标、政策对象和政策工具。这里建立"主体—目标—对象—工具"分析框架,如图14.1所示。

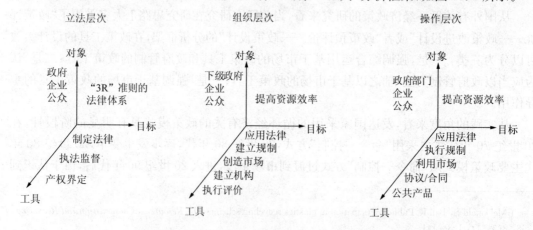

图 15.1 "主体—目标—对象—工具"的政策分析框架

---

[1] Allenby B R. 生态工业学:政策框架与实施[M]. 清华大学出版社,2005:191.
[2] 诸大建,黄晓芬. 循环经济的对象—主体—政策模型研究[J]. 南开学报:哲学社会科学版,2005(4):86—93.
[3] 臧漫丹,高显义. 循环经济及政策体系研究[J]. 同济大学学报(社会科学版),2006,17(1):112—118.

15.2 循环经济的政策工具

发展循环经济,其目的是要同时实现资源效率和环境效率,即要实现资源减量使用和资源的循环利用,还要实现污染减量排放,无论是实现资源效率还是实现环境效率,政府都可以采取多种政策,从资源和环境管理政策工具角度来看,政府的政策工具可以有四类,即利用市场、创建市场、管制和公众参与①,而有的研究则对这四种方法进一步归并,将政策工具划分为行政管制方法和市场方法两类②。具体来说,为促进循环经济的发展,政府可以有以下政策选择:公共产品直接供应、技术规制、执行规制、可交易的许可证、税收、补贴、押金—退款、信息政策和市场政策等。这些政策工具在资源利用管理与环境保护管理中有不同的效果也有不同适用条件。

15.2.1 公共产品的直接供应

公共产品是指具有排他性和非竞争性特征并被社会共同使用的产品。在处理和解决资源循环境问题时,政府及其部门能够使用的最直接的政策工具就是利用自身的人员、技术和资源去解决一个特定的问题③。

对于资源环境问题来说(主要是资源利用和环境保护问题),政府直接介入资源利用和环境保护的机制就是公共产品的供应。由于政府直接参与经济活动往往会导致市场的扭曲,所以在市场经济国家,政府对直接参与资源利用市场态度谨慎。通常,经济学者主张只有当出现市场失灵的情况,政府才有必要负起公共产品供应的责任,否则,政府的直接参与不仅无助于问题的解决,还会导致市场扭曲以至出现社会福利的损失。

因此,政府直接供应公共产品则极为少见,不少国家的政府逐步开始避免成为产品和服务的直接供给者,而是由政府雇佣的私人企业来提供这些产品和服务,政府则保留控制职能并对提供公共产品与服务的私人企业提供资助。

对照循环经济的减量化、再循环和再利用"3R"准则,资源的循环利用和减量投入都要由企业来实施,污染的减量排放同样也要由企业来实现,但是,要实现循环型社会,不仅要在生产领域实现资源的循环利用,还要在消费领域实现资源循环利用以及将生产与消费连接起来实现资源在生产与消费之间的循环利用。即从资源利用的利于来看,循环经济的实现可以划分为三个方面:生产领域的循环经济、消费领域的循环经济以及生产和消费相互连接的循环社会。在这三个方面,生产领域循环经济的实现主体是众多的企业,而在消费领域,家庭和组织是资源消费的重要单元,资源的消费不仅要实现单个单元内部的循环利用,更主要的还是要实现单元之间资源的循环利用,而这则有可能需要政府供应某些产品和服务,也即在依靠市场力量无法提供资源循环利用设施和服务的情况下,政府可以担当起这些设施和服务提供者的角色,弥补市场失灵、减少导致资源利用效率的损失。

---

① 托马斯·思德纳. 环境与自然资源管理的政策工具[M]. 上海:上海人民出版社,2005:102—106.
② Callan S J, Thomas J M. 环境经济学与环境管理:理论、政策和应用(第三版)[M]. 北京:清华大学出版社,2006:79—97.
③ 托马斯·思德纳. 环境与自然资源管理的政策工具[M]. 上海:上海人民出版社,2005:112.

15.2.2 技术规制政策

在资源环境管理中,技术标准是指对受到管制的污染源使用排污技术类型的规定[1]。在资源利用方面同样可以采取技术规制政策工具,即建立资源利用与污染控制的技术标准,该标准规定使用的技术、条件或者设备,即规定采用的技术或者设备,在不少文献中,这类政策工具又通常被称为"命令与控制"[2]。

尽管在环境保护中,技术标准经常受到批评,认为在强制性的技术标准下,企业没有选择的余地,因而技术标准的设定不利于激励企业开发更为清洁的生产技术,但是,技术标准在某些情况是适合的,例如,托马斯列举了可能会促进对设计标准应用的条件[3],这些条件是:

(1) 技术与生态信息是复杂的;
(2) 关键知识只有在权威的中央层面才能得到,而在企业里却的不到;
(3) 企业对价格信号反应迟钝,而投资会产生长期的不可逆转的影响;
(4) 技术的标准具有很多的优点;
(5) 可行的竞争技术不多;
(6) 监控成本高,对排污进行监控很难而对技术监控却很容易。

技术标准作为一种规制手段,其优点是在资源利用或者污染排放难以监控的情况下,可以保证资源利用者或者排污者能够按照某种技术标准的要求行事,但是其缺点也是显而易见的,即企业或者个人在满足政府的资源使用或者污染排放的技术要求后,资源利用总量和污染排放总量并不会因此而得到控制,并且由于被规制对象没有选择的机会,针对投入和产出的技术规制往往不利于企业开发出更有效的技术;另外,在污染控制方面,由于企业的异质性,技术规制在实现特定目标时,其成本并非最低,因此从成本效益的角度来看,技术规制可能会导致效率损失。

为实现资源的循环利用,从技术规制的角度,可以对应用技术的标准和技术应用的条件做出直接规定,概括来说,可以在以下两个方面采取措施:

(1) 在生产领域、包括服务行业,根据资源类型,针对不同行业制定资源利用的技术标准,例如强制采用废热废能再利用技术,制定炊事炉灶的效率标准并规定销售产品必须符合这些标准;

(2) 在生活消费领域,推行节能节水标准,将资源循环利用的要求导入建安设计标准中,例如,在强制规定在建筑设计中必须设计中水回用系统以便促进中水利用,能源利用系统的设计也必须考虑能源的循环利用,可以考虑废能余热的再利用要求。

15.2.3 执行规则政策

执行规制政策与技术规制政策不同,执行规制政策制定执行标准,执行标准只规定被管

---

[1] Callan S J, Thomas J M. 环境经济学与环境管理:理论、政策和应用(第三版)[M]. 北京:清华大学出版社,2006:80.
[2] 托马斯·思德纳. 环境与自然资源管理的政策工具[M]. 上海:上海人民出版社,2005:114.
[3] 托马斯·思德纳. 环境与自然资源管理的政策工具[M]. 上海:上海人民出版社,2005:117.

制者在资源利用或者污染排放时必须达到某种限额,但并不限制采用哪种技术。针对污染排放的执行标准通常规定排放的污染物必须符合某种标准,而针对资源利用的执行标准则可以规定资源利用达到某种效率标准,但是规制者并不指定相关的技术或者设备。

与技术标准相比较,执行标准更具灵活性,执行标准并不对资源利用的过程或者污染减排的过程加以干预,只是针对资源利用的结果和污染排放结果加以限制,允许被规制者自由选择技术措施。就污染排放而言,企业可以根据执行标准,不仅可以自己选择达到强制目标的排污方法,也可以在减少产量与削减污染之间做出选择①;从理论上来说,对于资源利用,也可以设定执行标准,企业根据标准选择提高资源效率的技术方法,但是与针对污染排放的执行标准不同的是,针对污染排放的执行标准可以对企业污染排放总量做出限制,但是规制者要对企业资源利用行为进行规制的话,可以制定资源利用效率标准,但针对资源利用的执行标准不可能限制企业资源使用总量。当然,面对针对资源利用的执行标准,企业同样可以考虑进行技术改造提高资源利用效率也可以考虑改变生产规模来达到资源利用的效率标准(改变生产规模可以使得资源利用的边际效率因此而改变,进而改变资源利用的平均效率,通常资源利用的边际效率难以监测,但是资源利用的平均效率的监控则要容易得多)。

尽管执行标准相对于技术标准灵活性提高了很多,但是并非就意味着执行标准就毫无缺点,在环境保护领域,执行标准经常以设定排污水平的形式进行控制,即通过发放排污证许可证的方式对企业排污进行限制,然而当发放的排污许可证不可交易情况下,执行标准往往容易与寻租和设租问题联系在一起,即执行标准要面临一定程度的腐败风险。另外,与技术标准一样,资源环境的利用者或者占用者在满足政府的执行标准后,尽管个体的资源利用效率或者污染排放效率得到了控制或者提高,但是,这并不能保证污染的总体水平和资源消耗的总体水平得到完全控制,并且很有可能在个体的资源环境效率达到要求后,社会总体的资源环境效率依然落空,这在某些可再生资源的利用中可能导致毁灭性的后果。

规制通常是监管的一种形式,尽管技术标准有它的优点,但是,技术标准应当审慎使用。技术标准与执行标准最大的不同之处在于技术标准关注的是技术,而执行标准关注的是结果,迈克尔·波特认为技术标准实际上阻碍了企业的技术创新②。在迈克尔·波特看来,监管有好坏之分,迈克尔·波特认为,对于产业发展而言,有利于创新的政府监管应当注重以下几个方面:关注结果而非技术,监管宁严勿松,监管要尽量靠近终端用户同时上游的解决方案,要设立逐步过渡期,使用市场激励手段,使各相关领域的监管协调一致,制定法规要与其他国家同步或者略微超前,监管过程更加稳定和更具可预见性,从一开始就要求行业参与制定标准,使监管部门具有很强的专业能力,尽量减少监管过程本身消耗的时间和资源③。因此,一个关注结果的管制措施往往要比一个关注技术的管制措施更具效率,能够促使企业采取技术满足政策需要的技术措施乃至开发更具资源环境效率的先进技术。

15.2.4 税收政策

在资源与环境管理中,尤其是环境管理中,税收手段受到经济学者的青睐。由于资源利

---

① 托马斯·思德纳. 环境与自然资源管理的政策工具[M]. 上海:上海人民出版社,2005:119—120.
② 迈克尔·波特,克拉斯·范德林德. 环保与竞争:对峙的总结[J]. 商业评论,2006(1):58—75.
③ 迈克尔·波特,克拉斯·范德林德. 环保与竞争:对峙的总结[J]. 商业评论,2006(1):58—75.

用和环境污染具有外部性,厂商资源利用和污染排放的私人成本通常要小于社会成本,在这种情况下,当厂商实现成本效益最优时(即厂商生产的边际成本等于边际收益,此时厂商获得最大化利润),全社会并为实现成本效益,通常是产出超过了社会最优的那个产量,此时,社会承担了本应由厂商承担的成本。为使外部成本内部化,经济学者对此有产权和税收等主张。在经济学者看来,在无交易费用的条件下,初始产权的清晰界定可以改变私人边际成本与社会边际成本不一致的情况,从而实现社会福利最大化。然而,产权界定和维护都是有成本的,也就是说交易费用为零的情况是不存在的,因此,要清晰界定产权非常困难,以至清晰界定产权不可行甚至是不可能的。而通过税收可以将厂商的边际成本增加到社会边际成本水平,从而实现外部成本内部化。

在针对环境污染的税收中,征税可以有三种选择,一是直接针对排放的征税,二是针对投入征税,三是针对产出征税。后面两种通常被认为是假定税,即假定投入、产出与污染排放之间存在紧密相关关系。发展循环经济的目标,不仅要实现污染的减量排放,而且要实现资源减量投入。在循环经济中通过再循环和再利用实现资源的减量投入和污染的减量排放,对于整个社会而言,要实现资源的循环利用,在生产领域要促进废料废能的利用,这有两个方面的含义,一是要促使企业尽量利用自身的废料和废能,二是要促使企业尽量利用其他企业的废料废能以及经过利用后的回收产品物料。这两个方面都能够实现资源环境效率的提高,即实现污染减量排放和初级资源减量投入。因此,针对厂商的税收应当能够实现这几个目的。

通常,对于寻求扣除生产成本(包括污染削减成本在内)和污染税后利润最大化的企业,当企业利润达到最大时,需要满足的一阶条件是有两个:一是边际生产成本(边际投入生产投入加上边际污染削减成本)加上产品的边际税收负担等于边际收入(产品价格),二是边际污染削减成本等于边际污染排放税负担。前一个条件表明,厂商可以改变投入组合(而投入组合往往会要求工艺过程改变),以更清洁的生产组合实现污染减量;后一个一阶条件表明当税收负担的节省超过污染处理成本时,厂商将采取末端处理措施。除此之外还可以改变生产规模,改变边际污染排放。因此,针对污染排放征税,厂商可以采取的应对措施可以有:(1)减少产量以便减少污染,(2)采取措施对污染进行处理以便削减污染,(3)改变投入组合(工业过程)减少污染排放。可以看出,针对污染的征税对于资源的循环利用和减量投入可能起到一定的作用。

针对投入和和产出的征税也可以影响厂商的资源利用行为。针对投入进行征税,关键在于确认和区分不同性质资源,尤其是区分再生资源投入和初级资源投入采用不同税率,这样,采用不同性质资源的企业其投入成本因此而不同。对利用再生资源投入采用较低的税率有利于促进资源的再生利用,因此这相当于降低了采用再生资源厂商的相对成本,这种方式可以税收减免手段。针对产出征税,主要是要区分采用不同原料生产的产品采用不同税收政策,通过差别税率,降低采用采用再生资源生产产品的税收负担、提高采用采用再生资源生产产品的利润,这会鼓励厂商采取措施采取循环型资源利用模式,提高资源重复利用水平。从经济效果上来说,对所有投入和产出品征税,但是对使用初级资源及其产品使用更高的税率,相当于只是对使用初级资源及其产品征税,而对使用再生资源及其产品相当于未征税。由于需求和供给的相互作用,针对投入和产出的税收会影响到产品需求,从而影响居民的消费。

在有些领域,采用收费的形式来代替税收,例如,为促进居民家庭尽量减少生活废弃物,不少国家对废弃物进行收费,收费形式有统一收费率、按数量收费或者统一费率加按废弃物数量等形式,还有的是根据废弃物类型和运输距离来收费[1]。统一收费率(又称为固定费定价)由于是按固定费用向居民或者企业收取服务费,以为不管废弃物数量的多寡收取的费用都相等,因此固定费定价系统不能反映边际私人成本的变化,这导致需求者没有动机削减废弃物[2]。因此,常常采用按量付费对此加以修正,在按量付费系统有固定比率定价和可变比率定价两种。按量付费与固定费定价不同之处在于增加废弃物服务的边际成本不再为零,从而提供了市场激励,促使废弃物服务需求者采取措施减少废弃物的产生。

事实上,税收、罚款和收费对于被管理者来说没有本质上的区别,因为这都意味着被管理者的成本,对于管理者而言是一种损失或者支出,因此,税收和收费对于资源利用的调节作用具有同样的效果。

15.2.5 补贴政策

与税收政策相反,补贴政策是对资源利用的特定方式或者行为进行补贴,借以改变采用不同性质资源的生产和消费的成本。补贴的目的是为了鼓励资源的循环利用。在供需均衡分析中,对生产进行补贴或者对消费进行补贴实际上是改变了供给的边际成本或者需求的边际成本,而这会导致供给曲线或者需求曲线的变化,进而形成了新的均衡。在环境管理中,补贴通常有两种形式,一种是针对污染削减设备使用的补贴,另一种就是对单位污染减少的补贴,一般认为,单位污染补贴要比设备补贴缺点少[3]。然而对危害环境的企业进行被补贴被比喻成一个抢劫犯要求受害者支付他弃恶从善的成本,尽管补贴也可以达到与税收一样的污染削减效果,但是,经济学家仍然认为补贴与税收还是有很大差别的:税收一般将驱使企业推出竞争性行业并导致行业供给下降,而补贴可能会提高市场进入并形成行业供给的扩张[4]。尽管补贴政策受到批评,补贴政策实际应用的案例还是不少,例如,在美国有不少州的州政府利用补贴鼓励再循环,具体见表15.1[5]。

表15.1 美国州政府对再循环项目的补贴

州	补贴措施
加利福尼亚	对制造再循环产品的设备实行税收宽免;使用再循环材料进行生产的企业可以发行债券
科罗拉多	对塑料再循环技术投掷宽减所得税
佛罗里达	1988年7月以后购买的再循环设备减免销售税;减免税收鼓励将再循环物质从集散中心运到处理厂

---

[1] 托马斯·思德纳. 环境与自然资源管理的政策工具[M]. 上海:上海人民出版社,2005:184.
[2] Callan S J, Thomas J M. 环境经济学与环境管理:理论、政策和应用(第三版)[M]. 北京:清华大学出版社,2006:441.
[3] Callan S J, Thomas J M. 环境经济学与环境管理:理论、政策和应用(第三版)[M]. 北京:清华大学出版社,2006:106.
[4] William J Baumol, Wallace E Oates. 环境经济理论与政策设计(第2版). 北京:经济科学出版社,2003:185—186.
[5] Callan S J, Thomas J M. 环境经济学与环境管理:理论、政策和应用(第三版)[M]. 北京:清华大学出版社,2006:107—108.

续表 15.1

州	补贴措施
伊利诺伊	减免再循环设备的销售税
印第安纳	对于再循环生产的建筑、设备和土地实行财产税减免
艾奥瓦	减免销售税
肯塔基	对再循环行业减免财产税
缅因	对再循环设备宽减30%的税；对市政当局运输废金属给予补贴
马里兰	对使用废油燃烧取暖以及购买安装重复利用氟利昂的设备的指出免征所得税
新泽西	对再循环机动车和设备宽减50%的税；对购买再循环设备减免6%的销售税
北卡罗莱纳	对再循环设备和设施同时减免所得税和销售税
俄勒冈	对再循环设备和设施宽减所得税；对于收集、运输和回收塑料的设备和机器实行税收特殊宽减
得克萨斯	对淤泥再循环公司实行免税
犹他	向重新使用旧轮胎或焚烧轮胎作为能源的厂商提供每吨21美元的补贴
弗吉尼亚	对处理再循环材料的设备减免10%
华盛顿	对运输回收物质的机动车减免机动车管理费
威斯康星	对减少废弃物和再循环设备减免销售税；对某些设备减免财产税

资料来源：环境经济学与环境管理：理论、政策和应用，107—108

从表15.1可以看出，税收宽免的补贴方式着力点各不相同，既有再循环设备投资税宽减也有对再循环设备销售税的宽减。除了税收宽减形式的补贴激励之外，还有拨款和折扣以及允许发行债券等形式的补贴，另外，退税也被看作是补贴的一种，从本质上来说，退税是税收宽减的一种。各个国家在针对资源循环利用补贴方面有各自的特点，现在补贴的主要形式是：对私人企业进行销售税减免或者投资税减免以及对地方社区发放贷款或者进行拨款，对于资源循环利用的目的是希望对资源回收循环利用的先行者进行资助以便启动项目并希望这些项目最终能够达到自负盈亏[1]。也就是说，对于再循环进行补贴的出发点是希望一旦建立起再循环的基础设施，资源的再循环利用就会变成一种自发行为。

对不同对象进行补贴会有不同的效果，有研究表明削减补贴其实能降低企业的排放量，与税收相反，补贴会提高行业的排放水平[2]。对于鼓励再循环利用的补贴政策广泛采用以及相关的经验表明，针对再循环的补贴则有助于资源的回收利用，例如欧洲国家针对废油回收利用的补贴使得废油回收率达到65%以上[3]。这些研究说明，针对废弃物回收利用行为的补贴有助于提高资源环境效率，而单纯针对污染削减技术或者设备的补贴则可能导致行业污染排放的增加。从初级资源和再生资源的生产成本的对比来看，由于不少资源再生并不便宜，在目前的技术条件下，资源回收和资源化过程的成本相对较高，导致再生资源较初

---

[1] 托马斯·思德纳. 环境与自然资源管理的政策工具[M]. 上海：上海人民出版社，2005：189.
[2] William J Baumol, Wallace E Oates. 环境经济理论与政策设计(第2版). 北京：经济科学出版社，2003：205.
[3] 托马斯·思德纳. 环境与自然资源管理的政策工具[M]. 上海：上海人民出版社，2005：189.

级资源没有价格优势并往往处于价格劣势,要改变这两者生产成本的对比状况,无非就是两种选择,一是提高初级资源的生产成本,二是降低再生资源的生产成本。而补贴的目的正是为了降低再生资源的成本,从而提高利用再生资源制造的产品的竞争优势。对资源再循环的补贴可以针对回收活动进行补贴也可以针对再生资源利用进行补贴。而补贴方式是采用税收宽减还是采用信贷或者拨款等则要视具体情况而定。需要指出的是,补贴削减也往往作为补贴政策的一种,由于补贴政策一旦实施,补贴的价值一般会被资本化在财产价值当中[1],因此取消补贴相当于受到补贴产品价值的减损。

考虑到再生资源在成本价格上不具备优势,在以利润为导向的市场经济中,如果资源循环利用带来的是更低的经济效益的话,资源循环利用将失去其微观基础而不可能实现。但是,要对所有的资源循环利用进行补贴显然又是不现实的,因此,应当有选择性的进行补贴,主要考虑那些对于资源循环利用有重要作用但又确实无法在市场上实现赢利的行业进行补贴,可以重点考虑以下几个方面:

(1) 对废弃物回收和资源再生行业的补贴,这可以采取税收宽减、信贷支持、补贴以及拨款等形式;

(2) 对利用再生资源生产的补贴,这主要采用税收宽减的方式,也可以采取补贴形式(例如再生能源生产进行补贴);

(3) 对再循环设备和设施制(建)造、购买以及使用给予税收宽减;

(4) 对企业以提高资源循环利用目的的生产和服务调整予以信贷支持和税收宽减;

(5) 对资源循环利用技术的资助与补贴,通过项目和研发投入补贴等方式,鼓励资源循环利用技术的研究开发和推广运用。

15.2.6 押金—退款政策

押金—退款政策事实上是一种组合政策,这项政策工具可以归类为税收开支或者对不恰当处置的假定税收,包括对特殊项目的收费和对退还的补贴,因此,这个政策工具可以用来激励出于环境考虑的适当的循环利用[2]。押金—退款政策被定义为一种"要求为潜在的损害预先支付费用,并在相关产品得到恰当处置或者循环利用之后还款的市场手段"[3]。押金—退款制度就是当购买某种产品时,购买者被要求支付一定的费用,该产品在使用后按照要求返还使用物品或者证实得到恰当处置时,产品购买者可以得到当初支付费用全部或者部分。与前面几项政策工具不同,押金—退款制度目的在于激励潜在的污染者采取恰当措施,正确处理废弃物实现废弃物的回收和利用,押金—退款制度的目标群体并不是现实的废弃物不恰当处理者而是潜在的不恰当处理者。

押金—还款制度具有将激励与控制监控成本结合在一起的优点,即押金—还款制度即可以激励资源循环利用,又解决了对废弃物处置的监控问题,政策实施者没有必要对不恰当处置进行监测。对于不进行或者配合循环利用厂商或者个人,不仅要承担传统的处置成本,

---

[1] 托马斯·思德纳.环境与自然资源管理的政策工具[M].上海:上海人民出版社,2005:159.
[2] 托马斯·思德纳.环境与自然资源管理的政策工具[M].上海:上海人民出版社,2005:160—161.
[3] 汤姆·泰坦伯格.环境与自然资源经济学(第5版)[M].北京:经济科学出版社,2003:108.

还要面临失去还款的机会成本①。

押金—还款制度在实施时,押金通常包含在销售物品的价格当中,当废弃物品交还给销售商或者专门负责回收的企业时,将得到当初包含在价格中的押金的全部或者部分。押金—还款制度目前被广泛用于容器的循环利用,此外,还用在铅酸电池的回收利用中以及汽车的回收等。

押金—还款制度对于促进零售商品的回收再利用具有独到的优越性,因为要监控众多的零售商品消费者对可回收物品的处置是一件非常困难的事情,甚至由于监控成本过大而使得监控不可行,而还款制度则将这一问题解决了。正因为如此,押金—还款制度在废弃物管理和再利用中得到应用。押金—还款将监控变成自我监督,在押金—还款制度中通过还款机制来激励信息显示,并将集中监督变成了分散监督。押金—还款制度的理念是:预先假定商品购买者具有不当处置物品的动机,商品购买者必须自己证明自己对物品的恰当处理并因此免除付费责任。

押金—还款制度是双重政策工具的一种,就是将"大棒"与"胡萝卜"结合在一起使用,在环境管理的政策工具中,也有其他一些政策工具基于相同理念来设计,在押金—还款制度中,将惩罚和激励机制结合在一起,管理者设计出政策菜单提供给被管理者选择,即被管理者可以选择采取付费而不回收行为或者选择对废弃产品进行回收再利用。基于这种理念的双重政策工具在信息不对称情况具有显著优势,因为还款机制鼓励被管理者披露自己的处置信息。

15.2.7 信息政策

政策制定、实施和评价都需要信息支持,对公众开放信息本身被认为是一种政策工具②。信息不公开会导致判断失准等问题,进而影响到政策工具实施的成本和效果。20世纪90年代初,特别是联合国环发大会以来,可持续发展成为国际社会环境与发展领域的一个主流,受其影响,环境保护方面出现了重要发展趋势:强调扩大公众参与,倡导企业与公众采取环境保护的自觉行动,倡导政府和企业在环境保护方面建立伙伴关系,信息公开和公众参与逐渐融入和扩展到环境管理的各个层面,并衍生出新的污染控制手段——环境信息公开手段③。在环境保护和资源利用管理中,信息政策具有重要作用,通过信息公开促使生产企业采取有利于资源环境保护的生产方式。循环经济发展较好的德国在发展循环经济的过程中十分重视信息政策的作用,并运用注重应用信息政策尤其是标签制度来促进资源的循环利用,例如德国由DSD公司建立的绿点系统,生产企业在向DSD公司交纳绿点费之后,生产企业的一次性包装产品可印上绿点标志,DSD公司根据绿点标志对消费者消费后的废弃包装进行回收④。德国还规定如果厂商销售到德国的产品的包装所使用材料为塑料产品,不论是否使用绿点标志,都必须在外箱上标示回收代码,方便回收分类⑤。信息公开可以采取若干种形式中的任意一种,这些方式主要包括标签、信息公开或者是等级和证书;

---

① 汤姆·泰坦伯格.环境与自然资源经济学(第5版)[M].北京:经济科学出版社,2003:110.
② 托马斯·思德纳.环境与自然资源管理的政策工具[M].上海:上海人民出版社,2005.
③ 黄贤金.循环经济:产业模式与政策体系[M].南京:南京大学出版社,2004:401.
④ 戴宏民.绿点公司和废弃物资源化[J].重庆工商大学学报(自然科学版).2003(1):7—12.
⑤ 王冰冰,于传利,宫国靖.循环经济:企业运行与管理[M].企业管理出版社,2005:205.

标签计划又可以划分为三种类型,即由独立的机构设立标准并进行评价、没有固定标准或者外部检查的内部证明、没有外部评价的合格产品信息[1]。

在实际应用中,信息政策往往和其他政策工具结合使用,例如与税收政策相结合,针对信息披露的情况,有针对性的采取不同的税收政策以此形成差别。信息政策的实施还要有相关的激励机制,即要有相应的措施促使产品生产者、销售商披露有利于资源回收和循环利用的信息。

15.2.8 市场政策

循环经济中市场失灵表现为相应市场体系欠完善,市场垄断与不完全竞争导致资源配置的低效率。运用财政与货币政策可以优化市场结构,强化市场功能。为实现资源配置效率,政府既可以对垄断厂商发放财政补贴,从而要求增加产量和降低价格;利用新开发的金融工具资助或限制相关企业,也可以接管这类企业,直接规定产品低价出售;或按市场原则规范公共定价,调整产业组织形成竞争格局,以及运用法规等手段维护市场竞争的有效性[2]。市场政策的应用,也取决于资源产权的清晰界定,从而避免"公地悲剧",更有利于利用效率的提高。

15.3 典型国家循环经济政策法规及其借鉴

循环经济产生于 20 世纪 80 年代末至 90 年代初的北欧、北美等发达国家。近年来,循环经济充分显示出自身的优势,备受世界各国的重视。德国、日本、美国、丹麦、瑞典、韩国等发达国家为了促进循环经济的发展积极制定相应的法律、法规,以实现社会、经济的可持续发展。本节主要介绍国外循环经济法律法规与政策,并总结国外循环经济发展的经验及借鉴作用。

15.3.1 国外循环经济法律法规与政策

1)德国

从 20 世纪 60 年代中期开始,联邦德国制定了第一部环保法《保护空气清洁法》,以后随着经济实力的增强,先后制定修改了《垃圾处理法》、《避免废弃物产生以及废弃物处理法》、《环境规划法》、《有害烟尘防治法》、《水管理法》、《废水排放法》、《自然保护法》等法律法规。在 20 世纪 90 年代初,德国议会又将保护环境的内容写入修改后的《基本法》。到 1996 年,《循环经济与废弃物管理法》开始实施,它将资源闭路循环的循环经济思想推广到所有生产部门,侧重于强调生产者的责任是对产品的整个生命周期负责,规定对废弃物问题的优先顺序是避免产生循环使用最终处置[3]。

《循环经济与废弃物管理法》的核心思想是促使更多的物质资料保持在生产圈内,该法明确规定,生产中首先避免产生废弃物,否则必须对材料或能源进行充分利用,只有两者都

---

[1] 托马斯·思德纳. 环境与自然资源管理的政策工具[M]. 上海:上海人民出版社,2005:190—191.
[2] 闫敏. 循环经济国际比较研究,北京:新华出版社,2006:143.
[3] 德国循环经济法律法规体系与管理体制. http://www.gxgyjz.com/qingjie_fagui/cycle_german.pdf

难以实现的情况下才可以对废弃物进行环境能够承受的清除。此举要求工商业者按照全生命周期管理原则照管其产(商)品,也意味着研制新产品时就要考虑废旧商品的回收与清除问题。产品必须寿命长、维修便利、可拆除或重新利用。然而,根据该法生产者的"废弃物担保"必须是技术上经济上可行,且必须承担废弃物利用或清除的费用[①]。《循环经济的废弃物管理法》规定了对待废弃物的优先顺序为:避免产生——循环利用——最后处置,这对人们今后对循环经济的认识产生了深远的影响。德国政府根据各部门各行业的不同情况,制定了促进各部门各行业垃圾再利用的法规,使饮料包装、废铁、矿渣、废汽车、废旧电子商品等"变废为宝"[②]。

2)日本

在确定建设循环型社会为基本国策之前,日本就已建立了系列与环境保护相关的制度,包括《环境污染控制基本法》(1967)、《自然保护法》(1972)、《环境基本法》(1993)、《合理利用能源法》(1993)、《促进开发和推广使用可替代能源法》(1993)、《资源循环利用法》(1994)、《有关废弃物处理及清扫的法律》等。这些法规政策的制定与实施为日本后来循环经济的相关立法打下了良好的基础[③]。

目前日本是循环经济立法最为全面、系统的国家之一,已有的循环经济法规政策可分为三个层面的内容:第一层面为基础层,其法律有《促进建立循环社会基本法》;第二层面是综合性法规政策,如《固体废弃物管理和公共清洁法》、《促进资源有效利用法》;第三层面是根据各种产品的性质制定的法规政策,如《促进容器与包装分类回收法》、《家用电器回收法》、《建筑及材料回收法》、《食品回收法》及《绿色采购法》[④]。其中《促进建立循环社会基本法》于2000年12月公布实施,旨在构建一个降低环境负荷并实现经济可持续发展的循环型社会。

3)美国

在美国目前并没有循环经济的正式说法,但是美国对于资源的节约与循环利用仍然非常重视,早在1965年就制定了《固体废弃物处理法》[⑤],并成为第一个以法律形式将废弃物利用确定下来的国家。经过多次修正后,1976年颁布了《资源保护回收法》。美国目前管理陆地废弃物的主要法规是1984年国会通过的《资源保护与回收法》以及《综合环境响应、补偿和责任法》[⑥]。

政府的干预措施是美国推行环境保护战略的主要方面,比如1990年《清洁大气法修正案》,就要求限制消耗臭氧层化学物质的生产。1992年的《能源政策法》要求联邦政府购买以化石燃料替代品为燃料的车辆,为扩大可再生能源市场,要求由政府部门带头使用这一新能源方式,并且规定了其联邦机构使用可再生能源的比例。

---

① 闫敏. 关于德国的《循环经济法》. http://www.china.org.cn/chinese/zhuanti/xhjj/763416.htm,2005年1月18日.
② 德国循环经济法律法规体系与管理体制. http://www.gxgyjz.com/qingjie_fagui/cycle_german.pdf
③ 李娜,周瑞红. 日本发展生态工业园的实践及启示[J]. 经济纵横,2008,(3):91—93.
④ 闫敏. 日本"循环经济"发展战略分析. http://www.china.org.cn/chinese/zhuanti/xhjj/763422.htm,2005年1月18日.
⑤ 闫敏. 美国是如何发展循环经济的. http://www.china.org.cn/chinese/zhuanti/xhjj/763426.htm,2005年1月18日.
⑥ 崔磊. 国际循环经济立法比较研究[J]. 华东理工大学学报:社会科学版,2007,22(2):103—107.

《资源保护与回收法》则强调国会要资助各州政府的环保局建立有关废弃物处理、资源回收、环境保护的规划与回收技术及设备研究与开发,资助专业人员的培训。该法多年来在美国的固体废弃物管理中起到了举足轻重的作用。从20世纪80年代中期开始俄勒冈、新泽西、罗德岛等州先后制定了促进资源再生循环法规以来,现在已有半数以上的州制定了不同形式的再生循环法规政策。

早在20世纪80年代末起就制定了一系列以循环为目标的能源政策,美国《能源政策法》的核心内容一直围绕三点:一是促进可再生能源的开发利用;二是充分合理利用现有资源;三是鼓励节能[①]。具体在通过财政手段鼓励可再生能源的开发和利用、政府部门带头使用可再生能源、推广节能设备与节约对石油资源的使用等方面都体现了出来。

上述三国具体见表15.2。

表15.2 世界各国循环经济发展的法规政策保障比较

国别	法律法规比较	战略比较
德国	属于经济循环法,主要是:一是经济循环型法律体系,均以循环经济基本法(德国:《循环经济与废弃物管理法》;日本:《促进建立循环社会基本法》)为核心,形成了较为完善的法律体系;二是循环经济原则被确定为具有法律效力的生产指导性原则,对产品设计、产业结构调整具有指导作用;三是有针对性地对可回收、回收价值大的具体产业颁布了针对性的法律法规。	注重政府引导和干预,以法治形式推进循环型社会战略,强化了财政等杠杆调控,加强了对微观经济主体的管理,引进循环经济技术,在全社会发展循环经济
日本		以"垃圾经济"为基础逐步形成较为完善的循环经济战略体系,并在国家调节的市场经济条件下运行
美国	属于污染预防法,较末端治理模式有进步,主要是将以清洁生产为基本实现形式的循环经济立法纳入污染预防的法律范畴,大部分法律属于环境法。	自由竞争的市场条件下自治型循环经济发展,以经济政策引导为主,提供有利于循环经济发展的公共产品,遵循市场规律,充分发挥市场对资源配置的作用,促进循环经济发展

资料来源:依据文献整理。闫敏编著:循环经济国际比较研究,北京:新华出版社,2006:124—126,184—186

15.3.2 国外循环经济发展的经验借鉴

国外循环经济建设的发展离不开法规及相关政策制度的推进,总的来说,国外循环经济发展在以下方面值得借鉴[②]:

一是法律、规章的制约起着很大的作用。以法律、规定的形式将"减量化、再利用、再循环"的要求和一些具体措施硬性确定下来,使其具有强制性,这种措施的实际效果比较明显[③④]。如德国先后颁布了《垃圾处理法》、《避免废弃物产生及废弃物处理法》、《关于容器包装废弃物的政令》、《循环经济与废弃物管理法》等法律[⑤]。20世纪80年代的废弃物处理法就提出了避免废弃物、减少废弃物,实现废弃物利用的要求;德国的循环经济法还要求生

[①] 曲俊雅.美国政府推动循环经济[J].决策与信息,2004(12):40—41.
[②] 黄贤金.循环经济:产业模式与政策体系[M].南京:南京大学出版社,2004:11—16.
[③] 刘华.发达国家循环经济立法的模式及借鉴[J].中国科技投资,2007,(7):72—75.
[④] 辛宪章.国外循环经济管理典型模式剖析[J].法制与经济,2006,(12X):90—91.
[⑤] 李良园主编.上海发展循环经济研究.上海交通大学出版社,2000:117.

者必须生产出垃圾尽可能少的产品,即耐用、多用途、易修理或方便再利用的产品①。这实际上就是将"3R"原则提到了法律的高度,德国循环经济发展的高水平与这种措施是分不开的。

二是经济上的惩罚、激励和引导措施也有很大意义。并且经济上的措施基本上都是与法规相一致的,即对违反法规规定的行为采取一定的经济上的惩罚,以及为促进和保障法规的执行而采取的经济措施,主要包括收费(税)、押金、罚金等方式。此外,从经济激励方式上,也建立了多层次的激励机制,如在资源节约上,则更多地如德国结合法律、法规的制定,采用收费、押金等经济手段来促使包装废弃物的减量化②。对一次性使用的包装,如对快餐店使用的纸质餐具和自动售货机的饮料容器等使用后扔掉的容器征收容器税;凡使用后不能再回收利用的包装,生产者必须缴给政府处理费用,此费用打入成本,由消费者承担,这样就削弱了商品的竞争能力,从而促使生产者主动改革包装,采用可回收利用的包装。为了保证消费者将包装退回给卖方,政府制定了"押金—退款"制度③;即消费者购买物品的同时要交纳一定的押金,等物品包装退回时,押金再返还。丹麦也很早就对包装、容器强制实行押金回收制度,并且对于塑料容器、纸杯、纸盘等一次性的饮料容器征税④。经济措施还包括对在"减量化、再利用、再循环"方面做得好的消费者给予奖励,对在"减量化、再利用、再循环"方面成绩突出的企业、从事废弃物回收及再利用的企业给予税收优惠和奖励等。

三是"3R"原则是实现产业发展中资源最少消耗、环境与经济协调发展的统一的体系,但是在具体操作中又是有顺序的,在生产、经营和服务活动中的各个环节,应当按顺序实践"3R",即要先尽量使在生产物品和提供服务中利用的资源和物品最少,然后对于这部分最少的、必须利用的资源和物品以及生产出的物品,要尽可能多次的使用,经过多次使用后最终实在无法避免而产生的废弃物,应回收处理,尽可能转化为新的资源或物品。同时,在各个环节中都要强调最少的污染产生;此外,要实现资源利用的"减量化、再利用、再循环",必须以一定的政策、法规的制约和激励、一定的技术支撑为条件。

四是按循环经济理念与政策,引导产业区规划布局,推进生态关联产生或共生企业的簇群式发展。例如,丹麦的卡伦堡工业园的产业规划与设计中,注重建设面向共生企业的循环经济体系,以发电厂、炼油厂、制药厂和石膏指板厂为中心,通过贸易方式将其他企业废弃物或负产品变为本企业的生产原料,建立工业横生和代谢生态链关系,从而实现热能多级使用;废弃物的资源再利用和水资源的循环利用。此外,日本在积极推进循环型社会建设的过程中,注重将循环经济的理念融入城市规划设计,以解决由于城市规划布局不当而带来的热岛效应⑤。主要是通过城市土地利用布局的调整,达到节能效果。特别是东京等大城市,随着地价的不断上升,市中心逐渐被商业价值高的办公楼和商场等商业设施所占据,住宅被迫搬迁到偏远的郊区。这不仅加剧了城市的"热岛现象",而且造成了城市能源利用的不合理。位于市中心的办公楼和商场等商业设施,由于只在白天营业,晚上的能源消耗很少,而郊外

---

①蔡林.垃圾分类回收是根治垃圾污染和发展循环经济的必由之路.见刘青松选编.循环经济资料新编.199—208页,江苏省环境保护宣传教育中心,2002.
②张艳纯,黎熹.国外财政政策支持循环经济的比较与启示[J].科技管理研究,2007,27(11):44—46.
③李良园主编.上海发展循环经济研究.上海交通大学出版社,2000年7月第1版,70.
④李良园主编.上海发展循环经济研究.上海交通大学出版社,2000年7月第1版,71.
⑤李海峰,李江华.日本在循环社会和生态城市建设上的实践.自然资源学报,2003,18(2):252—256.

的住宅能耗则集中在晚上,使城市整体的能源消耗不合理,大大降低了发电设备的发电效率。同时,人们从郊区的住宅到市中心的办公地点一般需要一个多小时,造成了交通能源的浪费。通过对住宅和商业设施的合理布局,保证早晚能耗维持平衡,不仅可以提高发电效率,而且可以降低发电设备的投资。目前,东京等大城市正在制定《大城市再生法》,通过改善城市中心的生活环境和降低地价,促进城市中心的住宅建设,实现居住和办公一体化间[①]。

复习思考题 15

15.1 阐述循环经济政策的内涵及制定循环经济政策的必要性。
15.2 循环经济的政策工具主要有哪些?

---

① Toshio Ojima, et al. The Time of DSM—Aiming at Sustainable Enery Supply. Japan: waseda University Publishing Company, 1998.

推荐阅读书目

鲍健强,黄海凤著.循环经济概论[M].北京:科学出版社,2009.
陈文晖著.中国循环经济综合评价研究[M].北京:中国经济出版社,2009.
崔兆杰,张凯编著.循环经济理论与方法[M].北京:科学出版社,2008.
段宁,乔琦,孙启宏编著.循环经济理论与生态工业技术[M].北京:中国环境科学出版社,2009.
李云燕著.循环经济运行机制——市场机制与政府行为[M].北京:科学出版社,2008.
冯薇著.产业集约、循环经济与区域经济发展[M].北京:经济科学出版社,2008.
关小虎,林颖著.促进循环经济发展的税收政策研究[M].北京:中国税务出版社,2008.
韩庆华,王晓红,陈华等著.促进经济循环发展的财税政策研究[M].北京:经济科学出版社,2009.
黄贤金主编.循环经济产业模式与政策体系[M].南京:南京大学出版社,2004.
黄贤金,钟太洋等著.区域循环经济发展评价[M].北京:社会科学文献出版社,2006.
海热提编著.循环经济与生态工业[M].北京:中国环境科学出版社,2009.
任勇,周国梅等著.中国循环经济发展的模式与政策[M].北京:中国环境科学出版社,2009.
尚红云,周生军著.循环经济发展评价与政策设计[M].北京:中国财政经济出版社,2008.
孙佑海,赵家荣主编.中华人民共和国循环经济促进法解读[M].北京:中国法制出版社,2008.
谭根林著.循环经济学原理[M].北京:经济科学出版社,2006.
邱寿丰著.探索循环经济规划之道——循环经济规划的生态效率方法及应用[M].上海:同济大学出版社,2009.
王如松,周涛,陈亮著.产业生态学基础[M].北京:新华出版社,2006.
王兆华著.循环经济:区域产业共生网络——生态工业园发展的理论与实践[M].北京:经济科学出版社,2007.
徐玖平,胡知能,黄钢等著.循环经济系统:规划理论与方法及实践[M].北京:科学出版社,2008.
杨雪峰著.循环经济运行机制研究[M].北京:商务印书馆,2008.
俞金香,何文杰,武晓红著.循环经济法制保障研究[M].北京:法律出版社,2009
中国法制出版社.中华人民共和国循环经济促进法[M].北京:中国法制出版社,2008.

周宏春,刘燕华. 循环经济学. 北京:中国发展出版社. 2005.

Herman E. Daly, Joshua Farley 著;徐中民,张志强,钟方雷等译. 生态经济学——原理与应用[M]. 郑州:黄河水利出版社,2007.

Augusto de la Torre, Pablo Fajnzylber, John Nash. Low carbon, high growth: Latin American responses to climate change: an overview. Washington. D. C., World Bank, 2009.

Dale A., Onyxj. A. Dynamic balance: Social capital and sustainable community Development. UBC press. 2005.

Lawn P. Sustainable development indicators in ecological economics. Edward Elgar. 2006.

John A. List. Using experimental methods in environmental and resource economics. UK: Northampton, Edward Elgar. 2006.

Growth Commission. The Growth Report. Washington. D. C. World Bank. 2008.

Proops J., Safonov P. Modelling in ecological economics. Edward Elgar. 2004.

专业术语中英文对照

减排成本　Abatement Cost
基本代谢　Basic Metabolism　bascl metabolism 或 basic metabolic
物料流分析　Bulk-Material Flow Analysis，Bulk-MFA
碳足迹　Carbon Footprint
清洁发展机制　Clean Development Mechanism，CDM
循环经济　Circular Economy or Recycling Economy　cyclic Economy
循环经济学　Circular Economics or Recycling Economics
循环经济评价　Circular Economy Evaluation
循环经济模式　Circular Economy Model
循环经济规划　Circular Economy Planning
循环流　Circular Flow
科斯定理　Coase Theorem
脱钩　Decoupling
脱钩指数　Decoupling Factors
深(层)生态学　Deep Ecology
面向环境的设计　Design for Environment，DEF
边际效用递减　Diminishing Marginal Utility
消耗流　Dissipative Flows，DF
国内物质消费　Domestic Material Consumption，DMC
国内生产过程排放　Domestic Processed Output，DPO
静脉产业　Eco-Business or Venous Industry
生态设计　Eco-Design or Green Design
生态效率　Eco-Efficiency
生态工业园　Eco-Industrial Parks，EIPs
生态文明　Ecological Civilization
生态约束　Ecological Constraints
生态经济学　Ecological Economics
生态足迹　Ecological Footprints
物质闭环流动型经济　Economy of Closing Materials Cycle
规模经济　Economy of Scale
生态系统功能　Ecosystem Function
生态系统服务　Ecosystem Services
生态系统结构　Ecosystem Structure

有效配置　Efficient Allocation
排放贸易　Emission Trading
能量流分析　Energy Flow Analysis, EFA
能量吞吐量　Energy Throughput
环境经济学　Environmental Economics
环境管理体系　Enviromental Management System, EMS
环境压力　Environmental Stress, ES
外延性代谢　Extended Metabolism
绿点系统　Green Dot System
一般均衡模型　General Equilibrium Model
基尼系数　Gini Coefficient
隐流　Indirect Flow, IF
生态产业　Industrial Ecology
生命周期评价　Life Cycle Assessment, LCA
生命周期设计　Life Cycle Design
生命周期影响评价　Life Cycle Impact Assessment, LCIA
生命周期解释　Life Cycle Interpretation
生命周期清单分析　Life Cycle Inventory, LCI
洛伦兹曲线　Lorenz Curve
低碳经济　Low-Carbon Economy
边际成本　Marginal Cost
边际收益　Marginal Revenue
边际效用　Marginal Utility
物质代谢　Material Metabolism
物质吞吐量　Material Throughput
物质流分析　Materials Flow Analysis, MFA
存量净增长　Net Addition to Stock, NAS
净初级生产量　Net Primary Production, NPP
生态位　Niche
非再生资源　Non-Renewable
机会成本　Opportunity Cost
帕累托最优　Pareto Optimum
实物贸易平衡　Physical Trade Balance, PTB
生产函数　Production Function
公共物品　Public Good
原材料吨当量　Raw Material Equivalent, RME
复钩　Re-Link
再循环　Recycling
减量化　Reducing

资源与环境潜能评价　Resource and Environment Potential Assessment，REPA
资源经济学　Resource Economics
资源流分析　Resources Flow Analysis，RFA
再利用　Reusing
稳定型经济　Steady State Economy
元素流分析　Substance Flow Analysis，SFA
可持续发展　Sustainable Development
国内总排放　Total Domestic Output，TDO
总物质消费　Total Material Consumption，TMC
物质总投入　Total Material Input，TMI
物质总需求　Total Material Requirement，TMR
三重底线　Triple Bottom Line，TBL
城市循环经济系统　Urban Circular Economy System，UCES
价值链　Value Chain

循环经济研究机构网址

联合国环境署 http://www.unep.org/
联合国贸易与发展会议 http://www.unctad.org/
联合国工业开发组织 http://www.unido.org/
国际科联环境问题科学委员会 http://www.icsu-scope.org/
世界资源研究所 http://www.wri.org/
国际可持续发展研究所 http://www.iisd.org/
国际能源局 http://www.iea.org/
国际节能环保协会 http://www.ieepa.org/
全球再生网 http://grn.com/
气候行动计划 http://www.climateactionprogramme.org
可持续发展通讯网 http://www.sdcn.org/
社会科学研究所 http://i-sis.org.uk
美国国家环保局 http://www.epa.gov
美国能源部能源效率与可更新能源网 http://www.eren.doe.gov
日本国立环境研究所 http://www.nies.go.jp
中国循环经济网 http://xh.chinaxh.com.cn/
中华循环经济网 http://www.chinace.org.cn/
循环经济网 http://www.xhjj.net/
中国低碳网 http://www.ditan360.com/
中国节能减排网 http://www.jnjp.com.cn/
中国清洁发展机制网 http://cdm.ccchina.gov.cn/web/index.asp
中国碳汇网 http://www.fcarbonsinks.gov.cn
中国节能减排协会 http://www.jnjp.org/
国际节能减排工程协会 http://www.iecea.org.cn/

后　　记

虽然我国循环经济理论和实践快速发展，为循环经济学的编著提供了丰富的理论支撑与实践案例。而且，我们承担了相关研究课题，并业已在循环经济方面取得了一定积累，分别于 2004 年和 2006 年出版了《循环经济：产业模式与政策体系》、《农业循环经济》、《区域循环经济评价研究》，但仍感觉编写的艰难。

这是由于循环经济内容的广泛性，使得我们已有的知识积累难以满足；也是由于循环经济不断衍生和发展，尤其是生态文明、低碳经济等内容的提出，不断丰富了循环经济的内涵，使得我们对如何保证教材成果的现实性难以把握。

在同事、同行及同学的鼓励与支持下，我们从循环经济绪论、理论与方法、部门循环经济、综合评价与应用以及循环经济伦理及政策等方面构建了循环经济学内容体系，并组织有关专家与学者进行编写。

本书由黄贤金提出编写大纲，黄贤金、钟太洋、赵荣钦等参与了统稿。编写具体分工如下：第 1 章：黄贤金（南京大学）、钟太洋（南京大学）、赵荣钦（华北水利水电学院）；第 2 章：赵荣钦；第 3 章：马其芳（南京信息工程大学）、黄贤金、于术桐（南京大学）；第 4 章：葛扬（南京大学）；第 5 章：张文红（南京大学）；第 6 章：赵荣钦、陈志刚、高珊（江苏省社会科学院）；第 7 章：孙建卫（南京大学）、黄贤金、赵荣钦；第 8 章：叶堂林（首都经贸大学）；第 9 章：李艳梅（北京工业大学）；第 10 章：吴未（南京农业大学）；第 11 章：赵小风（西北农林科技大学）、高珊；第 12 章：钟太洋、黄贤金；第 13 章：肖思思（江苏大学）、钟太洋、吴未；第 14 章：高珊、王佳丽（安徽农业大学）、黄贤金；第 15 章：钟太洋、赵小风。

本书编写得到了国家社会科学重点基金、国土资源部公益性行业基金、教育部霍英东基金优选项目、江苏省软科学重点项目等科研课题以及江苏省高等教育质量工程、南京大学品牌专业建设经费等项目支持，在此一并表示衷心感谢。

感谢南京大学彭补拙教授、付重林副教授等的支持；感谢东南大学出版社朱珉老师的催促与督促；感谢循环经济学的理论研究与实践工作者，正是因为大家共同的工作，本书编写才有了点滴的累积和丰富的内容，也为推进我国循环经济学学科建设与发展提供了"砖瓦"。

编者

2009 年 9 月 9 日